Buddhismus für Dummies
Schummelseite

ZEITREIHE DER BUDDHISTISCHEN GESCHICHTE

Daten	Historische Ereignisse
563–483 v. Chr.	Leben von Shakyamuni Buddha, Gründer des Buddhismus laut Theravada-Tradition: 624–544
272–236 v. Chr.	Herrschaft von König Ashoka, Schutzherr des Buddhismus; Ashoka sendet 246 v. Chr. die ersten Buddhisten nach Sri Lanka.
1. Jahrhundert v. Chr.	Die buddhistischen Lehren wurden zum ersten Mal schriftlich festgehalten.
100 v. Chr. – 100 n. Chr.	Aufstieg des Mahayana-Buddhismus
78–101 n. Chr.	Herrschaft von König Kanishka; der Mahayana-Buddhismus verbreitet sich nach Zentralasien.
1. Jahrhundert n. Chr.	Der Buddhismus erreicht China.
520	Der erste Zen-Patriarch Bodhidharma kommt nach China.
538	Der Buddhismus kommt über Korea nach Japan.
7.–8. Jahrhundert	Der Vajrayana-Buddhismus wird in Tibet gegründet.
11.–14. Jahrhundert	Der Theravada-Buddhismus wird in Südostasien begründet.
1199	Die Nalanda-Universität wird zerstört; Untergang des Buddhismus in Indien.
13. Jahrhundert	Zen-, Reines-Land- und Nichiren-Buddhismus werden in Japan gegründet.
1881	Gründung der Pali Text Society
1893	Weltparlament der Religionen (Chicago)
1956	2.500-Jahrfeier des Buddhismus

BUDDHISMUS UND ZAHLEN

Drei Juwele der Zuflucht

Buddha
Dharma (die Lehren)
Sangha (die buddhistische Gemeinde)

Drei Höhere Schulungen

Sittlichkeit (ethisches Verhalten)
Konzentration
Weisheit

Vier Edle Wahrheiten

Leiden
Ursache des Leidens
Aufhebung des Leidens
Achtfacher Pfad zur Aufhebung des Leidens

Vier Kennzeichen von Buddhas Lehren

Zusammengesetzte Phänomene sind vergänglich.

Buddhismus für Dummies

Schummelseite

Gewöhnliche Phänomene sind unbefriedigend.

Alle Phänomene sind substanzlos (nichtwesenhaft).

Nirvana ist Frieden.

Fünf Gruppen des Anhaftens (Skandhas)

Körperlichkeit

Empfindungen

Wahrnehmung

Tatabsichten

Bewusstsein

Sechs Mahayana-Vollkommenheiten

Großzügigkeit (Freigiebigkeit)

Moralische Disziplin (Ethik)

Geduld

Anstrengung, Energie

Meditative Konzentration

Weisheit

Zehn Theravada-Vollkommenheiten

Freigiebigkeit

Moralische Disziplin

Geduld

Anstrengung

Meditative Konzentration

Weisheit

Entsagung

Wahrhaftigkeit

Güte

Gleichmut

Achtfacher Pfad

Rechte Erkenntnis

Rechter Entschluss

Rechte Rede

Rechtes Handeln

Rechter Lebenserwerb

Rechte Anstrengung

Rechte Achtsamkeit

Rechte Sammlung

Zehn unheilsame Handlungen

Körper

Töten

Stehlen

Sexuelles Fehlverhalten

Rede

Lügnerische Rede

Zwieträchtige Rede

Verletzende Rede

Sinnlose Rede

Geist

Gier

Hass

Verblendung

Zwölf Glieder des bedingten Entstehens

Nicht-Wissen

Tatabsichten

Bewusstsein

Körper und Form

Sechs Sinnesobjektbereiche

Berührung

Empfindungen

Begierden

Anhaften

Neues Werden

Geburt

Alter und Tod

Buddhismus für Dummies

Jonathan Landaw und Stephan Bodian

Buddhismus für dummies®

3. Auflage

Übersetzung aus dem Amerikanischen von Reinhard Engel

Fachkorrektur von Manfred Görgens

WILEY-VCH GmbH

Buddhismus für Dummies

Bibliografische Information der Deutschen Nationalbibliothek

Die Deutsche Nationalbibliothek verzeichnet diese Publikation in der Deutschen Nationalbibliografie; detaillierte bibliografische Daten sind im Internet über http://dnb.d-nb.de abrufbar.

3. Auflage 2024

© 2024 Wiley-VCH GmbH, Boschstraße 12, 69469 Weinheim, Germany

Original English language edition © 2003 by Wiley Publishing, Inc.

All rights reserved including the right of reproduction in whole or in part in any form. This translation published by arrangement with John Wiley and Sons, Inc.

Copyright der englischsprachigen Originalausgabe © 2003 by Wiley Publishing, Inc.

Alle Rechte vorbehalten inklusive des Rechtes auf Reproduktion im Ganzen oder in Teilen und in jeglicher Form. Diese Übersetzung wird mit Genehmigung von John Wiley and Sons, Inc. publiziert.

Wiley, the Wiley logo, Für Dummies, the Dummies Man logo, and related trademarks and trade dress are trademarks or registered trademarks of John Wiley & Sons, Inc. and/or its affiliates, in the United States and other countries. Used by permission.

Wiley, die Bezeichnung »Für Dummies«, das Dummies-Mann-Logo und darauf bezogene Gestaltungen sind Marken oder eingetragene Marken von John Wiley & Sons, Inc., USA, Deutschland und in anderen Ländern.

Das vorliegende Werk wurde sorgfältig erarbeitet. Dennoch übernehmen Autoren und Verlag für die Richtigkeit von Angaben, Hinweisen und Ratschlägen sowie eventuelle Druckfehler keine Haftung.

Coverfoto: Mongkolchon - stock.adobe.com
Korrektur: Shangning Postel-Heutz
Satz: Straive, Chennai, India
Druck und Bindung: CPI Group (UK) Ltd, Croydon, CR0 4YY

Print ISBN: 978-3-527-72211-2
ePub ISBN: 978-3-527-84800-3

Bevollmächtigte des Herstellers gemäß EU-Produktsicherheitsverordnung ist die Wiley-VCH GmbH, Boschstr. 12, 69469 Weinheim, Deutschland, E-Mail: Product_Safety@wiley.com.

Über die Autoren

Jonathan Landaw wurde 1944 in Paterson, New Jersey, geboren und besuchte das Dartmouth College in New Hampshire. Dort belegte er unter anderem einen Kurs über asiatische Religionen, der von Professor Wing-tsit Chan, einem der führenden Experten auf dem Gebiet des chinesischen Denkens, abgehalten wurde. Dieser Kurs war Jon Landaws erster Kontakt mit den Lehren des Ostens und weckte sein lebenslanges Interesse am Buddhismus. Dieses Interesse ruhte, während Jon Landaw an der University of California in Berkeley englische Literatur studierte und danach im Dienst des amerikanischen Peace Corps im Iran drei Jahre Englisch unterrichtete.

Nicht lange nach seinem Dienst im Peace Corps lebte er wieder in Übersee, und zwar in Nordindien und Nepal, wo er den größten Teil der 1970er Jahre blieb. Dort lernte er zum ersten Mal die gelebte Tradition des Buddhismus kennen und wurde von ihr inspiriert. Diese Tradition war von den Flüchtlingen erhalten worden, die vor der chinesischen Unterdrückung aus Tibet geflohen waren. 1972 widmete sich Jon ganz dem Buddhismus und arbeitete als englischer Lektor der Texte, die vom Übersetzungsbüro seiner Heiligkeit des Dalai Lama von der *Library of Tibetan Works and Archives* in Dharamsala, Indien, herausgegeben wurden. Obwohl er während dieser Zeit auch in anderen Traditionen des Buddhismus unterrichtet wurde, leiteten vor allem tibetanische Lamas sein Studium und seine Übungen an, insbesondere Geshe Ngawang Dhargyey (1925–1995), Lama Thubten Yeshe (1935–1984) und Lama Zopa Rinpoche.

Im Jahre 1977 kehrte Jon Landaw in den Westen zurück. Doch er hat Indien und Nepal seitdem immer wieder besucht. Er lebte zunächst in England und den Niederlanden und wohnt heute in den Vereinigten Staaten. Seine Studien des Buddhismus und seine Arbeit als Lektor buddhistischer Bücher hat er fortgesetzt. Außerdem hat er Bücher geschrieben, wie etwa *Prince Siddhartha* (deutsch *Prinz Siddhartha*), eine Erzählung der Lebensgeschichte des Buddha speziell für Kinder, und *Images of Enlightenment* (deutsch *Bilder des Erwachens*), eine Einführung in die heilige Kunst von Tibet. Außerdem hält er seit mehr als 25 Jahren in buddhistischen Zentren auf der ganzen Welt Meditationskurse ab. Er lebt heute mit seiner Frau und seinen drei Kindern in Capitola in Kalifornien.

Stephan Bodian begann 1969 Zen-Meditation zu praktizieren und wurde 1974 als Mönch ordiniert, nachdem er an der Columbia University Buddhismus und andere asiatische Religionen studiert hatte. Er hatte das große Glück, unter der Anleitung mehrerer Zen-Meister zu studieren, darunter Shunryu Suzuki Roshi, Kobun Chino Roshi und Taizan Maezumi Roshi. Nach einer Zeit als Vorstand und Schulungsleiter am Zen Center of Los Angeles gab er 1982 sein mönchisches Leben auf, um Psychologie zu studieren. Kurz danach heiratete er und gründete eine Familie.

Er setzte seine spirituellen Übungen fort und studierte bei mehreren tibetanischen Lehrern, darunter Sogyal Rinpoche und Namkhai Norbu Rinpoche. 1988 traf er seinen Guru Jean Klein, einen Meister des Advaita-Vedanta- und Kashmiri-Yoga, bei dem er zehn Jahre verbrachte, um die Natur der Wahrheit zu erforschen. Später vollendete Stephan Bodian seine

Zen-Schulung und erhielt von seinem Lehrer Adyashanti, dessen Linie bis auf den historischen Buddha zurückgehen soll, die »Dharma-Übertragung« (Lehrberechtigung).

Stephan Bodian hat mehrere Bücher geschrieben, darunter *Meditation für Dummies*, sowie zahlreiche Zeitschriftenaufsätze verfasst und arbeitete zehn Jahre als Cheflektor der Zeitschrift *Yoga Journal*. Zurzeit praktiziert er als Psychotherapeut, arbeitet als persönlicher Coach, als Fachlektor und spiritueller Berater und führt Intensivkurse und Retreats über spirituelles Erwachen durch.

Auf einen Blick

Über die Autoren 7
Einführung 19

Teil I: Einführung in den Buddhismus 23
Kapitel 1: Was Buddhismus ist. 25
Kapitel 2: Den Geist verstehen: den Schöpfer aller Erfahrung ... 37

Teil II: Der Buddhismus früher und heute 53
Kapitel 3: Das Leben und die Lehren des historischen Buddha ... 55
Kapitel 4: Die Entwicklung des Buddhismus in Indien 87
Kapitel 5: Die Entwicklung des Buddhismus bis heute. 109

Teil III: Buddhismus in der Praxis 141
Kapitel 6: Buddhist werden 143
Kapitel 7: Meditation: Die zentrale Praxis des Buddhismus 159
Kapitel 8: Ein Tag im Leben eines Buddhisten. 177
Kapitel 9: Auf den Spuren von Buddha. 193

Teil IV: Den buddhistischen Weg gehen 207
Kapitel 10: Was ist eigentlich Erleuchtung? 209
Kapitel 11: Eine Frage von Leben und Tod. 225
Kapitel 12: Das eigene Karma ins Reine bringen. 239
Kapitel 13: Den Zyklus der Unzufriedenheit durchbrechen 257
Kapitel 14: Ihr höchstes Potenzial erfüllen. 277
Kapitel 15: Vier moderne buddhistische Meister 299

Teil V: Der Top-Ten-Teil 313
Kapitel 16: Zehn verbreitete Missverständnisse über den Buddhismus 315
Kapitel 17: Zehn Möglichkeiten, wie der Buddhismus im Leben helfen kann 323
Kapitel 18: Zehn Buddhisten, die Sie kennen sollten 335

Teil VI: Anhänge 349
Anhang A Ein Glossar nützlicher buddhistischer Begriffe 351
Anhang B Zusätzliche Quellen zum Buddhismus 357

Abbildungsverzeichnis 361
Stichwortverzeichnis 363

Inhaltsverzeichnis

Über die Autoren 7
Einführung 19
    Über dieses Buch.. 19
    Konventionen in diesem Buch.............................. 19
    Wie dieses Buch aufgebaut ist.............................. 20
        Teil I: Einführung in den Buddhismus.............. 20
        Teil II: Buddhismus einst und heute 20
        Teil III: Buddhismus in der Praxis................. 21
        Teil IV: Den buddhistischen Weg gehen 21
        Teil V: Der Top-Ten-Teil 21
        Teil VI: Anhänge 21
    Symbole, die in diesem Buch
    verwendet werden.. 22
    Wie es weitergeht 22

TEIL I
EINFÜHRUNG IN DEN BUDDHISMUS 23

Kapitel 1
Was Buddhismus ist 25
    Ist der Buddhismus eine Religion?.......................... 26
    Die Rolle des Buddha erkennen: Der Erwachte 28
    Die Philosophie des Buddhismus verstehen.............. 31
    Die Praxis des Buddhismus richtig einschätzen 32
        Ein ethisches Leben führen 32
        Ihr Leben durch Meditation reflektieren 33
        Verehrung zum Ausdruck bringen................ 34
    Das Leben dem Wohle aller Wesen widmen............. 35

Kapitel 2
Den Geist verstehen: den Schöpfer aller Erfahrung 37
    Erkennen, wie der Geist die Erfahrung formt 37
    Ein Vergleich von Körper und Geist 39
    Sich dem Geist aus drei verschiedenen buddhistischen
    Perspektiven annähern...................................... 40
    Einige Funktionen des Geistes identifizieren............. 41
        Die sechs Hauptarten des Bewusstseins erkennen 42
        Erkennen, wie bestimmte Faktoren das mentale Bewusstsein
        beeinflussen 43
        Nach Emotionen suchen............................ 44
    Die grundlegende Reinheit Ihres Geistes verstehen 45
        Erkennen, dass Irrtümer unbegründet sind........ 46
        Die Sonne hinter den Wolken finden 46

Den Pfad der Weisheit und des liebenden Mitgefühls nachvollziehen 47
    Weisheit: Die Schleier der Unwissenheit wegziehen 48
    Liebendes Mitgefühl: Das Herz für andere öffnen 49

TEIL II
DER BUDDHISMUS FRÜHER UND HEUTE 53

Kapitel 3
Das Leben und die Lehren des historischen Buddha 55

Buddhas frühes Leben 56
    Eine verheißungsvolle Geburt 57
    Ein überfürsorglicher Vater 59
    Der Prinz heiratet: Gefangen in den Lustschlössern 60
    Das verbotene Wissen wird enthüllt: Die vier Zeichen................ 60
Der Beginn der Suche 64
    Dem königlichen Leben entsagen 64
    Ins Extrem gehen: Sechs Jahre der Selbstverleugnung 66
Das Sitzen im Schatten des alten Bodhi-Baums: Der Sieg über Mara 68
Zum Wohle anderer leben: Die Karriere des Buddha 70
    Spirituelle Führung anbieten: Das Rad des Dharma drehen............. 71
    Die Gründung des Sangha, der Gemeinde............................. 72
    Auf Buddhas letzte Botschaft hören: Alle Dinge müssen vergehen....... 74
Ein Blick in die Zukunft 75
    Die Ankunft des Maitreya 75
    Degeneration, gefolgt von Hoffnung.................................. 77
Die Vier Edlen Wahrheiten verstehen.................................... 79
    Die Wahrheit vom Leiden 80
    Die Wahrheit von der Ursache des Leidens 81
    Die Wahrheit von der Aufhebung des Leidens 82
    Die Wahrheit vom Weg 83

Kapitel 4
Die Entwicklung des Buddhismus in Indien 87

Die Einberufung des Ersten buddhistischen Konzils 88
    Das Konzil versammeln... 89
    Die Einteilung der Lehren: Die drei Körbe 90
Die friedliche Verbreitung der Lehren 91
Der Weg gabelt sich: Eine Spaltung der buddhistischen Gemeinde 92
    Die Einberufung des Zweiten Konzils 92
    Die verschiedenen Weiterentwicklungen der Lehren................... 93
Der Buddhismus als Volksreligion: König Ashokas Einfluss 94
    Ashokas Einstellung wandelt sich 94
    Die Förderung des Buddhismus über Indien hinaus 95
Zwei Stufen der Praxis im frühen Buddhismus............................ 97
Wechselnde Loyalitäten und neue Ideale 98
    Hinwendung zu den Stupas 99
    Das Große Fahrzeug: Der Mahayana-Buddhismus..................... 99

Der Aufstieg der Mahayana-Lehren 100
    Das Weiße Lotos des wahren Dharma-Sutra 101
    Die Predigt des Vimalakirti 101
    Die Sutras der das andere Ufer erreichenden Weisheit 101
    Das Sutra über das Herabsteigen nach Ceylon 102
    Das Ganda-Vyuha-Sutra 102
    Die Sutras des Landes der Glückseligkeit 104
Die Hauptthemen des Mahayana-Buddhismus 104
Der Buddhismus außerhalb von Indien 106

Kapitel 5
Die Entwicklung des Buddhismus bis heute 109

Die beiden Routen des Buddhismus 109
Die Verbreitung des Wegs der Älteren über Südostasien in den Westen 110
    Die Verwurzelung des Theravada-Buddhismus in Thailand 111
    Die Vipassana-Meditation wird im Westen populär 113
Der Weg des Großen Fahrzeugs nach China und darüber hinaus 115
    Die Entwicklung des Mahayana-Buddhismus in China 116
    Die Herausbildung verschiedener Schulen 117
    Die Attraktivität des Buddhismus für die Chinesen 118
    Blumengirlande und Tien-tai: die großen vereinheitlichenden Systeme ... 119
Eine Chronik der Reines-Land- und anderer devotionaler Schulen 121
    Zen: Verbreitung im Fernen Osten – und im Westen 127
    Von Tibet in den Westen: Die Verbreitung des Diamant-Fahrzeugs 131

TEIL III
BUDDHISMUS IN DER PRAXIS 141

Kapitel 6
Buddhist werden 143

Im eigenen Tempo vorangehen 143
    Die Verantwortung für das eigene Leben übernehmen 144
    Den Grad Ihres Engagements bestimmen 145
Den Dharma kennenlernen 146
    Dharma-Bücher lesen 147
    Eine Tradition wählen 147
    Einführung in die Meditation 148
    Eine Meditationspraxis entwickeln 148
    Einen Lehrer finden 149
Sich formell zum Buddhismus bekennen 151
    Die Bedeutung der Entsagung 151
    Zuflucht zu den Drei Juwelen nehmen 152
    Die Gebote empfangen 153
    Die weiteren Stufen der Praxis eines Laien 154
Den Weg als Mönch beschreiten 155
    Der Welt entsagen 155
    Die Ordination als Mönch oder Nonne 156
    Das Leben dem Dharma weihen 158

Kapitel 7
Meditation: Die zentrale Praxis des Buddhismus **159**
    Einige Meditationsmythen ausräumen 159
    Eine Definition der Meditation. 160
    Die Vorteile der Meditation 161
        Den eigenen Zustand (an)erkennen 162
        Die Einstellung anpassen 163
        Einen alten Spruch umkehren: Tue nichts – setz dich einfach hin 164
        Das Leben schätzen. 167
    Die dreifache Natur der buddhistischen Meditation 168
        Die Entwicklung der Achtsamkeit 169
        Die Konzentration vertiefen 171
        Die Entwicklung einer durchdringenden Einsicht 172
    Die Entwicklung der drei Weisheiten als Basis der Einsicht 173
        Die Weisheit durch das Hören der Lehren entwickeln............. 173
        Die Weisheit durch Reflexion des Gehörten entwickeln 174
        Die Weisheit durch Meditation über das Verstandene entwickeln. 175

Kapitel 8
Ein Tag im Leben eines Buddhisten............................. **177**
    Die Rolle der Klöster im Buddhismus. 178
    Weltliche Bindungen aufgeben: Ein Tag im Leben eines
    buddhistischen Mönches im Westen 179
        Der Tagesablauf. 180
        Spezielle Ereignisse im Kalender 182
    Einen Lotos im Sumpf heranziehen: Ein Tag im Leben eines Zen-Praktikers.... 184
        Der Tagesablauf. 185
        Schweige-Retreats besuchen 188
        Spezielle Ereignisse 189
    Sich den Drei Juwelen hingeben: Ein Tag im Leben eines
    Vajrayana-Praktikers 189
    Dem Geist von Amida vertrauen: ein Tag im Leben eines
    Reines-Land-Buddhisten 191

Kapitel 9
Auf den Spuren von Buddha **193**
    Die Hauptorte der Wallfahrt 193
        Lumbini: Ein Besuch der Geburtsstätte von Buddha 195
        Bodh Gaya: Die Stätte der Erleuchtung 196
        Sarnath: Die erste Lehre... 200
        Kushinagar: Die Stätte von Buddhas Ableben 201
    Andere wichtige Pilgerstätten 201
        Rajgir 202
        Shravasti 203
        Sankashya.. 204
        Nalanda 204
    Heute auf Wallfahrt gehen.. 205

TEIL IV
DEN BUDDHISTISCHEN WEG GEHEN 207

Kapitel 10
Was ist eigentlich Erleuchtung? 209
Die vielen Facetten der spirituellen Verwirklichung 210
Das Nirvana in der Theravada-Tradition 212
»Definition« des Nirvana 212
Die vier Stufen auf dem Weg zum Nirvana 213
Zwei Traditionen der Weisheit 215
Die Verwirklichung der wesentlichen Reinheit des Geistes in der
Vajrayana-Tradition 216
Der direkte Ansatz zur Verwirklichung 216
Die vollkommene Erleuchtung eines Buddhas verstehen 217
Zen: Das Nirvana auf den Kopf gestellt 218
Die direkte Überlieferung vom Meister auf den Schüler 218
Zehn Ochsenbilder 220
Die gemeinsamen Aspekte der buddhistischen Erleuchtung 222

Kapitel 11
Eine Frage von Leben und Tod 225
Den Tod persönlich nehmen 226
Das Leben als seltene und wertvolle Gelegenheit begreifen 227
Sich der Wirklichkeit stellen: Die neun Stufen der Todesmeditation 229
Begreifen, dass der Tod unvermeidlich ist 230
Die Ungewissheit des Zeitpunkts des Todes 231
Die Todesbewusstheit als spirituellen Verbündeten nutzen 232
Das Ergebnis der Todesmeditation ernten 233
Verschiedene buddhistische Einstellungen zum Tod 233
Theravada: Das Rad der Wiedergeburten verlassen 234
Vajrayana: Den Tod selbst in einen Weg transformieren 235
Zen: Vor dem Sterben den »Großen Tod« sterben 237
Mit dem Tod eines geliebten Menschen umgehen 237

Kapitel 12
Das eigene Karma ins Reine bringen 239
Das Gesetz des Karmas: Ursache und Wirkung 239
Karmische Konsequenzen erfahren 240
Buddhas ethischer Führung folgen 241
Die buddhistischen Verhaltensgebote 242
Die Gebote hinter den drei Türen 243
Die zehn unheilsamen Handlungen im Einzelnen 244
Mit Verstößen umgehen 251
Fehler sühnen 251
Negatives Karma abbauen 252

Kapitel 13
Den Zyklus der Unzufriedenheit durchbrechen **257**
- Das Leben als Tretmühle 258
- Das Rad des Lebens drehen: Das Wandern im Samsara 258
  - Die grundlegenden Täuschungen 259
  - Die sechs Welten der Existenz 265
  - Die zwölf Glieder des Bedingten Entstehens 268
- Das Leiden durchschneiden: Die drei Schulungen 273

Kapitel 14
Ihr höchstes Potenzial erfüllen **277**
- Eine Runde Glück für alles und jeden ausgeben 278
- Sein Herz anderen widmen 278
  - Alles in der Familie halten 279
  - Herausfinden, was alle Wesen begehren 281
  - Ein Kind Buddhas werden 282
- Die Vier Göttlichen Verweilzustände kultivieren 282
  - Liebendes Mitgefühl ausweiten 284
  - Das Erbarmen entwickeln 284
  - Mitfühlende Freude entwickeln 286
  - Gleichmut erlangen 287
- Die Sechs Vollkommenheiten eines Bodhisattvas kultivieren 288
  - Offenherzige Großzügigkeit praktizieren 289
  - Die Selbstdisziplin des ethischen Verhaltens entwickeln 290
  - Geduld entwickeln 291
  - Mit begeisterter Anstrengung praktizieren 293
  - Die Konzentration schärfen 294
  - Die ultimative Vollkommenheit kultivieren: Einsichtsvolle Weisheit 296

Kapitel 15
Vier moderne buddhistische Meister **299**
- Dipa Ma (1911–1989) 300
  - Frühe Jahre als Ehefrau und Mutter 300
  - Körperliche Beschwerden durch Meditation geheilt 300
  - Die Geschichte von Dipa Ma wird bekannt 301
- Ajahn Chah (1918–1992) 302
  - Den Weg im Wald des Lebens finden 302
  - Den Weg des Mönches verkünden 303
- Thich Nhat Hanh (1926–2022) 304
  - In Kriegszeiten für den Frieden arbeiten 305
  - Klassische Ideale in einen neuen Anfang umsetzen 305
- Der Dalai Lama (geboren 1935) 307
  - Das Vermächtnis der Reinkarnation begreifen 307
  - Das frühe Leben des gegenwärtigen Dalai Lama 308
  - Auseinandersetzung mit den Chinesen 309
  - Freiheit im Exil 310
  - Die Rolle des buddhistischen Weltbotschafters 311

TEIL V
DER TOP-TEN-TEIL 313

Kapitel 16
Zehn verbreitete Missverständnisse über den Buddhismus 315

    Buddhismus ist nur etwas für Asiaten 316
        Für Buddhisten ist Buddha Gott 316
    Buddhisten sind Götzendiener 317
    Weil Buddhisten glauben, Leben sei Leiden, freuen sie sich aufs Sterben 317
    Buddhisten halten alles für eine Illusion 318
    Buddhisten glauben an nichts 319
    Nur Buddhisten können den Buddhismus praktizieren 320
    Buddhisten sind nur an der Nabelschau interessiert 320
    Buddhisten werden niemals wütend 321
    »Das ist nur Ihr Karma; es gibt nichts, was Sie dagegen tun können« 322

Kapitel 17
Zehn Möglichkeiten, wie der Buddhismus im Leben helfen kann 323

    Eine Auffrischung der Prinzipien 324
    Die grundlegenden Prinzipien anwenden 324
        Große Erwartungen begraben 324
        Den Wandel mit Würde akzeptieren 325
        Das Konkrete aufbrechen 326
        Vorgeben, ein Buddha zu sein 327
        Ihrem Auto beim Rosten zuschauen 327
        Erkennen: Was Ihnen gehört, ist nicht wirklich Ihr Besitz 328
        Mitleid mit einem Dieb empfinden 329
        Bei Schmerzen nicht in Selbstmitleid versinken 330
        Den Projektor abschalten 330
        Mit ungebetenen Hausgästen umgehen 332

Kapitel 18
Zehn Buddhisten, die Sie kennen sollten 335

    Nagarjuna 335
    Asanga 337
    Buddhaghosa 339
    Bodhidharma 340
    Shantideva 341
    Padmasambhava 342
    Atisha 344
    Machig Labdron 345
    Dogen 346
    Dr. Ambedkar 347

TEIL VI
ANHÄNGE ... 349

Anhang A
Ein Glossar nützlicher buddhistischer Begriffe ... 351

Anhang B
Zusätzliche Quellen zum Buddhismus ... 357

    Das Leben des Buddha ... 357
    Alte und neue buddhistische Klassiker ... 358
    Moderne Meister ... 359
    Sozial engagierter Buddhismus ... 360

Abbildungsverzeichnis ... 361

Stichwortverzeichnis ... 363

Einführung

Der Buddhismus ist heute viel bekannter als bei unserem ersten Kontakt mit dieser Lehre vor mehr als 50 Jahren. Heute stehen Dutzende von Büchern über den Buddhismus in den Regalen der Buchhandlungen. In Deutschland gibt es zahlreiche buddhistische Zentren der verschiedenen buddhistischen Traditionen (siehe www.buddhismus.de/zentren.htm). Auch die breite Öffentlichkeit scheint den Buddhismus allmählich zu akzeptieren.

Doch trotz dieser gestiegenen öffentlichen Wahrnehmung des Buddhismus fragen wir uns immer noch, wie viel die Allgemeinheit tatsächlich über den Buddhismus weiß und von ihm versteht. Trotz der zahlreichen Bücher über das Thema glauben wir, dass abgesehen von den Leuten, die ihr Interesse ziemlich ernst verfolgt haben, die meisten immer noch keine klare Vorstellung davon haben, worum es im Buddhismus geht.

Über dieses Buch

Was können Sie also tun, wenn Sie mehr über den Buddhismus im Allgemeinen wissen wollen, aber die Bücher, die Sie sich bis jetzt angeschaut haben, das Thema zu eng behandeln und beispielsweise nur eine bestimmte Schule, einen bestimmten Aspekt oder eine bestimmte Praxis behandeln und Sie nicht bereit sind, in Ihrem lokalen buddhistischen Zentrum einen Kurs zu belegen (vorausgesetzt, es gibt ein solches Zentrum)? Nun, das Buch, das Sie gerade in den Händen halten, könnte genau das sein, was Sie suchen.

In diesem Buch versuchen wir, die Hauptthemen und Strömungen des Buddhismus zu behandeln, ohne Sie mit zu vielen technischen Fachbegriffen zu überfordern. (Wenn wir technische Begriffe verwenden, erklären wir sie so klar und treffend wie möglich. Mit einem zusätzlichen Glossar können Sie sogar Ihr Gedächtnis auffrischen.) Wir sind überzeugt, dass Buddha seine Lehren als praktische Ratschläge verstanden wissen wollte, die auch heute nach 2.500 Jahren für das menschliche Leben noch genau so aktuell wie damals sind. Deshalb haben wir versucht, den Buddhismus nicht nur rein theoretisch zu beschreiben, sondern Ihnen zu zeigen, wie Sie seine Einsichten in Ihrem täglichen Leben anwenden können.

Konventionen in diesem Buch

Falls die geschichtlichen Daten in diesem Buch von den Daten in anderen Büchern über den Buddhismus abweichen, sollten Sie sich darüber keine Gedanken machen. Die Historiker sind sich über viele dieser Daten uneins, und deshalb haben wir einfach die Daten gewählt, die uns am plausibelsten erschienen.

In diesem Buch zitieren wir immer wieder (hoffentlich nicht zu oft) technische buddhistische Begriffe und Eigennamen aus den altindischen Sprachen Pali und Sanskrit (in denen die buddhistischen Lehren zuerst niedergeschrieben wurden) sowie aus diversen anderen asiatischen Sprachen wie Chinesisch, Japanisch und Tibetisch. Dabei haben wir die Schreibweise dieser Wörter möglichst so vereinfacht, dass sie ungefähr Ihrer Aussprache entsprechen, und wir haben die meisten sogenannten diakritischen Zeichen weggelassen, mit denen Sprachgelehrte diese Wörter üblicherweise mit dem lateinischen Alphabet schreiben. Falls Fachleute dieses Buch lesen, sollten sie diese Begriffe mühelos erkennen können, auch wenn sie nicht die üblichen Markierungen enthalten; unserer Meinung nach ist die einfachere, klarere Darstellung für alle anderen Leser benutzerfreundlicher.

Wie dieses Buch aufgebaut ist

Der Buddhismus ist ein riesiges Thema. Schon Buddhas eigene Lehren sind umfangreich (deren Übersetzung füllt allein über 100 Bände). Nach Buddha fügten zahlreiche Kommentatoren in Indien und anderen Ländern ihre eigenen Gedanken und Interpretationen hinzu. Dadurch entstand eine große Sammlung von Schriften und entwickelten sich unterschiedliche buddhistische Schulen und Traditionen. Außerdem entstanden bei der weiteren Verbreitung des Buddhismus von Land zu Land weitere Spielarten der Lehre. Beispielsweise unterscheidet sich der Buddhismus in Japan von dem Buddhismus in Thailand; und selbst in Japan gibt es unterschiedliche Formen der buddhistischen Praxis.

In diesem einführenden Werk konnten wir unmöglich all diesen verschiedenen Aspekten des buddhistischen Denkens und der buddhistischen Praxis gerecht werden. Stattdessen kombinieren wir einen allgemeinen Überblick über die unterschiedlichen Traditionen und Schulen mit einer tiefer gehenden Behandlung der wichtigsten Themen, die den Buddhismus insgesamt charakterisieren. In Anhang B finden Sie anhand der empfohlenen Literatur und anderen Ressourcen Verweise auf die Aspekte des Buddhismus, die Sie näher erforschen wollen. Um unsere Darstellung so klar und nützlich wie möglich zu gestalten, haben wir die Themen in die folgenden, jeweils ein übergreifendes Thema umfassenden Teile gegliedert:

Teil I: Einführung in den Buddhismus

Wir beginnen mit einem Überblick über den Buddhismus insgesamt und zeigen, wie er zugleich als Religion, als Lebensphilosophie und als praktische Lebenshilfe aufgefasst werden kann. Da der Geist im Buddhismus eine zentrale Rolle spielt, beschreiben wir dann, wie der Geist sowohl Glück als auch Leiden erzeugt, und wie Sie durch die zentralen buddhistischen Praktiken der Erkenntnis und des Mitgefühls in Kontakt mit Ihren spirituellen Ressourcen kommen können.

Teil II: Buddhismus einst und heute

Geschichte muss nicht langweilig sein, insbesondere wenn sie sich mit dem Leben und den Taten außerordentlicher Menschen befasst. In diesem Teil betrachten wir die Geschichte des Buddhismus. Wir beginnen mit dem Leben seines Begründers Siddharta Gautama, des historischen Buddha Shakyamuni, und einer Zusammenfassung seiner frühesten und grundlegendsten Lehren. Danach untersuchen wir, wie sich der Buddhismus in Indien entwickelt und von dort weiter von Land zu Land über Asien verbreitet hat. Schließlich zeigen wir Ihnen, wie sich Theravada-, Vajrayana- und Zen-Buddhismus zu den drei führenden buddhistischen Traditionen entwickelt haben, die im Westen praktiziert werden.

Teil III: Buddhismus in der Praxis

In diesem Teil beantworten wir einige praktische Fragen: Wie wird man Buddhist? Was gehört zum Wesen eines Buddhisten? Wie beeinflusst der Buddhismus Ihren Lebensalltag? Kurz gefragt: Was machen Buddhisten tatsächlich? Um diese Fragen zu beantworten, betrachten wir, welchen Nutzen Leute aus den Angeboten des Buddhismus ziehen können. Wir erforschen die Meditation und zeigen Ihnen einige Meditationsübungen. Dann untersuchen wir, wie Anhänger der verschiedenen Traditionen den Buddhismus in ihren Alltag integrieren. Zum Schluss beschreiben wir die hauptsächlichen buddhistischen Pilgerstätten.

Teil IV: Den buddhistischen Weg gehen

Buddhas Lehren sind umfangreich und enthalten viele verschiedene Praktiken. In diesem Teil zeigen wir Ihnen, wie all diese unterschiedlichen Methoden zusammenpassen. Wir untersuchen die verschiedenen Interpretationen der Erleuchtung (Erwachung ist die korrekte Übersetzung des Pali-Begriffs und trifft auch eher das, was der Buddhismus mitteilen möchte) und zeigen Ihnen, wie Sie die buddhistischen Lehren auf jeder Stufe des spirituellen Weges anwenden können. Schließlich beschreiben wir, wie sich die Erleuchtung im Leben von vier zeitgenössischen buddhistischen Meistern zeigt.

Teil V: Der Top-Ten-Teil

Wenn Sie Informationen gerne in mundgerechten, leicht verdaulichen Portionen serviert bekommen, sind Sie in diesem Teil genau richtig. Wir behandeln zehn verbreitete Missverständnisse über den Buddhismus (und versuchen, sie aufzuklären), zeigen zehn Methoden, um buddhistische Erkenntnisse im Alltag anzuwenden, und liefern Ihnen dann noch zehn Kurzbiografien älterer und jüngerer buddhistischer Meister.

Teil VI: Anhänge

Schließlich geben wir Ihnen in den Anhängen einige Informationen, die Ihnen helfen sollen, den Buddhismus besser zu verstehen und einzuschätzen. Sie finden dort ein Glossar mit vielen der gebräuchlichsten buddhistischen Begriffe sowie eine Liste mit Quellen, die Sie heranziehen können, wenn Sie mehr über die verschiedenen Aspekte des Buddhismus erfahren wollen, die Sie in diesem Buch kennenlernen.

Symbole, die in diesem Buch verwendet werden

Um Ihre Aufmerksamkeit auf bestimmte Informationen zu lenken, die wir für besonders wichtig oder interessant halten, verwenden wir in dem Text die folgenden Symbole:

Dieses Symbol kennzeichnet Informationen, die zu wiederholen sich lohnt. Wir verwenden dieses Symbol, um einen Gedanken herauszuheben, der an anderer Stelle in dem Buch ausgedrückt wurde, oder um einfach auf etwas besonders Wichtiges hinzuweisen, das Sie sich unserer Meinung einprägen sollten.

Dieses Symbol kennzeichnet Vorschläge, wie Sie den jeweils behandelten Aspekt des Buddhismus besser verstehen können.

Lassen Sie sich durch dieses Symbol nicht unnötig erschrecken. Wir wollen damit Ihre Aufmerksamkeit auf Punkte lenken, bei denen es leicht zu Missverständnissen kommen kann, damit Sie diese vermeiden.

Dieses Symbol kennzeichnet Zitate von berühmten buddhistischen Meistern der Vergangenheit – einschließlich Buddha selbst –, die den jeweiligen Aspekt des Buddhismus erhellen.

Dieses Symbol weist Sie darauf hin, dass wir eine traditionelle buddhistische Geschichte nacherzählen oder möglicherweise ein eher persönliches Ereignis schildern.

Wie es weitergeht

Sie können dieses Buch auf verschiedene Arten nutzen. Das Inhaltsverzeichnis und der Index sind so ausführlich, dass Sie spezielle Themen direkt finden und aufschlagen können. Oder weil jedes Kapitel des Buches ziemlich eigenständig ist, können Sie an beliebiger Stelle anfangen zu lesen und nach Gusto von Kapitel zu Kapitel springen. Unsere Querverweise zeigen Ihnen, wo Sie zusätzliche Informationen über ausgewählte Themen finden können.

Sie können dieses Buch natürlich auch auf herkömmliche Art von Anfang bis Ende durchlesen. Schließlich können Sie auch wie einige Leute das Buch am Ende öffnen und sich mit vielen Umwegen nach vorne durcharbeiten. Doch welche Form Sie auch wählen mögen – wir hoffen, dass das Material für Sie angenehm ist und Sie bereichert.

Teil I
Einführung in den Buddhismus

IN DIESEM TEIL ...

Hier erfahren Sie, was Buddhismus tatsächlich bedeutet und ob er eine Religion oder eine Philosophie oder etwas anderes ist.

Wir führen Sie in die buddhistische Auffassung des Geistes und seiner Bedeutung ein und nennen Ihnen die Schätze in Ihrem Inneren, die zu entdecken der Buddhismus Ihnen helfen will.

> **IN DIESEM KAPITEL**
>
> Die Gründe für die wachsende Beliebtheit des Buddhismus verstehen
>
> Entscheiden, ob der Buddhismus eine Religion ist
>
> Die buddhistische Philosophie kennenlernen
>
> Die Bedeutung einiger wichtiger buddhistischer Begriffe entdecken

Kapitel 1
Was Buddhismus ist

Vor nicht allzu langer Zeit war der Buddhismus den meisten Menschen im Westen praktisch unbekannt. In den 50er und frühen 60er Jahren des 20. Jahrhunderts wurde er kaum erwähnt. Hermann Hesses Erzählung »Siddharta« hatte zwar gleich nach seinem Erscheinen (1922) in Indien Erfolg, wurde aber im Westen eher als Kitsch belächelt und entwickelte sich dort erst in der Woodstock-Generation zum Kultbuch. Frühere Beachtung fand Jack Kerouacs Roman »The Dharma Bums« (1958), der mit seinen Ausführungen zu den Zen-Lehren schnell Anklang bei der Subkultur der Beatniks fand. Ansonsten hätte man buddhistische Begriffe und den Namen Buddhas beispielsweise in den Schriften von Arthur Schopenhauer und Paul Deussen finden können, ebenso in den Werken der amerikanischen Transzendentalisten Henry David Thoreau und Ralph Waldo Emerson (die in der Mitte des 19. Jahrhunderts englische Übersetzungen buddhistischer Texte lasen). Doch tatsächlich wuchsen damals die meisten Angehörigen der gebildeten Mittelklasse auf, wurden alt und starben, ohne jemals einen praktizierenden Buddhisten getroffen zu haben – außer vielleicht in einem asiatischen Restaurant. (Doch auch die waren damals sehr, sehr selten.)

Wenn Sie Näheres über den Buddhismus erfahren wollten, konnten Sie nur auf wenige, weit verstreute Quellen zurückgreifen. Abgesehen von seltenen Vorlesungen über östliche Philosophie an großen Universitäten hätten Sie Ihre örtliche Bibliothek gründlich durchforsten müssen, um mehr als die grundlegendsten Tatsachen über den Buddhismus herauszufinden. Die wenigen verfügbaren Bücher behandelten den Buddhismus eher wie ein exotisches Überbleibsel aus einer längst vergangenen Epoche in einem fernen Land, vergleichbar einer verstaubten Buddha-Statue in einer dunklen Ecke der asiatischen Abteilung eines Museums. Und viel Glück, wenn Sie ein buddhistisches Zentrum suchten, an dem Sie studieren und üben konnten.

Heute könnte die Situation gar nicht gegensätzlicher sein. Buddhistische Begriffe scheinen überall aufzutauchen. Sie kommen in normalen Gesprächen vor (»Das ist nur Ihr *Karma*«), sie werden im Fernsehen verwendet (*Dharma* & Greg, eine amerikanische Soap, die von 1997 bis 2002 lief), und sie tauchen sogar in den Namen von Rock-Bands auf (*Nirvana*). Berühmte Hollywood-Stars, Avantgarde-Komponisten, Pop-Sänger und sogar ein sehr erfolgreicher, professioneller Basketball-Trainer praktizieren die eine oder andere Form des Buddhismus. (Wir denken an Richard Gere, Philip Glass, Phil Jackson und die inzwischen verstorbene Tina Turner, doch möglicherweise können Sie selbst eine andere Liste einschlägiger Berühmtheiten zusammenstellen.)

Überall präsentieren Buchhandlungen und Bibliotheken eine große Auswahl buddhistischer Titel, von denen einige – wie beispielsweise Titel des Dalai Lama – regelmäßig in den Bestseller-Listen auftauchen. Und Zentren, in denen Leute den Buddhismus studieren und praktizieren können, gibt es inzwischen in den meisten Großstädten (und auch in vielen kleineren Städten).

Worauf ist dieser deutliche Wandel in nur wenigen Jahrzehnten zurückzuführen? Sicher hat dazu beigetragen, dass asiatische Lehrer des Buddhismus und ihre Schüler die Tradition nach Nordamerika und Europa gebracht haben. (Näheres über die Verbreitung des Buddhismus im Westen finden Sie in Kapitel 5.) Doch die bessere Verfügbarkeit ist nicht der einzige Grund für den Wandel. In diesem Kapitel versuchen wir, den Reiz zu erklären, den diese alte Tradition auf die heutige säkularisierte Welt ausübt, indem wir einige Aspekte hervorheben, die für die wachsende Beliebtheit des Buddhismus verantwortlich sind.

Ist der Buddhismus eine Religion?

Zu fragen, ob der Buddhismus tatsächlich eine Religion ist, mag seltsam erscheinen. Schließlich wird der Buddhismus auf jeder Liste der Weltreligionen neben dem Christentum, dem Islam, dem Hinduismus und Judentum an prominenter Stelle genannt. Niemand fragt, ob diese anderen Traditionen Religionen sind. Doch im Zusammenhang mit dem Buddhismus *wird* diese Frage immer wieder gestellt. Warum ist das so?

Wenn Sie Leute fragen, woran sie bei dem Wort »Religion« denken, antworten die meisten wahrscheinlich etwas über den Glauben an Gott. Unser Wörterbuch stimmt damit überein. *Religion* wird oft definiert als ein »Glauben an eine göttliche oder übermenschliche Macht (oder Mächte), der zu gehorchen ist und die als Schöpfer und Herrscher des Universums zu verehren ist«.

 Wenn diese Definition die einzige Definition von Religion wäre, wäre der Buddhismus definitiv keine Religion! Warum? Nun, dafür gibt es zwei Gründe:

- ✔ **Kein Gott:** Die Verehrung einer übernatürlichen Macht ist kein zentrales Anliegen des Buddhismus. Gott (im üblichen Gebrauch des Wortes) ist in den buddhistischen Lehren vollkommen abwesend – und zwar so sehr, dass einige Leute den Buddhismus halb im Scherz als eine gute Religion für Atheisten bezeichnen!

- ✔ **Kein Glaubenssystem:** Buddhismus ist in erster Linie *kein* Glaubenssystem. Obwohl er bestimmte grundlegende Prinzipien enthält (siehe Teil III), ermutigen die meisten buddhistischen Lehrer ihre Schüler aktiv zu einer Einstellung, die das genaue Gegenteil eines blinden Glaubens ist.

Buddhistische Lehrer raten Ihnen, die empfangenen Lehren skeptisch zu betrachten, selbst wenn sie direkt von Buddha persönlich stammen. (Näheres über den Gründer des Buddhismus finden Sie in Kapitel 3.) Sie sollen das Gehörte oder Gelesene weder passiv akzeptieren noch automatisch ablehnen, sondern stattdessen Ihr Urteilsvermögen verwenden. Prüfen Sie selbst, ob die Lehren mit Ihren eigenen Erfahrungen und den Erfahrungen anderer übereinstimmen. Befolgen Sie dann den oft genannten Rat des Dalai Lama von Tibet (siehe Kapitel 15): »Wenn Sie meinen, dass die Lehren zu Ihnen passen, wenden Sie sie, soweit Sie können, auf Ihr Leben an. Wenn sie nicht zu Ihnen passen, lassen Sie sie einfach sein.«

Dieser undogmatische Ansatz (der kein rigides System von Doktrinen oder Glaubensvorstellungen enthält) stimmt sowohl dem Geiste als auch dem Buchstaben nach mit Buddhas eigenen Lehren überein. In einer seiner berühmtesten Aussagen erklärte Buddha: »Akzeptiert nichts, was ich sage, als wahr, einfach weil ich es gesagt habe, sondern prüft es, wie ihr Gold prüfen würdet, um zu sehen, ob es echt ist oder nicht. Wenn ihr nach der Prüfung meiner Lehren meint, sie seien wahr, setzt sie in die Praxis um. Aber tut dies nicht einfach aus Respekt mir gegenüber.«

Der Buddhismus ermutigt Sie deshalb, Ihre gesamten mentalen, emotionalen und spirituellen Fähigkeiten und Ihre Intelligenz zu benutzen – statt einfach mit blindem Glauben zu übernehmen, was Autoritäten in der Vergangenheit gesagt haben. Diese Haltung macht den Buddhismus besondere für viele Westler attraktiv; obwohl er 2.500 Jahre alt ist, appelliert er an den postmodernen Geist der Skepsis und der wissenschaftlichen Untersuchung.

Wenn der Buddhismus *nicht* primär ein Glaubenssystem ist und *nicht* die Verehrung einer höchsten Gottheit zum Mittelpunkt hat, warum wird er dann überhaupt als Religion klassifiziert? Weil der Buddhismus wie alle Religionen seinen praktizierenden Anhängern eine Methode an die Hand gibt, um Antworten auf die tieferen Fragen des Lebens zu finden, etwa »Wer bin ich?«, »Warum bin ich hier?«, »Was ist der Sinn des Lebens?«, »Warum leiden wir?« und »Wie kann ich dauerhaftes Glück erlangen?«.

Zusätzlich zu den grundlegenden Lehren über die Natur der Wirklichkeit bietet der Buddhismus eine *Methodologie* – einen Satz von Techniken und Praktiken – an, mit der seine Anhänger eine tiefere Stufe der Wirklichkeit selbst direkt erfahren können. In buddhistischen Begriffen ausgedrückt gehört zu dieser Erfahrung das Erwachen zur Wahrheit Ihres authentischen Wesens, Ihrer innersten Natur. Die Erfahrung des Erwachens ist das letztliche Ziel aller buddhistischen Lehren. (Näheres über Erwachen, oder die Erleuchtung, wie es oft genannt wird, finden Sie in Kapitel 10.) Einige Schulen betonen das Erwachen stärker als andere (und einige weisen ihm sogar eine nachgeordnete Priorität zu), aber in jeder Tradition ist dies das endgültige Ziel der menschlichen Existenz – egal, ob es nun in diesem Leben oder erst in einem künftigen Leben erreicht wird.

Nebenbei: Sie müssen keiner buddhistischen Organisation beitreten, um von den Lehren und Praktiken des Buddhismus zu profitieren. Nähere Informationen über die verschiedenen Grade, sich auf den Buddhismus einzulassen, finden Sie in Kapitel 6.

Die Rolle des Buddha erkennen: Der Erwachte

Die buddhistische Religion gründet auf den Lehren, die vor 2.500 Jahren von einer der großen spirituellen Gestalten der menschlichen Geschichte, Shakyamuni Buddha, verkündet wurden. Wie wir ausführlicher in Kapitel 3 darlegen, wurde er in die Herrschaftsfamilie des Shakya-Geschlechts in Nordindien hineingeboren und sollte eines Tages die Nachfolge seines Vaters als König antreten. Stattdessen gab Prinz Siddhartha (wie er zu dieser Zeit genannt wurde) im Alter von 29 Jahren das königliche Leben auf, nachdem er die Wirklichkeit des ausgedehnten Leidens und der Unzufriedenheit in der Welt erkannt hatte. Dann machte er sich auf den Weg, um eine Methode zur Überwindung dieses Leidens zu finden.

Schließlich erreichte Prinz Siddhartha im Alter von 35 Jahren sein Ziel. Als er unter einem Baum saß, der später als der *Bodhi-Baum* – der Baum der Erleuchtung – bekannt wurde, erlangte er das vollkommene Erwachen der Buddhaschaft. Von diesem Zeitpunkt an wurde er *Shakyamuni Buddha* genannt, der vollkommen erwachte Weise (*Muni*) aus dem Shakya-Geschlecht (siehe Abbildung 1.1).

Abbildung 1.1: Shakyamuni Buddha

Buddha: menschlich oder göttlich?

Menschen, die den Buddhismus gerade erst kennenlernen, fragen oft: »Was für ein Wesen war Shakyamuni Buddha – ein Mensch, ein Gott oder etwas anderes?« Buddha selbst sagte – und alle buddhistischen Traditionen stimmen darin überein –, dass er wie jedes andere erleuchtete Wesen, das in der Vergangenheit erschienen ist (oder das in der Zukunft erscheinen wird), einmal ein gewöhnliches, unerleuchtetes menschliches Wesen war und dieselben Defizite und Probleme wie jeder andere hatte. Niemand hat als ein Buddha angefangen, niemand war von Anfang an erleuchtet. Und Shakyamuni bildete keine Ausnahme.

Nur durch eine große Anstrengung, die er über eine lange Zeit – tatsächlich über viele Lebenszeiten – hinweg ausübte, konnte er schließlich all die verschiedenen Schichten wegräumen, die die klare Natur seines Bewusstseins bedeckten und dadurch zur Buddhaschaft oder vollkommenen Erleuchtung »erwachen«.

Die buddhistischen Traditionen unterscheiden sich jedoch durch die folgende Frage: »Wann erlangte Shakyamuni tatsächlich die Erleuchtung?« Einige buddhistische Traditionen besagen, dass er sie genau so erlangte, wie wir es in diesem Kapitel beschreiben – im Alter von 35 Jahren, als er vor 2.500 Jahren unter dem Bodhi-Baum saß. Andere behaupten, dass er die Buddhaschaft lange Zeit davor in der weit zurückliegenden Vergangenheit erreichte. Gemäß dieser zweiten Interpretation hatte der Buddha, der als *Shakyamuni* bekannt wurde, die Erleuchtung erlangt, lange bevor er als Prinz Siddhartha geboren wurde. Seine gesamte Existenz auf dieser Erde, von seiner Geburt bis zu seinem Tod, war eine bewusste Demonstration für andere, wie der spirituelle Pfad gegangen werden sollte. Anders ausgedrückt: Sein Leben war eine Vorstellung, die aufgeführt wurde, um andere zu inspirieren, sich selbst auf die gleiche Art wie Buddha spirituell zu entwickeln.

Wichtiger als die Frage, wann Shakyamuni die Erleuchtung erlangte, ist die Tatsache, dass ernsthafte buddhistische Praktiker das Beispiel von Shakyamuni im Rahmen ihrer Fähigkeiten nachahmen können. Als hochstrebender Praktiker könnten Sie sich fragen: »Wenn Shakyamuni ursprünglich nicht anders als ich war, wie kann ich in seine Fußstapfen treten und die Befriedigung und Erfüllung finden, die er gefunden hat?«

Die restlichen 45 Jahre seines Lebens wanderte er durch Nordindien und lehrte jeden, der an dem Pfad interessiert war, der vom Leiden zur vollkommenen Erleuchtung eines Buddha führt. (Teil III bietet Ihnen einen Überblick über diesen gesamten Pfad.) Nachdem er sein Leben im mitfühlenden Dienst an anderen verbracht hatte, starb er im Alter von 80 Jahren.

Die buddhistische spirituelle Gemeinde (*Sangha*) unternahm große Anstrengungen, um seine Lehren so rein wie möglich zu erhalten und weiterzugeben, damit sie von einer Generation an die nächste überliefert werden konnten. Diese umfangreichen Lehren wurden letztlich niedergeschrieben, wodurch eine riesige Sammlung (oder *Kanon*) von mehr als hundert Bänden mit Buddhas Lehrreden (*Sutras*) und die doppelte Anzahl von Kommentaren

(*Shastras*) von späteren indischen Meistern entstand. (Näheres über die Verbreitung und Entwicklung dieser Lehren finden Sie in den Kapiteln 4 und 5.)

Im Laufe der Jahrhunderte errichtete der Sangha auch Monumente (Denkmäler, *Stupas*), um die Hauptereignisse im Leben ihrer Lehrer zu ehren, was späteren Praktikern die Möglichkeit gab, diese ehrwürdigen Stätten als Pilger zu besuchen (siehe Abbildung 1.2) und die Inspiration des mitfühlenden Buddhas selbst direkt zu empfangen. (Nähere Informationen über buddhistische Rituale und Formen der Andacht finden Sie in den Kapiteln 8 und 9.)

Abbildung 1.2: Mönche, die den Bodhi-Baum besuchen
(© Luciano Mortula-LGM - stock.adobe.com)

Dank der Anstrengungen jeder Generation von Lehrern und Schülern ist die Kette der Lehren Buddhas (der sogenannte *Dharma*) bis heute im Grunde nicht unterbrochen worden. Deshalb ist der Buddhismus nach 2.500 Jahren immer noch eine lebendige Tradition, die jedem, der sich ernsthaft bemüht, Frieden, Glück und Erfüllung bringen kann.

 Weil Buddha ein einfacher Sterblicher und nicht ein lebender Gott oder eine Art mythischer Superheld war (siehe den Einschub »Buddha: menschlich oder göttlich?« in diesem Kapitel), war er für Buddhisten mehr als eine ferne Gestalt; er ist ein lebendiges Beispiel dafür, was ausnahmslos jeder von uns erreichen kann, wenn er sich von ganzem Herzen dem Studium und der Praxis des Dharma widmet, das Buddha gelehrt hat. Tatsächlich besagt eine der primären Wahrheiten, zu denen er unter dem Bodhi-Baum erwachte, dass alle Wesen das Potenzial haben, Buddhas zu werden. Oder, wie es einige Traditionen ausdrücken, dass alle Wesen in ihrem Wesenskern bereits Buddhas sind – sie müssen nur zu dieser Tatsache erwachen.

Die Philosophie des Buddhismus verstehen

Sokrates, einer der Väter der westlichen Philosophie, behauptete, dass ein Leben ohne Reflexion nicht wert sei, gelebt zu werden, und die meisten Buddhisten würden ihm sicher zustimmen. Wegen der Bedeutung, die sie dem logischen Denken und der rationalen Untersuchung beimessen, haben viele buddhistische Traditionen und Schulen einen starken philosophischen Einschlag. Andere betonen stärker die direkte, nicht-konzeptionelle Untersuchung und Betrachtung bei der Meditation. Bei beiden Ansätzen gilt jedoch die direkte persönliche Erfahrung auf der Basis der Selbstbewusstheit als Schlüssel. (Näheres über die buddhistische Praxis der Meditation finden Sie in Kapitel 7.)

Obwohl der Buddhismus die direkte Untersuchung und Erfahrung betont, formuliert er bestimmte philosophische Grundsätze, die ein Grundverständnis der menschlichen Existenz umreißen und als Richtlinien und Inspirationen für die Praxis und das Studium dienen. Im Laufe der Jahrhunderte entwickelten sich im Buddhismus tatsächlich verschiedene Schulen und Traditionen, die jeweils ein eigenes, mehr oder weniger ausführliches und spezifisches Verständnis der Lehren Buddhas ausgeprägt haben. (Näheres über die Geschichte dieser unterschiedlichen Traditionen finden Sie in den Kapiteln 4 und 5.) Zusätzlich zu den Lehrreden, die zu Lebzeiten Buddhas von seinen Anhängern auswendig gelernt und nach seinem Tod aufgezeichnet wurden, tauchten viele Jahrhunderte später zahlreiche andere Schriften auf, die ihm zugeschrieben wurden.

Trotz all dieser philosophischen Differenziertheit bleibt der Buddhismus jedoch in seinem Kern eine außerordentlich praktische Religion. Buddha ist oft aus gutem Grund als der *Große Arzt* bezeichnet worden: Er vermied immer abstrakte Spekulationen und stellte die Identifizierung der Ursache des menschlichen Leidens und die Bereitstellung von Methoden zu seiner Überwindung in den Mittelpunkt. (Näheres finden Sie in dem Kasten »Das Gleichnis vom vergifteten Pfeil«.) Ähnlich gilt der Dharma, den er lehrte, als starke Medizin, um die tiefere Unzufriedenheit zu heilen, von der wir alle betroffen sind. Buddhas erste und bekannteste Lehre, die *Vier Edlen Wahrheiten* (siehe Kapitel 3), umreißt die Ursache des Leidens und die Mittel zu seiner Überwindung. Alle folgenden Lehren erweitern und erläutern nur diese grundlegenden Wahrheiten.

Der Kern aller echten Dharma-Lehren ist die Auffassung, dass Leiden und Unzufriedenheit aus der Art und Weise entstehen, wie Ihr Geist auf die Lebensumstände anspricht und reagiert – und nicht aus den Fakten des Lebens. Insbesondere lehrt der Buddhismus, dass Ihr Geist Ihr Leiden verursacht, indem er Dingen Beständigkeit zuschreibt und ein separates Selbst konstruiert, wo in Wirklichkeit beides nicht existiert. (Näheres über die zentralen Lehren der Vergänglichkeit und der Selbst-Losigkeit finden Sie in Kapitel 2.)

Die Wirklichkeit ändert sich dauernd; von dem griechischen Philosophen Heraklit stammt der Ausspruch, dass man niemals zweimal in denselben Fluss steigen könne. Erfolg und Misserfolg, Gewinn und Verlust, Wohlbefinden und Unbehagen – sie alle kommen und gehen. Und Sie können die Änderungen nur begrenzt kontrollieren. Doch Ihren plappernden, fehlgeleiteten Geist, der Ihre Wahrnehmungen verzerrt, sich vehement gegen die Wirklichkeit der Dinge auflehnt und Ihnen dabei sehr viel Stress und Leiden zufügt, können Sie bis zu einem gewissen Maß kontrollieren (und letztlich klären).

Glück ist, wie Buddha einmal sagte, tatsächlich recht einfach: Das Geheimnis liegt darin, zu wollen, was man hat, und nicht zu wollen, was man nicht hat. Doch so einfach dies sein mag, es ist keinesfalls leicht zu verwirklichen. Haben Sie jemals versucht, Ihren ruhelosen und widerspenstigen Geist wenigstens für einen Moment zu beherrschen? Haben Sie jemals versucht, Ihren Ärger oder Ihre Eifersucht zu zähmen, Ihre Furcht zu kontrollieren oder inmitten des unvermeidlichen Auf und Ab des Lebens ruhig und gleichmütig zu bleiben? Falls Sie dies versucht haben, haben Sie zweifellos entdeckt, wie schwierig selbst die einfachste Selbstkontrolle oder Selbstbewusstheit sein kann. Wenn Sie von der Medizin profitieren wollen, die Buddha verschrieben hat, müssen Sie sie einnehmen – das bedeutet, Sie müssen sie selbst in die Praxis umsetzen. (Zehn praktische Vorschläge zur Umsetzung von Buddhas Lehren in den Alltag finden Sie in Kapitel 17; zusätzliche praktische Ratschläge finden Sie in Kapitel 14.)

Die Praxis des Buddhismus richtig einschätzen

Jeder, der vom Buddhismus profitieren möchte – statt einfach nur interessante Fakten über ihn zu entdecken –, muss fragen: »Wie nehme ich diese spirituelle Medizin? Wie kann ich die Lehren von Shakyamuni so auf mein Leben anwenden, dass meine Ruhelosigkeit und Unzufriedenheit verringert, neutralisiert und letztlich ausgelöscht werden?« Die Antwort ist die spirituelle Praxis, die im Buddhismus drei Formen annimmt:

✔ Ethisches Verhalten

✔ Meditation (und die daraus folgende Weisheit)

✔ Verehrung

Ein ethisches Leben führen

Ethisches Verhalten bildete eine wesentliche Komponente des buddhistischen spirituellen Pfads, seit der historische Buddha seine Mönche und Nonnen erstmals ermahnte, bestimmte Verhaltensweisen zu unterlassen, weil diese sie von ihrem Streben nach Wahrheit ablenken würden. Zu Buddhas Lebzeiten sammelten und kodifizierten seine Anhänger diese Richtlinien, woraus letztlich der moralische Kodex (*Vinaya*) entstand, der mehr oder weniger in derselben Form das mönchische Leben für mehr als 2.500 Jahre geprägt hat. (Der Terminus *mönchisch* beschreibt sowohl Mönche als auch Nonnen.) Aus diesem Kodex entstanden kürzere Richtlinien für Laien-Praktiker (nicht-mönchische Buddhisten), die von Tradition zu Tradition bemerkenswert ähnlich geblieben sind. (Näheres über ethisches Verhalten finden Sie in Kapitel 12.)

Die ethischen Richtlinien des Buddhismus stellen keinesfalls einen absoluten Standard für richtig und falsch auf, sondern haben einen vollkommen praktischen Zweck – die Praktiker auf das Ziel ihrer Praxis fokussiert zu halten, das in einer befreienden Einsicht in die Natur der Wirklichkeit besteht. Während seiner 45 Jahre der Lehre fand Buddha heraus, dass bestimmte Aktivitäten dazu beitragen, die Begierden, die Anhaftung, die Ruhelosigkeit und die Unzufriedenheit zu steigern und persönliche Konflikte zwischen den Mitgliedern in der Gemeinde insgesamt auszulösen. Im Gegensatz dazu trugen andere Verhaltensweisen dazu bei, den Geist friedvoll und fokussiert zu halten sowie eine unterstützendere Atmosphäre für die spirituelle Reflexion und Verwirklichung zu schaffen. Es waren diese Beobachtungen und keine abstrakten moralischen Überlegungen, aus denen diese ethischen Richtlinien abgeleitet wurden.

Ihr Leben durch Meditation reflektieren

In der allgemeinen Vorstellung ist der Buddhismus definitiv die Religion der Meditation. Denn wer hat schließlich noch keine Statuen von Buddha gesehen, die ihn mit gekreuzten Beinen, halb geschlossenen Augen und tief in spiritueller Reflexion versunken zeigen, oder einen der vielen Titel in die Hand genommen, die heutzutage über die Grundlagen der buddhistischen Meditation angeboten werden?

Aber viele Leute missverstehen die Rolle, die die Meditation im Buddhismus spielt. Sie nehmen fälschlicherweise an, dass sie sich aus ihrem normalen Leben in einen friedvollen, abgelösten und unberührten inneren Bereich zurückziehen sollen, bis sie keine Emotionen mehr fühlen und sich nicht mehr um die Dinge sorgen, die einmal wichtig für sie waren. Doch nichts könnte weiter von der Wahrheit entfernt sein. (Andere Missverständnisse über den Buddhismus und die buddhistische Praxis werden in Kapitel 16 behandelt.)

Der eigentliche Zweck der Meditation im Buddhismus besteht nicht darin, den Geist zu beruhigen (obwohl dieses Ergebnis eintreten kann und sicher den meditativen Prozess fördert). Er besteht auch nicht darin, sich abzulösen und sich keine Sorgen mehr zu machen. Stattdessen besteht ihr Zweck darin, die tiefe und letztlich befreiende Einsicht in die Natur der Wirklichkeit und Ihres Selbst zu erfahren, über die wir im Abschnitt »Die Philosophie des Buddhismus verstehen« weiter oben in diesem Kapitel geschrieben haben – eine Einsicht, die Ihnen zeigt, wer Sie sind und worum es im Leben geht, und die Sie ein für alle Mal vom Leiden befreit. (Näheres über diese Einsicht, die als *spirituelle Verwirklichung* oder *Erleuchtung* bezeichnet wird, finden Sie in Kapitel 10.)

Das Gleichnis vom vergifteten Pfeil

Weil die intellektuelle Aktivität eine so bedeutende Rolle in der Geschichte des Buddhismus spielte, könnte man tatsächlich versucht sein, den Buddhismus als Philosophie statt als Religion zu klassifizieren. Aber Shakyamuni Buddha selbst warnte davor, sich so in philosophischen Spekulationen zu verfangen, dass das letztliche Ziel seiner Lehren aus dem Blickfeld verschwindet. Diese Einstellung kommt in der oft erzählten Geschichte eines Mönches namens Malunkyaputta (wir wollen ihn der Kürze halber *Ehrwürdiger Mal* nennen) deutlich zum Ausdruck. Dieser Mönch trat eines Tages an Buddha heran und beklagte sich, dass dieser nie bestimmte philosophische Fragen angesprochen hätte, wie »Hat das Universum einen Anfang oder ein Ende?« oder »Existiert der Buddha nach dem Tod?« Der Ehrwürdige Mal erklärte, dass er seine Ausbildung als buddhistischer Mönch aufgeben und in sein früheres Leben als Laie zurückkehren würde, falls Buddha diese Fragen nicht ein für alle Mal beantworten würde.

Als Antwort beschrieb Shakyamuni die folgende hypothetische Situation: Nimm an, sagte er, ein Mann wäre durch einen vergifteten Pfeil verwundet worden. Seine besorgten Verwandten finden einen fähigen Chirurgen, der den Pfeil entfernen kann, aber der verwundete Mann weigert sich, von dem Arzt operiert zu werden, solange er nicht zufriedenstellende Antworten auf zahlreiche Fragen bekommen habe. »Der Pfeil soll nicht rausoperiert werden«, erklärt der verwundete Mann, »bevor ich nicht die Kaste, den Namen, die Größe, den Wohnort und so weiter des Mannes kenne, der mich verwundet hat.« Klar, dass eine solch dumme Person längst tot wäre, bevor all ihre Fragen jemals beantwortet werden könnten.

»Auf dieselbe Weise«, erklärte Shakyamuni dem Ehrwürdigen Mal, »würde jeder, der sagt, ›Ich will kein spirituelles Leben führen, bevor der Buddha mir nicht erklärt hat, ob das Universum ewig ist oder nicht oder ob der Buddha nach dem Tod existiert‹, längst gestorben sein, bevor er jemals befriedigende Antworten auf alle seine Fragen bekommen hätte«. Das wahrhaft spirituelle oder religiöse Leben hängt nicht davon ab, wie diese Fragen beantwortet sind. Denn, wie Shakyamuni dann ausführte: »Egal ob das Universum ewig ist oder nicht, stehst du immer noch Geburt, Alter, Tod, Kummer, Schmerz und Verzweiflung gegenüber, für die ich jetzt das Heilmittel verschreibe.«

Die Meditation erleichtert diese Einsicht, indem sie die fokussierte Aufmerksamkeit fortlaufend auf die Arbeitsweise Ihres Geistes und Herzens lenkt. In den frühen Stufen der Meditation verbringen Sie die meiste Zeit damit, sich, so gut Sie können, Ihrer eigenen Erfahrung bewusst zu werden – eine fast universelle buddhistische Praxis, die als *Achtsamkeit* bezeichnet wird. Sie können auch positive, vorteilhafte Qualitäten des Herzens wie liebende Güte und Erbarmen entwickeln oder förderliche Gestalten und Energien visualisieren. Doch letztlich besteht das Ziel aller buddhistischen Meditation darin, herauszufinden, wer Sie sind, und damit Ihr ruheloses Suchen und Ihre Unzufriedenheit zu beenden. (Näheres über die Meditation finden Sie in Kapitel 7.)

Verehrung zum Ausdruck bringen

Obwohl Buddha sie nicht ausdrücklich lehrte, ist die Verehrung schon lange eine zentrale buddhistische Praxis. Zweifellos begann sie mit der spontanen Verehrung, die Buddhas eigene Anhänger ihrem sanften, weisen und mitfühlenden Lehrer entgegenbrachten. Nach seinem Tod richteten die Anhänger mit einem Hang zur Verehrung ihre Ehrerbietung auf die erleuchteten Älteren der mönchischen Gemeinde und die Reliquien Buddhas, die in speziellen Monumenten, den sogenannten *Stupas*, aufbewahrt wurden.

Als sich der Buddhismus über Indien und letztlich über andere Länder verbreitete, entwickelten sich die sogenannten *Drei Juwelen* (Buddha, Dharma und Sangha) zum Hauptgegenstand der Verehrung – der große Lehrer (und seine Nachfolger), die Lehren selbst und die Gemeinde der Praktiker, die die Lehren erhalten und hochhalten. Bis heute *nehmen* alle Buddhisten, sowohl Laien als auch Mönche, *Zuflucht* zu den Drei Juwelen (auch *Drei Kleinodien* oder *Drei Kostbarkeiten* genannt). (Näheres über das Nehmen der Zuflucht finden Sie in Kapitel 6.)

Schließlich wurden aufgrund des natürlichen menschlichen Hangs, zu verehren und zu idealisieren, in bestimmten Traditionen des Buddhismus diverse transzendente Gestalten eingeführt, die besonders wünschenswerte spirituelle Qualitäten verkörperten. Indem Sie Ihre Verehrung dieser Gestalten aufrichtig zum Ausdruck bringen und dann imaginieren, sich mit ihnen zu vereinigen und dadurch ihre erwachten Qualitäten zu übernehmen, können Sie Ihre negativen Qualitäten allmählich in positive ändern und letztlich die vollkommene Erleuchtung zum eigenen Nutzen und zum Nutzen anderer erlangen – so lehren es jedenfalls diese Traditionen.

Das Studium und die Reflexion helfen, die buddhistischen Lehren klarer zu erfassen, aber die Verehrung schmiedet die innere Verbindung mit der Tradition und erlaubt Ihnen, Ihre Liebe und Wertschätzung für die Lehrer (und Lehren) auszudrücken und umgekehrt deren Liebe und Mitgefühl zu erfahren. Selbst Traditionen wie Zen, die die Verehrung zugunsten der Einsicht zurückzustellen scheinen, enthalten einen starken, der Verehrung gewidmeten Einschlag, der in Ritualen und Zeremonien zum Ausdruck kommt, aber für Neulinge nicht immer sichtbar ist. Für buddhistische Laien-Praktiker, die möglicherweise nicht die Zeit oder Lust zum Meditieren haben, kann die Verehrung der Drei Juwelen sogar zur Hauptpraxis werden. Tatsächlich haben einige Traditionen wie der Reines-Land-Buddhismus hauptsächlich die Verehrung zum Inhalt. (Näheres über die unterschiedlichen Traditionen des Buddhismus einschließlich des Zen- und Reines-Land-Buddhismus finden Sie in Kapitel 5.)

Das Leben dem Wohle aller Wesen widmen

Bei näherer Betrachtung lehrt der Buddhismus, dass Sie und die Menschen in Ihrer Umgebung im Grunde miteinander verbunden und voneinander abhängig sind – dass jedes anscheinend separate Wesen oder Ding, Sie eingeschlossen, nur eine einzigartige Ausdrucksform einer riesigen, unteilbaren Wirklichkeit sind. Mit dieser Perspektive im Geist (und im Herzen) ermutigt der Buddhismus Sie, Ihre spirituellen Anstrengungen nicht nur für sich selbst und die von Ihnen geliebten Menschen, sondern auch zum Wohle und zur Erleuchtung aller Wesen zu unternehmen (die in Wirklichkeit untrennbar mit Ihnen verbunden sind).

Viele buddhistische Traditionen lehren ihre Anhänger, ihre Liebe und ihr Mitgefühl aktiv für andere zu kultivieren – nicht nur für die, die ihnen nahe stehen, sondern auch für die, die sie stören oder denen sie feindlich gegenüberstehen (anderes ausgedrückt: Gegner). Tatsächlich glauben einige Traditionen, dass diese Hingabe an das Wohl aller die Grundlage des spirituellen Weges bildet, auf der alle anderen Praktiken basieren. Andere Traditionen lassen es zu, dass sich Liebe und Mitgefühl natürlich entwickeln, wenn sich die Einsicht vertieft und die Weisheit reift, während sie ihre Praktiker anweisen, die Verdienste ihrer Meditationen und Rituale allen Wesen zu widmen.

Unabhängig von der Methode stimmen hier die Lehren im Wesentlichen überein, dass alle Wesen untrennbar sind; und einige Traditionen vertreten sogar die Auffassung, dass Sie letztlich erst dann ein dauerhaftes Glück und dauerhaften Geistesfrieden erlangen können, wenn auch alle anderen Wesen glücklich und friedvoll sind. Auf dieser Erkenntnis beruht der Eid des *Bodhisattvas* (Sanskrit für *erwachtes Wesen*), der sein Leben der Erleuchtung aller Wesen widmet (siehe Kapitel 14). Der Bodhisattva glaubt, dass seine Arbeit auf dieser Erde erst getan ist, wenn alle Wesen befreit sind. Obwohl nicht jede buddhistische Tradition den Bodhisattva auf dieselbe Art sieht, würden doch alle darin übereinstimmen, dass dieser Geist im Herzen des Buddhismus wohnt.

> **IN DIESEM KAPITEL**
>
> Mit dem Geist Freundschaft schließen
>
> Die Eigenheiten des Geistes kennenlernen
>
> Die eigene grundlegende Reinheit erkennen
>
> Das Nicht-Wissen durch Weisheit überwinden
>
> Den Geist durch Mitgefühl verändern

Kapitel 2
Den Geist verstehen: den Schöpfer aller Erfahrung

In Kapitel 1 stellen wir den Buddhismus vor, indem wir das, was er *nicht ist* – ein strenges, starres System religiöser Glaubensvorstellungen –, mit dem vergleichen, was er tatsächlich ist – ein praktischer, auf Erfahrung basierender Weg zur Veränderung Ihres Lebens. Im Zentrum dieser Veränderung steht der Geist. Aber *Geist* ist ein recht verschwommener Begriff: Obwohl wir das Wort immer wieder verwenden – »Sie ist geistreich«, »Er war geistig weggetreten« und so weiter –, ist eine präzise Definition nicht leicht.

In diesem Kapitel erzählen wir Ihnen einiges darüber, was der Buddhismus über den Geist zu sagen hat, und achten dabei besonders darauf, wie die verschiedenen Funktionen des Geistes alles formen: von Ihrer spirituellen Entwicklung bis zu Alltagserfahrungen.

Erkennen, wie der Geist die Erfahrung formt

Bei vielen Gelegenheiten sagte Buddha, dass der Geist ausnahmslos alles erzeugt, formt und erfährt, was einem widerfährt. Deshalb ist nach buddhistischer Auffassung das, was in Ihrem Innern (in Ihrem Geist) vorgeht, viel wichtiger dafür, ob Sie glücklich oder unglücklich sind, als äußere Lebensumstände.

Haben die Funktionen Ihres Geistes tatsächlich eine größere Wirkung auf Sie als Ihr Besitz oder Ihre Umwelt? Schließlich versuchen große Unternehmen und Werbeagenturen jährlich mit Milliarden Euro, Sie vom Gegenteil zu überzeugen! Ging es nach ihnen, können Sie Ihr Glück am ehesten dadurch erlangen, dass Sie kaufen, was sie zu verkaufen haben. Jon bezeichnet diesen Appell der Werbung gerne als die »Wenn-doch-nur-Mentalität«: Wenn Sie doch nur ein größeres Auto fahren, in einem größeren Haus wohnen, mit einem stärkeren Mundwasser gurgeln oder ein weicheres Toilettenpapier benutzen würden – dann wären Sie wirklich glücklich. Selbst wenn Sie der Werbung nicht alles glauben, hängt Ihr Wohlbefinden doch von äußeren Faktoren ab – oder etwa nicht?

Sie sollten neue Informationen nicht einfach akzeptieren. Aussagen in einem Buch, in einem Vortrag oder in einer Vorlesung zu hinterfragen, ist kein intellektuelles Spiel oder nutzloser Zeitvertreib. Die richtigen Fragen zur rechten Zeit werden zu einem wesentlichen Teil Ihrer spirituellen Entwicklung. Buddha selbst wies darauf hin, dass Sie nicht viel erreichen, wenn Sie bestimmte Aussagen einfach als wahr akzeptieren und andere als falsch verwerfen, ohne sie näher analysiert zu haben.

Hier ist die Analyse besonders wichtig. Denn es geht um die Frage, wie Sie Ihr Leben führen sollten. Sollten Sie Ihr Glück hauptsächlich in der Anhäufung von Besitztümern und anderen Äußerlichkeiten suchen? Oder sollten Sie in erster Linie Ihr inneres Haus in Ordnung bringen?

Das folgende Beispiel zeigt Ihnen, wie Sie dieses Problem angehen können: Zwei Freundinnen, nennen wir sie Sabine und Sonja, reisen im Urlaub gemeinsam nach Teneriffa. Sie bewohnen dasselbe luxuriöse Strandhotel, essen die gleichen Mahlzeiten, die von demselben Meisterkoch zubereitet werden, rekeln sich an denselben unberührten Stränden und führen dieselben Freizeitaktivitäten aus. Doch als sie zu Hause von ihrer Reise erzählen, hören sich ihre Geschichten an, als hätten sie in zwei ganz verschiedenen Welten Urlaub gemacht! Für Sabine war Teneriffa der Himmel auf Erden, aber für Sonja war es die reinste Hölle. Für jede wundervolle Erfahrung, die Sabine erwähnt, setzt Sonja zwei fürchterliche dagegen. Kommt Ihnen diese – natürlich hypothetische – Situation nicht bekannt vor? Ist Ihnen oder Ihren Freunden nicht schon Ähnliches passiert?

Betrachten wir ein anderes Beispiel. Im Krieg werden zwei Freunde in einem Gefangenenlager interniert. Wie in dem vorangegangenen Beispiel leben beide unter den gleichen Bedingungen, doch dieses Mal sind die äußeren Umstände elend. Ein Soldat erleidet aufgrund der schrecklichen physischen Bedingungen extreme psychische Qualen und endet verbittert und geistig gebrochen. Der andere schafft es, sich über seine Umgebung zu erheben und wird sogar für die anderen Gefangenen zu einem Quell der Kraft. So ein Szenario kann durchaus Wirklichkeit werden. Wie also können Sie das erklären?

Diese Beispiele (und Ihre eigenen Erfahrungen) zeigen, dass die äußeren Lebensumstände nicht die einzigen – ja nicht einmal die wichtigsten – Faktoren für Ihre Zufriedenheit sind. Wenn die äußeren Bedingungen wichtiger als die Beschaffenheit Ihres Geistes wären, hätten sowohl Sabine als auch Sonja den Aufenthalt auf Teneriffa genossen, wären beide Gefangene gleichermaßen unglücklich gewesen und würde keine reiche und berühmte Person jemals an Selbstmord denken.

Je genauer Sie hinschauen, desto deutlicher werden Sie (falls die buddhistischen Lehren in diesem Punkt richtig sind) erkennen, dass vornehmlich Ihre mentale Einstellung die Qualität Ihres Lebens bestimmt. Wir behaupten nicht, dass Ihre äußeren Umstände keine Rolle spielen. Wir meinen auch nicht, eine Person müsse ihren gesamten Besitz aufgeben, um ernsthaft auf die spirituelle Suche gehen zu können. Aber ohne die Entwicklung Ihrer *inneren* Ressourcen des Friedens und der geistigen Stabilität kann kein noch so großer weltlicher Erfolg – ob gemessen an Reichtum, Ruhm, Macht oder Beziehungen – jemals wirklich befriedigen. Oder wie einmal jemand sagte: »Geld kann kein Glück kaufen; es kann es Ihnen nur ermöglichen, Ihre ganz eigene Form des Elends zu wählen.«

Ein Vergleich von Körper und Geist

Selbst wenn Sie eine Vorstellung davon haben, was der Geist ist, fällt es Ihnen möglicherweise schwer, ihn genau zu identifizieren. Schließlich können Sie nicht auf etwas zeigen und sagen: »Dies ist mein Geist.« Warum nicht? Weil Ihr Geist kein materielles Ding ist, das aus Atomen und Molekülen besteht. Im Gegensatz zu Ihrem Gehirn, Ihrem Herzen oder einem anderen Körperorgan hat Ihr Geist weder Farbe, Form oder Gewicht noch andere physikalische Eigenschaften.

Doch solange Sie leben, bleiben Ihr Körper und Ihr Geist eng miteinander verbunden und wirken aufeinander ein. Jeder weiß, dass zu viel Alkohol den Geist beeinträchtigen kann. Die chemische Verbindung Alkohol stumpft Ihre geistigen Fähigkeiten ab, verringert Ihre Hemmungen und kann sogar Halluzinationen auslösen.

Doch umgekehrt wirkt auch der Geist auf den Körper. Zu viele Sorgen können zu körperlichen Beschwerden wie Magengeschwüren, Kolitis (Dickdarmentzündung) und hohem Blutdruck führen. Diese Verbindung ist den Medizinern natürlich nicht entgangen. Immer mehr Ärzte erkennen an, dass der geistige Zustand eines Patienten erheblichen Einfluss auf seine Genesung haben kann. Viele Krankenhäuser bieten heute psychosomatische Behandlungen (wie Hypnotherapie, Gruppengespräche und Einzelberatungen) an, um ihren Patienten zu helfen, schneller gesund zu werden. Fast jede Buchhandlung bietet Bücher über die Bedeutung des Geistes für die Gesundheit sowie den heilenden Einfluss von Visualisierungen, Affirmationen und einer positiven geistigen Einstellung an. Ein bekannter Autor unterstützte sogar seine Heilung vom Krebs, indem er sich einen Film der Marx Brothers nach dem anderen anschaute! In seinem Fall war Lachen tatsächlich die beste Medizin.

Körper und Geist sind zwar verbunden, aber sie sind nicht identisch. Sonst würden Ihre geistigen Zustände nur aus den Nervenzellen, der elektrischen Aktivität und den chemischen Reaktionen Ihres Gehirns bestehen. Aber könnte man damit das Geschehen in Ihrem Geist befriedigend erklären? Können so vielfältige Erfahrungen wie das Sich-Verlieben, das Gefühl der Verlegenheit und eine künstlerische Eingebung auf molekulare Interaktionen reduziert werden?

Der Buddhismus lehrt, dass Ihr Körper (einschließlich Ihres Gehirns) eine physische Form hat, aber Ihr Geist (der sich all Ihrer Erfahrungen bewusst ist) formlos ist. Deshalb können Sie Ihren Geist nicht sehen oder berühren. Aber die Formlosigkeit hält Ihren Geist nicht davon ab, zu tun, was nur er tun kann – Sie in die Lage versetzen, bewusst zu sein! Tatsächlich ist genau das die Aufgabe des Geistes: aufmerksam (oder bewusst) zu sein. Dieses Bewusstsein funktioniert auf vielen verschiedenen Ebenen, vom Weltlichen (Sie sind sich der Wörter auf dieser Seite bewusst) bis zum Außerordentlichen (eine Person mit einem »erweiterten« Bewusstsein kann im Geist einer anderen Person lesen oder Ereignisse sehen, die an einem anderen Ort der Welt stattfinden).

Sich dem Geist aus drei verschiedenen buddhistischen Perspektiven annähern

Die verschiedenen buddhistischen Schulen haben jeweils ihr eigenes Vokabular entwickelt, um den Geist und seine Rolle bei der spirituellen Entwicklung zu beschreiben. Die folgenden Ansätze der drei heute im Westen hauptsächlich vertretenen buddhistischen Strömungen sollen Ihnen einen Eindruck von der Vielfalt dieser Auffassungen vermitteln:

- ✔ Die Theravada-Tradition von Südostasien folgt der ausführlichen Analyse des Geistes, die in dem *Abhidharma* oder »besonderen Lehre«, dem dritten Teil des buddhistischen Kanons enthalten ist. (Näheres über alle drei Teile oder »Körbe« von Buddhas Lehren finden Sie in Kapitel 4.) Diese umfangreichen Lehren teilen die Funktionen des Geistes in verschiedene Kategorien ein, wie primäre und sekundäre, geschickte und ungeschickte und so weiter. Diese psychologische Analyse kann Ihnen helfen, genau zu verstehen, welche der vielen verschiedenen mentalen Funktionen (ein Abhidharma-System identifiziert fast 50 Funktionen!) in einem einzelnen Moment in Ihrem Geist entstehen. Je besser Sie die komplexe und sich ständig wandelnde Natur dieser mentalen Funktionen schon bei der Entstehung identifizieren können, desto gründlicher können Sie die schädliche Illusion einer festen, unveränderlichen Ich-Identität durchschneiden (eine Erklärung finden Sie in Kapitel 13) und spirituelle Befreiung erlangen.

- ✔ Viele Anhänger der Vajrayana-Tradition studieren auch die Abhidharma-Lehren über den Geist, die verschiedenen mentalen Funktionen und so weiter. Außerdem bietet die Vajrayana-Tradition Techniken an, um Kontakt mit dem in dieser Tradition sogenannten *Geist des Klaren Lichtes* herzustellen, einem glückseligen Zustand des Bewusstseins, der sich im Kern Ihres Wesens befindet und der weit mächtiger als jeder gewöhnliche Zustand des Geistes ist. Indem sie die Kontrolle über diesen verborgenen Schatz gewinnen, können fähige Meditierende (oder *Yogis* des Klaren Lichtes) sich schnell und vollkommen durch mentale Hindernisse »hindurchbrennen«. Diese Aktion setzt sie von Angesicht zu Angesicht mit der ultimativen Wirklichkeit und führt sie schließlich zur höchsten Erleuchtung der Buddhaschaft.

- ✔ Gemäß der Zen-Tradition in Japan durchdringt der *Große Geist* oder die *Buddha-Natur* das Universum. Alles, was Sie sowohl in Ihrem Innern als auch außen erfahren, ist nichts anderes als dieser Geist. Im Gegensatz dazu tendiert der *Kleine Geist*, der analytische, begrifflich arbeitende Geist, dahin, sich selbst als ein begrenztes, separates Ego oder Selbst zu identifizieren. Spirituelles Erwachen umfasst eine Verschiebung der Identität vom Kleinen Geist zum Großen Geist.

Wir werden die Ansätze dieser drei bedeutendsten Strömungen in diesem Buch noch eingehender behandeln (insbesondere in Kapitel 5). Doch im Moment möchten wir darauf hinweisen, dass diese drei Traditionen trotz ihrer Unterschiede in einem wichtigen Punkt übereinstimmen: Sie haben die Wahl, wie Sie Ihr Leben erfahren. Ihr Geist kann dunkel oder hell, begrenzt oder weitläufig sein. Ersteres ist mit Frustration und Unzufriedenheit verbunden, Letzteres bringt Freiheit und Erfüllung. Auf dem spirituellen Weg können Sie Ihre Vision des Lebens vom Dunklen zum Hellen und vom Begrenzten zum Weitläufigen verschieben.

Einige Funktionen des Geistes identifizieren

Wer ein so komplexes Thema wie das Bewusstsein oder die Bewusstheit behandelt, kann schnell ins Unverbindliche und Abstrakte abgleiten. Deshalb wollen wir mit den beiden Funktionen des Geistes beginnen, mit denen Sie sich Ihrer Welt bewusst werden: Wahrnehmung (*Perzeption*) und Denken (*Konzeption*).

- ✔ **Wahrnehmung (Perzeption):** Morgens beim Aufwachen beginnt Ihr Geist, sich die Welt durch ein Fenster anzuschauen – Ihre Sinne. (Näheres über diese physischen Sinne finden Sie weiter unten in diesem Kapitel in dem Abschnitt »Die sechs Hauptarten des Bewusstseins erkennen«.) Im Moment wollen wir nur das Sehen betrachten. Stellen Sie sich vor, dass Sie gerade die Nacht in einem fremden Hotelzimmer verbracht haben. Wenn Sie sich am Morgen den Schlaf aus den Augen reiben und sich umschauen, sehen Sie nicht sofort die verschiedenen Gegenstände in Ihrem Hotelzimmer. Sie sehen statt des Gemäldes an der Wand einfach nur eine Ansammlung verschiedener Formen und Farben. Das ist alles, was Ihre Augen direkt wahrnehmen: Formen und Farben. Dann tritt das Denken auf den Plan.

- ✔ **Denken (Konzeption):** Einige Zeit nach der Wahrnehmung (dabei kann es sich um einen Sekundenbruchteil oder eine beträchtlich längere Zeitspanne handeln) identifizieren Sie die Ansammlung der Formen und Farben als Gemälde. Sobald Sie diese Verbindung herstellen, können Sie zusätzliche Gedanken über dieses Gemälde formen: »Das gefällt mir.«, »Das ist das schlechteste Gemälde, das ich gesehen habe.«, »Ich glaube, es ist ein Original.«, »Vielleicht ist es eine Reproduktion.«, »Ich würde gerne wissen, was es kostet.«, »Ich glaube, das würde gut in mein Schlafzimmer passen.« Wenn Ihnen das Gemälde so gut gefällt, dass Sie es kaufen, denken Sie beim nächsten Mal vielleicht auch: »Dies ist mein Gemälde.« Begriffe wie ein gutes Gemälde, ein schlechtes Gemälde, ein teures Gemälde, mein Gemälde und so weiter sind Interpretationen Ihres Geistes.

Dieses Beispiel zeigt, dass hier ein zweistufiger Prozess abläuft. Der erste Schritt ist die bloße Wahrnehmung; Ihr visuelles Bewusstsein wird sich einfach einiger Sinnesdaten bewusst. Doch bald danach überzieht der denkende Teil Ihres Geistes die bloße Wahrnehmung mit einer Mischung aus Vorstellungen, Gedanken, Vorlieben und anderen dualistischen Beurteilungen. Begriffe werden als *dualistisch* bezeichnet, weil Sie nicht einige

Dinge für »gut« halten können, ohne automatisch andere für »schlecht« zu halten. Diese dualistische Sicht der Dinge ist die Basis von Anhaftung und Ablehnung; in ihnen wiederum sieht der Buddhismus die Ursache all Ihrer Probleme. (Weitere Einzelheiten finden Sie im Abschnitt »Weisheit: Die Schleier der Unwissenheit wegziehen« weiter unten in diesem Kapitel.)

Doch es gibt einen Moment, bevor der begriffsbildende Geist ins Spiel kommt. Dann kann Ihr Geist einen flüchtigen Blick auf das Objekt werfen, so wie es ist, ohne dass Beurteilungen, Interpretationen oder Geschichte dazwischenstehen. Um unser Beispiel vom Hotelzimmer fortzusetzen: In diesem Augenblick sehen Sie das Gemälde direkt, nicht-dualistisch. Dies ist die Funktionsweise des erleuchteten Geistes – unbelastet von Konzepten wie *gut* oder *schlecht*, *mein* und *dein* und so weiter. (Näheres über die Bedeutung der Erleuchtung finden Sie in Kapitel 10.) Bei spirituellen Übungen geht es hauptsächlich darum, Dinge in dieser direkten, nicht-konzeptionellen Art sehen zu lernen und diese Art der Betrachtung einzuüben.

Die sechs Hauptarten des Bewusstseins erkennen

Weil der menschliche Körper fünf Sinne hat, gibt es fünf Arten der sensorischen Bewusstheit, die manchmal als die *fünf sensorischen Bewusstseinsarten* bezeichnet werden. In einigen buddhistischen Texten werden sie mit den folgenden, recht technischen Namen bezeichnet, aber ihre Bedeutung ist ziemlich einfach, sodass Sie sich nicht mit den lateinisch klingenden Namen herumplagen sollten:

- ✔ **Auditorisches Bewusstsein:** Nimmt Töne, Laute, Geräusche wahr (oder ist sich ihrer bewusst)

- ✔ **Gustatorisches Bewusstsein:** Nimmt Geschmacksvarianten (wie bitter, salzig, süß und sauer) wahr

- ✔ **Olfaktorisches Bewusstsein:** Nimmt Gerüche und Düfte wahr

- ✔ **Taktiles Bewusstsein:** Nimmt Tastempfindungen (wie warm und kalt, rau und glatt und so weiter) wahr

- ✔ **Visuelles Bewusstsein:** Nimmt Farben und Formen wahr

Diese fünf Arten der sensorischen Bewusstheit oder des sensorischen Bewusstseins hängen von der Gesundheit Ihres Körpers und Ihrer Sinnesorgane ab. Aber eine sechste Art von Bewusstheit hängt in ihrer Funktion *nicht* so direkt von Ihren physischen Sinnen ab. Dieses sechste Bewusstsein wird als das *mentale Bewusstsein* bezeichnet. Das mentale Bewusstsein kann sich aller oben genannten Dinge – Formen und Farben, Geräusche, Gerüche, Geschmacksvarianten und Tastempfindungen – und vieler anderer Dinge bewusst sein.

> **Verzerrte Erscheinungen**
>
> Die fünf Arten des sensorischen Bewusstseins hängen vom Zustand der zugehörigen Sinnesorgane ab. Wenn Sie erkältet sind, können Sie Ihr Geruchsempfinden vollkommen verlieren; das olfaktorische Bewusstsein ist nach wie vor in Ordnung, aber durch eine verstopfte Nase kann man nicht riechen. Ähnlich weiß jeder Koch, der schon einmal eine Suppe versalzen hat, dass sich die Zunge an bestimmte Geschmacksempfindungen gewöhnen kann. Ein weiteres Beispiel: Wenn Sie mit einem Finger auf eine bestimmte Stelle Ihrer Augenhöhle drücken und dann in den Abendhimmel schauen, sehen Sie nicht einen, sondern *zwei* Monde. Dies sind nur einige Beispiele, die zeigen, dass Sie der Art, wie Dinge Ihrem Geist erscheinen, nicht immer trauen können. Wenn Sie dann auch noch die verschiedenen Verzerrungen durch Ihre Vorurteile und Erwartungen berücksichtigen, wird klar, dass unverzerrte Wahrnehmungen gar nicht so häufig vorkommen, wie Sie vielleicht angenommen haben.

Erkennen, wie bestimmte Faktoren das mentale Bewusstsein beeinflussen

Wer vom Geist spricht, meint im Allgemeinen das sechste, das heißt das mentale Bewusstsein. Wenn Sie beispielsweise an Ihre Mutter denken, könnten Sie sagen: »Meine Mutter ist mir durch den Kopf (Geist) gegangen«, selbst wenn sie Hunderte Kilometer entfernt wohnt – oder bereits gestorben ist. Und wenn Sie so stark an sie denken, dass ihr Bild vor Ihnen erscheint, dann *sehen* Sie sie – nicht mit Ihrem *visuellen* Bewusstsein, sondern mit Ihrem *mentalen Bewusstsein*. Oder wie es eine alte Redewendung ausdrückt: Sie sehen sie mit Ihrem *geistigen Auge*.

Dieses sechste Bewusstsein funktioniert auf unterschiedliche Arten und beeinflusst jeden Aspekt Ihres Erlebens einschließlich der fünf sensorischen Bewusstseinsarten. So ist die Aufmerksamkeit – die Fähigkeit, den Geist in eine bestimmte Richtung zu lenken – nur eine der vielen verschiedenen Qualitäten des mentalen Bewusstseins.

Wenn Sie wach sind, empfangen alle fünf Arten des sensorischen Bewusstseins in Form von Sinnesdaten laufend Informationen aus Ihrer Umwelt, aber der Grad der Aufmerksamkeit, die Ihr Geist den einzelnen Informationen in diesem permanenten Datenstrom widmet, kann sehr stark variieren.

Während Sie dieses Buch lesen, achten Sie mit Ihrem visuellen Bewusstsein auf die Form der Buchstaben und Wörter auf einer Seite. Aber wie bewusst sind Sie sich der Tast- und Druckempfindungen, die durch die Berührung Ihres Gesäßes mit dem Sessel (Stuhl, Sofa) ausgelöst werden, in dem Sie beim Lesen sitzen? Halten Sie einen Moment inne und denken Sie darüber nach. Bis wir Ihre Aufmerksamkeit auf diese Empfindungen gelenkt hatten, waren Sie sich wahrscheinlich ihrer gar nicht bewusst. (Natürlich wäre es etwas anderes, wenn Sie sich plötzlich auf einen Splitter setzen würden. Dann müsste Ihnen keiner helfen, sich *diese* Art von Empfindung voll bewusst zu machen.)

Dieses Beispiel zeigt, dass die Qualität Ihres sensorischen Bewusstseins, abhängig von vielen Faktoren, stark variiert. In einigen Fällen – wenn Sie einer optischen Illusion unterliegen – können Sie Dinge vollkommen falsch wahrnehmen. Sinneseindrücke sind notorisch unzuverlässig. Aber unter bestimmten Umständen können Sie einen wahrhaft erstaunlichen Grad eines gesteigerten sensorischen Bewusstseins erfahren. So sprechen Profisportler oft davon, sich »in der Zone« zu befinden. Wenn das passiert, scheint sich eine Aktion (und die Zeit) zu verlangsamen, gleichgültig, wie heftig sie sein mag. Sportler behaupten, dass sie alles klar sehen können, als ob die Ereignisse mit einer Superzeitlupe ablaufen würden. Das gesamte Spielfeld und alle anderen Spieler kommen ganz scharf ins Bewusstsein. Das ist der Moment, in dem wundersame Dinge passieren können.

Solche Änderungen sind die Folge gesteigerter Konzentration, eines anderen Aspekts beziehungsweise einer anderen Funktion Ihres mentalen Bewusstseins. *Konzentration* ist die Fähigkeit des Geistes, ohne abzuschweifen bei jedem Objekt zu bleiben, auf das Sie Ihre Aufmerksamkeit richten. Die Konzentration kann wie andere mentale Fähigkeiten entwickelt werden. (Tipps für die Entwicklung Ihrer Konzentration finden Sie in Kapitel 7.) Meistens ist Ihre Konzentration ziemlich zerstreut – weich und unscharf wie das Licht einer normalen Glühbirne. Aber wenn Sie Ihre Konzentration scharf fokussieren, ähnelt sie dem durchdringenden Licht eines Laserstrahls. Einige Meistermeditatoren erreichen einen besonders konzentrierten Zustand des Geistes, *Samadhi*, in dem ihr Geist tiefe Einsichten in die Wirklichkeit erlangen kann. (Es wird berichtet, dass Einstein, wenn er sich mit einem theoretischen Problem befasste, längere Zeit in einen *Samadhi*-ähnlichen Zustand des Geistes glitt. In diesem Zustand blieb er regungslos und war sich nicht bewusst, was um ihn herum geschah.)

Nach Emotionen suchen

Bis jetzt haben wir in dieser Einführung in den Geist bestimmte mentale Aktivitäten – wie Analyse, Konzentration und Begriffsbildung – betont, doch diese Aktivitäten sind nicht die einzigen Funktionen des Geistes. Das mentale Bewusstsein umfasst auch Ihre positiven und negativen Einstellungen und emotionalen Zustände.

Geistige Entwicklung im Buddhismus bedeutet nicht, klüger zu werden, sondern die Klammer zu lockern, mit der die »negativen« Zustände Ihren Geist einengen, und die »positiven« Qualitäten Ihres Geistes zu stärken. (Wir setzen diese Wörter in Anführungszeichen, weil »negativ« und »positiv« nur relative Begriffe sind; die Teile Ihres Geistes sind nicht von Natur aus »gut« oder »schlecht«.)

Das Anzapfen Ihrer emotionalen Intelligenz – um einen Ausdruck zu benutzen, der vor Jahren populär geworden ist – hat großen Anteil an Ihrer mentalen und spirituellen Entwicklung.

Geist, Kopf und Herz

Im Westen werden die verschiedenen Aspekte des mentalen Bewusstseins tendenziell an einer von zwei Stellen angesiedelt: im Kopf oder im Herzen. Funktionen wie Wissen, Denken, Schlussfolgern, Erinnern oder Analysieren – anders ausgedrückt: Funktionen, denen im Allgemeinen eine mentale Natur zugeschrieben wird – werden dem Kopf zugewiesen. Wer eine überragende akademische Intelligenz besitzt, wird oft als »kluger Kopf« bezeichnet. Wenn Leute versuchen, ein schwieriges Problem zu lösen oder sich an etwas zu erinnern, das sie vergessen haben, kratzen sie sich oft am Kopf, als ob das irgendwie den Denkprozess anregen könnte.

Das emotionale Zentrum Ihres Wesens wird dagegen oft im Herzen angesiedelt. Wer von starken Emotionen erfasst wird, greift oder schlägt sich an beziehungsweise auf die Brust. Liebe, Mut und zahlreiche andere Gefühle werden dort angesiedelt. Das Herz ist zum Symbol für romantische Gefühle geworden (denken Sie nur an die vielen Karten zum Valentinstag), und das englische und französische Wort *courage* – deutsch *Mut*, eine tapfere Einstellung des Geistes – ist mit dem französischen Wort *coeur*, Bedeutung *Herz*, verwandt. Auch die Redewendung »sich ein Herz fassen« spielt darauf an.

Interessanterweise wurden einst auch andere Organe als das Herz als Sitz verschiedener Emotionen angesehen. So glaubten viele zu Shakespeares Zeiten, die Leber wäre der Sitz der Leidenschaft. Diese Auffassung zeigt sich auch heute noch in der englischen Beleidigung *lily-livered*, was so viel wie *feige* oder *furchtsam* bedeutet (englisch *liver*, deutsch *Leber*). Im Deutschen kann einem schon einmal »eine Laus über die Leber« laufen. Andere englische Ausdrücke »to vent one's spleen« (deutsch »seine üble Laune abreagieren«) oder »to have a lot of gall« (deutsch »voller Bitternis sein«, »dem läuft die Galle über«) weisen darauf hin, dass immer wieder spezielle Gefühle mit wechselnden inneren Organen assoziiert wurden.

Im Buddhismus gibt es diese scharfe Trennung zwischen der emotionalen Natur des Herzens und den eher intellektuellen Qualitäten des Gehirns und des Kopfes nicht. Das Sanskrit-Wort *Chitta* (auf das wir noch einmal in Kapitel 14 eingehen) wird je nach Kontext als »Geist«, »Herz«, »Einstellung« oder »Bewusstsein« übersetzt. Ähnlich kann das japanische Wort *Shin* sowohl mit »Geist« als auch mit »Herz« übersetzt werden.

Die grundlegende Reinheit Ihres Geistes verstehen

Wenn Sie die vorangegangenen Abschnitte dieses Kapitels gelesen haben, haben Sie möglicherweise einige Fragen. Wenn Sie erkannt haben, dass der Geist sowohl negative *als auch* positive Elemente enthält, könnten Sie sich fragen, ob dies immer so bleiben wird. Warum sollte sich diese Situation ändern? Gibt es einen Grund zu glauben, dass bewunderungswürdige Qualitäten, die jeder schätzt (wie Wohlwollen), diejenigen ersetzen werden, die für das Elend verantwortlich sind (wie Missgunst)? Anders ausgedrückt: Kann es eine spirituelle Entwicklung geben?

Erkennen, dass Irrtümer unbegründet sind

Um diese Fragen zu beantworten, müssen Sie zunächst erkennen, dass sich Ihr Geist *immer* wandelt. Ein starker negativer Zustand des Geistes wie Hass kann plötzlich entstehen, aber er wird sicher wieder vergehen. Das ist die ureigene Natur der Dinge: Sie sind nicht beständig. (Ein beliebter Spruch lautet: »Die einzige Konstante ist der Wandel.«)

Außerdem ruht keiner dieser negativen, beunruhigenden Zustände des Geistes auf einer soliden Grundlage. Sie alle basieren auf Missverständnissen. Eifersucht, Hass, Gier und ähnliche negative Emotionen führen genau deshalb zu Leid und Unzufriedenheit, weil sie nicht mit der Wirklichkeit in Einklang stehen. Sie zeichnen ein irreführendes Bild der Welt. Wenn Sie etwas zufällig attraktiv finden, übertreibt die Täuschung der Anhaftung seine guten Qualitäten, bis es Ihnen perfekt und unbedingt wünschenswert erscheint. Wenn Sie dann selbst den kleinsten Mangel an genau demselben Objekt entdecken, können Ihr Ärger und Ihre Enttäuschung das Objekt in Ihren Augen wertlos oder sogar abstoßend erscheinen lassen. Was für eine Achterbahn der Emotionen! So findet ein Mann, der total in eine Frau verliebt ist, kaum genug Wörter, um all ihre wundervollen Eigenschaften zu beschreiben. Doch bei der Scheidung kurze Zeit später hat er kein einziges gutes Wort mehr für sie.

Weil Täuschungen nicht fest in der Wirklichkeit verankert sind, können sie durch Weisheit überwunden werden. (Oder um es anders auszudrücken: Sie können durch Einsicht aufgeklärt werden.) *Weisheit* ist der positive, klärende geistige Faktor, der Ihnen zeigt, wie die Dinge wirklich sind, und nicht, wie Sie sie sich fälschlicherweise vorstellen. Die anderen positiven Zustände des Geistes und des Herzens wie Liebe und Mitgefühl sind durch die Weisheit keinesfalls bedroht. Sie werden durch sie eher noch gestärkt.

Einige Traditionen des Buddhismus lehren, dass Weisheit, Liebe und Mitgefühl als innewohnende Qualitäten im Kern Ihres Wesens ruhen. Diese positiven Qualitäten sind tiefer und zuverlässiger als die negativen Faktoren, die als darüber liegende Schichten oder Schleier zu verstehen sind. Deshalb ist ein Wandel zum Besseren nicht nur einfach möglich, sondern er bedeutet eine Rückkehr zu Ihrem natürlichen Urzustand.

Die Sonne hinter den Wolken finden

Vom buddhistischen Standpunkt betrachtet ist die Natur des Geistes rein, unbefleckt und bedingungslos. Oft wird dieser Punkt anhand einer eingängigen Analogie illustriert: Zunächst müssen Sie sich eine längere Zeit mit einem wolkenverhangenen Himmel vergegenwärtigen. (Jon lebte einige Jahre in Nordengland, sodass diese Übung für ihn sehr leicht ist. Er erinnert sich, einmal gesagt zu haben: »Letzte Woche war das Wetter gar nicht so schlecht; es regnete nur zweimal – einmal drei Tage und einmal vier Tage lang!«) Bei einem solchen Wetter hat man manchmal das Gefühl, als wäre die Sonne vollkommen verschwunden, als würde sie nicht mehr existieren. Aber jeder weiß, dass die Sonne nicht wirklich verschwunden ist, egal wie das Wetter ist. Die Wolken verdecken einfach Ihre Sicht auf die Sonne. Wenn sich das Wetter ändert und die Wolken aufreißen, scheint die Sonne genauso hell wie vorher.

Auf ähnliche Weise existiert unter den Wolken der Täuschung (verwirrte und unangenehme Gefühle der Gier, des Ärgers, der Eifersucht und ähnlich negative Gefühle, die Sie möglicherweise im Moment empfinden) immer noch eine wesentliche Reinheit. Sie wird von den verdunkelnden Täuschungen nicht berührt oder befleckt, gleichgültig, wie heftig sie sein mögen oder wie häufig sie den Frieden Ihres Geistes stören mögen. Diese ruhige Qualität spiegelt sich in dem Zen-Ausspruch wider: »Unter dem, der beschäftigt ist, ist einer, der nicht beschäftigt ist.«

Der spirituelle Weg, den Buddhas Lehren aufzeigen, besteht deshalb hauptsächlich darin, die nicht authentischen, nicht wesentlichen Aspekte Ihrer Erfahrung zu durchdringen, damit das Sonnenlicht Ihrer *Buddha-Natur* – die grundlegende Reinheit der tiefsten Schicht des Bewusstseins – ohne Störung hervorbrechen und scheinen kann. Manchmal wird eine alltagsnähere Analogie verwendet: Dem spirituellen Pfad zu folgen, ähnelt dem Schälen einer Zwiebel: Eine Schicht nach der anderen wird weggenommen!

 Ein wichtiger Text des Mahayana-Buddhismus, das sogenannte *Uttara-Tantra*, das dem Maitreya-Buddha (Näheres siehe Kapitel 3) zugeschrieben wird, enthält poetische Analogien für diese grundlegende Reinheit. In der folgenden Analogie (die nach einer Übersetzung von Glenn Mullin angepasst wurde) wird die Buddha-Natur, die allen Wesen gemeinsam ist, mit einem Schatz verglichen, der verborgen unter dem Haus eines armen Mannes liegt.

> *Unter dem Boden des Hauses eines armen Mannes liegt ein Schatz, Aber weil er nichts von seiner Existenz weiß,Glaubt er nicht, dass er reich ist.*
>
> *Ähnlich liegt die Wahrheit selbst in eines Menschen Geist Fest und unvergänglich.*
>
> *Doch weil die Wesen sie nicht sehen,Erfahren sie einen permanenten Strom des Elends. Der Schatz der Wahrheit liegt im Haus des Geistes; Buddhas werden rein in diese Welt geboren,Damit dieser Schatz bekannt gemacht werde.*

Den Pfad der Weisheit und des liebenden Mitgefühls nachvollziehen

Was müssen Sie tun, um die grundlegende Reinheit zu erreichen, zu enthüllen und zu erfüllen? Gelinde ausgedrückt, ist dies ein umfangreiches Thema. Wir beschreiben den Prozess der Enthüllung und Verwirklichung Ihrer Buddha-Natur ausführlich in Teil IV, aber folgende Aussagen geben Ihnen eine Zusammenfassung:

✔ Kultivieren Sie die *Weisheit*, die das Nicht-Wissen, die Wurzel aller Leiden, demaskiert.

✔ Erzeugen Sie *liebendes Mitgefühl*, das Ihr Herz für andere öffnet.

Kurzum: Der Weg zur Erleuchtung besteht aus der *Vereinigung von Weisheit und Mitgefühl*. (Dieser Gedanke wird oft als *Einheit von Weisheit und Mittel* bezeichnet, weil das liebende Mitgefühl das beste Mittel ist, um anderen zu helfen.) In Kapitel 14 erklären wir Weisheit und Mitgefühl ausführlicher. Doch die folgenden Abschnitte sollten Ihnen bereits eine Vorstellung davon vermitteln, was sie umfassen.

Weisheit: Die Schleier der Unwissenheit wegziehen

In seinen Lehren betonte Buddha immer wieder, dass *ausnahmslos jede* Erfahrung des Leidens und der Unzufriedenheit ihre Wurzel oder Quelle im Nicht-Wissen hat. Doch der Begriff *Nicht-Wissen* bedeutet in diesem Zusammenhang nicht, etwas in dem Sinne *nicht* zu verstehen oder *nicht* zu wissen, wenn jemand sagt: »Ich habe in der Schule nie Trigonometrie gehabt; ich habe davon absolut keine Ahnung.« Stattdessen ist Nicht-Wissen in seiner schlimmsten Form – das heißt die Art von Nicht-Wissen, die laut Buddha für jedermanns Probleme verantwortlich ist – ein Zustand, in dem man das Wesen der Dinge *falsch versteht* oder *falsch auffasst*. Einfach ausgedrückt: Dieses Nicht-Wissen besteht aus all den Missverständnissen, die Sie daran hindern, die Dinge so zu sehen, wie sie wirklich sind. Die Zen-Tradition sagt: »Alle Wesen haben die Weisheit und Tugend des vollkommen Erleuchteten. Aber weil ihre Ansichten verzerrt sind, erkennen sie diese Tatsache nicht.«

Als Jons Lehrer und verehrter spiritueller Freund, Lama Thubten Yeshe, 1974 zum ersten Mal in die Vereinigten Staaten kam, verwies er manchmal auf die angespannten Beziehungen zwischen Schwarzen und Weißen (das war, bevor der Begriff *Afro-Amerikaner* verwendet wurde), um die zerstörerischen Auswirkungen der auf Unwissenheit basierenden Missverständnisse zu illustrieren. Er wies darauf hin, dass ein weißer und ein schwarzer Mann, die sich auf der Straße begegnen, den anderen tatsächlich gar nicht sehen. Sie sehen nur ihre eigenen *Projektionen* – die verzerrten Bilder ihres eigenen Geistes, die sie auf die andere Person »projizieren«. Diese Projektionen – »Alle schwarzen Leute sind wie dieser«, »Alle weißen Leute sind wie jener« – halten beide Männer davon ab, die jeweils andere Person in ihrer menschlichen Komplexität so zu sehen, *wie sie tatsächlich ist*. Die daraus resultierende Atmosphäre des Misstrauens, des Argwohns und der Furcht erzeugt nichts als Probleme.

 Buddha wies auf drei spezielle Arten von Missverständnissen oder Nicht-Wissen hin, von denen Sie sich befreien müssen, wenn Sie die Dinge mit dem erleuchteten Auge der Weisheit sehen und das Ende Ihrer Probleme erfahren wollen:

- ✔ Irrtümlich glauben, dass eine Quelle von Leiden und Unzufriedenheit in Wirklichkeit eine Quelle wahren Glücks sei (wenn ein Alkoholiker glaubt, sein Heil im Trinken zu finden)

- ✔ Irrtümlich glauben, dass etwas, das sich von Augenblick zu Augenblick ändert, tatsächlich permanent, dauerhaft und unveränderlich ist (wenn eine Person glaubt, dass ihr gutes, jugendliches Aussehen ewig erhalten bleibt – von kosmetischer Chirurgie einmal abgesehen)

- ✔ Irrtümlich glauben, dass Menschen und Dinge ein substanzielles, unabhängiges, auffindbares *Selbst* besitzen – eine individuelle eigenständige, vom Ganzen separierte Natur

Diese letzte und grundlegendste Form des Nicht-Wissens ist vielleicht nicht leicht zu verstehen. Selbst die Worte, mit denen sie erklärt wird, haben spezielle Bedeutungen, die beim kursorischen Lesen nicht offensichtlich sind. Doch keine Bange. Wir erklären diese subtilste Form des Nicht-Wissens (und die beiden anderen) in Kapitel 13 ausführlicher.

Liebendes Mitgefühl: Das Herz für andere öffnen

Wenn die Beschreibung des Nicht-Wissens und der Irrtümer für Sie schweres Terrain ist, bietet Ihnen dieses Thema möglicherweise eine willkommene Abwechslung. *Liebendes Mitgefühl* ist eine Charaktereigenschaft, die jeder bewundert – sie könnte die anziehendste Charaktereigenschaft derjenigen sein, die auf einem echten spirituellen Weg weiter fortgeschritten sind, ob sie nun Buddhisten sind oder nicht.

Beispiele für erleuchtetes Mitgefühl kennenlernen

Nehmen Sie seine Heiligkeit, den Dalai Lama (Näheres über ihn erfahren Sie in Kapitel 15). Viele Leute betrachten den Dalai Lama als die menschliche Verkörperung dieser warmen und freundlichen Einstellung des liebenden Mitgefühls. Seine lächelnde Haltung und seine aufrichtige Teilnahme – nicht zu vergessen sein herzliches Lachen! – haben vielleicht mehr dazu beigetragen, die Werte einer wahren spirituellen Entwicklung zu vermitteln als alle Bücher, die in den letzten Jahrzehnten über den Buddhismus veröffentlicht wurden. Und der Grund, warum dieser tibetische Mönch so viele Menschen aus allen gesellschaftlichen Schichten berührt hat, ist kein Geheimnis. Er selbst hat oft gesagt: »Meine Religion ist Güte.«

Diese Güte, diese Menschlichkeit, dieses liebende Mitgefühl oder wie auch immer Sie diese warmen Empfindungen für andere nennen wollen, haben nichts Komplexes oder Geheimnisvolles. Liebendes Mitgefühl kann spontan in allen Herzen entstehen, abgesehen von besonders stark beschädigten. Sie fühlen es, wenn Sie merken, dass ein kleines Kind in Gefahr ist, oder wenn sie ein Tier qualvoll heulen hören. Ohne Rücksicht auf sich selbst und ohne darüber nachzudenken, wollen Sie sofort diese hilflosen Opfer von dem Leid oder der Bedrohung befreien, die sie gerade erfahren.

Der einzige Unterschied zwischen einem solchen spontanen Mitgefühl und dem eines vollkommen erleuchteten Wesens – einem Buddha – ist seine Reichweite. Obwohl es für Sie wahrscheinlich leicht ist, echte Teilnahme für das Wohlergehen von Haustieren, kleinen Kindern und anderen Ihnen nahestehenden Wesen aufzubringen, könnten Sie dasselbe auch über Ihre Einstellung zu anderen Menschen sagen? Seien Sie ehrlich zu sich selbst: Wie fühlen Sie sich, wenn Sie hören, dass jemand, den Sie nicht mögen – vielleicht weil er Sie kürzlich beleidigt hat –, ein Problem oder einfach nur Pech gehabt hat? Wenn Sie sofort ein Gefühl wie Schadenfreude empfinden, ist die Reichweite Ihres liebenden Mitgefühls begrenzt.

Ein vollkommen erleuchtetes Wesen wie Shakyamuni Buddha (der unter anderem den Beinamen *der Mitfühlende* hat) erfährt solche Begrenzungen oder Vorurteile nicht mehr. (In Kapitel 3 erfahren Sie Näheres über den historischen Buddha.) Seine mitfühlende Teilnahme an anderen ist bedingungslos. Unabhängig davon, ob die Menschen, die in Schwierigkeiten sind, freundlich oder unfreundlich, Freunde oder Feinde sind, entsteht das liebende Mitgefühl für alle gleichermaßen und spontan.

Buddhisten sind sicher nicht die Einzigen, die diese unbedingte, altruistische Teilnahme an anderen bewundern. Das oft zitierte Gebot von Jesus »Liebet eure Feinde« ist ein kraftvoller Ausdruck desselben unbegrenzten Ausflusses des Herzens.

Selbstsucht überwinden und Ihren Geist transformieren

Die Schönheit der unbedingten Liebe und des Mitgefühls zu preisen, ist ja schön und gut. Schließlich ist es leicht, das liebende Mitgefühl zu bewundern, wenn man es im Leben und den Taten solcher spirituellen Persönlichkeiten wie Buddha, Jesus Christus, dem Dalai Lama und Mutter Teresa sieht.

Aber vielleicht fragen Sie sich inzwischen, was das für Sie bedeutet. Möglicherweise denken Sie: »Ich weiß, dass ich nicht für jeden unbedingte Liebe empfinde. Aber was soll ich tun? Sollte ich deshalb Schuldgefühle haben? Sollte ich so tun, als wäre ich glücklich, wenn mein Kollege an meiner Stelle befördert wird?« Oder vielleicht würden Sie lieber die Hände verzweifelt zusammenschlagen und denken: »Einer wie ich könnte niemals dem Beispiel des Dalai Lama oder von Mutter Teresa nacheifern. Ich glaube, ich bin einfach nicht gut.« Oder wenn Sie besonders zynisch sein wollen, könnten Sie denken: »Ich weiß, wie selbstsüchtig ich bin, und ich glaube nicht, dass andere wirklich anders sind. All dieses Gerede über die Sorge um andere und die Empfindungen unbedingter Liebe für andere ist nur eine frömmelnde Verstellung. Meine Philosophie lautet: ›Sorg dafür, dass du selbst die Nummer eins wirst!‹ Ich bin ein Realist, und dieser ganze spirituelle Unsinn ist nur etwas für Spinner.« Wie kann man diesen Zweifeln, Gefühlen der Unzulänglichkeit und Einwänden begegnen?

Spiritueller Fortschritt stellt sich nicht ohne Vorbereitung ein. Buddha sagte, dass er *drei ungezählte Äonen* – darunter ist eine Zeitspanne zu verstehen, die länger als die gesamte vergangene und zukünftige Existenz dieses Planeten währt – gebraucht hatte, um von dem ersten Mal, an dem er seinen Geist auf den Pfad zur Erkenntnis lenkte, bis zu dem Zeitpunkt zu gelangen, an dem er die vollkommene Erleuchtung erlangte. Deshalb ist es unrealistisch, sofort Ergebnisse zu erwarten. (Dagegen lehren viele Traditionen des Buddhismus, dass Sie in einem Augenblick zu Ihrer erleuchteten Natur erwachen können – doch es dauert immer noch Jahre, um dieses Erwachen im Alltagsleben zu verwirklichen. Näheres über die verschiedenen Ansätze zur Erleuchtung finden Sie in Kapitel 10.)

Wie können Sie feststellen, ob sich ein bestimmter Pfad für Sie eignet? Prüfen Sie, ob er zu den Ergebnissen führt, für die er wirbt. Wir meinen hier nicht die Erfahrung blendender Blitze der Einsicht oder der plötzlichen Entdeckung oder Erweckung wundersamer Kräfte. Fragen Sie sich einfach, ob Sie freier, entspannter und offener werden, wenn Sie die Lehren Buddhas oder anderer befolgen. Nehmen Ihre Spontaneität und Authentizität zu? Beschäftigen Sie sich weniger mit sich selbst? Wachsen Ihre Weisheit, Ihre Freude und Ihr Mitgefühl? Solche Ergebnisse treten nicht über Nacht ein, und Sie sollten Ihren Fortschritt nicht zwanghaft beobachten. Doch wenn Sie den Buddhismus sechs Monate oder ein Jahr regelmäßig praktiziert haben, sollten Sie Bilanz ziehen und Ihren Fortschritt begutachten.

Glücklicherweise verfügt der buddhistische *Meditationsweg*, der Kern der buddhistischen Praxis, über das Mittel, um diese erwünschte Selbsttransformation herbeizuführen. Wir beschreiben verschiedene Meditationstechniken an mehreren Stellen dieses Buches und diskutieren die Rolle der Meditation für das spirituelle Wachstum. So finden Sie in Kapitel 7 Meditationstechniken für den Abbau der Selbstsucht und die Erweiterung Ihrer Anteilnahme am Leben anderer.

Wenn Sie die Meditationstechniken in die Praxis umsetzen (das heißt regelmäßig meditieren), können Sie entdecken, dass Sie tatsächlich die Macht haben zu ändern, wie Sie auf andere, auf Ihre Umgebung und sogar auf sich selbst reagieren. Wenn Sie genügend Ausdauer aufbringen, werden Sie weniger zwanghaft reden und handeln und sogar nicht mehr in denselben gewohnten Mustern von früher denken. Langsam, aber sicher könnten Sie feststellen, dass Sie sich selbst von Leiden und Unzufriedenheit befreien können. Und wenn nach einiger Zeit nichts davon eintritt – wenn Sie gar keine positiven Ergebnisse erfahren –, legen Sie einfach beiseite, was auch immer Sie gelesen haben. Schließlich sagt der Dalai Lama: »Sie sind nicht verpflichtet, Buddhas Lehren zu folgen. Versuchen Sie nur, ein guter Mensch zu sein. Das genügt.«

Teil II
Der Buddhismus früher und heute

IN DIESEM TEIL …

Nehmen Sie an unserer aufschlussreichen Reise durch die Geschichte des Buddhismus am Beispiel des Lebens von Buddha teil.

Hier werden Sie die grundlegenden Lehren des Buddha kennenlernen und erfahren, wie sie sich entwickelt haben, als sich der Buddhismus über Asien verbreitete und sich seinen Weg bis in die Gegenwart bahnte.

IN DIESEM KAPITEL

Einen Blick auf das frühe Leben von Prinz Siddhartha werfen

Das königliche Leben hinter sich lassen

Der Buddha werden

Praktizieren, was er lehrte

Kapitel 3
Das Leben und die Lehren des historischen Buddha

Man nimmt an, dass Shakyamuni Buddha, der Gründer des Buddhismus, von 563 bis 483 v. Chr. lebte (neuere Forscher legen das Datum ins 4. Jahrhundert, mehr Konsens findet das 5. Jahrhundert. Die hier genannte ältere Datierung gilt seit Langem als überholt). Geboren als Prinz Siddhartha war er Erbe einer Herrschaftsfamilie und gab später seinen königlichen Lebensstil auf, um nach Wegen zur Beendigung allen Leidens zu suchen. Diese Suche führte ihn irgendwann zu dem berühmten Bodhi-Baum – *Bodhi* bedeutet Erleuchtung –, unter dem er im Alter von 35 Jahren die Buddhaschaft, das vollkommene Erwachen, erlangte. Dieses Erwachen brachte ihm den Namen *Shakyamuni*, der Weise der Shakyas. (*Shakya* war der Name des Geschlechts, dem er entstammte.) Die restlichen 45 Jahre lehrte er den Pfad aus dem Leiden und der Unzufriedenheit zu der echten spirituellen Erfüllung.

Einerseits ist der Buddhismus die Aufzeichnung dieser umfangreichen und gehaltvollen spirituellen Lehren. Andererseits ist er natürlich die lebendige Verkörperung dieser Lehren im Leben von spirituellen Praktikern aller Zeiten einschließlich der Gegenwart. Doch die vielleicht inspirierendsten Lehren, die Shakyamuni Buddha gab, waren im Beispiel seines eigenen Lebens enthalten. Wie das Leben von Jesus Christus ist auch Shakyamunis Lebensgeschichte in den vergangenen 2.500 Jahren immer wieder erzählt worden, und jede Kultur, die vom Buddhismus beeinflusst wurde, hat auf sein Leben auf ihre Weise reagiert.

In diesem Kapitel werfen wir einen kurzen Blick auf Buddhas grundlegende Lehren sowie einige der bedeutendsten und inspirierendsten Episoden seiner Lebensgeschichte, wie sie über die Jahrhunderte hinweg überliefert worden ist. (Die vollständige Geschichte ist zu umfangreich, um hier erzählt zu werden. Wenn Sie mehr über Buddhas Leben lesen wollen, sollten Sie die Literaturliste in Anhang B heranziehen.) Wir lassen auch viele (allerdings nicht alle) der eher wundersamen Details aus, die in traditionellen Überlieferungen über sein Leben erzählt werden, weil wir glauben, dass seine Lebensgeschichte (zumindest für ein westliches Publikum) ohne sie annehmbarer ist.

Buddhas frühes Leben

Selbst im Buddhismus werden die Ereignisse in Buddhas Leben und die Bedeutung seiner Erleuchtung unterschiedlich interpretiert.

Einige Traditionen behaupten, die Person, die als Shakyamuni geehrt wurde, habe die Buddhaschaft (das heißt die vollkommene und höchste Erleuchtung) bereits in einem früheren Leben erlangt. In einem Zustand völliger Reinheit verweilte er mit anderen Buddhas an einem Ort mit dem treffenden Namen *Tushita-Himmel* – »der Ort des Glücks« –, bis seine Zeit kam, auf die Erde herabzusteigen und anderen den spirituellen Weg zu zeigen, den er bereits zu Ende gegangen war. Nach dieser Auffassung diente sein gesamtes Leben auf der Erde nur dazu, anderen den Weg zur Befreiung und Erfüllung ihrer Sehnsüchte zu zeigen.

✔ Nach anderer Auslegung begann Shakyamuni seine spirituelle Reise lange vor seiner Lebenszeit von 563 bis 483 v. Chr. und erlangte bedeutende Stufen der Verwirklichung; aber er beendete seine Reise tatsächlich erst, als er im Alter von 35 Jahren seines historischen Lebens als indischer Prinz Siddhartha unter dem Bodhi-Baum saß.

✔ Wieder andere Traditionen lehren, Shakyamuni sei ein gewöhnlicher Mensch gewesen, der zufällig in besonders vorteilhafte Lebensumstände (das heißt: genügend freie Zeit und Energie) hineingeboren wurde und einen unermüdlichen Drang hatte, die vollkommene spirituelle Verwirklichung zu erlangen. Nach dieser Version können Sie, wie er, Erleuchtung in einem einzigen Leben erlangen.

Obwohl einige Traditionen Buddha mythisch überhöhen, während andere ihn als normalen Menschen betrachten, stimmen sie alle darin überein, dass er das lebendige Beispiel für die letztliche Erfüllung des menschlichen Daseins war – die vollständige Befreiung von Verwirrung und Leiden.

Die verschiedenen buddhistischen Traditionen stimmen im Großen und Ganzen auch hinsichtlich der Ereignisse in Shakyamunis Leben überein. Zunächst einmal wurde er danach als Sohn und Erbe von König Shuddhodana des nordindischen Geschlechts der Shakya geboren.

Mit Widersprüchen umgehen

Die Tatsache, dass man Buddhas Lebensgeschichte unterschiedlich interpretieren kann, wirft ein interessantes Problem auf: Wenn es zwei verschiedene und widersprüchliche Erklärungen einer Sache gibt, nehmen die meisten Leute an, dass, wenn eine Erklärung richtig ist, die andere falsch sein muss. Wenn Sie beispielsweise die Gleichung $2 + x = 5$ lösen, gibt es nur eine korrekte Antwort; alles andere als 3 ist falsch. Wenn Sie diesen strengen »mathematischen« Ansatz gewohnheitsmäßig auf alles anwenden, könnten Sie sich bei den verschiedenen Auffassungen von Buddhas Lebensgeschichte unwohl fühlen. Vielleicht beharren Sie darauf, dass nur eine dieser Interpretationen korrekt sein kann: »Wenn er ein Buddha ist, erlangte er die Erleuchtung entweder *während* seines Lebens als indischer Prinz oder davor. Falls eine Antwort richtig ist, muss die andere falsch sein. Was also ist richtig?«

Die buddhistischen Lehrer, die wir getroffen haben, scheinen sich überhaupt nicht unwohl dabei zu fühlen, verschiedene Erklärungen für dasselbe Ereignis zu liefern. Wir wollen damit nicht behaupten, sie würden sorglos mit der Wahrheit umgehen. Ein großer Teil ihrer Ausbildung umfasst eine scharfe intelligente Untersuchung der Natur der Wirklichkeit, sodass sie sicher nicht unscharf denken. Aber sie akzeptieren, dass der Wert einer bestimmten Erklärung zu einem großen Maße von dem Empfänger abhängt, für den sie bestimmt ist. Weil sich die Menschen in ihren Einstellungen und Neigungen so stark unterscheiden, ist die Erklärung, die für eine Person am besten ist, möglicherweise für eine andere nicht besonders hilfreich.

Vor vielen Jahren hatte Jon die Gelegenheit, den Dalai Lama privat zu treffen und ihm einige Fragen zu stellen. (Näheres über diese außerordentliche Person finden Sie in Kapitel 15.) In diesem Interview nannte der Dalai Lama den Namen von Tsongkhapa, eines großen tibetanischen Meisters, der vor mehr als 600 Jahren geboren wurde und der Lehrer des ersten Dalai Lama war. Die folgenden Dalai Lamas hatten immer den höchsten Respekt vor diesem speziellen Meister und verehrten ihn sehr; und der gegenwärtige Dalai Lama – der 14. in dieser Reihe – bildet keine Ausnahme.

Im Allgemeinen bringen Tibeter Tsongkhapa große Ehrerbietung entgegen und betrachten ihn als einen vollkommen erleuchteten Buddha. Sie halten ihn für eine menschliche Manifestation von Manjushri, des Buddhas, der die Weisheit aller erleuchteten Wesen verkörpert. Aber bei dieser Gelegenheit sagte der Dalai Lama (so wie sich Jon erinnert): »Ich betrachte Tsongkhapa lieber als normalen Menschen, der es durch eine große Anstrengung schaffte, den spirituellen Pfad in seinem Leben zu vollenden. Ich halte diese Auffassung von ihm für inspirierender, als zu glauben, er wäre bereits erleuchtet geboren worden.«

Eine verheißungsvolle Geburt

Das Geschlecht der Shakya lebte in dem Teil Nordindiens, der an das heutige Königreich Nepal grenzt. Das Oberhaupt dieses Geschlechts, König Shuddhodana (schu-*du*-da-na), war unglücklich, weil er keinen Thronerben hatte. Dann hatte seine Frau, Königin Maya, eines Nachts einen Traum, in dem ihr ein wundervoller, weißer Elefant mit sechs Stoßzähnen erschien und in ihren Körper fuhr (siehe Abbildung 3.1).

Die Königin erwachte sofort, und ihr Körper und Geist waren mit einer größeren Glückseligkeit erfüllt, als sie jemals zuvor erfahren hatte. Alle weisen Männer am Hof erkannten diesen Traum als Zeichen dafür, dass die Königin mit einem besonderen Kind schwanger war, das zu einem großen Führer heranwachsen würde.

Abbildung 3.1: Königin Maya träumt von einem wunderbaren Elefanten.

Gegen Ende ihrer Schwangerschaft verließ die Königin den Palast ihres Ehemanns in der Hauptstadt Kapilavastu und machte sich mit ihrem Gefolge auf den Weg zum Hause ihrer Eltern, um dort auf die Geburt zu warten – ein Brauch, der auch heute noch von werdenden Müttern in vielen Teilen Indiens praktiziert wird. Als sie an den wunderschönen Gärten von Lumbini vorbeikamen, merkte die Königin, dass die Geburt jeden Moment erfolgen könnte. Deshalb ging sie in die Gärten hinein und gebar, gestützt von dem Zweig eines Baumes, ihren Sohn (siehe Abbildung 3.2).

Abbildung 3.2: Die Geburt in den Lumbini-Gärten

Alle Überlieferungen sind sich einig, dass das Kind außerordentlich schön war, obwohl Sie sicherlich von dem Helden dieser Geschichte nichts anderes erwartet haben. Zahlreiche vielversprechende Vorzeichen begleiteten seine Geburt; und in Anerkennung dieser

Tatsache nannte ihn sein stolzer Vater *Siddhartha* (sid-*hart*-ta), was bedeutet: »der, durch den alles Wundervolle erreicht wird«.

Kurz nach Siddharthas Geburt traf Asita (a-*sie*-ta), ein allgemein geachteter religiöser Einsiedler, unerwartet in Kapilavastu ein. Auch er hatte die Zeichen einer verheißungsvollen Geburt gesehen und war an den königlichen Hof gekommen, um das Kind selbst zu betrachten. König Shuddhodana begrüßte Asita mit großer Liebenswürdigkeit und ließ das Baby zu ihm bringen. Stellen Sie sich dann den Schock und die Furcht der stolzen Eltern vor, als der alte Einsiedler nach einem Blick auf ihren geliebten Jungen in Tränen ausbrach.

Aber schnell beruhigte Asita das königliche Paar, dass er weder etwas Falsches noch irgendwelche Anzeichen für künftige Katastrophen in dem Kind gesehen hätte. Ganz im Gegenteil! Asita sagte, dass es bemerkenswerte Eigenschaften zeige, die ihn zu einem sogar noch größeren Herrscher als seinen Vater machen würden. Und wenn Siddhartha das königliche Leben verlassen und ein Wahrheitssucher werden würde, würde er sogar noch größer werden als ein einfacher Herrscher: Er würde die Quelle der spirituellen Führung für die gesamte Welt werden!

Und was seine Tränen angehe, sagte Asita, würde er um sich selbst weinen. Sein ganzes Leben habe er nur dem spirituellen Weg folgen wollen. Aber jetzt, da er eine Person getroffen habe, die ihm diesen Weg habe zeigen können, sei es zu spät. Asita wusste, dass er, wenn Siddhartha alt genug sein würde, um seine Unterweisungen zu beginnen, selbst bereits tot sein würde.

Ein überfürsorglicher Vater

Asitas Prophezeiung ermutigte den König und beunruhigte ihn zugleich. Er wollte nichts als einen Sohn, der den Königsthron erbte und den Ruhm der königlichen Familie mehrte. Danach, wenn er ein alter Mann wie Asita sein würde, könnte sich Siddhartha in ein religiöses Leben zurückziehen, wenn er dies wünschen sollte. Aber die Prioritäten des Königs waren eindeutig: Sein Sohn sollte ein mächtiger und allseits bewunderter Herrscher werden.

Obwohl der junge Prinz von Anfang an große Intelligenz bewies, machte etwas in seinem Charakter seinem Vater Sorgen. Das Kind, das von seiner Tante erzogen wurde, nachdem seine Mutter gestorben war, war außergewöhnlich freundlich und empfindsam, zu sanft, um über ein Volk zu herrschen. Er war nicht an den rauen Spielen seiner Spielgefährten interessiert und verbrachte seine Zeit lieber mit der Pflege der Tiere, die auf dem Gut des Palastes lebten. In einer berühmten Episode rettete der Prinz das Leben eines Schwans (siehe Abbildung 3.3), den sein gemeiner Cousin Devadatta (de-va-*da*-ta) angeschossen hatte. (Während Siddharthas ganzen Lebens taucht Devadatta immer wieder als eifersüchtiger Rivale auf.)

 Der König fürchtete, dass Siddharthas empfindsame Natur ihn dazu veranlassen könnte, das königliche Leben vorzeitig aufzugeben, sodass er alles ihm Mögliche unternahm, um die raue Wirklichkeit des Lebens vor seinem Sohn zu verbergen. Wenn beispielsweise ein Diener krank wurde, verbannte ihn der König aus dem Palast, bis die Krankheit vorüber war. Laut Überlieferung war ein Gärtner des Königs dafür verantwortlich, alle Blumen in dem Moment abzuschneiden und zu entfernen, in dem sie anfingen zu welken. So sollte dem Prinzen sogar der Schmerz erspart bleiben, die natürlichen Zeichen des Zerfalls zu sehen.

Abbildung 3.3: Der Schwan wird von dem Prinzen vor seinem Cousin gerettet.

Der Prinz heiratet: Gefangen in den Lustschlössern

Schließlich war Siddhartha alt genug, um ans Heiraten zu denken und seine eigene Familie zu gründen. Der König war sicher, dass die damit verbundenen Verpflichtungen ihn davon abhalten würden, das königliche Leben aufzugeben, sodass er ein Ereignis arrangierte, bei dem sein Sohn eine passende junge Frau aus der Gegend treffen konnte (etwa vergleichbar mit dem Ball, der zur Brautsuche für den Königssohn in *Aschenputtel* abgehalten wurde).

Bei diesem Ereignis traf Siddhartha Yashodhara (ja-*sho*-da-ra), die Tochter eines benachbarten Königs. Es war für beide Liebe auf den ersten Blick. (Später, als er vollkommen erleuchtet war, erklärte Shakyamuni diese sofortige Anziehung damit, dass er und Yashodhara bereits in einigen früheren Leben miteinander verheiratet waren. Auf ihrem Weg hatten sie sogar einmal als Tigerpaar zusammengelebt!). Doch bevor sie heiraten und bis ans Ende ihrer Tage glücklich miteinander leben konnten, musste Siddhartha beweisen, dass er Yashodharas würdig war, indem er rivalisierende Freier in Wettkämpfen der Stärke und der Kampfestechniken besiegte. Wie Sie sich wohl gedacht haben, blieb Siddhartha siegreich; er und Yashodhara feierten ein fröhliches Hochzeitsfest.

Bald lebten Siddhartha und seine Braut in den drei Lustschlössern (jeweils eins für die heiße, die kalte und die regnerische Jahreszeit), die sein Vater für sie gebaut hatte. Die Paläste befanden sich alle jeweils in einem riesigen Park, der von einer Mauer umschlossen war. Tatsächlich hatte der König Siddhartha in den Palästen eingesperrt, ohne dass dies dem Prinzen bewusst war. Weil alles und jeder innerhalb dieser Gefängnisse attraktiv und bezaubernd war, würde Siddhartha sicher niemals gehen wollen – wenigstens war das der Plan des Königs. Und als Yashodhara einen Sohn, Rahula (rah-*hu*-la), gebar, schien der Plan aufzugehen.

Das verbotene Wissen wird enthüllt: Die vier Zeichen

Doch selbst die besten Pläne von Höflingen und Königen scheitern manchmal. Eines Tages sang ein Palastmusiker Siddhartha und seiner Frau ein Lied über die Schönheiten und

Wunder der Welt vor. Von den Beschreibungen neugierig gemacht, bat der Prinz seinen Vater um die Erlaubnis, durch die Tore des Palastes hinauszugehen, um selbst zu sehen, was es dort draußen gab.

Zu diesem Zeitpunkt war Siddhartha 29 Jahre alt, und sein Vater erkannte, dass die Zeit für seinen Sohn gekommen war, sein Königreich kennenzulernen, das er eines Tages beherrschen würde. Deshalb erteilte der König die Erlaubnis für die Ausfahrt, ließ jedoch vorher alle unansehnlichen Stellen in dem Bereich der Stadt beseitigen, die sein Sohn besuchen würde. Als schließlich alles vorbereitet war, fuhr der Prinz mit seinem Wagenlenker *Chandaka* in die Stadt.

Zuerst lief der Besuch sehr gut. Die Menschen begrüßten Siddhartha mit großer Freude und Zuneigung, und Siddhartha gefiel alles, was er sah. Aber dann stießen Siddhartha und Chandraka auf etwas, das nur sie beide zu bemerken schienen – eine unglückliche Person, die sich vor Schmerzen krümmte und von Husten und Fieber geplagt wurde (das erste »Zeichen«, siehe Abbildung 3.4).

Abbildung 3.4: Krankheit

Siddhartha bat seinen Wagenlenker, ihm die Bedeutung dieses unerwarteten Anblicks zu erklären. »Dies ist Krankheit, mein Herr«, antwortete Chandraka. Dann fuhr er fort zu erklären, dass früher oder später fast jeder die Erfahrungen der Krankheit und des Unwohlseins macht. Der Prinz war erschrocken, als er erkannte, dass jederzeit seine Familie, seine Freunde, seine Gefährten oder er selbst Schmerz und Elend erfahren könnten. Plötzlich verebbten seine ganze Freude und sein Glück, und er konnte nur noch an das Leiden denken, das er gerade gesehen hatte und das jeden bedrohte.

Bei seinen beiden nächsten Besuchen in der Stadt begegneten Siddhartha zwei noch beunruhigendere Anblicke (»Zeichen«) – Alter und Tod (siehe Abbildung 3.5 und Abbildung 3.6). Der Prinz war erschüttert. Er fragte sich, wie sich die Menschen bei den

Abbildung 3.5: Alter

Abbildung 3.6: Tod

ständigen Bedrohungen durch Krankheit, Alter und dem unvermeidlichen Tod so sorglos und glücklich verhalten könnten.

Schließlich entdeckte er bei seinem vierten Ausflug, was er zu tun hatte. Bei dieser Gelegenheit sah er einen hauslosen Wanderer (das vierte »Zeichen«, siehe Abbildung 3.7). Trotz seines schäbigen Aussehens besaß dieser Mann eine bemerkenswerte Ruhe und Entschlossenheit. Als der Prinz ihn fragte, wer er sei, antwortete der Mann: »Ich bin ein Mann, der sein häusliches Leben aufgegeben hat, um nach einem Weg aus dem Leiden der Welt zu suchen.« Plötzlich sah Siddhartha seine Bestimmung klar vor sich. Er wusste, dass auch er seinen Lebensstil würde aufgeben müssen, um sich selbst vollkommen der spirituellen Suche zu widmen.

Abbildung 3.7: Ein heimatloser Sucher der Wahrheit

> ### Der Sinn von Buddhas Geschichte
>
> Selbst in dieser verkürzten Version der Geschichte von Prinz Siddhartha scheint einiges unglaubwürdig zu sein. Wie hätte beispielsweise jemand, der so klug wie Siddhartha war, 29 Jahre alt werden und dennoch nichts über Krankheit, Alter und Tod erfahren können? Wie hätten die Vorsichtsmaßnahmen eines noch so fürsorglichen Vaters ihn von diesen grauenhaften Realitäten abschirmen können?
>
> Doch trotz dieser Einwände enthält die Geschichte einen tiefen wahren Kern. Selbst in dieser modernen Welt der sofortigen, weltweiten Kommunikation und des Internets bringen es die Menschen fertig, nicht zu sehen, was unmittelbar vor ihren Augen liegt. Obdachlose bevölkern die Straßen, aber die meisten Leute nehmen sie nicht wahr. In den Krankenhäusern, wo der Tod allgegenwärtig ist, wird der wahre Zustand eines Patienten vor ihm geheim gehalten. Und wir haben sogar schon von einigen Gemeinden gehört, in denen Beerdigungsprozessionen nur des Nachts erlaubt sind, um die Öffentlichkeit (es gibt nur eine Öffentlichkeit) nicht zu erschrecken.
>
> Der Name des Spiels heißt *Verleugnung*, und das Spiel wird überall in Ihrer Umgebung gespielt. Falls und wenn die Widrigkeiten des Lebens diese Wand der Verleugnung durchbrechen können, kann die Erfahrung verheerend sein und sogar das Leben verändern. Wie Siddhartha wenden viele Leute ihre Aufmerksamkeit von weltlichen Zielen ab und dem spirituellen Weg zu, wenn ihnen unerwartet ein Leid oder Verlust widerfährt. Natürlich geben nur sehr wenige Leute beim ersten Anzeichen von Krankheit und Tod alles auf, um sich auf die Suche nach der Wahrheit zu begeben, wie es Siddhartha tat.

Der Beginn der Suche

Die vier Zeichen der Krankheit, des Alters, des Todes und eines hauslosen Wahrheitssuchers (siehe den Abschnitt »Das verbotene Wissen wird enthüllt: Die vier Zeichen« weiter oben in diesem Kapitel) markieren den Anfang der spirituellen Suche des Prinzen. Ihre Bedeutung für die Geschichte des Buddhismus ist unbestreitbar, und Darstellungen von Siddharthas entscheidenden Begegnungen werden oft auf die Wände buddhistischer Tempel gemalt.

Dem königlichen Leben entsagen

Nachdem Siddhartha erkannt hatte, dass er nicht länger in den Grenzen des königlichen Lebens eingesperrt bleiben konnte, bat er seinen Vater um die Erlaubnis zu gehen. Der König reagierte, wie es viele Väter in ähnlichen Situationen tun würden: Er ging in die Luft! Er verbot dem Prinzen strikt, zu gehen, und ließ an allen Ausgängen des Palastes Wachen aufstellen, um sein Weggehen zu verhindern.

Doch der Prinz war entschlossen zu gehen. Siddhartha wollte noch einmal seinen kleinen Sohn in den Armen halten, bevor er ging, aber entschied sich dagegen, weil er fürchtete, aus Versehen die schlafende Yashodhara aufzuwecken (siehe Abbildung 3.8). Er schlich sich schweigend an den schlafenden Musikern, Tänzerinnen und Dienern vorbei nach draußen,

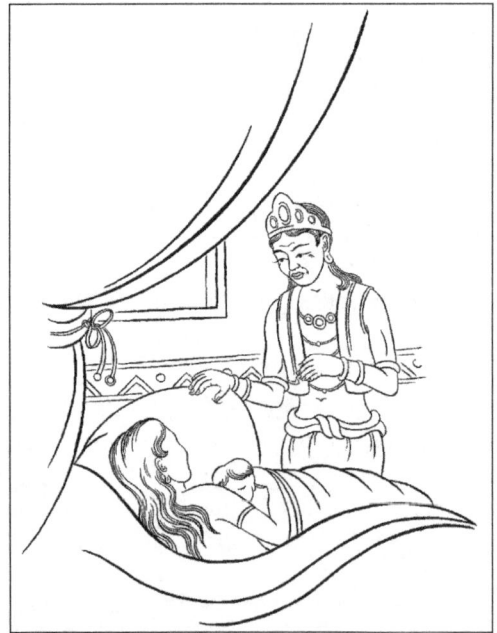

Abbildung 3.8: Siddhartha verabschiedet sich schweigend von seiner Frau und seinem Kind.

wo er Chandraka (seinen Wagenlenker) weckte und ihn bat, sein Pferd zu satteln, weil er einen nächtlichen Ausritt machen wollte. Chandraka war überrascht, aber er gehorchte dem Prinzen.

Alle Leute im Palast einschließlich der Wachen waren eingeschlafen (denken Sie an die Szene in Dornröschen, in der jeder plötzlich vom Schlaf übermannt wird), sodass Siddhartha entkommen konnte. Er und Chandraka ritten durch die Nacht; und als sie anhielten, wies der Prinz Chandraka an, mit dem Pferd des Prinzen und seinen königlichen Schmuckstücken allein zum Palast zurückzukehren. Chandraka begann zu weinen und fragte, was er der Familie des Prinzen erzählen sollte, die sicher am Boden zerstört sein würde. »Sag ihnen«, antwortete Siddhartha, »dass ich nicht gegangen bin, weil ich sie nicht liebe, sondern weil ich sie alle so liebe, dass ich einen Weg finden muss, um die Leiden der Krankheit, des Alters und des Todes zu überwinden. Falls ich Erfolg habe, werde ich zurückkehren. Falls nicht, würde uns der Tod sowieso irgendwann getrennt haben.« Es blieb Chandraka nichts anderes übrig, als alleine zurückzukehren.

Siddhartha war jetzt allein, und seine erste Handlung bestand darin, die Zeichen seiner königlichen Herkunft abzulegen. Er schnitt sein langes, wallendes Haar ab (siehe Abbildung 3.9), tauschte seine Seidenkleidung gegen das grobe Tuch eines Waldbewohners und machte sich, seinem früheren Lebens vollkommen entsagend, auf die Suche nach jemandem, der ihm bei seinem Streben helfen könnte.

Abbildung 3.9: Die große Entsagung

Nach seiner großen Entsagung (nähere Einzelheiten finden Sie in dem Einschub »Die Bedeutung der Entsagung« in diesem Kapitel) traf Siddhartha zwei berühmte spirituelle Lehrer und studierte bei ihnen. Obwohl er schnell die Meditationstechniken meisterte, die sie ihm beibrachten, erkannte er, dass die Techniken zwar hilfreich, aber unzureichend waren, um ihm die vollständige Befreiung vom Leiden zu bringen, die er anstrebte. Er musste tiefer gehen.

Die Bedeutung der Entsagung

Langes Haar war eines der Hauptkennzeichen für Angehörige der indischen Herrscherschicht, und Siddharthas Entscheidung, sein Haar abzuschneiden, symbolisierte seine große Entschlossenheit, das gesamte Muster seines Lebens zu ändern und sich der spirituellen Suche zu widmen. Noch heute gehört es oft zur Einweihungszeremonie einer Person, die sich formell dafür entscheidet, den buddhistischen Weg des Lebens zu beschreiten, sich das Haar oder zumindest eine Haarsträhne abzuschneiden, um die große Entsagung Buddhas zu imitieren. Wer sich als zölibatärer Mönch oder zölibatäre Nonne ordinieren lassen will, muss sich als Zeichen, dem verheirateten Leben eines Laien ganz und gar entsagt zu haben, das Kopfhaar komplett abrasieren lassen.

Aber das Wesentliche der Entsagung besteht nicht darin, sich das Haar abschneiden zu lassen oder seine äußere Erscheinung auf andere Art zu ändern. Sie bedeutet auch nicht, unbedingt alle Dinge aufzugeben, an denen Sie Spaß haben. Wer gerne ins Kino geht oder sich im Fernsehen Fußballspiele anschaut, muss diese Vergnügungen nicht aufgeben, wenn er Buddhist werden will. Diese Tatsache mag einige Leser überraschen, weil wir gelegentlich Leute sagen hören: »Ich habe gedacht, dass Buddhisten auf all diese Dinge verzichten sollen.«

Letztlich geht es bei der Entsagung überhaupt nicht darum, Freude oder Vergnügen aufzugeben. Tatsächlich trifft fast genau das Gegenteil zu! Die wahre Bedeutung der Entsagung ist die Entscheidung, das Leiden aufzugeben. Die Ursache von Leiden und Unzufriedenheit ist das Anhaften; und es ist das Anhaften, das Sie aufgeben müssen. Wenn Sie etwas genießen können, ohne ihm anzuhaften – ohne es zu einem Hindernis für Ihren spirituellen Fortschritt oder zu einer Verschwendung Ihrer Zeit und Energie werden zu lassen –, müssen Sie es nicht aufgeben.

Ins Extrem gehen: Sechs Jahre der Selbstverleugnung

Siddhartha hörte von einem Wald im Königreich Magadha, in dem sich oft *Asketen* (Leute, die sich selbst die kleinsten Annehmlichkeiten des Lebens versagen) versammelten, um zu üben, und entschied sich sofort, dorthin zu gehen und sich ihnen anzuschließen. Auf dem Weg dorthin erregte er die Aufmerksamkeit des Herrschers von Magadha, König Bimbisara (bim-bi-*sa*-ra). Der König war so beeindruckt von dem Verhalten und der Entschlossenheit des jungen Mannes, dass er Siddhartha sofort bat, zu bleiben und ihm bei seinen Regierungsgeschäften zu helfen. Aber Siddhartha erklärte höflich, dass er bereits eine königliche Position aufgegeben und nicht den Wunsch habe, eine andere anzunehmen. Bimbisara sagte

Siddhartha dann, dass dieser, falls er jemals finden würde, wonach er suchte, zu ihm zurückkehren und ihn unterweisen solle.

In dem Wald fand Siddhartha fünf andere Asketen, die bereits strenge Übungen durchführten. Die Asketen hofften, dass sie das Leiden durch die bloße Stärke ihrer Willenskraft überwinden könnten, indem sie die vollständige Kontrolle über ihre Sinne gewinnen und extreme Schmerzen und Strapazen aushalten würden. Siddhartha übte sich ebenfalls in diesen Praktiken; und bald überzeugten seine außerordentliche Konzentration und Entschlossenheit seine neuen Gefährten, dass, wenn überhaupt einer von ihnen das endgültige Ziel erreichen sollte, es der Neuling sein würde.

Damit begann das später sogenannte sechs Jahre währende Fasten. Siddhartha saß Tag und Nacht, den Elementen ausgeliefert. Er aß immer weniger, bis er letztlich nichts als ein paar Samenkörner zu sich nahm, die zufällig in seinen Schoß geweht wurden. Sein Körper, der einmal so prächtig und attraktiv war, welkte dahin und schrumpfte ein. Schließlich war Siddhartha durch seine Übungen wenig mehr als ein lebendiges Skelett, aber immer noch blieb er bei seinen Übungen (siehe Abbildung 3.10, oberer Teil).

Abbildung 3.10: Das sechs Jahre währende Fasten

Schließlich zog Siddhartha eines Tages Bilanz über sich selbst. Er stellte fest, dass er in seinem geschwächten Zustand nicht so klar wie früher denken konnte; deshalb war er weiter von seinem Ziel entfernt als bei seinem Aufbruch sechs Jahre zuvor. Müde und schmutzig beschloss er, sich in dem nahen Fluss zu erfrischen, aber er ertrank fast, bevor er sich an Land ziehen konnte. Als Siddhartha am Flussufer lag und sich erholte, erkannte er, dass er, falls er jemals Erfolg haben wollte, einem mittleren Weg zwischen Genusssucht und extremer Selbstverleugnung folgen müsste. (Später nahm dieser Ausdruck, der Mittlere Weg, immer mehr Bedeutungen an und wurde der Name, den Buddha selbst oft verwendete, wenn er sich auf seine Lehren bezog. Sogar heute wird der Buddhismus in weiten Kreisen als der »Mittlere Weg« bezeichnet, der alle Extreme vermeidet.)

Siddhartha setzte sich wieder auf; bald danach kam die Frau eines Hirten in den Wald, um den Waldgeistern ein Opfer darzubringen. Ihr Name lautete Sujata (*su*-ja-ta), und sie hatte schon oft zu den Waldgeistern gebetet, um einen Jungen zu bekommen. Jetzt, nachdem sie das so sehnlichst erwünschte Kind geboren hatte, kam sie in den Wald, um den Geistern als Dank eine Schale mit einem speziell zubereiteten Milchreis darzubringen. Als sie Siddhartha dort sitzen sah, hielt sie ihn irrtümlich für den König der Geister, der ihr geholfen hatte, und bot ihm das nahrhafte Opfer mit großer Verehrung dar (siehe Abbildung 3.10, unterer Teil). Als seine fünf Asketen-Gefährten sahen, wie er dieses gute Mahl annahm, waren sie tief enttäuscht. Sie dachten, Siddhartha habe sein Streben aufgegeben, und verließen empört den Wald, entschlossen, ihre Praktiken an anderer Stelle fortzusetzen.

Nachdem er gegessen hatte und sein Körper sein Strahlen und seine Stärke zurückgewonnen hatte, dankte Siddhartha der Frau. Er erzählte ihr, dass er nicht der Geist sei, für den sie ihn gehalten hatte, sondern nur ein menschliches Wesen auf der Suche nach dem Weg zur Überwindung aller Leiden. Und wegen ihres Opfers fühlte er sich nun stark genug, um Erfolg zu haben.

Das Sitzen im Schatten des alten Bodhi-Baums: Der Sieg über Mara

Siddhartha überquerte den Fluss und kam zu einem großen Feigenbaum, der später als der Bodhi-Baum – Baum der Erleuchtung – bekannt wurde. Aus einigen Bündeln Gras, die er von einem Mäher bekommen hatte, bereitete er sich ein Kissen und setzte sich mit dem Gesicht nach Osten nieder. Er tat dies entschlossen und gewiss, sich erst wieder von diesem Sitz zu erheben, wenn er die vollkommene Erleuchtung erlangt hätte.

Was dann passierte, beschreiben die klassischen buddhistischen Texte mit kaum verhüllter Erregung. Sie berichten, dass die Welt den Atem anhielt, als der Moment näher rückte, der den Lauf der Geschichte ändern würde. Siddhartha saß unter dem Baum der Erleuchtung, und die Geister der Luft frohlockten.

Aber nicht jeder war erfreut. Mara, der Versucher, die Verkörperung alles Bösen, das den Geist quält, war entsetzt. Er wusste, dass die Macht der Täuschung über die Welt bedroht war, falls Siddhartha die Erleuchtung erlangen sollte. Traditionelle Texte verwenden sehr dramatische Bilder, um die folgenden Ereignisse darzustellen. Während Siddhartha meditierte, bestürmten ihn die Söhne und Töchter Maras – das ganze Heer der dämonischen Quälgeister –, um seine Konzentration zu stören. (Werfen Sie einen Blick auf Abbildung 3.11. Siddharthas Sitz wurde leer gelassen, damit sich der Betrachter vorstellen kann, selbst dort zu sitzen, und vielleicht zu erfahren, wie man sich fühlt, wenn man von den Mächten der Täuschung umringt ist.)

Abbildung 3.11: Der Angriff der Mächte der Täuschung

Heftige Stürme des Hasses brausten auf, aber unter dem Bodhi-Baum blieb alles ruhig. Die dämonischen Kräfte griffen mit einem Arsenal von Waffen an, aber diese verwandelten sich in Blütenblätter, die harmlos zu Füßen des entschlossen Meditierenden niederfielen. Dann erschienen Siddhartha Visionen der verlockendsten sinnlichen Freuden sowie Bilder seiner Frau und seines Sohnes, aber nichts konnte seine Konzentration brechen.

Mara hatte nur noch eine Waffe übrig – die Saat des Zweifels. Mara schickte seine Legionen fort, um selbst vor Siddhartha zu erscheinen, und sprach ihn direkt an. »Zeige mir einen Zeugen, der bestätigen kann, dass du es verdienst, Erfolg zu haben, wo alle anderen gescheitert sind«, forderte er spöttisch. Siddhartha antwortete wortlos. Er streckte einfach seine rechte Hand aus und berührte die Erde (siehe Abbildung 3.12), weil die Erde selbst der Zeuge war, dass Siddhartha (in ungezählten Leben) die Tugenden praktiziert hatte, die jetzt seine Buddhaschaft ermöglichen würden. Mara war besiegt und entschwand wie ein schlechter Traum.

Es war die Vollmondnacht im vierten indischen Monat (der auf den Mai oder Juni unseres Kalenders fällt). Als der Mond immer höher stieg, vertiefte sich Siddharthas meditative Konzentration. Das Feuer seiner wachsenden Weisheit brannte alle Schichten des Nicht-Wissens hinweg, die seinen Geist noch verdunkelten. Er nahm unvermittelt und zweifelsfrei den Strom seiner früheren Leben wahr und verstand genau, wie vergangene Handlungen zu gegenwärtigen Ergebnissen geführt hatten. Er sah, wie die Anhaftung, die Quelle des Leidens, im Nicht-Wissen wurzelte. Als seine Weisheit immer feinere Schichten

Abbildung 3.12: Der Sieg über Mara

dieses Nicht-Wissens wegräumte, wurde sein Geist zunehmend klarer. Als schließlich der Mond unterging und die Sonne des nächsten Tages aufstieg, erreichte Siddhartha das letztliche Ziel – die vollkommene Erleuchtung. Er war nicht mehr nur ein Prinz, er war jetzt ein Erwachter, ein Buddha.

Zum Wohle anderer leben: Die Karriere des Buddha

Alle Ereignisse in Buddhas Leben, vom Moment seiner Geburt als Prinz Siddhartha bis zu seinem Sieg über Mara unter dem Bodhi-Baum (siehe die vorangegangenen Abschnitte), waren auf ein Endziel gerichtet: die Fähigkeit, anderen zu helfen, sich selbst vom Leiden zu befreien. Jetzt, da er die Buddhaschaft erlangt und die grenzenlose Weisheit, das Erbarmen und die Fähigkeit, anderen zu nutzen, in höchstem Maße gewonnen hatte, war er bereit, seine Karriere als Erleuchteter ernsthaft zu beginnen. Aber war die Welt bereit für ihn?

> ### Der Bodhi-Baum heute
>
> Man kann in Bodh Gaya (in Nordostindien) immer noch einen Bodhi-Baum besuchen, der an der Stelle wächst, an der Siddhartha vor zweieinhalb Jahrtausenden seine Erleuchtung erlangte. Es ist nicht genau derselbe Baum, aber es handelt sich um einen direkten Abkömmling des Originals.

Einige Hundert Jahre nach der Zeit von Buddha, während der Herrschaft von König Ashoka (in Kapitel 4 werden die Taten dieses bedeutenden Monarchen beschrieben), verbreitete sich der Buddhismus auf die Inselnation, die heute als *Sri Lanka* (früher *Ceylon*) bekannt ist. Zu dieser Zeit wurde ein Ableger des Bodhi-Baums auf der Insel gepflanzt und wurde zum zentralen Punkt eines berühmten buddhistischen Schreins. Jahrhunderte später, als der ursprüngliche Baum in Bodh Gaya durch Hunnen zerstört worden war, wurde ein Ableger des Bodhi-Baum aus Ceylon zurück nach Indien gebracht und an der ursprünglichen Stelle eingepflanzt. Dieser Baum fiel 1877 bei Restaurierungsarbeiten um, aber ein Schössling von ihm wurde an seiner Stelle eingepflanzt. Das ist der Baum, den man heute noch besuchen kann.

Spirituelle Führung anbieten: Das Rad des Dharma drehen

Shakyamuni Buddha (der frühere Siddhartha) blieb sieben Wochen in der Nähe des Bodhi-Baums, versunken in dem grenzenlosen Bewusstsein, das nur ein vollkommen erwachtes Wesen erfährt. Gemäß den Überlieferungen dachte Buddha, dass es am besten wäre, die Früchte der Erleuchtung selbst zu genießen, weil wahrscheinlich niemand sonst die außerordentlichen Anstrengungen auf sich nehmen würde, um das Ziel zu erlangen, das er erreicht hatte.

Als ob sie auf diesen unausgesprochenen Gedanken antworten wollten, erschienen Shakyamuni die Götter des Himmels und baten ihn, seine Absicht im Interesse der Welt zu überdenken: »Es stimmt zwar, dass der Geist der Wesen verdunkelt ist, aber die Schichten des Nicht-Wissens sind bei einigen weniger dick als bei anderen. Sicher gibt es Wesen, die von deinen Erkenntnissen profitieren können. Um ihretwillen lehre uns bitte, was du gelernt hast.« Buddha stimmte sofort zu.

Shakyamuni hatte immer die Absicht, seine Erkenntnisse mit anderen zu teilen. Von Anfang an bestand seine ganze Motivation in dem leidenschaftlichen Wunsch, anderen mit allen seinen Kräften zu helfen. Sein scheinbares Zögern, zu lehren, war nur ein Trick; er wusste, dass es für einen Buddha nicht angemessen und vorteilhaft wäre, Menschen zu lehren, die nicht zuvor ein ernsthaftes Interesse gezeigt hätten, die spirituelle Freiheit zu erlangen. Wenn der Student nicht bereit ist, zu lernen und sich zu ändern, werden selbst die überzeugendsten Lehren unwirksam bleiben. Aus diesem Grund verzichten die meisten Buddhisten auch heute noch allgemein darauf, zu lehren, wenn sie nicht von anderen darum gebeten werden. Tatsächlich müssen die Schüler in einigen Traditionen eine solche Bitte dreimal aussprechen, bevor der Lehrer zustimmt, sie zu unterweisen.

Als Buddha überlegte, welche Personen bereit wären, seine Lehren als Erste zu hören, dachte er zunächst an seine beiden Lehrer, aber er erfuhr, dass sie mittlerweile gestorben waren. Deshalb wählte er seine fünf früheren Gefährten, die ihre strenge asketische Lebensweise ohne ihn in Sarnath, in der Nähe der altehrwürdigen indischen Stadt Benares (heute Varanasi) fortgesetzt hatten.

Die fünf Asketen hielten sich im Gazellenhain in Sarnath auf, als sie Buddha kommen sahen. Da sie immer noch glaubten, er hätte die spirituelle Suche aufgegeben, beschlossen sie, diesen »Drückeberger« nicht wieder willkommen zu heißen. Aber sogar aus der Ferne blieb ihnen nicht verborgen, dass eine nachhaltige Änderung in seinem Wesen stattgefunden hatte. Er strahlte eine derartige friedvolle Selbstsicherheit und ein Wohlwollen aus, dass sie ihn mit dem größten Respekt begrüßen und ihm einen Ehrenplatz in ihrer Runde anbieten mussten. Dann, als Antwort auf ihre Bitte, seine Erfahrungen zu enthüllen, gab er seine erste formelle Lehre als ein Erwachter, ein Buddha.

Von allen Aktivitäten eines Buddhas ist *das Drehen des Rades des Dharma* (das heißt das Geben spiritueller Unterweisungen, deutsch auch das *Rad der Lehre*) die wichtigste, weil ein erleuchtetes Wesen für andere am hilfreichsten ist, wenn es spirituelle Unterweisungen gibt. Wie Shakyamuni später selbst betonte, kann ein Buddha das Leiden eines anderen nicht so entfernen, wie man jemandem einen Stachel aus dem Fleisch zieht. (Falls er dies könnte, wären alle Probleme bereits gelöst; denn der mitfühlende Buddha hätte sie sicher bereits alle entfernt.) Aber eines *kann* ein Buddha tun – und zwar mit einem unvergleichlichen Können: Er kann anderen den Pfad so aufzeigen, wie er am besten zum individuellen Wesen und Charakter der jeweiligen Person passt.

Nicht alle Lehren eines Buddhas werden verbal gegeben. Ein Buddha liefert auch durch seine Gegenwart spirituelle Inspirationen und Unterweisungen und kann sogar durch schweigende Gesten weitreichende Bedeutungen vermitteln (siehe die berühmte Geschichte über den Ursprung des Zen-Buddhismus in Kapitel 5). Aber in seinem Leben hielt Shakyamuni Buddha viele formelle Lehrreden; die erste war die Rede im Gazellenhain in Sarnath. Die Lehrrede hatte die *Vier Edlen Wahrheiten* zum Inhalt, ein Thema, das er in den ungezählten weiteren Lehren während der restlichen 45 Jahre seines Lebens weiter ausarbeitete und vertiefte. (Im Abschnitt »Die Vier Edlen Wahrheiten verstehen« weiter unten in diesem Kapitel gehen wir auf dieses Thema ausführlicher ein.)

Die Gründung des Sangha, der Gemeinde

Wie Buddha vorausgesagt hatte, waren seine fünf früheren Gefährten besonders reif für die spirituelle Unterweisung. Einige wenige Worte von Buddha reichten aus, um tiefe Einsichten in seine Lehren auszulösen. Sie gaben alle Aktivitäten auf, die nach Buddhas Lehre für das Wohl anderer und ihre eigene spirituelle Entwicklung abträglich waren, ließen sich als Mönche ordinieren und wurden die ersten Mitglieder des *Sangha*, der buddhistischen spirituellen Gemeinde.

Als immer mehr Leute durch Buddhas Weisheit und Erbarmen inspiriert wurden und von seinen Lehren profitierten, wurde auch der Sangha immer größer. Dieses Wachstum erregte die Aufmerksamkeit (und oft auch die Missgunst) anderer anerkannter Lehrer, die zusammen mit ihren Anhängern kamen, um Buddha zu testen und herauszufordern. Als sie erkannten, dass Buddha tatsächlich »echt« – das heißt, ein vollkommen erwachter Meister – war, schlossen sich viele rivalisierende Lehrer und ihre Anhänger Buddha an. Der Sangha wuchs sprunghaft und umfasste schließlich Zehntausende.

Diese Sangha-Gemeinde war in vieler Hinsicht ziemlich revolutionär. Buddha nahm Schüler aus allen Schichten der Gesellschaft an und behandelte sie mit gleicher Anteilnahme und gleichem Respekt. Dieses Verhalten widersprach der Trennung zwischen Hoch und Niedrig, die von dem starren indischen Kastensystem gefördert wurde, gegen das Buddha oft predigte. Dass er auch Frauen als Schülerinnen akzeptierte und überzeugt war, sie könnten sich genau wie Männer spirituell entwickeln, war in der damaligen, von Männern dominierten Gesellschaft gleichermaßen ungewöhnlich.

Da er wusste, dass die konservativeren Elemente der indischen Gesellschaft große Schwierigkeit haben würden, einen Sangha zu akzeptieren, der auch Frauen umfasste, zögerte Buddha ziemlich lange, bevor er seine weiblichen Anhänger (als Nonnen) ordinierte. Aber schließlich gründete er einen Nonnenorden, und die Tante, die Siddhartha aufgezogen hatte, wurde sein erstes Mitglied.

Zusätzlich zu einer wachsenden Gemeinde von Mönchen und Nonnen wurden auch viele Laien Anhänger von Shakyamuni Buddha. Einer dieser Anhänger war König Bimbisara von Magadha, der Monarch, der Prinz Siddhartha angeboten hatte, das Königreich mit ihm zu teilen, bevor dieser sein sechsjähriges Fasten begann. Als der König Schüler und Schutzherr des Buddha wurde, folgten viele seiner Untertanen seinem Beispiel, und die buddhistische Gemeinde wurde plötzlich noch größer. (Näheres über das Wachstum der buddhistischen Gemeinde in Indien finden Sie in Kapitel 4.)

Schließlich kehrte Buddha nach Kapilavastu zurück, wo er aufgewachsen war und wo immer noch viele Mitglieder seiner Familie und seines Geschlechts lebten. Viele von ihnen wurden seine Anhänger, darunter sein Sohn Rahula, der als Mönch ordiniert wurde. Sein Vater, der Prinz Siddhartha gerne als Herrscher seines Königreichs gesehen hätte, wurde ebenfalls ein Anhänger seines Sohns, obwohl sein Stolz, als Vater von Buddha bekannt zu sein, seinen spirituellen Fortschritt etwas behinderte. Devadatta (Buddhas Cousin und lebenslanger Rivale) trat der Gemeinde ebenfalls bei. Doch da er neidisch auf Buddhas Beliebtheit war, erklärte er sich selbst zu einem konkurrierenden Lehrer und verursachte so eine Spaltung des Sangha. (Einige weitere wichtige Ereignisse aus dem Leben Buddhas und seiner Zeit als Lehrer finden Sie in Kapitel 9, wo wir die Hauptpilgerstätten des Buddhismus beschreiben.)

Wer ist der echte Brahmane?

Wenn Sie im alten Indien geboren wären, wären Sie Mitglied der Kaste – der Priester, Krieger, Kaufleute oder niedrigen Arbeiter – geworden, zu der Ihre Eltern gehörten. In dieser Gesellschaft gab es kein Nach-oben-Kommen; Ihre Geburt legte alles fest. An der Spitze der Pyramide standen die Priester, oder *Brahmanen*. Als stolzes Zeichen ihres hohen Ranges trugen Priester eine speziell geknüpfte Schnur, die sogenannten *Brahmanen-Schnur*. Wer eine solche Schnur besaß und trug, genoss automatisch den höchsten Respekt.

> Buddha selbst war kein Brahmane. Als Prinz Siddhartha ist er in die herrschende Kriegerkaste hineingeboren worden, die eine Stufe unter der Priesterschaft angesiedelt war. Buddha lehrte, dass der moralische Charakter des Einzelnen, nicht die Kaste, seinen Wert bestimmt. Deshalb ist der wahre Brahmane – die Person, der der größte Respekt gebührt – nicht die, die eine besondere Schnur trägt oder die in eine bestimmte Familie hineingeboren wird. Buddha drückt dies folgendermaßen aus: »Wer tolerant zu den Intoleranten ist, wer den Gewalttätigen friedvoll gegenübertritt, wer frei von Gier ist, wer ruhige und hilfreiche Worte spricht, mit denen er niemanden angreift –, den nenne ich einen Brahmanen.« Diese in unseren Ohren so modern klingende, demokratische Gesinnung bedrohte den Status quo seiner Zeit. 25 Jahrhunderte später inspirierten sie viele Inder (einschließlich der sogenannten »Unberührbaren«), die sich durch das Kastensystem unterdrückt fühlten, ihren traditionellen Glauben aufzugeben und zum Buddhismus überzutreten (siehe Kapitel 18).

Auf Buddhas letzte Botschaft hören: Alle Dinge müssen vergehen

Schließlich entschied Shakyamuni im Alter von 80 Jahren, nachdem er ein Leben lang anderen selbstlos und mitfühlend gedient hatte, dass er allen geholfen hätte, denen er helfen konnte. So wie er andere gelehrt hatte, mit einem friedvollen Geist und einem offenen Herzen zu leben, wollte er jetzt zeigen, wie man auf dieselbe Art stirbt.

Er sagte seinem treuen Diener Ananda, dass er zum letzten Male zum Platz seiner Geburt zurückkehren wolle. Auf ihrem Weg machten Shakyamuni und Ananda in dem Dorf Kushinagar Halt, wo Buddha verkündete, dass dies der Ort sei, an dem er seinen letzten Atemzug machen werde. Er wählte eine Stelle zwischen zwei großen Bäumen, legte sich auf seine rechte Seite (in einer Positur, die manchmal als die Löwen-Positur bezeichnet wird) und machte sich bereit zu sterben. Doch selbst am letzten Tag seines Lebens hörte Buddha nicht auf, anderen zu helfen, indem er die Zweifel beseitigte, die ein alter Mann namens Subhadda über die Lehren hatte, und führte ihn auf den Pfad zur Befreiung.

Schließlich, als viele seiner Anhänger und die Bewohner der anliegenden Dörfer sich um ihn versammelt hatten, sprach Buddha seine letzten Worte und erinnerte damit alle an die wesentlichen Wahrheiten, die er zeit seines Lebens gelehrt hatte:

> *Alle Dinge sind vergänglich,*
> *Arbeitet mit Fleiß an eurer eigenen Erlösung.*

Indem er sich in immer tiefere meditative Zustände versenkte, starb der Buddha ruhig am Jahrestag seiner Erleuchtung vor 45 Jahren. Viele seiner Anhänger wurden von Trauer überwältigt. Aber einige – die seine Lehren wohl verstanden hatten – blieben gleichmütig. Seine Anhänger verbrannten seine sterblichen Überreste (siehe Kapitel 9 für ausführlichere Details) und brachten seine Asche in verschiedene Denkmäler (*Stupas*) in den Ländern, die er mit seiner Anwesenheit gesegnet hat.

Ein Blick in die Zukunft

Shakyamuni Buddha behauptete nie, er wäre einmalig. Als ein Anhänger Buddhas ihn übertrieben pries und behauptete, dass niemand auf der ganzen Welt Buddha gleichen würde, ermahnte ihn Buddha und wies darauf hin, dass sein Schüler überhaupt nicht wissen könne, ob die Aussage wahr sei. »Statt mich zu preisen«, schlug Buddha vor, »wäre es viel vorteilhafter für ihn, meine Lehren in die Praxis umzusetzen.«

Shakyamuni wies auch darauf hin, dass Buddhas wiederholt zu verschiedenen Zeiten und in verschiedenen Regionen im ganzen Universum erscheinen würden, um denen zu erwachen zu helfen, die bereit sind, von spirituellen Unterweisungen zu profitieren. Beispielsweise sollen im gegenwärtigen Zeitalter (oder *Kalpa*, einer außerordentlich langen Zeitspanne, die Millionen von Jahren umfasst) nicht weniger als 1.000 Buddhas erscheinen. Ihre Aufgabe besteht darin, den Dharma dort einzuführen (oder, wie es üblicherweise ausgedrückt wird, »das Rad des Dharma in Bewegung zu setzen«), wo die Lehren noch nicht bekannt oder verloren gegangen sind. (Zusätzlich zu diesen 1.000 »begründenden« Buddhas werden zahllose andere Männer und Frauen die Buddhaschaft erlangen, indem sie den Dharma in die Praxis umsetzen, der von diesen Begründern gelehrt worden ist. Wenn Sie mit ganzem Herzen praktizieren, könnten Sie einer von ihnen sein! Aber die raddrehenden Buddhas sind diejenigen, die alles ins Rollen bringen.)

Der gegenwärtige Buddha in diesem Kalpa ist Shakyamuni, weil seine Lehre, der von ihm eingeführte Dharma, immer noch existiert und die Menschen von ihr profitieren, obwohl er vor über 2.500 Jahren gestorben ist. Einige buddhistische Traditionen lehren, Shakyamuni sei der vierte der 1.000 raddrehenden Buddhas gewesen und habe einem seiner Anhänger vorausgesagt, dass Maitreya (siehe Abbildung 3.13) der fünfte sein werde.

Die Ankunft des Maitreya

Der Name *Maitreya* ist von dem Sanskrit-Wort *maitri* abgeleitet, das *liebende Güte* bedeutet. Maitreya erhielt seinen Namen, weil die liebende Güte (das mitfühlende Erbarmen) – das heißt der Wunsch, dass andere glücklich sein mögen – seine hauptsächliche spirituelle Praxis gewesen war. (In Pali, der anderen alten indischen Sprache, in der die buddhistischen Lehren aufgezeichnet wurden, lautet der Begriff für diese strahlende, offenherzige Qualität *Metta*.)

Einige buddhistische Traditionen lehren, dass Maitreya bereits seinen eigenen Pfad vollendet und die Buddhaschaft erlangt hätte, lange bevor er als einer von Shakyamunis Hauptanhängern auf der Erde erschienen wäre. Warum sollte jemand, der bereits das höchste Ziel der Erleuchtung erlangt hatte, die Rolle eines weiteren Schülers von Buddha spielen? Die traditionelle Erklärung lautet, dass Maitreya als Rollenmodell agierte, um Shakyamunis anderen Anhängern zu zeigen, wie ein mitfühlender *Bodhisattva* – ein kurz vor der vollkommenen Erleuchtung stehendes Wesen – unter der Führung seines spirituellen Meisters üben sollte. (Nach anderen Überlieferungen ist Maitreya dagegen ein Bodhisattva, der durch fortgesetzte Praxis schließlich den Dharma selbst entdecken und ein Buddha werden will.)

Abbildung 3.13: Maitreya, der künftige Buddha (Copyright Daishin Art Inc. Alle Rechte vorbehalten, mit Erlaubnis des Shingon Buddhist International Institute.)

Auch heute bleibt Maitreya für viele Anhänger Shakyamunis eine Quelle der Inspiration und Hoffnung. In der Erkenntnis, dass sie es vielleicht nicht schaffen, den spirituellen Weg in ihrem gegenwärtigen Leben zu vollenden, beten sie, im ersten Kreis von Maitreyas Anhängern wiedergeboren zu werden, wenn er als ein Buddha wiedererscheint, um ihr Training unter seiner Führung zu vollenden.

Es gibt zahlreiche Glaubensvorstellungen, wann Maitreya auf der Erde wiedererscheinen wird. Einige Leute glauben, dass dies erst in mehreren Tausend Jahren der Fall sein wird, während andere sagen, dass das Warten nur einige Hundert Jahre dauern wird. Wieder andere – die vielleicht in den Hoffnungen verfangen sind, die um den Beginn des neuen Jahrtausends und dem Aufgang des Wassermannzeitalters kreisen –, glauben, er wäre bereits auf der Erde und würde seine Gegenwart bald enthüllen.

Abgesehen von diesen Spekulationen sagen einige traditionelle buddhistische Quellen, dass sich Maitreya gegenwärtig in der reinen Sphäre aufhält, die als *Tushita-Himmel* bezeichnet wird. Er wird (wie zuvor auch Shakyamuni) in dieser kosmischen Zwischenstation bleiben, bis der geeignete Moment für ihn gekommen ist, in die menschliche Sphäre herabzusteigen, um wiedergeboren zu werden. (Um anzuzeigen, dass dieser Buddha in Wartestellung bereit ist, der Welt zu Hilfe zu kommen, wird Maitreya manchmal dargestellt, als wäre er im Begriff aufzustehen. Dies unterscheidet ihn von anderen Buddhas, die meistens mit gekreuzten Beinen, in der Meditationshaltung sitzend, dargestellt werden, die in Kapitel 7 beschrieben wird.)

Degeneration, gefolgt von Hoffnung

Nach einigen Überlieferungen ist die Zeit der Lehren von Shakyamuni halb vorbei; in weiteren 2.500 Jahren wird der Dharma, der von ihm eingeführt wurde, vollkommen von diesem Planeten verschwinden. Wenn die Gesellschaft immer weiter degeneriert – anders ausgedrückt: Wenn Hass, Gier und Verblendung immer stärker wachsen –, wird sich die Welt in ein Schlachtfeld verwandeln. Seuchen und Naturkatastrophen werden immer stärker und häufiger werden, und relativ junge Menschen werden an Altersschwäche sterben.

Wenn es praktisch nicht weiter abwärtsgehen kann und die Menschen aufgrund ihrer überwältigenden negativen Einstellungen verkümmert und deformiert sind, wird Maitreya selbst erscheinen. Obwohl er vollkommen erleuchtet ist, wird er zuerst nicht als ein Buddha erscheinen. Er wird einfach als jemand auftauchen, der größer und attraktiver als alle anderen sein wird. Beeindruckt von seiner Schönheit werden ihn die Leute fragen, wie er ein derartig gutes Aussehen erworben habe. Er wird antworten: »Durch die Praxis eines ethischen Lebens, bei der ich anderen lebendigen Wesen nicht schade.«

Wenn immer mehr Menschen inspiriert sind, selbst ein ethisches Leben zu führen und liebende Güte zu zeigen, wird das Zeitalter des Niedergangs ein Ende finden. Friedfertigkeit wird die Streitlust ersetzen, und als Folge davon werden die Lebensdauer der Menschen, ihre Gesundheit und das allgemeine Glück zunehmen. Wenn schließlich die notwendigen Bedingungen erfüllt und die potenziellen Anhänger genügend reif sind, geführt zu werden, wird Maitreya als ein glanzvoller Buddha wiedererscheinen, der das Rad des Dharma wieder drehen und das nächste goldene Zeitalter des Dharma einläuten wird.

Die Zukunft liegt in Ihren Händen

Einige buddhistische Lehren zeichnen ein apokalyptisches Bild der Zukunft, in der die Zustände auf diesem Planeten immer schlechter werden. Doch Sie sollten sich von solchen Visionen nicht erschrecken lassen. Zum einen sind solche Überlieferungen einfach Teil der buddhistischen Mythologie – Sie müssen sie nicht als unbestreitbare Wahrheiten auffassen. Einige Schulen des Buddhismus ignorieren sogar solche mythischen Geschichten vollständig. Zum anderen haben Sie nach den Lehren des Karma (die wir in Kapitel 12 beschreiben) die Macht zu wählen, ob Sie unter diesen unglücklichen Zuständen leben wollen oder nicht. Falls Ihr Geist friedfertig und liebevoll ist, erschaffen Sie die Bedingungen für eine angenehme Zukunft, egal was passiert.

Nach buddhistischer Auffassung ist die Welt grenzenlos und enthält viel mehr Möglichkeiten, als dem gewöhnlichen Denken und Wahrnehmen gewahr werden. Beispielsweise ist das Leben von Shakyamuni Buddha aus einer einfachen historischen Perspektive vorbei und erledigt: Er ist bereits geboren worden, hat anderen den Dharma gelehrt und ist gestorben. Aber nach Buddhas Lehren enthält das Universum zahllose Weltensysteme, und in vielen dieser Systeme vollbringen Shakyamuni und andere gegenwärtig die verschiedenen vorteilhaften Taten eines erwachten Wesens. Deshalb werden Menschen, die genügend positives Karma erzeugt haben, in einer Welt wiedergeboren, in der die Lehren noch in Blüte stehen und die Bedingungen für eine spirituelle Praxis vorteilhaft sind, selbst wenn die Zustände auf diesem Planeten schlechter werden und seine Lehren verschwinden.

Natürlich ist diese Möglichkeit kein Grund, sich müßig zurückzulehnen, während die Dinge sich hier verschlechtern – wie es viele Leute heutzutage zu tun scheinen –, und die Welt kurzerhand zur Hölle fahren zu lassen. Ergebene Anhänger des mitfühlenden Buddhas geben die Welt nicht auf, sondern sie tun alles in ihrer Macht Stehende, um die Flut des Leidens einzudämmen und die Umwelt und alle darin lebenden Wesen vor Katastrophen zu schützen. Der Punkt liegt jedoch darin, dass nur eine nachhaltige Änderung von Einstellung und Verhalten einen echten Schutz vor dem Leiden bieten kann, sei es für einen Einzelnen oder einen ganzen Planeten. Durch die Praxis der Einsicht und des liebenden Mitgefühls können Sie die Welt in ein reines Land transformieren; doch wenn Sie zulassen, dass Selbstsucht und schädigendes Verhalten in Ihrem Leben überhandnehmen, führt dies unvermeidlich zum Leiden, und zwar sowohl für Sie als Individuum als auch für die Welt insgesamt.

Mythos und Doktrinen mit einem Körnchen Salz sehen

In diesem Buch, besonders aber in diesem Kapitel, mischen wir die praktischen Lehren von Buddha, die Ihnen helfen sollen, Ihr Leiden und Nicht-Wissen zu bewältigen, mit der Mythologie, die über mehrere Tausend Jahre hinweg angesammelt wurde. Auch wenn die kunstvollen Geschichten und Mythen Sie anregen können, die Lehren in die Praxis umzusetzen, müssen Sie sie nicht glauben, um den Buddhismus zu praktizieren. Tatsächlich lehrte Buddha selbst keine Doktrinen oder Dogmen, die seine Anhänger glauben sollten, sondern ermutigte sie permanent, alle Konzepte zu hinterfragen und zu prüfen, ob diese mit ihrer eigenen Erfahrung und Auffassung übereinstimmten. Dann sollten sie die Gedanken, von deren Wirksamkeit sie sich überzeugt hätten, in die Praxis umsetzen.

In einer berühmten Geschichte wurden Buddha mehrere theoretische Fragen über die Reinkarnation und die Größe des Universums gestellt. Statt auf seine übliche Art zu antworten, blieb er stumm. Als er weiter bedrängt wurde, erzählte er die folgende Geschichte: Nehmen Sie an, jemand hat Sie mit einem Pfeil verwundet, der, wie Sie genau wissen, mit einem schnell wirkenden Gift bestrichen wurde. Verbringen Sie dann Zeit damit, den Namen und die Kaste des Bogenschützen, seinen Heimatort, das Material seines Bogens und die Konstruktion des Pfeils herauszufinden? Natürlich nicht, sondern Sie handeln so schnell wie möglich, um den Pfeil zu entfernen und ein geeignetes Gegengift zu finden.

Ähnlich, führte Buddha aus, kann es eine Vergeudung wertvoller Zeit sein, die Antworten auf hypothetische Fragen zu suchen, wenn Sie durch den vergifteten Pfeil der Gier, des Hasses und der Verblendung verwundet worden sind und nur eine begrenzte Zeit haben, Ihr Leiden zu beenden!

Die Vier Edlen Wahrheiten verstehen

In seiner ersten Lehrrede im Gazellenhain in Sarnath (siehe den Abschnitt »Spirituelle Führung anbieten: Das Rad des Dharma drehen« weiter oben in diesem Kapitel) führte Shakyamuni die *Vier Edlen Wahrheiten* ein, die die Grundlage seiner gesamten restlichen Lehren bilden. Je besser Sie diese vier Wahrheiten verstehen, desto besser können Sie begreifen, worum es im Buddhismus geht. Es handelt sich um die Wahrheiten

- vom Leiden
- von der Ursache des Leidens
- von der Aufhebung des Leidens
- vom Pfad, der zur Aufhebung des Leidens führt

Die Wahrheit über die vier Wahrheiten

Viele Autoren und Lehrer haben ihre eigenen Lieblingsübersetzungen der Schlüsselbegriffe, die in den traditionellen buddhistischen Texten immer wieder auftauchen. Wenn beispielsweise von der Einstellung die Rede ist, die sowohl in Pali als auch in Sanskrit – den beiden hauptsächlichen indischen buddhistischen Sprachen – als *Dana* bezeichnet wird, verwenden verschiedene Autoren die Übersetzungen *Großzügigkeit*, *Wohltätigkeit*, *Gabe*, *Almosen*, *Spende* oder sogar *Freigiebigkeit*. Es gibt viele andere Beispiele für Übersetzungsprobleme. Beispielsweise sind die Begriffe *Geduld*, *Toleranz* und *Nachsicht*, die im Deutschen recht unterschiedliche Dinge bedeuten, alle als Übersetzung des Sanskrit-Wortes *Kshanti* verwendet worden, das eines der hauptsächlichen Gegengifte gegen den Ärger bezeichnet. Selbst das Sanskrit-Wort *Duhkha* (*Dukkha* in Pali), das in den Lehren Buddhas eine zentrale Rolle spielt und im Allgemeinen mit *Leiden* übersetzt wird, ist auch als *Elend*, *Unzufriedenheit*, *Stress* und sogar *Bedrückung* übersetzt worden.

Doch bei den Vier Edlen Wahrheiten unterscheiden sich die verschiedenen Autoren nur wenig. Fast jeder bezeichnet sie einfach als die *Vier Edlen Wahrheiten*. Dennoch ist diese Bezeichnung etwas irreführend. Diese Worte scheinen zu implizieren, dass das Leiden, seine Ursache und so weiter selbst edel seien, aber diese Bedeutung ist keinesfalls beabsichtigt. Das Wort *edel* (*arya*) bezieht sich nicht auf die Wahrheiten des Leidens und so weiter, sondern auf den Einzelnen, der spirituell fortgeschritten genug ist, um diese Wahrheiten direkt zu erkennen.

Nach buddhistischer Auffassung ist ein *Arya* (ein Edler) jemand, der die Schichten des Missverstehens, die seinen Geist umhüllen, entfernt hat und deshalb zum ersten Mal die eigentliche Wirklichkeit direkt erkennen kann (siehe Kapitel 14). Mit dieser klaren Auffassung erscheinen bestimmte Wahrheiten, die dem Blick vorher verborgen waren, schließlich direkt und zweifelsfrei. Deshalb sind die Vier Edlen Wahrheiten tatsächlich die *vier* Dinge, die die *Edlen* als *wahr* erkennen. Aber aus nahe liegenden Gründen bleiben die Leute bei der kürzeren Bezeichnung *Vier Edle Wahrheiten*!

Die Wahrheit vom Leiden

Die erste der Vier Edlen Wahrheiten erkennt die weit verbreitete Erfahrung von *Duhkha* an. Dieses Sanskrit-Wort (*Dukkha* in Pali) wird meistens mit *Leiden* übersetzt, aber es hat eine viel umfassendere Bedeutung. Insbesondere ist mit *Duhkha* auch ein Gefühl der Unzufriedenheit mit Dingen gemeint, die nicht so sind, wie man sie gerne hätte.

Bestimmte Erfahrungen im Leben sind so offensichtlich schmerzlich und unglücklich, dass niemand Schwierigkeiten damit hat, sie als Leiden zu identifizieren. Kopfschmerzen zum Beispiel sind nicht wirklich lustig. Wenn Sie das bekannte Pochen in Ihrem Schädel spüren, können Sie manchmal nur noch daran denken, wie sehr Sie sich wünschen, dass der Schmerz verschwindet. Sie sollten besser gestern als heute verschwinden. Dabei sind Kopfschmerzen, verglichen mit vielen anderen Krankheiten, eher unbedeutend.

Selbst wenn Sie sich körperlich wohlfühlen, treten zahllose mentale und emotionale Schwierigkeiten auf. In seiner Lehre in Sarnath erwähnte Buddha speziell die folgenden Dinge, die unangenehm sind:

✔ Mit Unliebem vereint sein (bekommen, was man nicht mag)

✔ Von Liebem getrennt sein (getrennt werden von dem, was man mag)

✔ Nicht erlangen, was man begehrt

Wenn Sie überlegen, welch großer Teil Ihres Leben (und des Lebens der Leute, die Sie kennen) sich nur um diese drei Arten unangenehmer Erfahrungen dreht, beginnen Sie zu erkennen, dass es mehr als genug *Duhkha* gibt, um beschäftigt zu bleiben.

Aber wenn Shakyamuni Buddha so mitfühlend war, wir er geschildert wird, warum lenkte er dann die Aufmerksamkeit auf so etwas Unangenehmes wie das Leiden und machte es zur ersten der Edlen Wahrheiten? Zum Teil, weil Menschen über eine große Fähigkeit zur Selbsttäuschung verfügen. Wie derjenige, der nicht wahrhaben will, dass er eine lebensbedrohende Krankheit hat, bis es zu einer Heilung zu spät ist. Viele Leute stellen viel an, um einen genauen Blick auf sich selbst und ihren tatsächlichen Lebensstil zu vermeiden. Sie stolpern nur von einer unbefriedigenden Situation in die nächste. Wenn sie einen Hauch von der mangelhaften Natur ihrer Existenz verspüren, schieben sie ihn beiseite und greifen nach einer weiteren Flasche – oder einer weiteren Zigarette oder einer Fernsehshow oder einer ähnlichen Ablenkung.

Buddha wollte den Menschen helfen, aus ihrer Verleugnung zu erwachen. Durch seine Betonung von Leiden und Unzufriedenheit versuchte er nicht, jemanden mit aller Gewalt auf diese Tatsache zu stoßen, sondern er wusste, dass außerordentliche Dinge passieren können, wenn man sich der Wahrheit seines Leidens direkt stellt: Nur so kann man den Grund des Leidens überwinden! Einige zeitgenössische Lehrer haben darauf hingewiesen, dass, obwohl der Schmerz im Leben unvermeidlich ist, das Leiden selbst vermeidbar ist. Auch wenn Sie sich wohl nicht immer aussuchen können, was Ihnen widerfährt, können Sie definitiv Ihre Reaktion darauf kontrollieren. Und das ist der ganz große Unterschied.

Außerdem sollten Sie nicht vergessen, dass sogar Leiden sein Gutes haben kann. Wenn für Sie alles relativ leicht läuft, können Sie gelegentlich die Schwierigkeiten anderer ignorieren. Doch wenn Sie dieselben Schwierigkeiten haben, werden Sie Ihr Herz wahrscheinlich eher öffnen und Mitgefühl empfinden. Wenn sich Ihr Herz öffnet, wird auch Ihr liebendes Mitgefühl stärker. Wenn Sie Ihre Schwierigkeiten nutzen können, um ein echtes und tief empfundenes Mitgefühl – eine der schönsten und befreiendsten spirituellen Qualitäten – für andere zu entwickeln, dann hätte Ihr Leiden definitiv einen Wert.

Die Wahrheit von der Ursache des Leidens

Nachdem er darauf hingewiesen hatte, wie allumfassend das Leiden ist, sprach Buddha dann die unausgesprochene Frage an: »Woher kommt all dieses Elend? Was ist sein Ursprung, seine Ursache?« Er beantwortete diese Frage mit der zweiten Edlen Wahrheit: Alles Leiden hat ohne Ausnahme seine Ursache in der begierigen Anhaftung. Anders ausgedrückt: Solange Sie sich von Ihren unersättlichen Begierden nach diesem und jenem an der Nase herumführen lassen, werden Sie von einer unbefriedigenden Lebenssituation in die nächste gezogen und lernen nie wahren Frieden und wahre Befriedigung kennen.

Was Buddha im Wesentlichen sagt: Wenn Sie die wahre Quelle Ihrer Probleme finden wollen, müssen Sie in Ihr Inneres blicken. Leiden ist keine Bestrafung, die Ihnen von anderen Leuten, den Lebensumständen oder einer übernatürlichen Kraft auferlegt wird. Das Leiden kommt auch nicht grundlos zu Ihnen; Leiden ist kein zufälliges Ereignis in einem sinnleeren Universum, das von den Gesetzen des Zufalls regiert wird (selbst wenn diese Auffassung in Mode gekommen ist). Stattdessen sind Ihre Leiden und Ihre Unzufriedenheit direkt mit den Einstellungen verbunden, die in Ihrem eigenen Herzen und Geist entstehen. (Siehe Kapitel 12, in dem wir die karmischen Gesetze von Ursache und Wirkung ausführlicher beschreiben.)

Sie können eine Vorstellung von der Beziehung zwischen Anhaftung und Unzufriedenheit bekommen, wenn Sie sich einige verbreitete Alltagsereignisse vergegenwärtigen. Beispielsweise rennen viele in das nächste Einkaufszentrum, wenn sie sich ruhelos oder unzufrieden fühlen. Sie suchen nach etwas, irgendetwas, das die Empfindungen der Leere in ihrem Inneren füllen könnte. Vielleicht finden sie ein Hemd und denken, wie gut sie darin aussehen würden. Sie fangen an zu fantasieren und stellen sich vor, wie dieses Stück Stoff ihre Selbstachtung stärken, ihre Attraktivität für andere steigern und ihnen vielleicht sogar helfen könnte, den Mann oder die Frau ihrer Träume zu finden und ihrem Leben eine andere Richtung zu geben!

Dieses Beispiel mag übertrieben erscheinen, aber es beschreibt genau das, was das anhaftende Begehren bewirkt. Es übertreibt alles. In der Hoffnung, ein tiefes, inneres Verlangen zu befriedigen, klammern sie sich an ihren Besitz, ihr Aussehen und die Meinungen, die andere Leute von ihnen haben. Aber je mehr sie sich anklammern, desto größer wird ihre Enttäuschung. Warum? Weil sich alles permanent ändert und es nichts gibt, was ihre unrealistischen Erwartungen möglicherweise erfüllen könnte. Vielleicht verlassen sie das Einkaufszentrum mit dem gerade gekauften neuen Kleid oder Anzug, aber tatsächlich haften sie einer Illusion an. Und früher oder später – normalerweise früher – wird die Illusion sie im Stich lassen.

Das Problem liegt also nicht in dem Kleidungsstück und nicht einmal in der Tatsache, dass Sie es für attraktiv halten und Spaß daran haben. Das Problem liegt darin, dass Sie an ihm haften, sowie in den unrealistischen Erwartungen, die diese Anhaftung erzeugen kann. Der ganze Kummer, den Sie später erfahren – wenn das Kleid oder der Anzug seine vergängliche Natur zeigt, indem es verschleißt, an Farbe verliert oder unmodern wird –, ist die direkte Folge Ihrer Anklammerung.

Als Buddha über das Verlangen oder Anhaften als Ursache des Leidens sprach, dachte er an weit mehr als die Auswirkungen eines leichten Fiebers. Letztlich sprach er darüber, wie alle unerleuchteten Wesen (das heißt alle, die noch nicht vollkommen zur Wirklichkeit erwacht sind; Näheres über die Bedeutung der Erleuchtung finden Sie in Kapitel 10) an einem unrealistischen Bild festhalten, das sie sich von sich und ihrem Wesen machen. Hinter dem Gedanken, »Ich hoffe, dass ich in dem Hemd attraktiv aussehen werde«, steht eine viel tiefere Schicht des Anhaftens an ein übermäßig konkretes Bild vom eigenen Selbst. Indem Sie sich an dieses falsche Bild von Ihrem Selbst klammern, schaffen Sie nicht nur Bedingungen für die Enttäuschungen und das Leiden in diesem Leben, sondern verurteilen sich selbst zu einer endlosen Wanderung von einem unbefriedigenden Leben zum nächsten. (Lesen Sie Kapitel 13, wenn Sie Näheres über diesen Zyklus der Unzufriedenheit und Buddhas Lösung lesen wollen, um diesen Zyklus zu durchbrechen.)

Der Unterschied zwischen Anhaftung und Wunsch

Viele Leute glauben irrtümlich, der Buddhismus habe etwas gegen Wünsche. Falls dies der Fall wäre, gäbe es keine Buddhisten mehr! Das Problem liegt nach Buddha nicht in Ihren Vorlieben und Wünschen, sondern in Ihrer Beziehung zu ihnen. Werden Sie ärgerlich oder deprimiert, wenn Sie nicht bekommen, was Sie wollen? Oder haben Sie die innere Flexibilität und Distanz entwickelt, um das Leben so zu akzeptieren, wie es sich entfaltet?

Schließlich haben Sie nur begrenzt Kontrolle über Ihre Umstände, sodass Sie zwangsläufig umso mehr leiden werden, je stärker Sie daran haften, dass die Umstände Ihren Vorstellungen entsprechen. Das Geheimnis eines glücklichen Lebens liegt nach Buddha darin, zu wollen, was man hat, und nicht zu wollen, was man nicht hat. Eine einfache Formel, vielleicht – aber es kann ein Leben der spirituellen Praxis dauern, um sie zu meistern!

Die Wahrheit von der Aufhebung des Leidens

Die dritte edle Wahrheit ist Buddhas mutige Erklärung, dass es tatsächlich ein Ende des Leidens gebe. (Was für eine willkommene Erleichterung nach den ersten beiden ziemlich ernüchternden Wahrheiten vom Leiden und von seiner Ursache!) Es geht hier nicht um einen kurzen Ausstieg aus dem Zyklus der Unzufriedenheit, sondern um die vollständige Überwindung des Leidens. Buddha war von dieser Erklärung überzeugt, weil er selbst diese

Befreiung erfahren hatte und klar erkannte, dass nichts jemanden davon abhalten kann, dieselbe Erfahrung zu machen.

Die Lösung besteht darin, das anhaftende Begehren aus Ihrem Herzen und Ihrem Geist zu entfernen. Einfach ausgedrückt bedeutet dies: Lassen Sie los! Lassen Sie alle unrealistischen Erwartungen los. Lassen Sie alles schädliche Verhalten los! Lassen Sie Anklammerung an Leute, an Ihrem Besitz und sogar an Ihrem eigenen Körper los! Lassen Sie schließlich sich selbst los! Nach Buddhas Lehre entspricht die Reinigung Ihres Geistes von aller durch Nicht-Wissen erzeugten Anhaftung der Eindämmung eines Flusses an seiner Quelle: Der Fluss des unerwünschten Leidens wird von selbst austrocknen.

Ja, wir wissen, dass es nicht leicht ist, seine Anhaftung aufzugeben. Ihre Anhaftung an ein unrealistisches Bild Ihres Selbst dauert bereits sehr viel länger, als Sie sich erinnern können, sodass es nicht leicht sein wird, diese Gewohnheit zu durchbrechen. Aber es ist möglich, und Buddha ist der Beweis. Zweieinhalb Jahrtausende sind vergangen, seit Shakyamuni lebte, aber sein erleuchtetes Beispiel inspiriert die Menschen immer noch. Und wenn Sie Menschen begegnen, die die Methoden, die Buddha selbst gelehrt und praktiziert hat, gründlich geübt haben, haben Sie vielleicht das Glück, zu sehen, dass das »Loslassen« zu einigen ziemlich inspirierenden Ergebnissen führt. (Und was noch besser ist: Sie können diese Methoden ebenfalls anwenden und dieselben Ergebnisse aus erster Hand selbst erfahren.)

Die Wahrheit vom Weg

Die vierte und letzte edle Wahrheit enthält die Do-it-yourself-Anleitung, die zur Aufhebung des Leidens und den damit verbundenen Erfahrungen der spirituellen Befreiung und Erleuchtung führt. (In Kapitel 10 erfahren Sie mehr über die verschiedenen Stufen der spirituellen Verwirklichung.) Diese Anweisungen werden als der *Achtfache Pfad* bezeichnet und durch die acht Speichen des Rades des Dharma symbolisiert (siehe Abbildung 3.14), das wir später in diesem Abschnitt etwas näher beschreiben.

Abbildung 3.14: Das Rad des Dharma mit den acht Speichen

Das spirituelle Leben, egal ob buddhistisch oder anders ausgerichtet, wird oft als ein *Pfad* oder *Weg* bezeichnet, weil es Sie dorthin führt, wo Sie im Grunde Ihres Herzens hingehen wollen. Doch Sie dürfen nicht den Fehler machen zu glauben, dieser Weg läge außerhalb von Ihnen. Wie die Ursache des Leidens liegt der Weg zu den höchsten spirituellen Zielen in Ihnen – in dem, was Sie denken, sagen und tun.

Sie müssen den Weg als Metapher begreifen: Auch wenn Sie einem Weg folgen, gehen Sie geografisch nirgendwo hin. Es ist nicht so, dass das Leiden sich irgendwo hier und die Befreiung in einem anderen Land befindet. Einige buddhistische Traditionen betonen diesen Punkt, indem sie von dem »weglosen Weg«, dem »Weg ohne Weg« oder dem »Weg ohne Ziel« sprechen. Diese paradoxen Formulierungen sollen die Unmittelbarkeit der spirituellen Erfahrung betonen und Ihnen helfen, sich von der Erwartung (die selbst ein Hindernis sein kann) zu befreien, dass sich die Erleuchtung irgendwo anders als genau hier, genau jetzt befindet.

Sie sollten an diese Warnungen denken, wenn Sie jetzt die acht Unterteilungen des Weges lesen, der zur Aufhebung des Leidens führt:

- ✔ **Rechte Erkenntnis:** Der Weg beginnt, wenn Sie selbst erkennen, dass Leiden und Unzufriedenheit die gesamte normale, unerleuchtete Existenz durchdringen. Wenn Sie Ihre Situation verbessern wollen, müssen Sie die einsichtsvolle Weisheit entwickeln, die diese korrekte Ansicht klar in Ihrem Bewusstsein hält.

- ✔ **Rechte Gesinnung:** Rechte Gesinnung – oder rechte Absicht – bedeutet, selbstsüchtige Einstellungen aufzugeben, die zu weiterem Leiden führen, und sie durch das Gegenteil zu ersetzen. Anstelle von Gedanken, die Ihnen selbst und anderen schaden, kultivieren Sie die Absicht, allen Glück zu bringen.

- ✔ **Rechtes Reden:** Weil Ihre Worte einen starken Einfluss auf andere haben und auch Ihre eigene spirituelle Entwicklung beeinflussen können, ist es wichtig, rechtes Reden zu kultivieren. Dazu gehört es, Worte zu sagen, die wahr sind, die angenehm anzuhören sind und, was am wichtigsten ist, die andere fördern.

- ✔ **Rechtes Handeln:** So, wie rechtes Reden bedeutet, mit Ihren Worten keinen Schaden anzurichten, bedeutet rechtes Handeln, keinen Schaden mit Ihren Handlungen zu verursachen. Statt andere durch Ihre Handlungen körperlich zu verletzen, streben Sie danach, ihnen zu helfen und sie zu schützen.

- ✔ **Rechter Lebenserwerb:** Sie können Ihren Lebensunterhalt auf vielen verschiedenen Wegen verdienen, aber wenn Sie beabsichtigen, mehr als nur materiellen Reichtum zu erlangen, sollten Sie Beschäftigungen vermeiden, die mit der Schädigung oder Täuschung anderer verbunden sind. Natürlich ist ein Beruf, in dem Sie anderen zu Diensten sein können, eine ausgezeichnete Methode, seinen Lebensunterhalt zu bestreiten. Aber selbst wenn Sie keinen solchen Beruf haben, können Sie immer noch dafür sorgen, dass Sie ehrlich und freundlich mit anderen umgehen.

- ✔ **Rechtes Streben:** Diese Art des Strebens bezieht sich auf Ihre spirituellen Übungen. Statt faul und nachlässig zu sein, sollten Sie sich laufend, doch unverkrampft (einige würden sagen »mühelos«) bemühen, sich der Dinge bewusst zu sein, die in Ihrem Geist auftauchen. Wenn sie negativ sind, sollten Sie sich von ihnen nicht überwältigen lassen; wenn sie positiv sind, sollten Sie sich freuen!

✔ **Rechte Achtsamkeit:** Achtsamkeit – genau darauf zu achten, was im gegenwärtigen Moment passiert – ist auf allen Stufen der spirituellen Praxis wesentlich. Statt Gedanken an die Vergangenheit nachzuhängen oder über die Zukunft zu fantasieren, sollten Sie Ihre Aufmerksamkeit auf den gegenwärtigen Augenblick fokussiert halten. Dieser Rat gilt nicht nur für Ihre Meditationspraxis, sondern auch für Ihre alltäglichen Aktivitäten. Tatsächlich werden Ihre alltäglichen Aktivitäten bei einer starken Achtsamkeit selbst eine Form der Meditation.

✔ **Rechtes Sichversenken:** Um eine tiefe Einsicht in die Natur der Wirklichkeit zu entwickeln, muss der Fokus Ihres Geistes scharf und frei von Ablenkung und Trägheit sein. Indem Sie die rechte Sammlung praktizieren, werden Sie schließlich in der Lage sein, Ihre volle Aufmerksamkeit auf jedes Objekt Ihrer Wahl zu richten und ohne Schwanken auf ihm zu halten. Die Fähigkeit, Ihre Aufmerksamkeit auf diese Art zu fokussieren, ist es, was Sie in die Lage versetzt, das Leben ändernde Einsichten in die wahre Natur der Dinge zu erlangen. Ohne rechte Sammlung werden Ihre Auffassungen (welche auch immer) oberflächlich und unwirksam bleiben.

Dies sind in Kürze alle Elemente des spirituellen Weges. Wie Buddha und spätere Meister diese Elemente näher ausgeführt und in den verschiedenen buddhistischen Traditionen ausgeformt haben, die sich in den vergangenen 2.500 Jahren entwickelt haben, wird in den Kapiteln 4 und 5 sowie 11 bis 14 erklärt.

IN DIESEM KAPITEL

Buddhas Lehren erhalten

Die Gliederung des grundlegenden buddhistischen Kanons

Die Rolle von König Ashoka bei der Verbreitung der neuen Religion erkennen

Mönche und gewöhnliche Menschen im Theravada-Buddhismus verbinden

Den Motor des Großes Fahrzeugs anwerfen – neue Schriften und Themen

Kapitel 4
Die Entwicklung des Buddhismus in Indien

Der Buddhismus begann vor 2.500 Jahren mit einer Person, die schweigend unter einem Baum saß und die Erfahrung des spirituellen Erwachens machte. Im Laufe seines Lebens kam Shakyamuni Buddha mit Tausenden von Menschen in Berührung; und als er starb, hatte sich der Einfluss seiner Lehren auf einige Königreiche in Nordindien ausgedehnt. Doch in den folgenden Jahrhunderten weitete sich der Buddhismus auf ganz Indien und den Rest Asiens aus. Und heute praktizieren laut aktuellen Schätzungen etwa 450 Millionen Menschen auf der ganzen Welt die eine oder andere Form des Buddhismus – obwohl er, interessant genug, erst vor Kurzem wieder in Indien selbst eingeführt worden ist, nämlich 800 Jahre, nachdem er in dem Land erloschen war, in dem er geboren wurde.

Buddha selbst praktizierte keinen »Buddhismus« – er lehrte nur, was er als den *Dharma*, die Wahrheit der Existenz, bezeichnete. Seine Lehren wurden von seinen Anhängern und deren Nachfolgern interpretiert, geklärt und letztlich diversifiziert. So entstand eine Vielfalt buddhistischer Schulen und Traditionen, die den Dharma in Richtungen weiterentwickelten, die Buddha selbst vielleicht nicht vorhergesehen hat.

In diesem Kapitel zeichnen wir das Wachstum und die Entwicklung des Buddhismus nach. Wir konzentrieren uns auf die Änderungen der Lehren Buddhas, als sie sich in den ersten Jahrhunderten nach seinem Tod über Indien (und dann nach Sri Lanka) verbreiteten. In Kapitel 5 beschreiben wir die weitere Verbreitung des Buddhismus in Südostasien, Europa und Amerika und zeigen auf, wie er dabei transformiert und an die Kulturen von China, Korea, Japan, Tibet und schließlich des Westens angepasst wurde.

Vielleicht fragen Sie sich, welche Bedeutung die frühe Geschichte des Buddhismus heute hat. Doch unserer Meinung nach werden Sie in diesem knappen Bericht über seine Entwicklung Fragen und Themen von zeitloser Bedeutung entdecken – Dinge, die im buddhistischen Denken und Handeln immer wieder und überall auftauchen, wo die Religion Fuß fasst. Außerdem ist seine Geschichte faszinierend.

Die Einberufung des Ersten buddhistischen Konzils

Bevor Buddha starb – oder, wie es die buddhistischen Schriften ausdrücken: bevor er in das *Parinirvana* (die endgültige Befreiung) einging –, beschied er seinen Anhängern, sich nach seinem Tod keine Sorgen darum zu machen, führerlos zu sein. Der Dharma, also die Lehre selbst, würde ihr Führer sein. Deshalb versammelte der Ehrwürdige Mahakashyapa, der Mönch, den Buddha als Vorsitzenden der Gemeinde der Mönche ausgewählt hatte, nach Buddhas Ableben 500 seiner spirituell am weitesten entwickelten Anhänger, um die wertvollen Lehren, die zusammen den Dharma bilden, zu sammeln und zu erhalten.

Der 500. Arhat

Als Mahakashyapa das Erste Konzil einberief, lud er 500 von Buddhas fortgeschrittensten Anhängern zur Teilnahme ein. Diese Eingeladenen waren Mönche, die das *Nirvana* (die Befreiung) erfahren hatten. Sie waren sogenannte *Arhats*, weil sie Menschen waren, die das Leiden und seine Ursachen vollkommen überwunden hatten. (In Kapitel 10 finden Sie Näheres über die Stufen, die zum Status eines Arhats führen.) Doch es gab ein Problem: Ananda, der für sein phänomenales Gedächtnis berühmt war und der (als Buddhas persönlicher Diener über mehr als 30 Jahre) mehr Lehrreden Buddhas gehört hatte als irgendjemand sonst, war noch kein Arhat. Er hatte das Nirvana noch nicht erlangt und war deshalb nicht qualifiziert, an diesem speziellen Konzil teilzunehmen.

Um dieses Problem zu lösen, wies Mahakashyapa Ananda wohl an, so lange intensiv zu meditieren, bis er seine Ausbildung abgeschlossen hatte. Einige Legenden behaupten, dass Mahakashyapa Ananda in eine Art spirituelle Krise manövrierte, bevor er ihn losschickte, indem er ihn an einige Fehler erinnerte, die er als Diener Buddhas begangen hatte. Andere Versionen sagen, dass Ananda seine Defizite zugab, nachdem er seine Ausbildung abgeschlossen hatte. Auf jeden Fall zahlten sich seine Anstrengungen offensichtlich aus. Seine vielen Jahre der Übung trugen Früchte, und er brauchte nur einige Stunden konzentrierter Meditation, bevor er die vollständige Befreiung erlangte und zurückkehrte, um an der Versammlung teilzunehmen.

Das Konzil versammeln

Diese wichtige Versammlung, die in der buddhistischen Geschichte als das *Erste Konzil* bezeichnet wird, wurde in Rajgir, der Hauptstadt des Königreichs Magadha, abgehalten. (In Kapitel 9 finden Sie Informationen für Pilger, die heute eine Wallfahrt nach Rajgir machen wollen.) Auf dem Konzil wählte Mahakashyapa einige von Buddhas engsten Anhängern aus, um aus dem Gedächtnis die Lehren vorzutragen, die sie gehört hatten. Ananda, Buddhas Cousin, der über mehr als 30 Jahre sein persönlicher Diener und Begleiter gewesen war und mehr Lehrreden des Meisters als irgendjemand sonst gehört hatte, fing an.

Ananda begann jede Rezitation mit den Worten »So habe ich gehört«, um auszudrücken, dass er die folgende Lehrrede mit eigenen Ohren und nicht aus zweiter Hand gehört hatte. Dann erwähnte er, wo Buddha die jeweilige Lehrrede gehalten hatte – beispielsweise nahe bei Shravasti (siehe Kapitel 9), wo er sich in der Regenzeit aufhielt – und wer ihm dabei zugehört hatte. Nachdem Ananda so den Kontext beschrieben hatte, trug er aus dem Gedächtnis vor, was Buddha gelehrt hatte. Mönche, die die jeweilige Lehrrede ebenfalls selbst gehört hatten, wurden gebeten, die Korrektheit von Anandas Rezitation zu bestätigen. Wenn sie zustimmten, wurde die Rezitation akzeptiert, und Mahakashyapa wies die Versammelten an, die Version auswendig zu lernen.

Die Freuden des Auswendiglernens

Die meisten Menschen finden es heutzutage unglaublich, dass Ananda und die anderen Anhänger ein derart erstaunliches Gedächtnis hatten, dass sie ganze Bände mit Buddhas Lehren behalten konnten. Ohne diese Leistung irgendwie schmälern zu wollen, sollte erwähnt werden, dass bestimmte Aspekte in Buddhas Lehrreden den Zuhörern beim Auswendiglernen halfen. Buddha wiederholte bestimmte Schlüsselformulierungen immer wieder – und zwar so häufig, dass heutzutage Lektoren in Übersetzungen dieser Lehrreden viele Wiederholungen streichen, weil sie nicht dem Geschmack moderner Leser entsprechen. Gelegentlich fasste Buddha auch einige längere Passagen in rhythmischen Versen zusammen, die ebenfalls das Auswendiglernen sehr unterstützten.

Buddhas frühe Anhänger verfügten sicherlich über außerordentliche mentale Fähigkeiten, aber ihre Gedächtnisleistungen sind auch heute nicht unerreichbar – obwohl die Welt, in der wir leben, diese Art des Lernens erschwert. Noch vor wenigen Jahrhunderten mussten in Europa Universitätsstudenten und Gelehrte – und sogar gewöhnliche Schulkinder –, deren Gehirne sich nicht von Ihrem oder unseren unterschieden, lange Gedichte und andere literarische Werke auswendig lernen. Und bis vor Kurzem konnten Angehörige von Kulturen auf der ganzen Welt, die noch keine Schrift kannten, lange Passagen ihrer National- oder Volksepen aus dem Gedächtnis hersagen. Aber aufgrund der Abhängigkeit vom geschriebenen Wort durch die Verbreitung der Printmedien und der medialen Sättigung der modernen Welt scheint die Fähigkeit, auswendig zu lernen, zu schwinden. Vielleicht würde sich ja die volle Gedächtniskraft wieder einstellen, wenn jeder seine Internetverbindung lange genug ausschalten würde.

> Es ist interessant anzumerken, dass diese Tradition, Buddhas Lehren auswendig zu rezitieren, in der zweiten Hälfte des 20. Jahrhunderts im damaligen Burma (Myanmar) wiederbelebt wurde. Ein amerikanischer Buddhist, der mehr als 22 Jahre in Burma lebte, hat berichtet, er wäre einem dieser »Rezitationsmönche« begegnet. Dieser erzählte ihm, dass es bei mehr als acht Stunden pro Tag anderthalb Monate dauern würde, die gesamte Kollektion der buddhistischen Lehren zu rezitieren!

Die Einteilung der Lehren: Die drei Körbe

Das Erste Konzil unterteilte Buddhas Dharma-Lehrreden formell in die sogenannten drei »Körbe« (*Pitaka*), die bis heute die Hauptkategorien des buddhistischen Kanons oder der Sammlung der Lehren bilden. Diese *drei Körbe* (*Tipitaka* in Pali, *Tripitaka* in Sanskrit, deutsch auch *Dreikorb*) sind:

- ✔ **Der Korb der Schriften** (*Sutta-Pitaka* in Pali, *Sutra-Pitaka* in Sanskrit). Diese umfangreiche Sammlung wurde von Ananda rezitiert. Sie enthält die Ratschläge, die Buddha über die Praxis der Meditation und verwandte Themen gab. Die Hauptlehrreden in diesem Korb zeigen, wie man den Geist üben kann, um die Einsichten zu gewinnen, die letztlich zum *Nirvana* – der vollständigen Befreiung vom Leiden – führen.

    Das *Sutta-Pitaka* umfasst unter anderen die sogenannte *Große Lehrrede über die Erweckung der Achtsamkeit* (Pali: *Maha-Satipatthana-Sutta*, oft auch nur *Satipatthana-Sutta*), die wesentliche Anweisungen enthält, um die Vier Edlen Wahrheiten klar und zweifelsfrei zu verwirklichen. (Näheres über diese Wahrheiten finden Sie in Kapitel 3.) Meditierende vieler buddhistischer Traditionen (besonders des Theravada-Buddhismus) wenden die Praktiken, die in dieser Lehrrede beschrieben werden, auch heute noch an.

- ✔ **Der Korb der Disziplin** (*Vinaya-Pitaka* sowohl in Pali als auch in Sanskrit). Diese Sammlung wurde von einem Mönch namens Upali rezitiert (der Barbier in Kapilavastu gewesen war, bevor er sich Buddha anschloss). Sie enthält die mehr als 225 Regeln und Verordnungen, die Buddha für das Zusammenleben seiner Mönchsgemeinde aufstellte.

    Buddha formulierte diese Regeln im Allgemeinen spontan als Reaktion auf neue Situationen. Anders ausgedrückt: Wann immer er feststellte, dass sich seine Anhänger in einer Weise verhielten, die dem Geist des Dharma widersprach oder die den Sangha (Gemeinde der Mönche und Nonnen) in Misskredit bringen könnte, stellte er eine passende Regel für dieses Verhalten auf. Der Mönch Sudinna gestand einmal, mit seiner früheren Frau sexuelle Beziehungen gehabt zu haben (um, wie gesagt wird, einen Erben für das Vermögen seiner Familie zu zeugen). Buddha tadelte ihn zunächst und wies darauf hin, dass ein derartiges Verhalten einem Mitglied des Sangha nicht anstehe und zu einer weiteren Anhaftung an die Welt des sinnlichen Verlangens und nicht zu einer Befreiung von ihr führen würde. Dann stellte Buddha die Regel auf, die Personen, die dem mönchischen Weg des Lebens folgen, sexuelles Verhalten jeglicher Art untersagt. (In Kapitel 12 finden Sie Näheres über die grundlegenden Verhaltensregeln für Mönche/Nonnen und Laien.)

✔ **Der Korb der besonderen Lehre** (*Abhidhamma-Pitaka* in Pali, *Abhidharma-Pitaka* in Sanskrit). Nachdem Ananda und Upali mit der Rezitation der Reden fertig waren, an die sie sich auf dem Ersten Konzil erinnerten (nebenbei: Einige Überlieferungen behaupten, Upali hätte zuerst rezitiert), wandte sich Mahakashyapa an die Versammlung. Er rezitierte ein Thema, das man als die buddhistische Phänomenologie bezeichnen könnte – das heißt, eine wissenschaftliche Analyse der Wirklichkeit vom Standpunkt Buddhas aus.

Buddha wies oft darauf hin, dass die Art von philosophischer Spekulation, die im damaligen Indien weit verbreitet war (beispielsweise »Hat die Welt einen Anfang oder ein Ende?«), nirgendwohin führen würde. Doch seine Anhänger sollten die Welt auch konzeptionell so ausführlich wie möglich verstehen. Insbesondere sollten sie wissen, wie der Geist funktioniert, wie das Leiden entsteht und wie das Leiden überwunden werden kann. In seinen Lehren zählte Buddha deshalb oft ausführliche Listen der Elemente auf, die er mit seiner durchdringenden Einsicht wahrgenommen hatte und aus denen sich sowohl die mentale als auch physische Wirklichkeit zusammensetzt. (Ein Beispiel ist die Liste der zwölf Glieder aus Kapitel 13, die umreißen, wie das Nicht-Wissen das Leiden aufrechterhält.) Auf dem Ersten Konzil wiederholte Mahakashyapa alle ausführlichen Listen, die er von Buddha gehört hatte. Aus diesen Listen erwuchsen die umfangreichen Lehren über Psychologie, Philosophie und verwandte Themen, die zusammenfassend als die buddhistischen »besonderen Lehren« bezeichnet werden.

Die friedliche Verbreitung der Lehren

Als Mahakashyapa nicht lange nach dem Ersten Konzil starb, wurde Ananda das Oberhaupt des buddhistischen Ordens. In den 40 Jahren seiner Führung verbreitete sich der Buddhismus durch Mönche über ganz Indien, die dem Rat Buddhas folgend, »zum Wohle der Vielen aus Mitgefühl mit der Welt« zu lehren, in alle Richtungen auszogen. Einige Mönche »spezialisierten« sich darauf, bestimmte Teile des Tripitaka (»Dreikorbs«) zu lehren; andere konnten, wie Buddha selbst, alle Aspekte des Dharma vermitteln.

Ananda selbst unterrichtete Tausende von Anhängern und leitete sie sicher auf den Weg zur Befreiung. Er und die nachfolgenden Führer des Sangha – die manchmal sogenannten *frühen buddhistischen Patriarchen* – trugen erheblich zur Ausbreitung des Buddhismus bei. Die frühen Führer gründeten viele Mönchsgemeinden, aus denen neue Mitglieder des Sangha hervorgingen, und führten der buddhistischen Gemeinschaft zahlreiche Laien-Anhänger zu.

 Denjenigen, die an dem rapiden Wachstum während der frühen Jahre beteiligt waren, ist zugute zu halten, dass sie den Buddhismus friedlich verbreiteten. Die Menschen wurden Buddhisten, weil sie es wollten, und nicht, weil sie dazu gezwungen wurden.

Das folgende Szenario beschreibt einen typischen Ablauf, wie das Interesse am Buddhismus wuchs. Zwei einfach gekleidete Mönche kamen am frühen Morgen in ein Dorf, nachdem sie die vorangegangene Nacht draußen im nahen Wald verbracht hatten. Die Mönche gingen auf ihrem täglichen Bettelgang mit ihren Almosenschalen von Haus zu Haus, nahmen schweigend alle Nahrungsmittel entgegen, die ihnen die Dorfbewohner anboten, und zogen sich dann an den Rand des Ortes zurück. Dorfbewohner, die von der ruhigen, kontrollierten Haltung dieser Mönche nachhaltig beeindruckt waren, sprachen die Mönche oft an, nachdem diese ihre einzige Tagesmahlzeit beendet hatten, und baten um Unterweisung. Einige Dorfbewohner fragten sogar, wie sie dem buddhistischen Orden beitreten könnten.

Dem Beispiel Buddhas folgend, beantworteten die Mönche diese Bitten und Anfragen auf die ihnen geeignet erscheinende Weise und gaben dabei freigiebig die Lehren weiter, die sie gelernt und verstanden hatten, bevor sie auf ihrer heimatlosen Wanderung zum nächsten Dorf weiterzogen. Die Tatsache, dass diese Mönche respektvoll mit allen Mitgliedern der Gesellschaft sprachen, egal, ob diese einer hohen oder niedrigen Kaste angehörten, trug dazu bei, ihr Ansehen in der Bevölkerung zu steigern; und dementsprechend wuchs die Anzahl der Buddhisten.

Der Weg gabelt sich: Eine Spaltung der buddhistischen Gemeinde

Obwohl die buddhistische Gemeinschaft friedvoll war, gab es unterschiedliche Auffassungen und gelegentlich sogar Kontroversen. Als die buddhistischen Gemeinden in Indien größer wurden und sich immer weiter verbreiteten, entwickelten sich verschiedene Übungsstile. Beispielsweise zogen einige Mönche eine strenge Interpretation der Regeln der Disziplin vor, während andere sie etwas liberaler auslegten.

Die Einberufung des Zweiten Konzils

Um die verschiedenen Probleme zu klären, die den Sangha spalteten, wurde über hundert Jahre nach dem Ersten ein Zweites buddhistisches Konzil einberufen. In den verschiedenen Überlieferungen über diese Versammlung – und zwar sowohl von westlichen Historikern als auch von den verschiedenen buddhistischen Traditionen selbst – gibt es erhebliche Differenzen darüber, was dort eigentlich passierte.

Aber alle stimmen darin überein, dass das Zweite Konzil zu dem ersten großen Schisma oder der ersten großen Spaltung innerhalb der buddhistischen Gemeinde führte. Je nachdem, welchem Bericht Sie glauben, wurden mehrere tausend Mönche entweder von dem Konzil verstoßen oder verließen es freiwillig, weil sie der Auffassung waren, dass die anderen den Geist der Lehren Buddhas zu eng auslegten.

Aus dem Zweiten Konzil gingen zwei buddhistische Hauptgruppen hervor. Sie nannten sich selbst:

✔ **Die Älteren** (Sanskrit: *Sthavira*, Pali: *Thera*): Die Anhänger dieser Gruppe betrachteten sich als die Bewahrer der ursprünglichen Lehren Buddhas.

✔ **Die Große Gemeine** (*Mahasanghika* in Sanskrit): Die Anhänger dieser Gruppe interpretierten die Worte Buddhas etwas freizügiger, blieben aber ihrer Meinung nach seinen ursprünglichen Absichten treu.

Wir erwähnen diese beiden alten Gruppen, weil ihre spirituellen Nachkommen im Lauf der Zeit die beiden Hauptströmungen des Buddhismus herausbildeten, die auch heute noch dominieren:

✔ **Theravada:** Der Name bedeutet »Weg der Älteren«. Diese Tradition wird manchmal als die *Südliche Tradition* bezeichnet, weil sie sich hauptsächlich in südasiatischen Ländern wie Sri Lanka, Burma (Myanmar) und Thailand verbreitet hat. Sie wird auch als das »Kleine Fahrzeug« bezeichnet.

✔ **Mahayana:** Die verschiedenen Nördlichen Traditionen, die in China, Korea, Japan, Tibet, der Mongolei und so weiter verbreitet sind und das sogenannte »Große Fahrzeug« bilden.

Die verschiedenen Weiterentwicklungen der Lehren

Wie sich die verschiedenen Traditionen besonders in den frühen Jahrhunderten der Entwicklung des Buddhismus gespalten und entwickelt haben, ist, gelinde ausgedrückt, ein kompliziertes Thema. Da das Thema komplex ist und die Auffassungen von der eigenen Tradition des einzelnen Betrachters beeinflusst sind, umreißen wir den Prozess nur ganz grob in großen Zügen. Wenn Sie in dieses Gebiet ausführlicher eintauchen wollen, sollten Sie die einschlägigen Bücher über das Thema lesen und dann versuchen, sich selbst ein Bild dieser komplexen Geschichte zu machen. Geeignete Titel sind *The buddhistic Handbook* von John Snelling (Inner Traditions International, deutsch: *Buddhismus*, Diederichs Verlag, 1991), *The History of Buddhisms* von Donald Lopez (Harper, San Francisco), *Buddhismus. Stifter, Schulen und Systeme* von Hans Wolfgang Schumann (Diederichs Verlag, 1993) und *Handbuch Buddhismus. Die zentralen Lehren: Ursprung und Gegenwart* von Hans Wolfgang Schumann (Diederichs Verlag, 2000).

Einige Jahrhunderte nach Buddhas Tod gab es in Indien wenigstens 18 separate buddhistische Schulen (möglicherweise sogar die doppelte Anzahl). Jede vertrat ihre eigene Version der Lehren Buddhas und ihre eigene Art, diese Lehren zu interpretieren und zu praktizieren. Auch wenn die Situation sehr chaotisch zu sein schien, war die Existenz dieser verschiedenen Schulen nicht unbedingt nachteilig (besonders weil sich die verschiedenen Schulen anscheinend niemals tatsächlich bekämpften – außer in philosophischen Debatten).

Es sollte Sie nicht zu sehr überraschen, in der buddhistischen Gemeinde dieser frühen Jahre diverse Gruppen und Untergruppen vorzufinden. Denn schließlich unterrichte Buddha selbst nicht alle seine Anhänger auf genau dieselbe Weise. Ihre unterschiedlichen Interessen und intellektuellen Fähigkeiten berücksichtigend, lehrte er so, wie es das Wohl seines jeweiligen Publikums am besten förderte. Folglich können seine Lehren – besonders diejenigen über die Natur des *Selbst* (das Thema von Kapitel 13 ist) – vielfältig interpretiert werden. Es ist nur natürlich, dass spätere Generationen von Buddhisten selbst Schulen bildeten und sich mit der philosophischen Position identifizierten, die am besten zu ihrer eigenen Auffassung passte.

Abgesehen von rein philosophischen Unterschieden traten auch andere Unterschiede unter den Buddhisten auf. Bei einigen ging es um die Standards des akzeptablen Verhaltens, andere basierten auf der Sprache. Buddha ermutigte seine Anhänger, die Lehren, die sie selbst gehört und verstanden hatten, freizügig an andere weiterzugeben, und legte ihnen nahe, dies in ihrer Muttersprache zu tun. So konnte jeder (nicht nur die Lesekundigen und Hochgebildeten) vom Dharma profitieren. In Indien gab und gibt es viele verschiedene Sprachen, und auch diese sprachlichen Unterschiede trugen dazu bei, jeder Schule einen eigenen Charakter oder eine eigene Note zu geben.

Der Buddhismus als Volksreligion: König Ashokas Einfluss

Im dritten Jahrhundert v. Chr. erschien eine Gestalt auf der indischen Bühne, die einen nachhaltigen Einfluss auf den gesamten weiteren Verlauf der buddhistischen Geschichte ausübte: König Ashoka, der dritte Herrscher der mächtigen Maurya-Dynastie, die von seinem Großvater begründet worden war.

Ashoka war die Person, die wesentlich dafür verantwortlich war, den Buddhismus auf den Weg zur Weltreligion zu bringen.

Ashokas Einstellung wandelt sich

Am Anfang seiner Herrschaft (etwa 268 v. Chr.) verfolgte Ashoka dieselbe kriegsähnliche, imperialistische Politik wie schon zuvor sein Vater und sein Großvater. Seine Eroberungen waren so umfangreich, dass sich sein Imperium schließlich über einen großen Teil des indischen Subkontinents erstreckte.

Aber sein blutiger Feldzug zur Niederschlagung eines Aufstands in der heutigen östlichen Provinz Orissa kostete so viele Menschenleben, dass Ashoka über seine eigenen Handlungen entsetzt war. Er bereute zutiefst all das Leiden, das er verursacht hatte, und erlebte eine nachhaltige spirituelle Transformation. Nachdem er die buddhistischen Lehren durch einen Mönch kennengelernt hatte, traf Ashoka die weitreichende Entscheidung, sein Imperium nach Maßgabe der buddhistischen Prinzipien der Gewaltlosigkeit und des Mitgefühls zu regieren.

Ashoka machte sich daran, diese hohen Ideale in einem beispiellosen Maße in die Praxis umzusetzen:

✔ Er gab seine militärischen Eroberungen auf und widmete sich stattdessen der Wohlfahrt seines Volkes.

✔ Er errichtete Schulen und Krankenhäuser und ließ sogar entlang der Hauptstraßen Brunnen graben, um Reisenden das Leben zu erleichtern.

✔ Im Geiste des Respekts und der Toleranz gewährte er nicht nur den buddhistischen, sondern auch vielen anderen religiösen Institutionen seine königliche Unterstützung.

✔ Und weil er speziell den buddhistischen Moralkodex fördern wollte, befahl er, in seinem ganzen Reich Verordnungen in Säulen und Felsen zu meißeln, in denen er seine Untertanen ermahnte, sich anderen gegenüber großzügig, bescheiden und ehrlich zu verhalten.

Außerdem förderte Ashoka die Praxis der *Pilgerfahrt*, des Besuches der verschiedenen Stätten, die Buddha mit seiner Anwesenheit gesegnet hatte (Näheres über Pilgerfahrten erfahren Sie in Kapitel 9), und ließ tausende von Monumenten (*Stupas* Denkmälern) zu Ehren des Mitfühlenden errichten. Da Ashoka mit seiner Verehrung Buddhas beispielhaft voranging, entwickelten viele seiner Untertanen ebenfalls ein Interesse am Buddhismus, und die Zahl der Menschen, die sich zum buddhistischen Glauben bekannten, nahm besonders unter den Laien stark zu. Vor Ashoka zog der Buddhismus hauptsächlich gebildete oder gesellschaftlich hochgestellte Menschen an. Danach entwickelte er sich viel stärker zu einer Volksreligion.

Die Förderung des Buddhismus über Indien hinaus

König Ashoka sandte auch Botschafter (Missionare) aus Indien in alle Richtungen, um das Wort Buddhas zu verbreiten. Einige sollen sogar sehr weit westlich bis in die Länder Ägypten, Syrien und Mazedonien gekommen sein, obwohl keine Belege darauf hinweisen, dass sie in diesen Ländern einen nennenswerten Eindruck hinterlassen haben.

Doch die Mission nach Sri Lanka wurde ein riesiger Erfolg. Unter den Botschaftern zu dieser Inselnation befanden sich ein buddhistischer Mönch und eine buddhistische Nonne, die angeblich Ashokas Kinder waren. Sie wurden von dem einheimischen Herrscher, König Tissa, wohlwollend empfangen und in die königliche Stadt Anuradhapura eingeladen, in der später ein berühmtes Kloster errichtet wurde. Ashokas Tochter brachte einen Ableger des ursprünglichen Bodhi-Baums mit, unter dem Buddha etwa 300 Jahre vorher die Erleuchtung erlangt hatte. Ein Nachkomme des Baumes, der aus diesem Ableger heranwuchs, ist auch heute noch in Sri Lanka eine beliebte Pilgerstätte. (Die Geschichte des Bodhi-Baums wird in Kapitel 3 erzählt.)

Die spezielle Form des Tripitaka (der »drei Körbe«, die wir in dem Abschnitt »Die Einteilung der Lehren: Die drei Körbe« weiter oben in diesem Kapitel erwähnen), die damals niedergeschrieben wurde, war die Version, die in der Theravada-Tradition erhalten worden war, die mit Ashokas Kindern nach Sri Lanka kamen und die schließlich in Südostasien verbreitet wurden. Ihre Sprache war Pali, eine der älteren Sprachen Indiens.

In Anuradhapura wurden Buddhas Lehren zum ersten Mal niedergeschrieben. In den vorangegangenen circa 400 Jahren wurden in Indien verschiedene Sammlungen dieser Lehren in verschiedenen Sprachen und Dialekten mündlich von einer Generation zur nächsten tradiert. Doch im ersten Jahrhundert v. Chr. (einige Historikern nennen 88 v. Chr. als genaues Jahr) wurde schließlich in Sri Lanka eine Version dieser Lehren schriftlich festgehalten.

Selbst heute, mehr als 2.000 Jahre später, ziehen viele Leute den Pali-Kanon der buddhistischen Theravada-Tradition heran, wenn sie ein Gefühl für den »ursprünglichen« Buddhismus bekommen wollen. (Weitere Details finden Sie in dem Einschub »Wie ursprünglich ist der »ursprüngliche« Buddhismus?«) Eine vollständige englische Übersetzung wurde im vergangenen Jahrhundert (1908–1921, um genau zu sein) von der Pali Text Society veröffentlicht. Deutsche Basiswerke sind die Arbeiten von K. E. Neumann: Die Reden Gotamo Buddhos aus der längeren Sammlung Dhiganikayo, 1907; Die Reden Gotamo Buddhos aus der mittleren Sammlung Majjhimanikayo, 1893–1902; Die Reden Gotamo Buddhos aus Sammlung der Bruchstücke Suttanipato, 1905–1911, Dhammapada, 1893.

Wie ursprünglich ist der »ursprüngliche« Buddhismus?

Einige Mitglieder des Theravada bezeichnen ihre Tradition gerne als den »ursprünglichen« Buddhismus und implizieren damit, dass sie frei von den späteren Zusätzen (und folglich möglichen Verzerrungen) ist, die andere Traditionen (speziell die Mahayana-Tradition) verwässern. Niemand kann leugnen, dass der Pali-Kanon, der von den Theravada-Anhängern befolgt wird, die älteste existierende schriftliche Version von Buddhas Lehren auf der ganzen Welt ist. Und sogar Buddhisten der Mahayana-Traditionen akzeptieren diese Pali-Schriften als genaue Wiedergabe der Lehren Buddhas. Denken Sie daran, dass Buddha selbst allerdings nicht in Pali lehrte.

Bedeutet dies, dass der Pali-Kanon *alles* ist, was Buddha zu sagen hatte? Vergegenwärtigen Sie sich, dass Buddha über 45 Jahre hinweg viele verschiedene Anhänger unterrichtet hat und dass diese Lehren mehrere Hundert Jahre lang nur in mündlicher Form tradiert worden waren. In Anbetracht dieser komplexen Faktoren haben sich einige Gelehrte gefragt, ob überhaupt noch jemand wirklich sicher wissen kann, was Buddha gelehrt hat. Die Lehren des historischen Jesus werden ähnlich kontrovers diskutiert.

Außerdem ist zu beachten, dass die Theravada-Tradition nur eine von mindestens 18 Schulen ist, die viele Jahrhunderte lang ihre Versionen von Buddhas Lehren tradiert haben. Wenn Sie alle diese Faktoren zusammenzählen, können Sie sehen, warum es unwahrscheinlich ist, dass irgendeine buddhistische Tradition, egal wie alt, erfolgreich alle ursprünglichen Lehren von Shakyamuni aufzeichnen und bewahren konnte. Betrachten Sie zum Vergleich noch einmal die christliche Tradition: Obwohl alle christlichen Konfessionen sich über den Inhalt des Neuen Testaments einig sind, gibt es Passagen, deren wahre Bedeutung von den Konfessionen unterschiedlich interpretiert wird. Doch wenn Sie nicht zu den tief Gläubigen gehören, werden Sie wahrscheinlich keine Interpretation als das eine und einzig wahre Evangelium akzeptieren, das Jesus (angeblich) selbst gepredigt hat.

Zwei Stufen der Praxis im frühen Buddhismus

Wenn Sie ein Land wie Thailand besuchen, in dem die buddhistische Theravada-Tradition vorherrscht und die Menschen immer noch viele Bräuche aus der Anfangszeit des Buddhismus praktizieren, können Sie einen Eindruck davon gewinnen, welchen Einfluss der Buddhismus in seinen frühen Jahren auf die indische Gesellschaft gehabt haben muss.

Die Mitglieder der buddhistischen Gemeinde (des Sangha) waren davon abhängig, dass Dorf- und Stadtbewohner ihnen die Mittel zur Befriedigung ihrer Grundbedürfnisse zur Verfügung stellten, während sich die Laienschaft darauf verließ, dass die Mitglieder des Sangha spirituelle Unterweisungen gaben und religiöse Riten ausführten. Sie können diese Interaktion auch noch selbst in Thailands wuchernder Hauptstadt Bangkok beobachten. Jeden Morgen kommen in der Früh Mönche mit ihren Almosenschalen aus den benachbarten Tempeln in die Straßen der Stadt, wo Stadtbewohner darauf warten, ihnen Lebensmittel zu spenden. Wenn die Mönche ihren Bettelgang beendet haben, kehren sie in ihre Tempel zurück. Später versammeln sich vielleicht einige derselben Familien, die Nahrung gespendet haben, bei einem der benachbarten Tempel, um die Mönche zu bitten, für die Familien zu beten oder sie zu unterweisen.

Ein wichtiges Element bei dieser Interaktion zwischen Mönchen und der Laienschaft wird auch als das *Sammeln von Verdienst* bezeichnet. Buddha lehrte, dass tugendhafte Handlungen – wie beispielsweise die Praxis der Großzügigkeit – einen Speicher mit positiver Energie oder Verdiensten (*Punya* sowohl in Pali als auch in Sanskrit) erzeugt. Diese verdienstvolle Energie führt in Übereinstimmung mit dem karmischen Gesetz von Ursache und Wirkung (Näheres über Karma finden Sie in Kapitel 12) zu positiven Ergebnissen in der Zukunft. Die Person, der Sie gegenwärtig Gaben anbieten – das Objekt oder der Empfänger Ihrer tugendhaften Handlungen –, wird als Ihr *Feld des Verdienstes* bezeichnet, und je wertvoller Ihr Feld ist, desto mehr Verdienst schaffen Sie.

Weil voll ordinierte Mönche (und Nonnen, an den wenigen Orten, an denen die Linie ihrer Nachfolge noch existiert) zu den wertvollsten Feldern des Verdienstes gehören, ist es eine wirkungsvolle Methode, ihnen Gaben anzubieten, um schnell eine riesige Menge an Verdienst anzusammeln. Deshalb fühlt eine Frau, die die Almosenschale eines Mönches aus einem benachbarten Tempel mit Nahrung füllt, dass sie durch diesen Akt der Großzügigkeit tatsächlich selbst profitiert, weil sie das Verdienst erhält. Und das gesammelte Verdienst, so hofft sie, wird ihr in der Zukunft Glück und speziell eine Wiedergeburt in einem der glücklicheren Bereiche der Existenz bringen (siehe Kapitel 13, in dem wir die verschiedenen Lebensbereiche der Wesen beschreiben).

Dieses Beispiel für die Interaktion zwischen Mönchen und der Laienschaft illustriert sehr schön die beiden Stufen der buddhistischen Praxis, die in der Anfangszeit des Buddhismus in Indien nebeneinander existierten – und die immer noch an vielen Orten in der ganzen buddhistischen Welt existieren.

✔ Die eine Stufe der buddhistischen Praxis war der entsagende Stil der Mönchsgemeinde. Vorbildhafte Mönche und Nonnen gaben Familie, Besitz und weltlichen Ehrgeiz auf, um sich ganz ihrer vollständigen Befreiung vom Leiden zu widmen. Sie rasierten sich das Kopfhaar ab und warfen ihr weltliches Kleid ab, um so alles (wenigstens so viel wie möglich) aus ihrem Leben zu entfernen, was sie von ihrem letztlichen Ziel ablenken könnte, und unterwarfen sich der strengen Befolgung moralischer Vorschriften (siehe Kapitel 12) und der Praxis der Meditation (siehe Kapitel 7).

✔ Die andere Stufe der buddhistischen Praxis (die, spirituell gesehen, traditionell als minderwertig betrachtet wurde) wurde von den ergebenen Laien ausgeübt. Auch wenn einige Laien immer meditiert haben, war man der Überzeugung, dass Personen (sogenannte *Haushalter*), die ein normales Leben führten und eine Familie gründeten, die Gelegenheit verschenkten, in diesem Leben die Befreiung zu erlangen.

Stattdessen waren Laien hauptsächlich darauf beschränkt, genügend Verdienst anzusammeln – überwiegend, indem sie Leute unterstützten, die sich ganz dem Mönchsleben hingegeben hatten –, um später in diesem Leben Glück und in der Zukunft eine vorteilhafte Wiedergeburt zu erlangen. Dann könnten sie, falls ihre künftige Wiedergeburt besonders glücklich wäre, sich später selbst den reinen Praktiken eines voll ordinierten Sangha-Mitglieds widmen.

Wechselnde Loyalitäten und neue Ideale

Diese ziemlich scharfe Trennung der buddhistischen Glaubensanhänger in zwei Gruppen – eine, die die Freiheit vom Rad des Leidens (dem Muster des wiederkehrenden Elends und der Unzufriedenheit, das als *Kreislauf der Wiedergeburten* oder *Samsara* bezeichnet wird) anstrebt, und die andere, die nur auf ein temporäres Wohlergehen in diesem Leben und vielleicht auf die Chance auf eine bessere Wiedergeburt in einem künftigen Leben hofft – hatte einen nachhaltigen Einfluss auf die weitere Entwicklung, Ausformung und Verbreitung des Buddhismus.

Das vorhandene System konnte nur dadurch existieren, dass die Laienschaft dem Sangha der ordinierten Mönche einen hohen Respekt entgegenbrachte. Die ersten Arhats wie Ananda und die folgenden Patriarchen (siehe den Abschnitt »Die Einberufung des Ersten buddhistischen Konzils« weiter oben in diesem Kapitel) verdienten zweifellos die höchste Wertschätzung. Aber nicht jeder, der die Roben eines Mönches oder eines Priesters trägt, ist ein Vorbild an Tugend. Diese schmerzliche Tatsache ist heute in vielen – buddhistischen und nicht buddhistischen – religiösen Traditionen offensichtlich.

Falls die Laien einer indischen Stadt ihr Vertrauen in die ansässigen buddhistischen Mönche verloren – weil sie diese als distanziert, unaufrichtig, faul oder sogar korrupt erlebten –, zogen sie ihre Unterstützung nach und nach zurück, wodurch das Mönchssystem in dieser Gegend zugrunde ging.

Hinwendung zu den Stupas

Historische Zeugnisse belegen, dass einige Laien der Mönchsgemeinde die Loyalität und Unterstützung entzogen und sich der wachsenden Anzahl der *Stupas* (Monumente, Denkmäler) in ganz Indien zuwendeten (siehe den Abschnitt »Der Buddhismus als Volksreligion: König Ashokas Einfluss« weiter oben in diesem Kapitel).

Für die Gläubigen waren diese Monumente, die ursprünglich für die sterblichen Überreste Buddhas gebaut worden waren, von Shakyamuni Buddha selbst nicht zu unterscheiden. Eine wachsende Anzahl von Buddhisten, Laien und Mönche gleichermaßen, zogen zu diesen Repräsentationen der höchsten Erleuchtung und umwandelten sie auf dieselbe Weise, wie Shakyamunis eigene Anhänger Jahrhunderte früher respektvoll um Buddha herumgegangen waren, bevor sie diesen ansprachen. (Nähere Informationen über die Plätze einiger dieser Stupas finden Sie in Kapitel 9.) Viele, die Verdienst sammeln wollten, schätzten die Belohnungen für die Gaben, die sie diesen Verkörperungen von Buddhas erleuchtetem Geist darbrachten, höher ein als die für die Unterstützung des Sangha.

Das Große Fahrzeug: Der Mahayana-Buddhismus

Etwa zur selben Zeit, als der Kult der Stupas aufkam, gewann die zweite Hauptströmung des buddhistischen Denkens und Handelns – der Mahayana-Buddhismus – in Indien an Bedeutung. Ihre Anhänger bezeichneten diese Strömung als »Großes Fahrzeug«, weil sie Erleuchtung für alle, nicht nur für wenige Mönche versprach. Dieser alles umfassende Geist sprach besonders die Laien an, deren spirituelle Bedürfnisse von den restriktiveren, vorherrschenden Formen der Praxis nicht befriedigt wurden.

Im Zentrum dieser Konzeption des Mahayana-Buddhismus steht die Figur des *Bodhisattva*. Die Mahayana-Anhänger waren nicht die Erfinder dieses Begriffs, aber sie dehnten seine Bedeutung aus. In der Zeit vor dem Mahayana-Buddhismus glaubten die meisten Buddhisten, dass in jedem Zeitalter nur ein vor der Erleuchtung stehendes Wesen oder *Bodhisattva* (*Bodhi* bedeutet *Erleuchtung*; *sattva* bedeutet *Wesen*) existiere. Diese einzigartige Gestalt sollte der Buddha werden, der den Dharma für dieses bestimmte Zeitalter verkünden würde. In den *Jataka-Erzählungen* (die Geschichten, die Buddha von seinem früheren Leben erzählte) konnte der Bodhisattva beispielsweise in einem Leben als Tier und in einem anderen als Mensch erscheinen; doch jedes Leben brachte ihn näher an die Erlangung seiner vollkommenen Erleuchtung als Shakyamuni Buddha.

Der Mahayana-Buddhismus lehrt, dass jeder, der mitfühlend und entschlossen genug ist, das Wohl der anderen über sein eigenes Wohl oder die eigene Erreichung des Nirvanas zu stellen, dieselbe Erleuchtung wie Shakyamuni erlangen kann. Anders ausgedrückt: Statt danach zu streben, selbst ein Arhat zu werden und die Befreiung nur für sich selbst zu erlangen, streben die mitfühlenden Bodhisattvas die Buddhaschaft an, um allen anderen unendliches Wohl zu bringen. Dies ist ein weiterer Grund für den Begriff *Mahayana*, oder *Großes Fahrzeug*: Diese Lehren kommen nicht nur einer großen Anzahl von Wesen zugute, sondern sie führen die tätigen Bodhisattvas auch zur Erlangung des höchstmöglichen Ziels: der höchsten Erleuchtung.

Personen, denen diese höchst altruistische Absicht gleichgültig war und die nur nach ihrer eigenen persönlichen Befreiung strebten, wurden von Mahayana-Anhängern abfällig mit dem ziemlich negativen Begriff *Hinayana* oder »Kleineres Fahrzeug« bezeichnet. Wir haben diesen Begriff bis jetzt vermieden – und werden ihn nach dem nächsten Absatz auch nicht noch einmal verwenden –, weil viele Autoren diese Bezeichnung fälschlich auf ganze buddhistische Traditionen wie den Theravada-Buddhismus angewendet haben. Diese Einteilung ist grob unfair, weil sich in den Reihen des Theravada-Buddhismus herausragend hingebungsvolle und mitfühlende Praktiker befinden. Die Theravada-Tradition hat immer betont, dass die Weisheit, die Sie vom Leiden befreit, der Höhepunkt einer Praxis ist, die sowohl Einsicht als auch liebendes Mitgefühl umfasst. Außerdem hat sich die Theravada-Tradition im Laufe der Jahrhunderte beträchtlich weiterentwickelt, und heutzutage betonen die meisten Lehrer dieser Tradition besonders im Westen, wie wichtig es ist, zusätzlich zu der persönlichen Einsicht das Erbarmen und das liebende Mitgefühl für andere zu kultivieren.

Die Begriffe *Mahayana* und *Hinayana* sind passende Bezeichnungen für die Einstellungen, die Praktiker einer Tradition zu einem bestimmten Zeitpunkt vertreten können. Einer von Jons Lehrern wies darauf hin, dass man einen Mahayana- oder Hinayana-Anhänger nicht daran erkennen könne, welche Schriften er schätze oder welcher Schule er angehöre. Jeder könne nur für sich selbst entscheiden, welcher Gruppierung er angehöre, indem er in die Tiefe seines Herzens blicke. Wenn Sie sich nach außen zum Mahayana-Buddhismus bekennen, aber nur an Ihrer eigenen Wohlfahrt interessiert sind, sind Sie in Wirklichkeit ein Hinayana-Praktiker; und mehr noch: Wenn Sie nur den flüchtigen Vergnügungen des Augenblicks nachjagen, verdienen Sie es auch nicht, als Hinayana-Praktiker bezeichnet zu werden. Es handelt sich um eine sehr persönliche Angelegenheit. Der amerikanische Vipassana-Lehrer Joseph Goldstein sagte oft: »Es spielt keine Rolle, ob die Fahrzeuge groß oder klein sind; denn sie werden alle auf Kosten des Eigentümers gezogen.«

Der Aufstieg der Mahayana-Lehren

Obwohl Bücher über den Buddhismus die Mahayana-Tradition oft nur im Singular nennen, so als ob nur eine existieren würde, gewannen ab dem ersten Jahrhundert n. Chr. einige verschiedene Mahayana-Traditionen an Bedeutung, die fast sicher bereits vorher existierten oder Vorläufer hatten.

Genauer: Zu dieser Zeit kamen verschiedene Mahayana-Sutras (oder Lehrreden) in Umlauf, die die buddhistische Weltauffassung in die eine oder andere Richtung erweiterten. Diese Sutras (die alle in Sanskrit niedergeschrieben waren) waren angeblich Lehren von Shakyamuni Buddha, die einige seiner Anhänger im Geheimen erhalten hatten und die jetzt veröffentlicht wurden, um die Bedürfnisse des historischen Moments zu befriedigen. In vielen Fällen behaupteten ihre Befürworter, dass diese Sutras den Dharma tiefer und wirksamer präsentieren würden, als dies vorher der Fall gewesen sei. Wir erklären die wichtigsten dieser Lehren in den nächsten Abschnitten.

Das Weiße Lotos des wahren Dharma-Sutra

Dieser, im Allgemeinen als *Lotos-Sutra* bekannte, umfangreiche Mahayana-Text hat in Indien und später im Fernen Osten und darüber hinaus einen starken Einfluss ausgeübt. (Mehr über die Verbreitung des *Lotos-Sutras* und der anderen buddhistischen Lehren und Traditionen, die in diesem Kapitel erwähnt werden, in Asien und im Westen finden Sie in Kapitel 5.)

Dieses poetische und kunstvolle symbolische Werk (in Sanskrit *Saddharma-pundarika* genannt) präsentiert eine kosmologische Auffassung von Zeit und Raum sowie des spirituellen Weges. Wie in einigen anderen Schriften beginnen die Ereignisse in diesem Sutra auf dem Geierberg bei Rajgir (siehe Kapitel 9), weiten sich aber bald sehr viel weiter aus. Wie viel weiter? Es geht um nichts weniger als die ganze Existenz. Shakyamuni enthüllt einen spektakulären Ausblick auf ein Universum, in dem zahllose Buddhas leben, die den Dharma an ihre riesigen Kreise von Anhängern weitergeben. Und er erklärt weiter: Obwohl Buddhas wie er selbst Pfade lehren können, die zu untergeordneten Zielen (wie die individuelle Befreiung) führen, haben alle Wesen letztlich nur eine endgültige spirituelle Bestimmung: die höchste Erleuchtung der Buddhaschaft.

Die Predigt des Vimalakirti

Dieses Werk zählt zu den ältesten und beliebtesten Mahayana-Texten. Seine Handlung spielt in Vaishali (dem Ort des Zweiten Konzils, siehe den Abschnitt »Die Einberufung des Zweiten Konzils« weiter vorn in diesem Kapitel). Dieser Text ist bei Laien hauptsächlich deshalb so beliebt, weil seine zentrale Figur, der Laie Vimalakirti, den Dharma gründlicher versteht als selbst Shakyamunis enger Schüler Shariputra, ein Mönch, der für seine Weisheit berühmt ist. Dieses Sutra (Sanskrit: *Vimalakirti-nirdesha*) enthält auch eine berühmte Szene der Geschlechtsumwandlung, in der eine Göttin erscheint und Shariputra temporär in eine Frau verwandelt, sehr zu seinem Erstaunen und seiner Verlegenheit. Dieses Ereignis demonstriert, dass alle konzeptionellen Gedanken, einschließlich der Auffassungen von männlich und weiblich, letztlich keine Wirklichkeit haben.

Die Sutras der das andere Ufer erreichenden Weisheit

Diese Sammlung von Lehrreden – die wie das *Lotos-Sutra* auf dem Geierberg gepredigt wurden – stellt den Weg zum höchsten Erwachen als eine Vereinigung der Methode des Mitgefühls und der einsichtsvollen Weisheit dar (siehe die Kapitel 2 und 14, in denen die Beziehung zwischen Mitgefühl/Erbarmen und Weisheit erklärt wird). Durch ihre Fokussierung auf den Weg altruistisch eingestellter Erleuchtungssucher lieferten diese Lehren eine philosophische Grundlage für viele der entstehenden Mahayana-Traditionen.

Doch diese Sutras umrissen nicht nur das Leben des Bodhisattvas als einen Weg des Mitgefühls, sondern vertieften und verbreiterten auch Buddhas Lehren über die Weisheit. Vor dieser Lehrrede wurde die Einsicht der Selbstlosigkeit im Allgemeinen nur auf die Ich-Identität oder Persönlichkeit angewendet. (In den Kapiteln 2 und 13 wird näher erläutert, was es heißt, ohne Selbst zu sein.) Wenn man die Befreiung erlangen wollte, musste man diese falsche Auffassung einer Selbst-Identität überwinden, um die Selbst-Losigkeit im Kern des eigenen Wesens zu entdecken. Die *Sutras der das andere Ufer erreichenden Weisheit* (*Prajnaparamita-Sutras*) erweiterten – oder vielleicht genauer ausgedrückt: transformierten – diese Einsicht in die Wahrheit der universellen Leere (*Shunyata*). Die Lehre besagt, dass es nirgendwo in der Welt ein einziges Atom mit einer konkreten Wirklichkeit oder eigenständigen Existenz gebe. (Näheres über Leere finden Sie in Kapitel 14.)

Diese tiefgreifende Auffassung – die der gewöhnlichen Ansicht ganz entgegengesetzt ist, dass die Dinge so separat und individuell existieren, wie sie erscheinen – wurde von Nagarjuna sehr detailliert ausgearbeitet. Er war der Begründer der Madhyamika-Schule (Schule des »Mittleren Weges«) des Mahayana-Buddhismus. (Einige Gelehrte behaupten sogar, dass die *Sutras der das andere Ufer erreichenden Weisheit* gar nicht die ursprünglichen Lehren von Shakyamuni Buddha enthalten würden, sondern dass sie in Wirklichkeit von Nagarjuna selbst formuliert worden wären.)

Das Sutra über das Herabsteigen nach Ceylon

Neben der Madhyamika-Schule von Nagarjuna ist die Yogachara-Schule von Asanga die andere philosophische Hauptschule des Mahayana-Buddhismus. Sie betont die Rolle des Geistes bei der Erzeugung und Ausformung der Erfahrung. Die Madhyamika-Schule weist auf die innewohnende Leere der Phänomene hin, indem sie demonstriert, dass jedes Konzept, das Sie von der Wirklichkeit haben, und jede Aussage, die Sie über die Wirklichkeit machen, unwahr ist. Dagegen lehrt die Yogachara-Schule, dass diese innewohnende Leere tatsächlich die Natur des Bewusstseins selbst ist, das allen Phänomenen als tiefere, fortdauernde Wahrheit zugrunde liegt. Anders ausgedrückt: Statt zu sagen: »Dort ist nur Leere«, sagt die Yogachara-Schule: »Dort ist nur Bewusstsein (oder Geist).« (Trotz der offensichtlichen Uneinigkeit haben viele buddhistische Meister gelehrt, dass *Bewusstsein* und *Leere* nur Indikatoren derselben unteilbaren, nichtdualistischen (das heißt: untrennbaren) Wirklichkeit seien. Beispielsweise entspringt die Zen-Tradition sowohl Madhyamika als auch Yogachara-Quellen. (Einen ausführlicheren Vergleich der Yogachara- und der Madhyamika-Schulen finden Sie in Kapitel 10.)

Dieses *Sutra über das Herabsteigen nach Ceylon* (*Lankavatara-Sutra*) zählt zu den schriftlichen Hauptquellen der Yogachara-Schule. Es beschäftigt sich eingehend mit psychologischen Fragen und plädiert eindringlich dafür, durch Meditation das Bewusstsein selbst direkt und intuitiv zu erfahren. Denn es sei die tiefere Wirklichkeit jenseits der Illusionen, die von dem konzeptionellen Geist erzeugt werden.

Das Ganda-Vyuha-Sutra

Dieser wunderschöne Text ist tatsächlich der letzte Teil einer umfangreichen Sammlung von Lehren, die als *Sutra der Buddha-Girlande* (*Buddhavatamsaka-Sutra* oder kurz *Avatamsaka-Sutra*) von der Pilgerschaft eines jungen Mannes namens Sudhana erzählt, der unter der Führung von Manjushri (siehe Abbildung 4.1), dem Bodhisattva der Weisheit, auf der Suche nach dem perfekten Lehrer ist, der ihm das Wissen der Erleuchtung vermitteln

Abbildung 4.1: Manjushri, der Bodhisattva der Weisheit (Copyright Daishin Art Inc. Alle Rechte vorbehalten, mit Erlaubnis des Shingon Buddhist International Institute.)

kann. Diese spirituelle Reise führt Sudhana zu mehr als 50 Lehrern (die ihn jeweils in einem speziellen Aspekt des Bodhisattva-Weges unterrichten), bis er schließlich Maitreya, den zukünftigen Buddha, trifft, der über das gesuchte Wissen verfügt. Maitreya zeigt Sudhana, dass ihm alle seine Lehrer dieselbe Wahrheit in verschiedenen Gestalten enthüllt haben. Unter Maitreyas Führung erkennt Sudhana, dass es keinen Unterschied zwischen seinem eigenen Geist und den Geistern der unendlichen Buddhas im ganzen Universum gibt.

Sudhanas Reise repräsentiert die Erfahrungen eines Meditierenden auf seinem Weg zum vollen Erwachen. Ihre lebendige Bilderwelt zieht den Leser in ein verzaubertes Universum, das die Vorstellungskraft bis an die fernsten Grenzen strapaziert. Dieses Sutra (*Ganda-Vyuha-Sutra*) hat im Laufe der Jahrhunderte zahlreiche Werke der buddhistischen Kunst inspiriert. Besonders bemerkenswert sind die Reliefs, mit denen das gigantische Monument des Borobudur in Indonesien dekoriert ist. (In Kapitel 9 finden Sie umfangreiche Informationen über diverse Pilgerstätten, darunter auch Borobudur.) Das vorherrschende Thema dieses Sutras und der verschiedenen aus ihm abgeleiteten Mahayana-Traditionen ist die gegenseitige Durchdringung aller universellen Phänomene. Alles, was existiert, spiegelt alles andere wider; und das gesamte Universum ist mit einem riesigen Spiegelkabinett oder einem Netz von Juwelen vergleichbar, in dem sich endlos eines im anderen reflektiert.

Die Sutras des Landes der Glückseligkeit

Diese Sammlung von drei Sutras lehrt die Gläubigen, wie sie leben und sterben müssen, um in dem *Buddhafeld* (oder Reinen Land) von Amitabha wiedergeboren zu werden, in dem sich (wie sein Name ausdrückt) der Buddha des »Unendlichen Lichts« befindet. Dieses Land wird als ein himmlisches Paradies beschrieben und ist eine Sphäre oder ein Zustand, die beziehungsweise der vollkommen außerhalb des Rades des samsarischen Leidens liegt. Der mitfühlende Buddha Amitabha schuf dieses Land, als er noch ein Bodhisattva war. Alle Bedingungen in diesem Reinen Land sind der Erlangung der höchsten Erleuchtung förderlich. Selbst das Geräusch des Windes, der durch die Bäume weht, lehrt den Dharma.

Im Gegensatz zu anderen buddhistischen Ansätzen zur Erleuchtung, bei denen Sie sich auf Ihre eigene Anstrengung verlassen, um Ihrem Ziel näher zu kommen, hängt die Geburt in diesem Reinen Land (genannt *Sukhavati*, »das Glückvolle«, was zugleich der Sanskrit-Name dieser Sutras ist) hauptsächlich von Ihrer Verehrung seines Herrschers, Buddha Amitabha, ab. Er schuf diese Sphäre, und Sie können es erreichen, indem Sie einfach unerschütterlich an seine rettende Gnade glauben. (In Kapitel 5 finden Sie Näheres über die Verehrung von Amitabha – *Amida* in Japanisch – im fernöstlichen Reines-Land-Buddhismus.) Die Verehrung Amitabhas repräsentiert eine allgemeine Strömung im Mahayana-Buddhismus, sich von der alleinigen Verehrung Shakyamunis abzuwenden und stattdessen eine große Zahl von Buddhas und Bodhisattvas anzupreisen.

Diese kurzen Beschreibungen sollten Ihnen einen kleinen Eindruck von dem außerordentlichen Ausbruch kreativer Energie vermitteln, der den Mahayana-Buddhismus innerhalb einer relativ kurzen Zeitspanne (ca. 100 v. Chr. bis 200 n. Chr.) zur Blüte brachte. Diese Sutras verwendeten eine Form des alten Sanskrits, das von Gelehrten als das *buddhistische Hybrid-Sanskrit* bezeichnet wird. Sie enthalten einige der bemerkenswertesten Schätze der indischen Literatur.

 Unter der Herrschaft von König Ashoka breitete sich der Theravada-Buddhismus des Pali-Kanons nach Sri Lanka und von dort weiter nach Südostasien aus (siehe den Abschnitt »Der Buddhismus als Volksreligion: König Ashokas Einfluss« weiter oben in diesem Kapitel). Die Regierungszeit von König Kanishka in Nordindien (ca. 78 bis 101 n. Chr.) war eine Zeit des Friedens und Wohlstands. Unter seiner Herrschaft begann die Verbreitung der Sanskrit-Sutras des Mahayana-Buddhismus nach Norden und Osten und von dort weiter nach China und darüber hinaus. Mahayana-Mönche waren nicht die einzigen, die für diese Verbreitung verantwortlich waren. Auch Kaufleute und andere Laien-Praktiker gründeten entlang der Handelsrouten Zentralasiens Nischen des Buddhismus.

Die Hauptthemen des Mahayana-Buddhismus

Obwohl die Sanskrit-Schriften, die diese Welle der Ausbreitung mittrugen, ziemlich unterschiedliche Themen enthalten, fallen doch bestimmte Themen in diesen Sutras auf, die die Weltsicht des Mahayana-Buddhismus charakterisieren und in den buddhistischen

Traditionen wieder auftauchen, die sich in Zentralasien und im Fernen Osten entwickelt haben:

- Der mitfühlendem Bodhisattva wird als ideale Verkörperung der spirituellen Erfüllung verehrt und tritt an die Stelle des Arhats, der vielleicht im Laufe der Zeit vor den Augen einiger Gläubigen in Ungnade gefallen war.

- Alle Wesen, Laien sowie Ordinierte, können die höchste spirituelle Verwirklichung erlangen, selbst mitten im »gewöhnlichen« Leben.

- Buddhaschaft ist ein ewiges Prinzip, das im ganzen Universum existiert. Vor der Übernahme der Mahayana-Weltsicht konzentrierten die Gläubigen ihren Respekt auf eine historische Person: Shakyamuni Buddha. Jetzt konnten sie eine in Raum und Zeit unendliche Anzahl von Buddhas und transzendenten Bodhisattvas verehren.

- Die Natur aller Existenz ist im Wesentlichen nichtdualistisch. Das heißt: Die ultimative Wirklichkeit liegt jenseits aller Trennungen in »Dies« und »Das« – jenseits der Fassbarkeit durch Gedanken, Worte und Begriffe –, kann aber immer noch von den Wesen durch Einsicht direkt erkannt werden.

- Statt von einem Zustand geringerer zu einem Zustand größerer Perfektion zu gehen, gehört es zum Fortschritt des spirituellen Weges, die immanente Perfektion des gegenwärtigen Moments »so wie er ist« zu erkennen (anzuerkennen).

Die Authentizität der Lehre beurteilen

Ist der Mahayana-Buddhismus ein authentischer Ausdruck von Buddhas ursprünglichen Lehren? Zwischen dem Leben von Shakyamuni Buddha und dem Auftauchen der frühesten Mahayana-Sutras liegen mindestens 400 Jahre. Aber diese Sutras zeichnen Shakyamuni *und* seine Begleiter wie Ananda und Shariputra als Akteure. Shakyamuni ist oft der Hauptsprecher, der in dem *Lotos-Sutra* erzählt, dass Buddhas ohne Zahl den Raum bevölkern, oder in den *Sutras der das andere Ufer erreichenden Weisheit* die Wunder von Amitabhas Reinem Land beschreibt. Aber wie konnte ein Mönch 100 n. Chr. exakt beschreiben, was angeblich fünf Jahrhunderte zuvor passiert war? Einige Leute sagen, der Mönch müsse dies erfunden haben – indem er einfach seine eigenen Gedanken festhielt und sie fälschlich Buddha zuschrieb. Dieser Standpunkt wird von vielen sowohl buddhistischen als auch nicht buddhistischen Leuten vertreten. Für sie sind die Mahayana-Sutras Fälschungen; fromm vielleicht, aber trotzdem Fälschungen.

Die Lehrreden, die im Pali-Kanon des Theravada-Buddhismus festgehalten wurden, sind denselben Vorwürfen ausgesetzt. Auch sie wurden erst viele Jahrhunderte nach den Ereignissen schriftlich fixiert, die sie beschreiben. Aber in diesem Fall wird allgemein anerkannt, dass dieses *Suttas* (um die Pali-Schreibweise für diese Lehrreden zu verwenden) Jahrhunderte lang mündlich von Mönchen tradiert worden sind, die sie von Buddha direkt gehört hatten. Obwohl es im Laufe der Zeit bestimmte Änderungen in der Länge und Sprache gegeben hat, ist es deshalb ziemlich plausibel anzunehmen, dass die Theravada-Schriften Buddhas tatsächliche Lehren authentisch wiedergeben. Könnte dies auch für die Mahayana-Sutras gelten, deren fantastische Beschreibungen und blumiger Stil sich so stark von den nüchternen und relativ pragmatischen Suttas unterscheiden? Und falls die Mahayana-Sutras Buddhas Lehren genau wiedergeben, warum werden dieselben Ereignisse in den Theravada-Schriften nicht erwähnt?

Diese Fragen sind nicht leicht zu beantworten, und die meisten modernen Leser würden wahrscheinlich einige der traditionellen Antworten der Mahayana-Buddhisten skeptisch beurteilen. Beispielsweise behaupten einige Mahayana-Quellen, dass während des Ersten Konzils in Rajgir an einem anderen Ort eine separate und viel größere Versammlung abgehalten wurde, auf der die großen anwesenden Bodhisattvas Buddhas Mahayana-Lehren rezitierten und authentifizierten. Weil diese Lehren zu tiefgründig waren, um von den meisten Anhängern richtig verstanden zu werden, verbargen die Bodhisattvas dann die Lehren, bis die Zeit reif sein würde, um sie zu enthüllen. Diese Zeit war gekommen, als Nagarjuna die *Sutras der das andere Ufer erreichenden Weisheit* aus dem Land der Nagas mitbrachte.

Selbst wenn die Details dieser Legende schwer zu schlucken sind, ist ihr Grundgedanke nicht so weit hergeholt. Buddha konnte sicher gefühlt haben, dass es noch mehrere Jahrhunderte dauern würde, bis die meisten Leute bereit wären, selbst das Leben eines Bodhisattvas zu führen, sodass er die Mahayana-Lehren möglicherweise nur den Menschen enthüllte, die für sie bereit waren, und diese Anhänger ermahnte, die Lehren ihrerseits nur an wenige Ausgewählte weiterzugeben. Später, als die Zeit gekommen war, konnten spirituelle Genies wie Nagarjuna oder Asanga diese Lehren verbreiten. Der Dalai Lama (eine ziemliche Autorität, oder?) meinte sogar, dass die Lehren gar nicht von dem historischen Buddha stammen müssten, um authentisch zu sein! Der Dalai Lama wollte damit sagen, dass ein erleuchtetes Wesen niemals wirklich stirbt; seine Inspiration steht immer denen zur Verfügung, die bereit sind, sie zu empfangen.

Sie können diese Frage nach der Authentizität auch auf andere Weise angehen. Der Buddha-Dharma ist nichts Statisches; wie ein großer Baum wächst und blüht er im Laufe der Zeit. Was Buddha vor 2.500 Jahren lehrte, entspricht dem Samen eines Baumes, und die verschiedenen Traditionen (einschließlich des Mahayana) sind die Blüten und Früchte, die dieser Baum hervorgebracht hat. Von diesem Standpunkt aus ist es unwichtig, ob Shakyamuni tatsächlich die Worte ausgesprochen hat, die ein bestimmtes Sutra ihm zuschreibt. Stattdessen sollten Sie prüfen, ob die Lehren in diesem Sutra, wenn sie in die Praxis umgesetzt werden, mit den Zielen aller seiner anderen Lehren übereinstimmen. Falls sie zur Aufhebung des Leidens, der Öffnung Ihres Herzens für andere und der Verwirklichung Ihrer wahren Natur führen, können Sie sie vertrauensvoll als Lehren des mitfühlenden Buddhas betrachten.

Der Buddhismus außerhalb von Indien

Letztlich erlosch der Buddhismus in Indien. Doch vorher pflanzte er ungezählte Samenkörner, die schließlich aufgingen und in anderen Ländern Wurzeln schlugen, sodass die verschiedenen buddhistischen Traditionen entstanden, die wir heute kennen.

Vor seinem Zerfall und Untergang gegen Ende des ersten Jahrtausends n. Chr. errichtete der indische Sangha zahlreiche Klöster und mehrere bedeutende Universitäten, die die buddhistische Philosophie weiterentwickelten und praktizierten und nicht nur Inder, sondern auch Gastgelehrte und Mönche aus Südostasien, Tibet, China und möglicherweise sogar Japan und Korea unterrichteten. Diese Besucher kehrten mit neuen Gedanken, Methoden und vor allem Erkenntnissen in ihre Heimat zurück, um ihre eigene und die folgenden Generationen spiritueller Sucher zu inspirieren. (In Kapitel 5 wird die Verbreitung des Buddhismus im restlichen Asien und letztlich im Westen näher beschrieben.)

> **IN DIESEM KAPITEL**
>
> Die Entwicklung des Buddhismus in Asien verfolgen
>
> Die Verbreitung des Wegs der Älteren entdecken
>
> Den Aufstieg des Großen Fahrzeugs untersuchen
>
> Die beiden populärsten Schulen im Westen kennenlernen

Kapitel 5
Die Entwicklung des Buddhismus bis heute

Kurz nach dem Ende des ersten Jahrtausends n. Chr. war der Buddhismus in Indien ausgestorben. (Das wird oft so dargestellt; in Bengalen hielt sich aber der Buddhismus bis zum Tod von Ramapala 1126, in Bihar bis zum Einmarsch der Muslime 1199. Zudem haben sich buddhistische Enklaven erhalten, die viele Autoren verschweigen, etwa das südöstliche Bangladesch, das ja bis zur Unabhängigkeit des Subkontinents ein Teil Indiens war.) Doch in anderen Ländern erreichte er seinen Höhepunkt, als er sich weiterentwickelte, um die Anforderungen neuer Kulturen zu erfüllen, die ihn zunächst zögernd und dann rückhaltlos übernahmen.

Kapitel 4 zeichnet die Entwicklung des Buddhismus in Indien (dem Heimatland seines Begründers) nach und zeigt, wie er sich in zwei Hauptströmungen und viele kleinere Schulen aufspaltete. In diesem Kapitel schildern wir, wie sich diese anpassungsfähige Lehre über Asien verbreitete und dabei verschiedene Formen annahm, indem sie die grundlegenden Lehren des historischen Buddhas ausschmückte und erweiterte, aber niemals aufgab.

Die beiden Routen des Buddhismus

Historiker haben zwei Routen ausgemacht, auf denen sich der Buddhismus von Indien über das restliche Asien verbreitete:

- ✔ **Südliche Route.** Auf der ersten, südlicheren Route wurden die Lehren des Theravada-Buddhismus nach Sri Lanka und dann in Südostasien nach Burma (heute Myanmar), Thailand, Laos und Kambodscha gebracht.

✓ **Nördliche Route.** Auf der zweiten Route gelangten die verschiedenen Formen des Mahayana-Buddhismus nach Zentralasien und über die Seidenstraße nach China. Von dort gelangten sie weiter nach Korea, Japan und Vietnam sowie nach Tibet und in die Mongolei (siehe Abbildung 5.1).

Abbildung 5.1: Die Verbreitung des Buddhismus über Asien

Aber es gibt Ausnahmen in dieser Süd-Nord-Klassifikation, Indonesien zum Beispiel. Abgesehen von lokalen chinesischen Gemeinden hatte diese südostasiatische islamische Nation viele Jahrhunderte lang keine eigene lebendige buddhistische Tradition. Aber die monumentalen Ruinen des Borobudur (siehe Kapitel 9), die mit Szenen aus Mahayana-Sutras verziert sind, belegen zweifelsfrei, dass der sogenannte nördliche Buddhismus einmal entlang der südlichen Verbreitungsroute in hohem Ansehen stand. Selbst Sri Lanka, seit frühesten Zeiten (ca. 250 v. Chr.) die Heimat des Theravada-Buddhismus, hat eine eigene Version des Mahayana-Buddhismus, und die Theravada-Tradition wurde erst 1160 auf dieser Inselnation die offizielle Form des Buddhismus.

Die Verbreitung des Wegs der Älteren über Südostasien in den Westen

Als sich der Buddhismus entlang der südlichen Verbreitungsroute in den verschiedenen südostasiatischen Ländern etablierte, musste er verschiedene Hindernisse überwinden.

Selbst nachdem der Theravada-Buddhismus (wörtlich »Weg der Älteren«) auf Sri Lanka zur offiziellen Form des Buddhismus erklärt worden war, wurde er durch die europäische Kolonialisierung bedroht. Vom 16. Jahrhundert an kontrollierten erst die Portugiesen und dann die Holländer einen großen Teil der Insel. Die Europäer betrachteten es als ihre Pflicht, die Menschen von ihren »heidnischen« Glaubensvorstellungen zum Christentum zu bekehren, das schließlich den Buddhismus verdrängte. Der Theravada-Buddhismus erreichte erst im 19. Jahrhundert wieder seine frühere Bedeutung.

Beide Hauptströmungen des Buddhismus erreichten Burma (heute Myanmar) zwischen dem 5. und 6. Jahrhundert n. Chr., doch letztlich setzte sich die Theravada-Tradition durch. Im 11. Jahrhundert wurde die Stadt Pagan – geschmückt mit Tausenden von buddhistischen Tempeln, von denen etwa 2.000 bis heute erhalten geblieben sind – Hauptstadt von Burmas erstem vereinigten Königreich. Doch mit der Aufteilung dieses Königreichs nahm die Bedeutung des Buddhismus ab und erreichte erst im 19. Jahrhundert wieder größere Bedeutung. Heute kämpfen der Buddhismus und andere freie Institutionen unter dem repressiven Regime von Myanmar um ihr Überleben. Dieser gewaltlose Kampf wird teilweise von Aung San Suu Kyi, einer buddhistischen Laiin geführt, die international berühmt wurde, als sie 1991 den Friedensnobelpreis erhielt.

Kriege und Unterdrückung durch Regierungen haben auch andere Formen des Buddhismus geschwächt, die in den früheren Jahrhunderten in ganz Indochina florierten. Sowohl Laos als auch Kambodscha waren früher aktive Theravada-Zentren; der Buddhismus hat nach den kommunistischen Revolutionen in den 1970er Jahren viel von seiner früheren Vitalität verloren. (Dasselbe könnte über Vietnam gesagt werden, in dem früher der Zen-Buddhismus vorherrschte.)

Die Verwurzelung des Theravada-Buddhismus in Thailand

Für Thailand gilt etwas anderes. Der Buddhismus kam etwa im 3. Jahrhundert n. Chr. ins Land. Im 14. Jahrhundert frischten Mönche aus Sri Lanka die Theravada-Tradition in Thailand wieder auf. Heute ist Thailand für seine opulenten Tempel und goldenen Statuen (siehe Abbildung 5.2) und für die Mönche weltberühmt, die in den Straßen seiner großen Städte in safranfarbigen (orange-gelben) Roben Almosen von Laien-Anhängern sammeln.

Der Buddhismus durchdringt die moderne Thai-Kultur. Die folgenden Beispiele zeigen, wie weit verbreitet der Buddhismus ist:

✔ Laut Verfassung muss der König buddhistisch sein.

✔ Buddhistische Tugenden wie Freundlichkeit und Zurückhaltung werden in hohem Maße praktiziert und respektiert.

✔ Die Verbindung zwischen den Gemeinden der Laien und Ordinierten ist besonders eng, und die Ordinierten können immer darauf zählen, von den Laien Nahrung, Kleidung und andere Dinge zu erhalten, die sie als ordinierte Sangha-Mitglieder benötigen.

✔ Der Brauch fordert immer noch, dass jeder Mann zumindest einige Monate seines Lebens die Robe eines Mönches trägt und gemäß den Regeln der mönchischen Disziplin lebt.

Wie in vielen buddhistischen Ländern ist vieles, was heute in Thailand als buddhistische Praxis gilt, ziemlich oberflächlich. Einige Mitglieder der Mönchsgemeinde haben darauf reagiert, indem sie sich in die Einsamkeit des Dschungels zurückziehen, um die Praktiken der ursprünglichen buddhistischen Waldbewohner Indiens wieder aufleben zu lassen. Statt die vertraute, priesterähnliche Rolle vieler in der Stadt wohnender Mönche zu übernehmen und Zeremonien und Ähnliches für die Laienschaft durchzuführen, ziehen diese Mönche einen einfachen und entsagenden Lebensstil vor und kehren zu den Grundlagen ihres Glaubens zurück. Unzufrieden damit, den Theravada-Buddhismus einfach als eine institutionalisierte Religion zu behandeln, widmen sie sich intensiv der Praxis der Meditation, um sich vollständig von allen Formen mental geschaffener Begrenzungen zu emanzipieren und die wahre Freiheit vom Leiden zu erlangen.

Die Wald-Tradition in Thailand und im benachbarten Burma hatte einen starken Einfluss auf die westliche spirituelle Szene. Seit den 1960er Jahren sind einige Westler – zuerst wenige, doch später eine beträchtliche Anzahl – in den Osten aufgebrochen, um alte Weisheit (oder wenigstens eine Alternative zu der materialistischen Kultur, in der sie aufgewachsen waren) zu suchen. Obwohl Drogen und andere Ablenkungen, die auf dem Hippie-Trail nach Indien und darüber hinaus leicht zu beschaffen waren, viele dieser Reisenden von ihrem Weg abbrachten, fanden einige tatsächlich, was sie suchten.

Abbildung 5.2: Thailändische Buddha-Statue (Foto mit freundlicher Genehmigung des buddhistischen Klosters Aruna Ratangir)

> **Atemmeditation**
>
> Der Atem ist ein besonders gutes Meditationsobjekt. Im Gegensatz zu anderen Objekten, die – wie beispielsweise ein visualisiertes Bild Buddhas – oft mit beträchtlicher mentaler Anstrengung aufgebaut und gehalten werden müssen, steht der Atem immer direkt unter Ihrer Nase zur Verfügung und wartet nur darauf, beobachtet zu werden. Außerdem können Sie einfach durch eine Beobachtung des Atems den Zustand Ihres Geistes sehr gut kennenlernen. Eine mentale Erregung wird oft von einem stoßweisen, ungleichmäßigen Atmen begleitet; umgekehrt atmen Sie ruhiger, wenn Sie sich beruhigen. Tatsächlich werden einige Meditierende so ruhig und fokussiert, dass ihr Atem ganz stillzustehen scheint.
>
> Diese außerordentliche Ruhe zum ersten Mal zu erfahren, kann ziemlich überraschend sein; für einen Moment fragen Sie sich möglicherweise sogar, ob Sie gestorben wären. Aber natürlich sind Sie das nicht (wenigstens nicht, solange Sie gerade diese Worte lesen); Ihr Atem wird einfach viel feiner, als Sie es gewohnt sind. Wenn Sie Ihren Geist genügend beruhigt und fokussiert haben, können Sie Ihre Aufmerksamkeit auf die verschiedenen Empfindungen, Gefühle und Gedanken richten, die laufend in Ihrem Körper und Geist aufsteigen und verschwinden (Näheres über diese Achtsamkeitsmeditation finden Sie in Kapitel 7). Ihre Aufgabe ist es nicht, diese Erfahrungen zu beurteilen, zu vergleichen oder sich mit ihnen zu beschäftigen, sondern nur, sie zu beobachten.
>
> Etwas steigt auf und, ohne an dem Angenehmen zu hängen oder das Unangenehme zu verdrängen, nehmen Sie diese Erfahrung bloß zur Kenntnis. Diese Meditationstechnik ist anspruchsvoll, weil sie so einfach ist. Statt sich von dem laufenden Strom des Geschnatters in Ihrem Kopf ablenken und mitreißen zu lassen, stellen Sie sich diesen ständig wandelnden Erfahrungen als Beobachter direkt gegenüber. Wenn Sie sich langweilen oder frustriert sind (oder wenn Sie von Ihrem mentalen Geschnatter mitgerissen werden), nehmen Sie dies ebenfalls zur Kenntnis. Indem Sie zunehmend gewahr werden, was von Moment zu Moment passiert, können Sie sich mehr und mehr bewusst machen, wie die Dinge, frei von allen mentalen Projektionen, tatsächlich existieren.

Die Vipassana-Meditation wird im Westen populär

In den 1970er Jahre kehrten einige dieser Pioniere, die bei Theravada-Meistern in Südostasien studiert hatten, in den Westen zurück. Sie begannen, deren Lehren weiterzugeben, indem sie Zentren gründeten, die die alten Theravada-Praktiken und -Rituale nach Amerika und in andere westliche Länder, so auch nach Deutschland, brachten. Der vielleicht bekannteste Pionier ist Jack Kornfield, ein beliebter Autor und Meditationslehrer, der wesentlich dazu beigetragen hat, die Meditationstechniken von Meistern wie Ajahn Chah, einem der Hauptvertreter der Mönche, die die Tradition der Waldmeditation in Thailand wiederbelebten, im Westen einzuführen. (Näheres über Ajahn Chah finden Sie in Kapitel 15.)

Die Gründung von Theravada-Klöstern im Westen

Meditationszentren für Laien sind nur eine westliche Seitenlinie der südostasiatischen Theravada-Tradition. Anhänger von Ajahn Chah und anderen Meistern haben in Europa, den Vereinigten Staaten, Neuseeland und anderswo Zentren errichtet, in denen Männer und Frauen das traditionelle Leben eines Theravada-Mönches oder einer Theravada-Nonne führen können, ohne ihr Heimatland zu verlassen (siehe Abbildung 5.3).

Der erste amerikanische Anhänger von Ajahn Chah, Ajahn Sumedho, gründete das Amaravati-Kloster in England, und einer der Mönche, die er unterrichtete, Ajahn Amaro, ist Abt des Abhayagiri-Klosters in Kalifornien. (Das Leben in diesem Kloster wird in Kapitel 8 näher beschrieben.) Auch wenn diese Zentren, verglichen mit ihren asiatischen Gegenstücken, klein sein mögen, bewahren sie die mönchische Tradition mit Reinheit und Authentizität, was für die Zukunft der Theravada-Tradition im Westen einiges erhoffen lässt.

Abbildung 5.3: Theravada-Mönch beim Blumenopfer (Foto mit freundlicher Genehmigung des buddhistischen Klosters Aruna Ratangir)

Kornfield (und seine Mitpioniere Joseph Goldstein, Sharon Salzberg und Christina Feldman) gründeten 1975 die Insight Meditation Society (IMS) in Barre, Massachusetts. Seitdem haben spirituelle Sucher Zugang zur Unterweisung in buddhistischer Meditation, ohne die schwierige Reise in den Osten machen zu müssen; sie mussten nur an die Ostküste der Vereinigten Staaten reisen. (Jahre später war Kornfield auch Mitbegründer des Spirit Rock Meditation Center in Kalifornien.) Und wie sieht es bei uns aus? Auch in Deutschland gibt es inzwischen entsprechende Zentren. Die Vipassana-Meditation wird unter anderem in einem Zentrum in Triebel bei Dresden gelehrt. Dieses Zentrum wurde von Anhängern von S. N. Goenka (siehe den folgenden Abschnitt) gegründet.

Die Hauptpraxis, die am IMS und ähnlichen Zentren auf der ganzen Welt gelehrt wird, wird als *Vipassana-Meditation* (*Einsichtsmeditation*) bezeichnet. Diese Zentren gründen ihre Praxis auf den Theravada-Lehren von Ajahn Chah und anderen thailändischen Meistern der Waldmönche oder auf den Lehren burmesischer Meister wie Mahasi Sayadaw und U Ba Khin sowie einem seiner Hauptanhänger, S. N. Goenka, die als treibende Kräfte die Praxis der Theravada-Tradition in ihren Heimatländern wiederbelebten. Die Vipassana-Schulung in diesen Zentren beginnt im Allgemeinen mit der Beruhigung und Fokussierung des Geistes, indem die Aufmerksamkeit auf die rhythmische Bewegung des Atems gelenkt wird (mehr im Einschub »Atemmeditation«). Wenn Sie Ihren Geist durch diese oder ähnliche Techniken genügend konzentriert haben, werden Sie in die eigentliche Vipassana-Meditation eingeführt: in die direkte und befreiende Einsicht in die vergängliche, unbefriedigende und nicht-wesenhafte Natur der gewöhnlichen Existenz. (In den Kapiteln 2 und 17 werden diese drei Eigenschaften der gewöhnlichen Existenz näher beschrieben.) Vipassana-Retreats dauern zehn Tage bis zu drei Monate und werden – abgesehen von den Unterweisungen des Lehrers – in vollständigem Schweigen durchgeführt.

Zusätzlich zu den Techniken zur Entwicklung der Konzentration und der Einsicht bieten Zentren wie das IMS Unterweisungen in anderen buddhistischen Schlüsselpraktiken an. Die Metta-Meditation (oder Liebende-Güte-Meditation) ist besonders beliebt und wird an vielen Orten gelehrt, sowohl eigenständig als auch als Teil eines Vipassana-Retreats. Viele Zentren bieten auch Kurse und Unterweisungen an, die nichts mit der Theravada-Tradition oder sogar dem Buddhismus zu tun haben. Die Lehrer entstammen vielen Traditionen: tibetanische Lamas, japanische Roshis, christliche Priester, Schamanen der amerikanischen Indianer und andere spirituelle Lehrer. Daraus scheint sich eine eklektische Tradition zu entwickeln, die ihre Inspirationen aus vielen Quellen nährt und umgekehrt der Gemeinschaft insgesamt eine Vielfalt spiritueller Dienste anbieten kann.

Der Weg des Großen Fahrzeugs nach China und darüber hinaus

Neben dem Theravada ist der Mahayana-Buddhismus der andere Hauptstrom des Buddhismus. Dieses selbst ernannte *Große Fahrzeug* verehrt das spirituelle Modell des Bodhisattvas. (Ein Bodhisattva ist ein Wesen, das schwört, nicht nur sich selbst zu befreien, sondern allen Wesen bei der Befreiung zu helfen.) Während sich der Theravada-Buddhismus südlich nach Sri Lanka und in andere Länder verbreitete, drang der bis heute überlebende Mahayana-Buddhismus hauptsächlich nördlich von Indien nach Zentralasien vor. Von dort sickerte er im ersten Jahrhundert n. Chr. nach China ein und gelangte im 4. Jahrhundert weiter nach Korea und im 6. Jahrhundert nach Japan. Von China aus drang er auch nach Vietnam und im 7. Jahrhundert nach Tibet vor, obwohl er später noch einmal direkt von Indien nach Tibet gebracht wurde.

Die ausführliche Geschichte der Ausbreitung des Mahayana-Buddhismus über Asien ist in Wirklichkeit viel komplexer, als es dieser kurze Abriss auch nur andeuten kann, doch die Beschreibung ist ausführlich genug, um Sie in das Thema einzuführen. Während der Buddhismus von einer asiatischen Kultur zur nächsten vordrang, nahm die Zahl seiner Anhänger zu Hause in Indien ab, weil Hindu-Dynastien die Macht übernahmen. Doch bei den Palas im Osten entwickelte sich der Buddhismus zu einer Spätblüte, die einen gewaltigen Einfluss auf Südostasien nahm. Der Pala-Stil im Kunstschaffen hatte Einfluss auf Nepal, Birma, Java und Sumatra und ist einzig dadurch zu erklären, dass es zwischen dem Osten Indiens und diesen Ländern Handelsbeziehungen, Pilgerreisen und Diplomatenaustausch gab. Über Nepal gelangten die Einflüsse nach Tibet. Außerdem tauchten zusätzliche Lehren (die verschiedenen Sanskrit-Sutras, die wir in Kapitel 4 erwähnen) auf, die das Gesicht des Mahayana-Buddhismus beträchtlich änderten. Diese anderen Texte bildeten letztlich die Basis der diversen Mahayana-Traditionen, die in Asien entstanden.

Die Entwicklung des Mahayana-Buddhismus in China

Obwohl der Mahayana-Buddhismus in Indien geboren wurde, entwickelte er sich später großteils in China weiter. Als der Buddhismus im ersten Jahrhundert n. Chr. in China ankam, haben die Chinesen ihn jedoch nicht gerade mit offenen Armen empfangen. Sie waren stolz auf ihre Zivilisation (die unter anderem zwei große philosophische Traditionen hervorgebracht hatte: den Konfuzianismus und den Taoismus) und schauten verächtlich auf alles herab, was aus fremden und »barbarischen« Ländern kam. Außerdem kam bei vielen Chinesen nicht gut an, dass der Buddhismus die unbefriedigende Natur des weltlichen Lebens und die Notwendigkeit, die Befreiung zu erlangen, so sehr betonte. Diese Gedanken schienen dem konfuzianischen Ideal eines wohlgeordneten Universums zu widersprechen, in dem alles harmonisch ablaufen würde, wenn jeder einfach seine ihm gemäße Rolle spielen würde.

Aber 220 n. Chr. stürzte die herrschende Han-Dynastie. Dieses Ereignis fegte das Gefühl der Sicherheit und Stabilität hinweg, in dem die Chinesen Jahrhunderte lang gelebt hatten. In den folgenden Zeiten der Unsicherheit fanden viele Chinesen Trost in dem neuen Glauben aus Indien, der die Vergänglichkeit ansprach, die sie in ihrer Gesellschaft erlebten. Sie begannen auch, bestimmte Ähnlichkeiten zwischen dem Buddhismus und dem Taoismus zu entdecken, und setzen das *Tao* (den *Weg*), das von ihrer heimischen Philosophie gelehrt wurde, mit dem *Dharma* gleich, der im Buddhismus erklärt wurde. Während der ganzen Zeit kamen mit den Kaufleuten und Mönchen, die aus Zentralasien weiter ostwärts zogen, immer neue buddhistische Lehren nach China. Außerdem unternahmen einige Chinesen die lange, beschwerliche Reise nach Indien, um an seiner Quelle mehr über den Buddhismus zu lernen. (Näheres finden Sie in dem Einschub »Die Entwicklung des chinesischen Buddhismus«.) Tatsächlich basiert ein großer Teil des historischen Wissens über den Zustand des Buddhismus während des ersten Jahrtausends n. Chr. in Indien auf den Überlieferungen, die von diesen frühen chinesischen Pilgern tradiert wurden.

Die Entwicklung des chinesischen Buddhismus

Um einen Eindruck davon zu bekommen, wie sich die verschiedenen buddhistischen Schulen in China entwickelt haben könnten, sollten Sie sich vorstellen, etwa im 3. oder 4. Jahrhundert n. Chr. im westlichen, Indien am nächsten liegenden Teil von China zu leben. Einer Ihrer Freunde zeigt Ihnen eine chinesische Übersetzung eines buddhistischen Textes. Sie finden ihn faszinierend, aber schwer zu verstehen. (Weil das Chinesische erst noch ein Vokabular für buddhistische Konzepte entwickeln musste, waren frühe chinesische Übersetzungen aus dem Sanskrit, gelinde ausgedrückt, ungenau.) Weil Sie spirituell interessiert sind und unbedingt die tiefere Bedeutung des Gelesenen entdecken wollen, unternehmen Sie die lange, beschwerliche Reise nach Indien, um einen Lehrer und ein Kloster zu finden, bei dem beziehungsweise in dem Sie studieren können.

Es zeigt sich, dass die Lehren in dem ersten Kloster, auf das Sie stoßen, nicht mit den Lehren übereinstimmen, die Sie als Erstes gelesen haben. (Der Buddhismus entwickelte sich schnell, und überall kamen neue Lehren auf.) Die neuen Lehren sprechen Sie sogar noch stärker als die ursprünglichen Schriften an, weil sie ein viel verständlicheres Bild des buddhistischen Denkens und der buddhistischen Praxis vermitteln. Nach Jahren intensiven Studiums als Mönch meistern Sie diese neuen Lehren, helfen, sie ins Chinesische zu übersetzen, und kehren nach Hause zurück, um sie dort an andere weiterzugeben. Als diese Lehren angenommen werden, haben Sie möglicherweise eine separate Tradition oder Schule des chinesischen Mahayana-Buddhismus begründet.

Auf diese Weise brachten chinesische Indienpilger verschiedene Versionen des Buddhismus mit zurück nach China und diversifizierten in der ersten Hälfte des ersten Jahrtausends n. Chr. die buddhistische Landschaft in China.

Die Herausbildung verschiedener Schulen

Im Laufe der Jahrhunderte entwickelte und entfaltete sich der Buddhismus in China immer weiter, bis sich einige mehr oder weniger verschiedene Traditionen herausbildeten. Jede Tradition vertrat im Wesentlichen spezielle Lehren indischen Ursprungs, allerdings mit einem eigenen, spezifisch chinesischen Einschlag.

Wir sagen »mehr oder weniger verschieden«, weil die verschiedenen Traditionen sich in altbewährter chinesischer Manier gegenseitig beeinflussten und voneinander borgten. Sogar heute glauben viele Chinesen nicht, ausschließlich einer Religion anzugehören. Sie kombinieren Elemente des Buddhismus, des Konfuzianismus, des Taoismus und sogar der spiritistischen Verehrung, ohne ein Gefühl des Widerspruchs zu empfinden.

In der Blütezeit des Buddhismus in China zwischen dem 6. und 9. Jahrhundert florierten viele buddhistische Traditionen (Schulen). Die folgende Liste nennt einige der wichtigsten Schulen sowie die *Sutras* (Lehrreden Buddhas), auf denen sie basieren:

- ✓ **Tien-tai.** Diese Schule basiert auf dem Lotos-Sutra (siehe Kapitel 4). Sie wurde nach einem berühmten Berg in China benannt. (Näheres über diese Tradition finden Sie in dem Abschnitt »Blumengirlande und Tien-tai: die großen vereinheitlichenden Systeme« weiter unten in diesem Kapitel.)

✔ **Blumengirlande.** Diese Schule basiert auf dem *Buddhavatamsaka-Sutra* (oder kurz *Avatamsaka-Sutra*), das im Chinesischen als Hua-yen bezeichnet wird. Ihre Lehren entwickelten sich zum *Kegon-Buddhismus* in Japan. (Näheres über diese Tradition finden Sie in dem Abschnitt »Blumengirlande und Tien-tai: die großen vereinheitlichenden Systeme« weiter unten in diesem Kapitel.)

✔ **Wahres Wort.** Diese relativ kurzlebige chinesische Schule überlebte in Japan als Shingon- Buddhismus. (Siehe den Abschnitt »Vajrayana in Indien, China, Japan und Tibet« am Ende dieses Kapitels, um Näheres über die chinesischen und japanischen Versionen dieser Tradition zu erfahren.)

✔ **Reines Land.** Diese Schule basiert auf den *Sutras des Landes der Glückseligkeit* (siehe Kapitel 4). Diese Tradition regte die Entwicklung des Jodo-Buddhismus und des Jodo-Shin-Buddhismus in Japan an. (Im Abschnitt »Die Ankunft von zwei Reines-Land-Schulen in Japan« weiter unten in diesem Kapitel mehr darüber.)

✔ **Meditation.** In China *Chan* (auch *Ch'an*) und in Japan *Zen* genannt, behauptet die Meditationsschule, auf einer direkten, wortlosen Übermittlung von Einsicht zu basieren. (Siehe den Abschnitt über den Zen-Buddhismus weiter unten in diesem Kapitel.) Das *Sutra der Predigt des Vimalakirti*, das *Sutra der das andere Ufer erreichenden Weisheit* und das *Sutra über das Herabsteigen nach Ceylon* hatten einen starken Einfluss auf die Entwicklung dieser Tradition.

Sie sollten sich von dieser ziemlich langen Liste ungewöhnlicher Namen nicht durcheinanderbringen lassen. Wir erwähnen sie einfach, um Ihnen einen Eindruck von der Reichhaltigkeit und Verschiedenheit des chinesischen Buddhismus zu seiner Blütezeit zu vermitteln.

Die Attraktivität des Buddhismus für die Chinesen

Der Buddhismus florierte in China, weil er fast jedem etwas bot. Seine Differenziertheit beeindruckte die intellektuelle Elite, die sogar angeregt wurde, ihre eigenen Beiträge zur buddhistischen Philosophie zu leisten. Und obwohl die philosophischen Aspekte für die ungebildeten Massen uninteressant waren, galt das für das Versprechen der universellen Erlösung sicher nicht. Die gewöhnlichen Menschen fühlten sich deshalb mehr zu den buddhistischen Praktiken der Verehrung hingezogen. Sie beteten zu den mitfühlenden Bodhisattvas (wie Kuanyin) um Hilfe in diesem Leben und den Buddhas (wie Amitabha) um Hilfe im nächsten. (Näheres finden Sie in dem Abschnitt »Eine Chronik der Reines-Land- und anderer devotionaler Schulen« weiter unten in diesem Kapitel.)

Buddhismus sprach einige mächtige lokale Herrscher auch deswegen an, weil sie glaubten, eine Bevölkerung, die ethisches Verhalten und Gewaltlosigkeit als Ideal betrachtete, wäre leichter zu regieren. Viele dieser Herrscher waren auch der Meinung, dass buddhistische Mönche aufgrund ihrer speziellen Ordination und ihres von Selbstkontrolle geprägten Lebensstils über bestimmte magische Fähigkeiten verfügten. Um ihre Untertanen – sowie ihre eigenen Positionen – zu schützen, versuchten die lokalen Herrscher, diese Mönche auf ihrer Seite zu halten, indem sie den Buddhismus förderten, so weit sie konnten.

Obwohl der Buddhismus so anziehend war, gab es eine starke und tief verwurzelte Opposition. Die Konflikte, die oft zwischen den Anhängern des Konfuzianismus, des Taoismus und des Buddhismus im Allgemeinen entstanden, hatten weniger mit Glaubensdifferenzen, sondern mehr mit dem Kampf der Gruppierungen um den größten Anteil an der Unterstützung und dem Schutz durch die Regierung zu tun. Kritiker beschuldigten Buddhisten oft der Förderung antichinesischer Werte, weil so viele von ihnen – und besonders die Mönche – ihre sozialen und familiären Pflichten nicht zu erfüllen schienen. Aufgrund dieser und anderer Faktoren nahm der Einfluss der verschiedenen chinesischen buddhistischen Traditionen wellenförmig ab und zu.

Der Buddhismus durchlief in China viele Höhen und Tiefen: Manchmal genoss er den starken Schutz der herrschenden Parteien, und zu anderen Zeiten wurde er streng verfolgt. Der letzte Hauptrückschlag erfolgte 845 n. Chr., als der Kaiser den Befehl gab, die buddhistischen Klöster abzureißen und ihr Vermögen zu konfiszieren. Der Kaiser hob seinen Befehl bald wieder auf, aber er hatte damit bereits eine lang anhaltende, langsame Abwärtsbewegung des chinesischen Buddhismus eingeleitet, von dem sich dieser niemals ganz erholte.

Nach der Verfolgung im 9. Jahrhundert überlebte der Buddhismus in China für mehr als tausend Jahre und erlebte sogar einige Perioden der Hochblüte. Aber er entfaltete niemals wieder die dynamische Kraft früherer Zeiten. Im 20. Jahrhundert musste sich der Buddhismus in China zusätzlich den Herausforderungen des Christentums (das durch westliche Missionare nach China getragen wurde) und des Kommunismus stellen. Die sogenannte Kulturrevolution in den 1960er und 1970er Jahren wirkte besonders verheerend; sie zerstörte viele traditionelle buddhistische Institutionen und schwächte eine bereits ernsthaft geschrumpfte buddhistische Gemeinde noch mehr. Zusätzlich unterdrückte die chinesische Regierung seit Mitte der 1950er Jahre aktiv den Buddhismus in Tibet, zerstörte Klöster und verfolgte viele Anhänger. Obwohl es auf Taiwan immer noch eine authentische buddhistische Praxis gibt, bleibt offen, ob der Buddhismus auf dem Festland jemals wieder Fuß fassen wird.

Blumengirlande und Tien-tai: die großen vereinheitlichenden Systeme

Zwei Schulen des chinesischen Buddhismus – Reines Land und Meditation (*Ch'an*) – überlebten die Verfolgung im 9. Jahrhundert relativ unbeschadet. (Siehe den Abschnitt »Eine Chronik der Reines-Land- und anderer devotionaler Schulen« weiter unten in diesem Kapitel.) Drei andere Schulen – Blumengirlande, Tien-tai und Wahres Wort – wurden erfolgreich in die japanische Gesellschaft umgepflanzt, bevor sie zu Hause ernsthaft zerfielen. In diesem Abschnitt schauen wir uns die Blumengirlande- und Tien-tai-Traditionen genauer an, die beide umfassende philosophische Systeme entwickelt hatten. (Näheres über die Wahres-Wort-Tradition finden Sie in dem Abschnitt »Vajrayana in Indien, China, Japan und Tibet« weiter unten in diesem Kapitel.)

Als sich der Mahayana-Buddhismus in Indien entwickelte, brachte er eine oft erstaunliche Vielfalt von Ansichten hervor, die unter den frühen chinesischen Buddhisten für einige Verwirrung sorgten. (Näheres über den Mahayana-Buddhismus in Indien finden Sie in Kapitel 4.) Je vertrauter die Chinesen mit den buddhistischen Lehren wurden (die sie Stück für Stück, nicht alle auf einmal erreichten), desto mehr fragten sie sich, wie die Lehren im Ganzen zusammenpassen würden. Um diese Ansammlung von Ansichten verständlich zu machen, entstanden mehrere chinesische Schulen, die versuchten, diese diversen Mahayana-Lehren gemäß den Prinzipien in dem Sutra (buddhistische Lehrrede), das ihnen jeweils am teuersten war, zu einem einheitlichen, sinnvollen Ganzen zu organisieren.

✔ **Blumengirlande:** Das Blumengirlande-Sutra (Avatamsaka-Sutra) beeindruckte die Gründer dieser Schule so sehr, dass sie es als den Höhepunkt des buddhistischen Denkens verehrten. Sie behaupteten, Buddha hätte dieses Sutra sofort nach seiner Erleuchtung proklamiert, während er noch unter dem Bodhi-Baum saß. Weil das Sutra eine unverwässerte Vision der Erleuchtung präsentieren würde, so argumentierten sie, hätte es zu dieser Zeit niemand verstehen können. In seiner Weisheit und seinem Erbarmen erklärte Buddha dann, was die Menschen verstehen konnten – die Vier Edlen Wahrheiten (siehe Kapitel 3) und den Rest des Theravada-Kanons. Buddha hätte seine fortgeschrittenen Mahayana-Sutras erst gelehrt, nachdem er seine grundlegenderen Lehren dargelegt hätte.

Doch unabhängig von seinen sonstigen Lehren wäre das umfangreiche Blumengirlande-Sutra der tiefste Ausdruck von Buddhas letztlichen Erkenntnissen – jedenfalls nach der Meinung der Meister der Blumengirlande-Tradition. Laut ihren Kommentaren lehrte dieses Sutra die ultimative Verbundenheit von allem mit allem im Universum. Obwohl die Dinge als separate und unterschiedliche Wesenheiten zu existieren scheinen – dieser Tisch und jener Stuhl; gewöhnliche Wesen und Buddhas –, durchdringen sie sich alle gegenseitig in einem riesigen Zusammenspiel von Kräften. Durch eine tiefe und wiederholte Kontemplation dieser gegenseitigen Verbundenheit, so glaubten diese Meister, könne der spirituelle Praktiker ultimativen Frieden erfahren.

✔ **Tien-tai:** Die andere chinesische Schule, die versuchte, Buddhas diverse Lehren in einem einheitlichen Ganzen zu ordnen, wurde nach dem Heimatberg ihres Begründers, Chih-i (538–597), benannt. Wie die Blumengirlande-Tradition behauptete die Tien-tai-Schule, dass Buddha erst das *Blumengirlande-Sutra* lehrte und danach, als er erkannte, dass es die Auffassungsgabe seiner Zuhörer überstieg, die Lehren vortrug, die leichter zu verstehen waren. Doch gemäß der Tien-tai-Schule enthält das Lotos-Sutra die endgültige und die am vollkommensten ausgedrückte Version von Buddhas ultimativer Absicht. (Deshalb wird die Tien-tai-Schule auch als Weißer-Lotos-Schule bezeichnet.)

Laut dem Lotos-Sutra verkündete Buddha eine Doktrin nicht allen seinen Anhängern. Er enthüllte verschiedene Wege, die dem Temperament und den Fähigkeiten seiner Zuhörer angepasst waren. Einige Leute lehrte er, dass der Weg der Entsagung und des ethischen Verhaltens – es unterlassen, andere zu verletzen – zum Glück im künftigen Leben führen würde. Anderen lehrte er, dass der Weg der Weisheit – die Durchdringung der Fiktion des Selbst – zur vollständigen Freiheit vom Kreis der Wiedergeburten führen würde. Und wieder andere lehrte er, dass der Weg des großen Erbarmens zu einem erleuchteten Dienst an anderen führen würde. (Mehr über diese drei Wege finden Sie in den Kapiteln 12, 13 beziehungsweise 14.) Obwohl diese Wege verschiedene Ziele zu haben scheinen, so lehrte Tien-tai, war es Buddhas wahre Absicht, jeden auf den für ihn wirkungsvollsten Weg zu dem ultimativen spirituellen Ziel zu führen – der vollkommenen Erleuchtung der Buddhaschaft selbst.

Die Weißer-Lotos-Schule lehrte auch, dass alle Phänomene im Universum im Grunde miteinander verbunden seien. Die Buddha-Natur durchdringt ausnahmslos die gesamte Wirklichkeit; und man kann die Wahrheit in einem Grashalm genauso gewiss wie in den heiligsten religiösen Texten finden. (Näheres über die Buddha-Natur finden Sie in Kapitel 2.) Diese integrierte Betrachtung der Dinge sprach die praktisch denkenden Chinesen an, die eine gesunde Wertschätzung für die Natur und die Details des alltäglichen Lebens empfanden. Statt nach einer spirituellen Alternative zu ihrer weltlichen Existenz zu streben, suchten chinesische Buddhisten üblicherweise die spirituelle Dimension im Vertrauten; dies ist auch in den liebevoll ausgeführten Landschaften zu spüren, die für die chinesische buddhistische Kunst so typisch sind. (Viele Kunstmuseen zeigen ausgezeichnete Beispiele für solche chinesischen Landschaften. Alternativ finden Sie Bilder auf der folgenden Website: www.chinapage.com/painting.)

Eine Chronik der Reines-Land- und anderer devotionaler Schulen

Sogenannte eklektische Schulen wie die Blumengirlande- und Tien-tai- (oder Weißer-Lotos-)Schulen, die in dem vorangegangenen Abschnitt beschrieben wurden, hatten hauptsächlich einen Nachteil: Sie sprachen eher die Leute an, die den Buddhismus *studieren* wollten, als die, die ihn *praktizieren* wollten. Glücklicherweise entstanden die Reines-Land- und Meditationsschulen und gaben den Praxiswilligen leicht zu praktizierende Übungsanweisungen. Vielleicht entwickelten sich diese beiden Schulen wegen ihrer Einfachheit und allgemeinen Attraktivität zu den vorherrschenden buddhistischen Traditionen in China, besonders nach den Buddhisten-Verfolgungen im 9. Jahrhundert.

Die Reines-Land-Schule bezog ihre Inspiration und Richtung aus den Mahayana-Sutras, die sich mit Amitabha, dem Buddha des Unendlichen Lichts, befassen. Im Gegensatz zu dem historischen Buddha, Shakyamuni, der vor 2.500 Jahren auf der Erde lebte, ist Amitabha ein transzendentales Wesen, das jenseits der Grenzen der normalen Zeit und des normalen Raums existiert. (Abbildung 5.4 zeigt Amitabha an der Spitze sowie die anderen transzendentalen Hauptbuddhas.) Seine Geschichte versetzt die gläubigen Buddhisten in eine mystische Sphäre voller außerordentlicher Wunder und Schönheit, doch paradoxerweise ist diese Sphäre nicht weiter entfernt als Ihr eigenes Herz.

Laut den Sutras, in denen Shakyamuni angeblich die Existenz dieses Buddhas enthüllte, weilt Amitabha (Ami-to-fo in Chinesisch, Amida in Japanisch) in dem westlichen Paradies Sukhavati – dem Reinen Land der Glückseligkeit. Dieses Paradies entstand als Folge einer

Abbildung 5.4: Die fünf transzendentalen Buddhas

Reihe heiliger Eide, die Amitabha (damals unter dem Namen *Bodhisattva Dharmakara*) vor seinem Guru ablegte. In diesen Eiden schwor Amitabha, er würde bei der Erlangung seiner eigenen Buddhaschaft eine heilige Sphäre zum ultimativen Wohle aller Wesen erschaffen. Wenn eine Person in dieser Sphäre geboren wird, wird sie garantiert die vollkommene Erleuchtung erlangen.

Wollen Sie die beste Nachricht hören? Um in diesem Reinen Land wiedergeboren zu werden, müssen Sie nur unerschütterlich an Amitabha glauben. Wenn Sie den Glauben haben, wird Amitabha und sein Gefolge von Bodhisattvas zum Zeitpunkt Ihres Todes erscheinen und Sie direkt nach Sukhavati leiten, wo Sie Ihren Platz auf einer geöffneten Lotosblüte einnehmen und im grenzenlosen Licht Amitabhas baden werden. (Falls Ihr Glauben an Amitabha schwankt, können Sie immer noch in Sukhavati wiedergeboren werden, aber Sie werden einige Zeit in einer geschlossenen Lotosblüte verbringen müssen, bevor Sie die vollen Segnungen Amitabhas und seiner Gefolgschaft erleuchteter Wesen erfahren können.)

Die Sutras, die sich mit Sukhavati befassen, beschreiben seine außerordentlichen Eigenschaften äußerst ausführlich. Sie geben Ihnen sogar genaue Anweisungen für die Visualisierung von Amitabha (der rot wie die untergehende Sonne ist) und seiner prachtvollen Umgebung. Aber der Hauptzweck dieser Sutras besteht einfach darin, Sie an Amitabhas Erbarmen zu erinnern: Er hat Sukhavati bereits Ihnen zuliebe erschaffen. Die ganze Arbeit ist schon erledigt; Sie müssen einfach nur an Amitabha glauben, und Sukhavati gehört Ihnen.

In Indien gehörte die hingebungsvolle Verehrung von Amitabha und anderen transzendenten Buddhas und Bodhisattvas zu den Mahayana-Praktiken im Allgemeinen. Aber in China und später in Japan entwickelte sich der Reines-Land-Buddhismus zu einer separaten Tradition. Fast jede Ausstellung fernöstlicher Kunst vermittelt Ihnen einen Eindruck davon, wie stark der Reines-Land-Buddhismus das Denken und Fühlen der Menschen beeinflusst hat und immer noch beeinflusst. Sie werden dort zahlreiche Darstellungen, sowohl Gemälde als auch Skulpturen, von Buddha Amitabha finden. Manchmal wird er sitzend, in die Meditation versunken, dargestellt. Manchmal wird er auch stehend mit ausgestreckten Händen gezeigt, wie er jeden willkommen heißt, der zu ihm in sein Reines Land kommt. Millionen von Menschen auf der ganzen Welt beten darum, dieser Buddha möge im Moment ihres Todes erscheinen und sie in sein Westliches Paradies führen.

Eng mit Amitabha verbunden ist der mitfühlende Bodhisattva Avalokiteshvara. Die *Sutras des Landes der Glückseligkeit* beschreiben ihn als Begleiter, der an der rechten Seite Amitabhas steht und ihm hilft, die Verstorbenen willkommen zu heißen. Avalokiteshvara ist in vielen asiatischen Ländern Gegenstand innigster Anbetung. Seine Gestalt durchlief auf seinem Weg aus Indien in den fernen Osten eine außerordentliche Transformation: Aus ihm wurde eine Sie! (Näheres finden Sie in dem Einschub »Kuan-yin: eine geschlechtlich umgewandelte Gottheit«.) Buddhistische Anhänger verehren diesen transzendenten Bodhisattva,

Abbildung 5.5: Kuan-yin, der Bodhisattva des Erbarmens (Privatfoto von Stephan Bodian)

der in China als *Kuan-yin* (siehe Abbildung 5.5) und in Japan als *Kwannon* bezeichnet wird, wie die Katholiken die Jungfrau Maria verehren. Und wie Maria setzt sich Kuan-yin für die Gläubigen ein. Tatsächlich enthalten asiatische Zeitungen auch heute noch immer wieder Berichte, in denen Gläubige von ihr aus Schiffbruch, Feuer und anderen Desastern gerettet wurden.

> ### Kuan-yin: eine geschlechtlich umgewandelte Gottheit
>
> Es gibt viele Erklärungen, warum der Bodhisattva des Erbarmens eine weibliche Form angenommen hat. Einige behaupten, dass das Erbarmen im Fernen Osten als ausgesprochen weibliche Qualität verstanden wird, sodass die Änderung des Geschlechts notwenig gewesen wäre. Andere weisen darauf hin, dass die Züge bei männlichen Darstellungen dieses Bodhisattvas (etwa in Tibet, wo er unter dem Namen *Chenresi* (auch *Chenrezig*) bekannt ist, siehe Kapitel 15) passend zu seiner Barmherzigkeit weich und sanft sind, sodass der Wechsel des Geschlechts gar nicht so extrem ist, wie es auf den ersten Blick aussieht. Noch andere behaupten, Kuan-yin sei tatsächlich gar keine Form des Avalokiteshvara. Sie glauben, dass sie eine Mischung der Tara, der Großen Mutter des indischen Buddhismus, und einer einheimischen chinesischen Naturgöttin sei.
>
> Unabhängig davon, wie er/sie verstanden wird, rufen Millionen von Buddhisten auf der ganzen Welt diesen mitfühlenden Bodhisattva an und bitten um Segen und Unterstützung in schwierigen Zeiten.

Die Ankunft von zwei Reines-Land-Schulen in Japan

In Japan entwickelte sich der Reines-Land-Buddhismus zu einer der hauptsächlichen Dharma-Traditionen. Er spaltete sich in zwei separate Schulen auf: Jodo-shu und Jodo-Shin-shu.

✔ **Jodo-shu:** Die buchstäbliche Übersetzung aus dem Japanischen lautet »Reines-Land-Schule«. Die Schule wurde von Honen (1133–1212), einer der großen Gestalten des japanischen Buddhismus, gegründet. Honen wurde Mönch, als er 15 Jahre alt war. Er studierte dann bei Lehrern verschiedener buddhistischer Schulen, war aber vom Buddhismus seiner Zeit zunehmend enttäuscht.

Das 12. Jahrhundert war in Japan eine Zeit sozialen und politischen Aufruhrs, und Honen kam zu dem Schluss, dass kaum einer die traditionellen Praktiken des Buddhismus in einem solch verkommenen Zeitalter erfolgreich ausüben könnte. Er glaubte, dass die Menschen zuerst in dem Reinen Land wiedergeboren werden müssten, das durch den Eid Amitabhas geschaffen worden war; dann könnten sie die Erleuchtung erlangen. Deshalb ermutigte Honen die Menschen, das *Nembutsu*, das Rezitieren des Namens von Buddha Amitabha, zu praktizieren und ihren Glauben an Amitabhas rettende Gnade zu stärken. Im ursprünglichen Sanskrit heißt dieses Huldigen *Namo amitabhaya Buddhaya* – wörtlich: »Huldigung von Amitabha Buddha«. In der japanischen Aussprache wurde daraus »*Namu amida butsu*«. Dieser Ausdruck ist auch heute noch als Chant (monotoner religiöser Gesang) zu hören.

✔ **Jodo-Shin-shu:** Zu den vielen Anhängern, die die Praxis des Nembutsu bei Honen lernten, zählte ein Mönch namens Shinran (1173–1262). In seinem ernsthaften Streben nach spiritueller Erfüllung studierte und praktizierte Shinran ergeben viele Jahre bei vielen buddhistischen Lehrern. Aber trotz seiner harten Arbeit blieb er unzufrieden und ruhelos. Shinran fühlte, dass er nichts wirklich Wertvolles erlangt hatte. Die Begegnung mit Honen war der Wendepunkt in seinem Leben. Sobald er begann, »Namu amida butsu« zu rezitieren, erfuhr er den Frieden, den er so viele Jahre lang nicht gefunden hatte. Von diesem Moment an gab er seine mönchischen Gelübde auf und verbrachte den Rest seines langen Lebens wandernd unter gewöhnlichen Menschen; viele dieser Menschen wurden seine Anhänger.

1225 gründete Shinran seine eigene Schule, die er *Jodo-Shin-shu-Schule* (die *Wahres-Reines-Land-Schule*) nannte, um sie von der Tradition seines verstorbenen Meisters zu unterscheiden. Diese neue Schule wurde zunehmend beliebter und hat heute in Japan mehr Anhänger als alle anderen buddhistischen Strömungen. Shinrans Ansatz war in seiner Einfachheit radikal. Er interpretierte die Bedeutung von Amitabhas Eid um: Danach wären alle Wesen bereits erleuchtet; sie hätten es nur nicht erkannt! Nach Shinran müsste man gar nichts tun, um Sukhavati zu erreichen – nicht einmal das Nembutsu zitieren. Tatsächlich gibt es nichts, was man tun könnte; alles wäre bereits für einen getan worden. Man huldigt Amitabha immer noch, aber nicht, weil man dadurch Sukhavati erreicht. Die Huldigung ist ein Ausdruck der Dankbarkeit dafür, bereits angekommen zu sein!

In Nordamerika wird die Jodo-Shin-shu-Lehre seit etwa 100 Jahren praktiziert, als die ersten japanischen Immigranten sie mitbrachten; sie wird unter dem Dach der Buddhist Churches of America gelehrt. Auch heute noch ist sie hauptsächlich unter Amerikanern japanischer Herkunft verbreitet; doch Jodo-Shin-shu hat in den letzten Jahrzehnten einige nicht-asiatische Konvertiten gewonnen und bleibt in der amerikanischen buddhistischen Szene eine einflussreiche Kraft. (Näheres über die Praxis der Jodo-Shin-shu-Schule finden Sie in Kapitel 8.)

Die Nichiren-Schule

Eine umstrittene Gestalt namens Nichiren (1222–82) gründete eine andere Tradition des japanischen Buddhismus, die es verdient, zusammen mit den Reines-Land-Schulen erwähnt zu werden, weil sie mit ihnen einige Merkmale gemeinsam hat.

Wie die Reines-Land-Schulen fordert der Nichiren-Buddhismus von seinen Anhängern wenig mehr als eine hingebungsvolle Verehrung und die Wiederholung einer kurzen Phrase der Huldigung. Aber im Gegensatz zu den Reines-Land-Schulen ist die Nichiren-Schule keine japanische Version einer chinesischen Tradition, sondern ist direkt in Japan entstanden. Sie verehrt auch nicht Buddha Amitabha oder einen anderen Buddha oder Bodhisattva, sondern das Lotos-Sutra selbst.

Ableger der Nichiren-Schule

Nicht lange nach Nichirens Ableben führten interne Streitigkeiten unter seinen Anhängern zur Gründung einer Splittergruppe, die sich als Nichiren-shoshu (»die wahre Schule Nichirens«) bezeichnete. Obwohl diese Schule anfangs nicht groß war, überlebte sie die Jahrhunderte. Nach dem Zweiten Weltkrieg wurde einer ihrer Ableger unerwartet populär. 1930 gründete ein Konvertit der Nichiren-shoshu eine Laiengruppe namens *Soka Gakkai*. Aufgrund des demütigenden und harten Lebens der Nachkriegsjahre in Japan wuchs diese Gruppe innerhalb weniger Jahrzehnte zu einer mächtigen politischen, sozialen und ökonomischen Kraft heran.

Die Mitglieder von Soka Gakkai befolgen die grundlegende Praxis der Nichiren-Schule – die Rezitation des »Namu myoho renge kyo« – und betrachten Nichiren als den Buddha des gegenwärtigen Zeitalters. Anhänger stellen auf ihrem Altar eine Reproduktion eines speziellen Diagramms auf. Dieses sogenannten *Gohonzon*, das ursprünglich von Nichiren selbst gezeichnet worden ist, soll alle Lehren des Lotos-Sutra verkörpern und wird deshalb in höchstem Maße verehrt. Doch das vielleicht wichtigste Unterscheidungsmerkmal der Soka Gakkai ist ihr missionarischer Eifer. Bekehrungseifer wird dem Buddhismus normalerweise nicht zugeschrieben, aber Soka Gakkai ermutigt aktiv – einige würden sogar sagen: aggressiv – zur Konvertierung. Zahlenmäßig ist die Soka Gakkai außergewöhnlich erfolgreich gewesen und hat weltweit mehr als zwölf Millionen Anhänger, darunter ein bedeutender Teil der japanischen Bevölkerung und Hunderttausende Anhänger im Westen einschließlich einiger Berühmtheiten wie Herbie Hancock.

Ein anderer Ableger des Nichiren-Buddhismus ist ein Mönchsorden namens *Nipponzan Myohoji*. Die Mitglieder dieses Ordens engagieren sich sehr stark für den Weltfrieden und haben in vielen Ländern auf der ganzen Welt, einschließlich der Mandschurei, China, Japan, England, Österreich und den Vereinigten Staaten, sogenannte *Friedenspagoden* errichtet. Eine der beeindruckendsten Pagoden (oder Stupas) steht auf einem Hügel bei Rajgir (siehe Kapitel 9), auf dem Buddha ursprünglich das Lotos-Sutra verkündete, das in der Nichiren-Tradition die zentrale Rolle spielt. Besucher dieser Pilgerstätten sehen immer wieder Nipponzan-Myohoji-Anhänger, die in Formation eine wunderschöne Pagode umkreisen und, ihre rituellen Trommeln schlagend, »Namu myoho renge kyo« chanten.

Das *Lotos-Sutra* ist eine Mahayana-Schrift, die auch von der Tien-tai-Tradition (japanisch: Tendai-Tradition) verehrt wird. Als Anhänger der Tien-tai-Schule (nähere Informationen über Tien-tai finden Sie in dem Abschnitt »Blumengirlande und Tien-tai: die großen vereinheitlichenden Systeme« weiter oben in diesem Kapitel) übernahm Nichiren diese Verehrung. Seiner Meinung nach war das Lotos-Sutra so kraftvoll, dass man es nicht studieren, ja nicht einmal lesen müsse, um von ihm zu profitieren; man bräuchte nur seinen Titel gläubig zu rezitieren. Wenn man einfach »Namu myoho renge kyo« (»Verehrung dem Sutra des Lotos des guten Gesetzes«) rezitieren würde, würden Ihre spirituellen und weltlichen Wünsche erfüllt werden. Und diese Phrase würde nicht nur Ihre persönlichen Wünsche befriedigen: Japan durchlebte eine unruhige Zeit, und Nichiren war der Überzeugung, dass nur der Glauben an das Lotos-Sutra eine Invasion verhindern könnte.

Nichirens kompromisslose Überzeugung, dass sein Weg der einzig wahre Weg zur persönlichen und nationalen Rettung wäre, traf auf beträchtlichen Widerstand. Er beschuldigte die etablierten buddhistischen Schulen, mit dämonischen Kräften unter einer Decke zu stecken, um Japan zu zerstören, und machte sich viele Feinde im buddhistischen Klerus und der Regierung. Er wurde sogar zum Tode verurteilt, floh aber vor seiner Hinrichtung – auf wundersame Weise, wie seine gläubigen Anhänger meinen. Nach drei Jahren im Exil kehrte er nach Japan zurück und verbrachte den Rest seines Lebens auf dem Berg Minobu in der Nähe des heiligen Berges Fudschijama. Dort schuf er die Grundlage für die Organisation, die seine Lehren nach seinem Tod fortführen sollte. (In dem Einschub *Ableger der Nichiren-Schule* finden Sie mehr über die heutigen Formen des Nichiren-Buddhismus.)

> ### Bodhidharma: ein legendärer Zen-Meister
>
> Obwohl Bodhidharmas Existenz umstritten ist, verkörpert er den Inbegriff des zähen und rätselhaften Zen-Meisters, der sich unerschütterlich der Meditation hingibt und lieber durch das direkte Beispiel als durch Texte lehrt. Bodhidharma wurde sowohl in China als auch in Japan zu einem beliebten Motiv für Zen-Tuschezeichnungen. Er wird normalerweise mit geschorenem Kopf, ungepflegtem Bart, einem Ohrring und großen, konzentrierten Augen dargestellt.
>
> Die Lehrgeschichten über diese Figur sind legendär. In einer schnitt er sich angeblich die Augenlider ab, um Tag und Nacht meditieren zu können, ohne einzuschlafen (deshalb seine großen Augen in den Tuschezeichnungen). Ganz sicher sollte diese Erzählung künftige Generationen von Zen-Studenten anspornen, fleißig und konzentriert zu üben. In einer anderen Geschichte sitzt er ausdruckslos im Schnee, als ihn ein junger Sucher um Unterweisung bittet. Schließlich schneidet sich der junge Mann einen Arm ab und reicht ihn Bodhidharma, um diesem seine Verehrung und Entschlossenheit zu demonstrieren – und Bodhidharma erklärt sich schließlich bereit, ihn zu unterrichten. Eine weitere mahnende Geschichte – doch sicher keine Aufforderung zur Selbstverstümmelung!

Zen: Verbreitung im Fernen Osten – und im Westen

Die Reines-Land-Schule (siehe den Abschnitt »Eine Chronik der Reines-Land- und anderer devotionaler Schulen« weiter oben in diesem Kapitel) war nicht die einzige Mahayana-Tradition, die sich in ihren Praktiken auf die direkte Erfahrung der Erleuchtung konzentrierte. Eine andere Form des Mahayana-Buddhismus, die auch in China verwurzelt war und von dort in anderen asiatischen Kulturen und schließlich auch im Westen einigen Einfluss gewann, bietet ebenfalls einen praktischeren Ansatz. Gemeint ist der Zen-Buddhismus, die möglicherweise sichtbarste und bekannteste Form des Buddhismus im Westen.

Zen steht in dem Ruf des Geheimnisvollen. Deshalb wollen wir diese Beschreibung mit etwas Einfachem beginnen: seinem Namen. Der japanische Ausdruck *Zen* (wie der chinesische Ausdruck, *Ch'an* oder *Chan*, von dem er abgeleitet ist) kann auf das Sanskrit-Wort *Dhyana* (was *Meditation* bedeutet) zurückgeführt werden. (In Kapitel 14 beschreiben wir

Dhyana, die meditative Konzentration, als eine der sechs Anstrengungen ausführlicher.) Weil die Meditation von Anfang an eine zentrale Praxis im Buddhismus gewesen ist (siehe Kapitel 7), war sie niemals Exklusiv-Eigentum einer einzelnen Tradition. Doch als der Mahayana-Buddhismus in Indien aufkam, betonten bestimmte Lehrer die Meditation stärker als andere. Einer dieser Lehrer, ein Mönch namens *Bodhidharma*, reiste im 6. Jahrhundert nach China und brachte seinen speziellen meditativen Ansatz mit. Ziemlich passend saß er seine ersten neun Jahre in China meditierend vor einer Wand. (Näheres über Bodhidharma finden Sie in dem Einschub »Bodhidharma: ein legendärer Zen-Meister«.)

Die nicht-dualistische Natur des Zen verstehen

Für die Anhänger von Bodhidharmas Tradition, die als *Ch'an* (und später *Zen*) bekannt geworden ist, ist die Meditation eine direkte Konfrontation mit dem gegenwärtigen Moment und kann zu einer durchdringenden Einsicht in die wahre Natur der Wirklichkeit führen. (Näheres über die Zen-Erleuchtung finden Sie in Kapitel 10.) Diesen Moment des spirituellen Erwachens zu erfahren, hängt nicht nur von den eigenen Anstrengungen des Meditierenden, sondern auch von dem transformierenden Einfluss des Meisters ab, der seinen Schülern eine spezielle Lehre außerhalb der Schriften überliefert.

Die Anfänge von Zen können auf genau solche »speziellen Überlieferungen« zwischen Shakyamuni Buddha und einem seiner Hauptanhänger zurückverfolgt werden. Als er in einer Gruppe seiner Anhänger saß, pflückte Buddha schweigend eine Blume und zeigte sie der Gruppe. In der Nähe saß einer seiner fortgeschrittensten Anhänger, Mahakashyapa, und lächelte. Von allen Anhängern erkannte nur er die wortlose Überlieferung der Einsicht, die Buddha gerade gegeben hatte. Dann sagte Buddha: »Ich habe den Schatz des wahren Dharma-Auges, des erhabenen Nirvana-Geistes. Die Wirklichkeit ist formlos; die höhere Lehre hängt nicht vom geschriebenen Wort ab, sondern wird unabhängig von Doktrinen separat übermittelt. Dies vertraue ich Mahakashyapa an.«

Was bedeutet dieses Ereignis? Es demonstriert, dass die ultimative Wirklichkeit klar und direkt ohne Worte ausgedrückt werden kann. Tatsächlich sind Worte und Konzepte, obwohl sie auf die Wahrheit zeigen können (wie ein »Finger, der auf den Mond zeigt«, wie ein berühmter buddhistischer Spruch sagt), unzureichend, um die Wahrheit vollkommen auszudrücken, weil sie von Natur aus dualistisch sind. Worte und Konzepte beziehen sich auf eine Welt anscheinend separater, fester Dinge und eines anscheinend separaten Selbst, das diese Dinge erfährt. Aber wenn ein erwachtes Wesen eine Blume anschaut und sie sieht, wie sie ist, klar und ohne konzeptionelle »Überzüge« (das heißt jenseits aller begrenzten Vorstellungen von *Dies* und *Das*), können keine Worte die Erfahrung vermitteln. Warum? Weil es keinen Erfahrenden und nichts Erfahrenes gibt. Es gibt nur die reine, nicht-dualistische Erfahrung selbst.

Indem Buddha die Blume pflückt, lädt er die anderen ein, dieses nicht-konzeptionelle Wissen mit ihm zu teilen – und Mahakashyapa drückt sein Verstehen durch sein schweigendes Lächeln aus.

Das Erwachen zu dieser nicht-konzeptionellen, nicht-dualistischen Einsicht ist das Herz des Zen-Buddhismus. Als sich Bodhidharmas Tradition in China (stark vom Taoismus beeinflusst) entwickelte und sich dann weiter in Korea, Japan und später Vietnam verbreitete, wurden allmählich verschiedene Methoden zur Schulung der Anhänger entwickelt. Ziel dieser Methoden war es, die eigene wahre Natur zu entdecken. Einige dieser Methoden werden in den beiden Schulen des Zen-Buddhismus, Rinzai und Soto, gelehrt, die heute in Japan und auf der ganzen Welt aktiv sind.

Rinzai und Soto: Ein Profil zweier verschiedener Zen-Stile

Rinzai-Zen wurde 1191 von dem Mönch Eisai aus China nach Japan gebracht. In dieser Strömung wird die Verwendung von sogenannten *Koans* (frei übersetzt: Lehrgeschichten) bevorzugt, um den Geist zu verwirren und die direkte Einsicht zu wecken. (Näheres über Koans finden Sie in Kapitel 8.) Einige dieser vielen Hundert, oft schwer fassbaren und paradoxen Fragen und Anekdoten sind auch im Westen bekannt: »Welches Geräusch macht das Klatschen mit einer Hand?« oder »Wie sah dein Gesicht aus, bevor deine Eltern geboren wurden?« Die Schüler fokussieren ihre ungeteilte Aufmerksamkeit auf das Koan, das ihnen gegeben wurde, und versuchen, seine geheime Bedeutung, seine lebendige Essenz zu enthüllen. Obwohl es keine korrekten Antworten gibt, treibt die ständige Beschäftigung mit dem Koan den Zen-Schüler – unter dem wachsamen Auge eines fähigen Lehrers – an die letzten Grenzen seines konzeptionellen Denkens – und schließlich darüber hinaus.

Die Schulung im Soto-Zen wurde 1227 von Dogen in Japan eingeführt. Sie konzentriert sich auf das sogenannte *Zazen* (eine Sitzmeditation, die auch im Rinzai praktiziert wird). Zazen ist formell und anstrengend. Danach muss in jeder Meditationssitzung eine korrekte, aufrechte Sitzposition beibehalten werden, während sich der Geist ununterbrochen des gegenwärtigen Moments bewusst bleibt. (Um Schülern, die beim Sitzen müde werden, zu helfen, wach zu bleiben, kann ihnen der Zen-Meister mit einem Stock, den er speziell für diesen Zweck bei sich trägt, einen scharfen Hieb versetzen. Auch wenn es furchterregend aussehen mag, wirkt der Hieb eher anregend als schmerzhaft.) Lehrer dieser Tradition weisen oft darauf hin, dass sie nicht meditieren, um ein Buddha zu *werden*; stattdessen ist das bewusste aufrechte Sitzen die Methode, die Buddha-Natur auszudrücken, die sie immer schon besessen haben.

Zusätzlich zum Zazen können die Schüler sowohl im Rinzai- als auch im Soto-Zen regelmäßig persönlich mit den Meistern sprechen. (Ein solches Gespräch wird im Soto-Zen als *Dokusan* und im Rinzai-Zen als *Sanzen* bezeichnet.) Im Rinzai nehmen diese Gespräche oft die Form geistreicher Begegnungen an, in der der Schüler versucht, eine passende Antwort auf ein Koan zu geben, und der Meister sie entweder akzeptiert oder verwirft. Bei Retreats warten Teilnehmer möglicherweise stundenlang in einer Reihe, um den Meister zu sprechen, nur um bereits in der ersten Minute des Gesprächs mit der Anweisung wieder entlassen zu werden, zu ihrem Sitzkissen zurückzukehren und sich noch einmal mit dem Koan zu beschäftigen. Im Soto-Zen finden tendenziell weniger Dokusan statt und haben eher Fragen über die Sitzposition, die Einstellung oder die tägliche Lebenspraxis zum Inhalt – obwohl bestimmte Lehrer bei passender Gelegenheit auch Koans benutzen.

Zen in den Alltag integrieren

Weil Zen so stark betont, den gegenwärtigen Moment ständig im Bewusstsein zu halten, ist die Schulung nicht nur auf Meditationssitzungen oder die Koan-Praxis beschränkt. Sie müssen alle Aufgaben des Alltags mit derselben klaren fokussierten Aufmerksamkeit erledigen, die Sie auch bei Ihrer mehr formalen Praxis an den Tag legen. Insbesondere die Soto-Tradition betont, dass jede Aktivität die Gelegenheit bietet, Ihre wahre Natur durch uneingeschränkte Sorgfalt und Aufmerksamkeit auszudrücken. Es gibt zahlreiche Geschichten von Zen-Meistern, die ihre Erleuchtung bei Allerweltsaufgaben erlangten, etwa beim Zusammenkehren von Blättern oder beim Aufhängen von Wäsche!

Der Zen-Fokus auf das Praktische und Unmittelbare spiegelt sich in seinem strengen, doch hoch verfeinerten Gefühl für Ästhetik wider, das ein integraler Bestandteil der traditionellen japanischen Kultur geworden ist. Praktiker wenden liebevoll dieselbe klare Bewusstheit und Aufmerksamkeit aufs Detail, die sie in der Meditation kultivieren, auf zahlreiche andere, auch im Westen bekannten Aktivitäten an: die Teezeremonie (Zubereitung und Darbietung von Tee), die Kunst des Bogenschießens, das Ikebana (die Kunst des Blumensteckens) oder die Kalligrafie (Tuschezeichnung). Wegen dieser Fähigkeit, fast jede Aktivität sowohl zu einer künstlerischen als auch zu einer spirituellen Erfahrung werden zu lassen, hat der Zen-Buddhismus besonders westliche Künstler und Dichter angezogen. (Wussten Sie, dass Vincent Van Gogh, der eine umfangreiche Sammlung japanischer Drucke besaß, sich selbst einmal als Zen-Mönch porträtiert hatte?)

Die Anziehungskraft des Zen für den Westen

Von allen buddhistischen Traditionen ist der Zen-Buddhismus vielleicht am längsten mit dem Westen in Berührung – eine Berührung, die durch seine Einfachheit und sein Empfinden für Ästhetik begünstigt wurde. Ob Sie es glauben oder nicht: Der erste Beleg für den Besuch eines Zen-Meisters in Nordamerika stammt aus 1893, als Soyen Shaku das World Parliament of Religions (Weltparlament der Religionen) in Chicago besuchte. Soyen kehrte 1905 zurück, um zu reisen und zu lehren. Sein Schüler Nyogen Senzaki begleitete ihn und blieb schließlich in Amerika. Obwohl Senzaki, der 1958 starb, wenige ernsthafte Schüler gewann, schrieb er (zusammen mit einer amerikanischen Freundin, Ruth McCandless) mehrere einflussreiche Bücher. Damit regte er einige Amerikaner an, zur Schulung nach Japan zu gehen, und trug dazu bei, den Samen des Zen in Amerika auszustreuen. Der japanische Gelehrte D. T. Suzuki (ein anderer Schüler von Soyen Shaku) wurde ebenfalls außerordentlich einflussreich. Er lehrte an mehreren amerikanischen Universitäten, veröffentlichte mehrere Bücher, um Zen Laien zu erklären, und übersetzte Schlüsseltexte des Zen ins Englische.

In den 1950er und 1960er Jahren kam in Senzakis Fußstapfen die nächste Welle von Zen-Lehrern aus Japan und Korea nach Nordamerika. Die friedvolle Nachkriegsatmosphäre und das wachsende westliche Interesse am Zen ermutigte diese Lehrer. (Die Poeten der Beat-Generation, Allen Ginsberg, Gary Snyder, Jack Kerouac und andere sowie das Interesse bekannter Psychologen wie Erich Fromm, bezeugen dieses wachsende Zen-Bewusstsein.) 1970 gab es in mehreren großen Städten wie New York, Los Angeles oder San Francisco blühende Zen-Zentren, in denen interessierte Schüler zusammenkommen konnten, um die Meditation zu lernen und zu praktizieren, Vorträge über den Dharma zu hören und an längeren Retreats teilzunehmen (siehe Abbildung 5.6).

Abbildung 5.6: Westler praktizieren Zazen. (Mit freundlicher Genehmigung des San Francisco Zen Center.)

Das San Francisco Zen Center war wahrscheinlich das bekannteste dieser Zentren. Es umfasst heute das Tassajara Zen Mountain Center, das älteste Zen-Kloster in Amerika (das in der Nähe von Big Sur in der Wildnis liegt) und die Green Gulch Farm, ein Zentrum für organische Landwirtschaft im nahegelegenen Marin County. Shunryu Suzuki Roshi (1905–1971), der verstorbene Begründer des Zen-Zentrums, schrieb den klassischen Bestseller *Zen Mind, Beginner's Mind* (deutsch *Zen-Geist, Anfänger-Geist*). Zu den anderen einflussreichen Zen-Meistern in Nordamerika zählen: Joshu Sasaki Roshi des Mount Baldy Zen Center in Südkalifornien, Eido Shimano Roshi der New York Zen Studies Society, Taizan Maezumi Roshi (1931–1996) vom Zen Center of Los Angeles und der koreanische Meister Seung Sahn der Kwan-Um-Zen-Schule in Providence, Rhode Island, der mehrere populäre Bücher einschließlich *Der Kompass des Buddhismus* (Theseus-Verlag) geschrieben hat.

Heute gibt es in den meisten Großstädten und sogar vielen kleineren Städten Zen-Zentren oder Gruppen, die zum »Sitzen« (zur gemeinsamen Meditation) zusammenkommen. Viele werden von einer neuen Generation von Zen-Lehrern geleitet – Westlern, die bei koreanischen oder japanischen Lehrern studiert haben und voll autorisiert sind, andere zu unterrichten. Weil Zen so einfach und praktisch ist und die direkte Erfahrung betont, zieht es viele Westler an. Sie können ihn praktizieren, ohne ein neues Glaubenssystem übernehmen zu müssen – oder, wie es im Zen ausgedrückt wird, einen anderen Kopf an die Stelle des eigenen setzen zu müssen.

Von Tibet in den Westen: Die Verbreitung des Diamant-Fahrzeugs

Seit etwa den 1970er Jahren hat sich ein anderer Ableger des Mahayana-Buddhismus, der sogenannte *Vajrayana-Buddhismus* (oder *Diamant-Fahrzeug*) im Westen so verbreitet, dass er dem Zen-Buddhismus die Beliebtheit streitig macht. Der Vajrayana-Buddhismus wird auch als *Tantrayna-Buddhismus* oder geheimnisvoll klingend als *Esoterisches Fahrzeug* bezeichnet. Doch meistens spricht man einfach vom *Tibetischen Buddhismus*, nach dem Land, mit dem er am engsten verbunden ist. Doch Vajrayana ist keine tibetische Erfindung, wie einige einflussreiche Autoren früher einmal glaubten; er ist ein Ableger derselben buddhistischen Entwicklungen in Indien, die auch für die Entstehung anderer Mahayana-Traditionen verantwortlich waren, die weiter oben in diesem Kapitel erwähnt wurden.

Wie all die anderen Formen des Buddhismus behauptet auch der Vajrayana, die authentischen Lehren Buddhas zu tradieren – auch wenn die Texte (die sogenannten *Tantras*) dieses Ansatzes erst lange nach dem Tod von Shakyamuni Buddha veröffentlicht wurden. Obwohl Historiker (und sogar andere Buddhisten) Schwierigkeiten haben, diese später aufgetauchten Lehren als wahres Wort von Buddha zu akzeptieren, behaupten die Vajrayana-Gläubigen (wie Anhänger einiger anderer Mahayana-Traditionen), dass Buddha zu Lebzeiten viele Lehren vermittelte, die zu fortgeschritten waren, um allgemein veröffentlicht zu werden. Tantra war die kraftvollste dieser fortgeschrittenen Lehren, und deshalb war die Gefahr des Missbrauchs bei ihr am größten. Angeblich hielten tantrische Praktiker diese mächtigen Lehren vor der Allgemeinheit verborgen und gaben sie nur an einige Ausgewählte weiter, die davon profitieren konnten. Später wurden diese Lehren einer breiteren Öffentlichkeit vermittelt, obwohl sie immer noch mit dem Hauch des Geheimnisvollen umgeben wurden, um ihren Missbrauch und ihre Degeneration zu vermeiden.

Vajrayana in Indien, China, Japan und Tibet

Auch wenn der Vajrayana-Buddhismus verborgen war, wurde er in Indien im 5. Jahrhundert n. Chr. in der einen oder anderen Form praktiziert. Dann etablierte er sich im 8. Jahrhundert als Wahres-Wort-Schule (Mi-tsung-Schule) in China. Diese Schule überdauerte in China zwar nur ein Jahrhundert, aber sie wurde von Kukai (774–836) nach Japan gebracht. Kukai errichtete 816 auf dem Berg Koya einen Tempel, der auch heute noch das Zentrum der später sogenannten *Shingon-Tradition* ist.

Der Shingon-Buddhismus wird heute immer noch in Japan praktiziert, aber die Tradition ist nicht so voll entwickelt oder vollständig wie der Vajrayana-Buddhismus, der sich seit dem 8. Jahrhundert in Indien immer weiter entwickelt hat. Die Vajrayana-Tradition gedieh in der Obhut von Meditationsmeistern, den sogenannten *Mahasiddhas* (etwa »Großer Beherrscher vollkommener Fähigkeiten«), und wurde schließlich eine Hauptkomponente der Ausbildung an den berühmten Mönchsuniversitäten in Nordindien (beispielsweise Vikramashila und Nalanda, siehe Kapitel 9). Die Zerstörung Nalandas 1199 durch Invasoren markierte den Niedergang der Vajrayana-Tradition und des Buddhismus in ganz Indien. Anfang des 13. Jahrhunderts war der Buddhismus im Land seiner Geburt als Religion nicht mehr lebensfähig, auch wenn er die Kultur des riesigen Subkontinents nachhaltig beeinflusst hat.

Glücklicherweise hatte sich die reife Vajrayana-Tradition zur Zeit der Zerstörung des Buddhismus in Indien dank der Anstrengungen von Mahasiddhas wie Padmasambhava oder Atisha bereits in Tibet und den umgebenden Himalaja-Regionen fest etabliert. Auch wenn die

Tradition die Mongolei und Sibirien (und von dort zurück sogar China) erreichte, blieb Tibet Jahrhunderte lang das Zentrum der Vajrayana-Welt und bewahrte die tantrischen Lehren als lebendige, wirksame Tradition bis zur brutalen Invasion Tibets durch die chinesischen Kommunisten in den 1950er Jahren. Doch der Verlust Tibets bedeutete einen Gewinn für die Welt. Mit der Flucht des Dalai Lama 1959 und seinem erzwungenen Exil in Indien – sowie der Flucht einer relativ kleinen, aber bedeutenden Zahl anderer großer Lehrer – wurde der Vajrayana-Buddhismus für den Westen zugänglich wie niemals zuvor.

Das Ziel der Vajrayana-Praxis

Wie andere buddhistische Traditionen strebt die Vajrayana-Praxis die Erleuchtung an. Sie unterscheidet sich jedoch von anderen Traditionen durch die zahlreichen Methoden, die sie einsetzt, um die Erleuchtung so schnell wie möglich zu erlangen. Einige dieser Methoden umfassen komplexe Rituale, bei denen Musik, Chanten, symbolische Gegenstände, stilisierte Gesten (*Mudras*), mystische Diagramme (Mandalas) und kraftgeladene Worte (Mantras) verwendet werden. Andere Methoden sind vor dem äußeren Blick verborgen und werden allein im Körper und Geist des Vajrayana-Meditierenden vollzogen. Doch unabhängig davon, ob sie äußerlich oder innerlich ablaufen, sind diese Methoden letztlich darauf gerichtet, die radikale Transformation der Buddhaschaft zu erlangen.

Gemäß der Vajrayana-Lehre verfügen Sie bereits über alles, was Sie benötigen, um die volle und vollkommene Erleuchtung der Buddhaschaft zu erlangen. Damit diese Erleuchtung eine lebendige Erfahrung wird und nicht nur ein unerschlossenes Potenzial bleibt, müssen Sie einige mächtige Gewohnheiten durchbrechen. Dies gilt besonders für die Tendenz, sich selbst, bewusst oder unbewusst, als ein »begrenztes« Wesen zu identifizieren. Das heißt: Sie sehen sich selbst gewohnheitsmäßig als ein separates, bruchstückhaftes Selbst oder Ich, das durch die Täuschungen des Hasses, der Gier und der Verblendung behindert ist (siehe Kapitel 2), und sind deshalb ernsthaft in Ihrer Fähigkeit begrenzt, so zu handeln, zu sprechen und zu denken, dass Sie sich oder anderen Glück bringen.

> ### Der Zen-Buddhismus in China, Korea und Vietnam
>
> Die meisten Menschen verbinden den Zen-Buddhismus mit Japan. Doch die Tradition florierte auch in China, Korea und Vietnam; und Meister aus diesen Ländern sind unabhängig voneinander in den Westen gekommen, um zu lehren. Nach seiner Blütezeit in China rückte *Ch'an* (der chinesische Name für Zen) allmählich von seiner ausschließlichen Betonung der Meditation ab und wurde eklektischer. Er übernahm Elemente der Reines-Land-, der Tien-tai- und anderer buddhistischer Schulen. Auch wenn der Buddhismus schon in den 1850er und 1860er Jahren mit den ersten chinesischen Einwanderern in die Vereinigten Staaten kam, machte Ch'an außerhalb der chinesischen Gemeinde kaum Fortschritte. Dies änderte sich erst, als der Zen-Meister Hsuan Hua 1970 das Gold-Mountain-Kloster in San Francisco gründete und begann, seinen intensiven Ansatz auch Westlern zu vermitteln und die gesamte Bandbreite von Ch'an-Praktiken zu

> lehren. Nach seinem Tod 1995 haben die Nachfolger von Hsuan Hua die Verbreitung seiner Lehren im Westen fortgesetzt.
>
> In Korea hatte sich die Zen-Praxis bereits im 6. Jahrhundert n. Chr. fest etabliert, sogar noch bevor sie nach Japan kam, und blieb dort für viele Jahrhunderte die dominierende Form des Buddhismus. Auch wenn sie während der Yi-Dynasty (1392–1910) unterdrückt wurde, überlebte der Zen (koreanisch: *Son*) und entwickelte sich neben dem japanischen Zen im Westen zu einer kraftvollen buddhistischen Schule. Neben dem Zen-Meister Seung Sahn, dessen Kwan Um Zen-Schule in der ganzen westlichen Welt Tochterzentren unterhält, haben mehrere andere koreanische Lehrer eine große Anhängerschaft gewonnen. Auch wenn die Meditation immer die Hauptmethode seiner Praxis gewesen ist, betont der koreanische Zen auch die Praktiken des Chantens und der Verneigung.
>
> Weil Vietnam, wie Korea, an China grenzt, fasste der Buddhismus in den frühen Jahrhunderten des ersten Jahrtausends n. Chr. auch dort Wurzeln und entwickelte sich im Laufe der Zeit zur vorherrschenden Schule. Der im Westen vielleicht bekannteste vietnamesische Zen-Meister und -Lehrer ist Thich Nhat Hanh (siehe Kapitel 15); doch er hatte einen Vorgänger: den buddhistischen Mönch und Gelehrten Dr. Thich Thien-an. Thien-an kam 1966 als Gastprofessor an die UCLA (University of California at Los Angeles) nach Los Angeles und blieb bis zu seinem Tod 1980, um wissbegierige westliche Studenten zu unterrichten.

Die Praxis des »Gottheiten-Yoga«

Die spezifisch tantrische Lösung für die Probleme, die durch die Anhaftung an eine begrenzte Ich-Identität entstehen, ist die Praxis des sogenannten *Gottheiten-Yoga* (*Sadhana-Yoga*). Der Gottheiten-Yoga hat nichts mit den »Göttern« und »Göttinnen« zu tun, die die himmlischen Gefilde genießen, die in Kapitel 13 erwähnt werden. Sondern durch die Übung können Sie Ihre falsche, begrenzende Ich-Identität auflösen und durch etwas viel Besseres ersetzen. Mithilfe dieser tief greifenden Praxis üben Sie, sich selbst als erleuchtetes Wesen, als voll entwickelten Buddha zu sehen, der frei von allen Begrenzungen ist und mit seinem strahlend reinen und glückseligen Körper, Reden und Geist anderen Wesen unendliches Wohl bringen kann. Dieses spezielle erleuchtete Wesen, mit dem Sie sich identifizieren, wird im Tibetischen als Ihr *Yidam* oder Ihre Meditationsgottheit bezeichnet. (Abbildung 5.7 zeigt ein Beispiel für eine weibliche Meditationsgottheit; in Kapitel 4 finden Sie ein Bild der männlichen Gottheit Manjushri. Abgesehen von ihrer äußeren Erscheinung sind die beiden Gottheiten identisch; sie sind beide Manifestationen der Erleuchtung.)

Falls die Meditation nicht korrekt und ohne das richtige Verständnis ausgeführt wird, kann die Praxis des Gottheiten-Yoga leicht zu einem Glauben an eine Scheinwelt entarten, in der Sie nur vorgeben, etwas zu sein, was Sie in Wirklichkeit gar nicht sind. Um diese Fallstricke zu vermeiden, müssen Sie Ihre Praxis auf eine solide Grundlage stellen. Zunächst sollten Sie sich mit den Grundlagen des Mahayana-Weges im Allgemeinen vertraut machen,

Abbildung 5.7: Tara, die weibliche Gottheit des Erbarmens

besonders mit der Erweckung des universellen Erbarmens, des Bodhichitta (»Erleuchtungsgeist«). (Näheres über den Bodhichitta finden Sie in Kapitel 14.) Dann müssen Sie bestimmte rituelle Praktiken, die sogenannten Vier Grundübungen (tibetisch: Ngöndro) durchlaufen, die Sie auf die Hauptübungen vorbereiten sollen, indem Sie positive Energie ansammeln und sich von bestimmten inneren Hindernissen reinigen. (Ein Beispiel für diese Übungen der Sammlung und Reinigung sind die Niederwerfungen in voller Körperlänge, siehe Kapitel 8.)

 Die wichtigste Grundlage für die Praxis ist Ihr Vertrauen in einen voll qualifizierten tantrischen Meister oder Guru. (Der Guru, oder *Lama* in Tibetisch, spielt im Vajrayana eine so zentrale Rolle, dass einige frühe westliche Kommentatoren den tibetischen Buddhismus als Lamaismus bezeichneten – ein irreführender Ausdruck, der glücklicherweise aus der Mode gekommen ist.) Der Guru ist unverzichtbar, weil er Sie mit der Meditationsgottheit (wie beispielsweise Tara in Abbildung 5.7) bekannt macht, die den Fokus Ihrer Übungen bilden wird.

Bei der *Einweihungszeremonie* (tibetisch: *Wang*), bei der Sie in die Praxis eingeweiht werden, dürfen Sie sich nicht von der gewöhnlichen Erscheinung der Dinge ablenken

Abbildung 5.8: Vajradhara, der tantrische Guru-Buddha

lassen – einschließlich der äußeren Form Ihres Gurus. Stattdessen visualisieren Sie ihn als untrennbaren Teil der transzendenten Form des Shakyamuni Buddha, die als *Vajradhara* bezeichnet wird (siehe Abbildung 5.8). Letztlich ist Ihre Praxis des Gottheiten-Yoga erfolgreich, wenn Sie unerschütterlich erkennen, dass Ihr Guru, Ihre Meditationsgottheit und alle Buddhas mit der wesentlichen Natur Ihres eigenen Geistes identisch sind.

Durch den Gottheiten-Yoga gewöhnen Sie sich allmählich daran, erleuchtet zu sein. Die Segnungen und die Inspiration Ihres Gurus helfen Ihnen bei der Entwicklung Ihrer Fähigkeit, Ihren Körper als den reinen Lichtkörper Ihrer Meditationsgottheit (wie beispielsweise die Tara) zu sehen, strahlend und glückselig. Anstelle Ihrer normalen Rede rezitieren Sie Ihr Mantra; Sie üben, alle Geräusche als ununterscheidbar von ihrem Mantra zu hören. Zugleich sehen Sie Ihre Umwelt als Taras reines Land (Buddhafeld) und alle Ihre Aktivitäten als Taras weise und mitfühlende Handlungen bei der Befreiung anderer vom Leiden. Letztlich erfahren Sie Ihren eigenen Geist und Taras erleuchteten Geist als Einheit.

Auf den ersten Stufen der Praxis identifizieren Sie Ihr Selbst hauptsächlich (wenn nicht vollständig) in Ihrer Vorstellung mit der Meditationsgottheit. Aber auf späteren Stufen, wenn Sie die feinen Energien, die durch Ihren Körper fließen, kontrollieren und lenken können, können Sie die erleuchtete Transformation tatsächlich erfahren, die Sie sich vorher nur imaginiert haben (Näheres über diese subtilen Energien finden Sie in Kapitel 11.)

Abbildung 5.9: Tibets großer Yogi Milarepa

Schließlich können Sie in die Fußstapfen von Tibets geliebtem Yogi Milarepa treten (siehe Abbildung 5.9). Durch seine innige Verehrung seines Gurus Marpa und seiner unerschütterlichen Übung erlangte er in seinem Leben die Buddhaschaft.

Vajrayana im Westen

Der Vajrayana-Buddhismus umfasst viel mehr Methoden, als wir hier kurz erwähnen können; doch selbst diese kurze Beschreibung kann Ihnen eine Vorstellung davon vermitteln, warum diese Form der Praxis in den letzten Jahren eine wachsende Zahl westlicher Anhänger gewonnen hat. Für Personen, die Rituale lieben, veranstalten die vielen Dharma-Zentren, die der tibetischen Tradition folgen, im Westen regelmäßig Gruppensitzungen mit Mantra-Rezitationen, Chanting und anderen ritualisierten Praktiken (siehe Abbildung 5.10).

Für Leute, die die einfache Meditation bevorzugen, bietet Vajrayana zahlreiche Übungsformen, von kunstvollen Visualisierungen bis zum einfachen Ruhen in der grundlegenden Reinheit des Geistes. Die Tradition bietet auch Gelegenheit zum akademischen Studium – wie die schnell wachsende Zahl der Übersetzungen und Kommentare belegt. Aber letztlich sind vielleicht die warmen und mitfühlenden Lamas, die Vajrayana lehren, der attraktivste Zug dieser Tradition.

Abbildung 5.10: Westler bei der Vajrayana-Praxis Fehler! Keine Dokumentvariable verfügbar. (Foto mit freundlicher Genehmigung Shambhala Sun. Copyright Shambhala Sun.)

Jedes Zentrum hat, je nach Lehrer und der entsprechenden Sekte des Vajrayana, seinen eigenen Stil und Schwerpunkt. (In dem Einschub »Tibetische Vajrayana-Schulen« finden Sie nähere Einzelheiten über diverse Sekten.) Die Shambhala-Zentren, die von dem verstorbenen Chogyam Trungpa Rinpoche (1939–1987) begründet worden sind, sind möglicherweise am weitesten verbreitet. Trungpa war ein produktiver Autor und einer der ersten tibetischen Lehrer, die sich westlich kleideten und mit der westlichen Psychologie und westlichen Bräuchen vertraut machten. Daneben gibt es in Nordamerika und Europa, dort auch in Deutschland, zahlreiche andere Ansätze, darunter auch neue Generationen von Zentren, die von voll autorisierten westlichen Lehrern geleitet werden.

> ### Tibetische Vajrayana-Schulen
>
> Als sich der Vajrayana-Buddhismus aus Indien nach Tibet verbreitete, entstanden diverse Schulen (oder Sekten). Obwohl sich diese Schulen immer gegenseitig befruchtet haben, hat jede ihren eigenen Charakter. Die Schulen, die den größten Einfluss auf den heute im Westen praktizierten tibetischen Buddhismus ausüben, sind:
>
> ✔ **Nyingma** (njeng-mah): Diese Tradition ist die älteste Schule des tibetischen Buddhismus (ihr Name bedeutet »die Alten«). Padmasambhava gründete diese

Tradition und errichtete im 8. Jahrhundert Samye, das erste Kloster in Tibet. Unter anderen haben die folgenden Lamas die Nyingma-Reihe im Westen eingeführt: Dilgo Khyentze Rinpoche (1910–1991), ein Hauptlehrer von Lamas aller Traditionen, Tarthang Tulku, der das tibetische Nyingma Meditation Center und das Odiyan Retreat Center in Kalifornien gründete, Namkhai Norbu Rinpoche, der in Italien lebt und regelmäßig in den Vereinigten Staaten lehrt, und Sogyal Rinpoche, das Oberhaupt der weltweiten Rigpa-Zentren und Autor des beliebten Buches *Das tibetische Buch vom Leben und Sterben* (Fischer-Taschenbuch und andere).

- ✔ **Kadam** (kah-dahm): Die Anhänger von Atisha, der 1042 aus Tibet nach Indien kam, begründeten diese Tradition. Diese Schule existiert nicht mehr eigenständig; doch die folgenden drei Schulen haben ihre Lehren absorbiert und tradiert.

- ✔ **Sakya** (sah-kjah): Das gegenwärtige Oberhaupt der Sakya-Tradition, der Sakya Trizin, spricht fließend Englisch und hat viele Orte im Westen bereist und dort gelehrt. Zu den Sakyalamas, die im Westen aktiv geworden sind, gehören: Deshung Rinpoche (1906–1987), Jigdal Dagchen Rinpoche vom Sakya Tegchen Choling Center in Seattle und Lama Kunga aus Kensington, Kalifornien.

- ✔ **Kagyu** (kah-gju): Das vorangegangene Oberhaupt der Kagyu-Tradition, der 16. Karmapa (1923–1981), besuchte mehrfach die Vereinigten Staaten und weihte sein Hauptzentrum, Karma Triyana Dharmachakra, in Woodstock, New York. Nach seinem Tod in Chicago wurde seine Inkarnation in Tibet wiedergeboren und floh 2000 nach Indien; seine vielen Zentren im Westen warten jetzt auf seine Rückkehr. Andere Kagyu-Lamas, die im Westen Zentren gegründet und in größerem Umfang gelehrt haben, sind: Kalu Rinpoche(1905–1989), der in weiten Kreisen zu den größten Vajrayana-Meditationsmeistern des 20. Jahrhunderts gezählt wird, Thrangu Rinpoche, und Lama Lodo vom Kagyu Droden Kunchab Center in San Francisco.

- ✔ **Gelug** (gay-luck): Zahlreiche Lamas haben diese Schule im Westen repräsentiert, darunter auch die verstorbenen Lehrer des Dalai Lama. Andere bemerkenswerte, im Westen einflussreiche Lamas dieser Tradition sind: Geshe Wangyal (1901–1983), der die Zentren in Freewood Acres und Washington, New Jersey, gründete, Geshe Lhundrup Sopa, emeritierter Professor an der University of Wisconsin, und die Lamas Thubten Yeshe (1935–1984) und Thubten Zopa Rinpoche von der Foundation for the Preservation of the MahayanaTradition.

- ✔ **Rime** (rie-mei): Diese Bewegung kombiniert mehrere wichtige Traditionen der Vajrayana-Praxis. Einer der Anführenden dieser nicht-sektiererischen Bewegung war Jamyang Khyentze Chokyi Lodro (1896–1969). Viele seiner Anhänger sind einflussreiche Lehrer im Westen gewesen, darunter die oben erwähnten Dezhung Rinpoche, Dilgo Khyentze Rinpoche, Kalu Rinpoche, Trungpa Rinpoche, Sogyal Rinpoche und Tarthang Tulku.

Teil III
Buddhismus in der Praxis

IN DIESEM TEIL …

… erhalten Sie praktische Antworten auf Ihre Fragen über den Buddhismus. Wie wird man Buddhist? Wie meditiert man? Wie läuft ein typischer Tag im Leben eines Buddhisten ab? Was ist eine buddhistische Pilgerfahrt? Wohin können Sie gehen?

> **IN DIESEM KAPITEL**
>
> Prüfen, ob der Dharma zu Ihren Interessen passt
>
> Den Weg durch die ersten Stufen der Annäherung bewältigen
>
> Den Traum von der materiellen Sicherheit und Befriedigung aufgeben
>
> Sich dem Buddhismus als einem lebenslangen Weg hingeben
>
> Den rückhaltlosen Weg des Mönches oder der Nonne in Betracht ziehen

Kapitel 6
Buddhist werden

Sie wissen jetzt (zumindest konzeptionell) etwas über den Buddhismus. Vielleicht wollen Sie die Lehren ausführlicher erforschen – und vielleicht sogar einige buddhistische Übungen ausprobieren. Doch wohin können Sie gehen, und wie fangen Sie an? Fragen Sie sich: »Muss ich mir den Kopf kahl scheren und in irgendein Kloster im Wald eintreten? Oder kann ich den Buddhismus hier bei mir zu Hause ausprobieren?«

Der Buddhismus hat viele Formen, Facetten und Spielarten. Wir sind sicher, dass es auch in Ihrer Nähe ein buddhistisches Zentrum gibt. (Deshalb lautet die Antwort: Nein, Sie müssen (noch) nicht in ein Kloster eintreten.) Doch bevor Sie zu Ihrem Branchenbuch greifen oder im Internet recherchieren, sollten Sie den Rest dieses Kapitels lesen. Warum? Weil wir glauben, dass Sie Spaß daran haben werden. Doch Sie werden in diesem Kapitel auch erfahren, wie Sie sich dem Buddhismus allmählich und bedacht nähern können – von der ersten Berührung über die Stufen eines fortschreitenden Engagements bis zu dem Moment, in dem Sie sich (natürlich vollkommen freiwillig) auch formell zum Buddhismus bekennen.

Im eigenen Tempo vorangehen

Wenn Sie anfangen, den Buddhismus zu erforschen, sollten Sie daran denken, dass Buddha, technisch gesehen, kein Buddhist war. Er betrachtete sich nicht als Mitglied irgendeiner Religionsgemeinschaft, sondern nur als einen Reisenden, der einige wichtige Wahrheiten über das Leben verkündete. Deshalb müssen auch Sie kein Buddhist sein. Buddhisten und

Nicht-Buddhisten können gleichermaßen die vielen wertvollen Erkenntnisse genießen und in die Praxis umsetzen, die Buddha und seine Anhänger im Laufe der Jahrhunderte gelehrt haben.

Selbst der bekannteste heute lebende Buddhist, der Dalai Lama, sagt, dass Sie nicht Ihre Religion wechseln müssen, um von den Lehren des Buddhismus zu profitieren. (Näheres über diese inspirierende Person – und andere – finden Sie in Kapitel 15.) Im Allgemeinen rät der Dalai Lama Suchenden anderer Glaubensrichtungen davon ab, Buddhisten zu werden – wenigstens, solange sie nicht die Tradition, in die sie hineingeboren wurden, gründlich erforscht haben. Wenn er gefragt wird, was seine eigene Religion sei, antwortet der Dalai Lama häufig ziemlich einfach: »Meine Religion ist die Liebenswürdigkeit.«

Die Botschaft des Buddhismus ist klar:

✔ Gehen Sie in Ihrem eigenen Tempo voran.

✔ Übernehmen Sie das, was für Sie funktioniert, und übergehen Sie den Rest.

✔ Und was am wichtigsten ist: Hinterfragen Sie, was Sie hören; Erfahrung ist selbst erworbene Wahrheit; und machen Sie Ihre eigenen Erfahrungen.

»*Ehi passiko*«, hat Buddha gerne gesagt: »Komm her und schau!« Anders ausgedrückt: Wenn Sie sich durch eine Lehre des Buddhismus angesprochen fühlen, erkunden Sie sie eine Weile. Falls nicht, gehen Sie, wann immer Sie wollen.

Die Verantwortung für das eigene Leben übernehmen

Letztlich müssen Sie entscheiden, wie Sie Ihr Leben verbringen wollen. Im Buddhismus wacht kein Guru und kein Gott über Sie, bereit, Sie zu strafen, wenn Sie vom Weg abweichen. Buddhas letzte Worte »Alle bedingten Dinge sind vergänglich. Arbeitet fleißig an eurer eigenen Erlösung.« setzten den Standard für dieses Thema.

Buddha bestand niemals darauf, dass seine Anhänger, selbst diejenigen nicht, die sich für ein Leben als Mönch oder Nonne entschlossen hatten (siehe Kapitel 8), körperlich in seiner Nähe oder in der Nähe des *Sangha* (Gemeinde) blieben. Stattdessen ermutigte er sie, ihren eigenen Weg zu finden. Viele seiner Anhänger wanderten von Ort zu Ort, meditierten mit anderen und gaben ihre Auffassungen an sie weiter. Nur einmal pro Jahr kamen sie in der Regenzeit zusammen, um Buddha zu treffen, seine Lehren zu hören und miteinander zu meditieren.

Im Kern dieses Ansatzes liegt die Auffassung, dass das Leben selbst die Motivation liefert, die Sie benötigen, um sich der buddhistischen Praxis zuzuwenden. Wenn Sie Ihre Umstände aufmerksam beobachten, entdecken Sie allmählich, dass Buddha recht hatte: Das normale Leben ist durch Unzufriedenheit gekennzeichnet. Sie leiden, wenn Sie etwas nicht bekommen, was Sie wollen (oder wenn Sie etwas bekommen, was Sie nicht wollen). Ihr Glück hängt nicht von äußeren Umständen ab; es hängt vom Zustand Ihres Geistes ab. Wenn Sie diese einfachen, aber mächtigen Wahrheiten erkennen, suchen Sie natürlich nach einem Weg aus Ihrem Leiden.

Einige Traditionen des Buddhismus ermutigen ihre Anhänger, ihre Motivation und damit ihre Hingabe dadurch zu stärken, dass sie sich bestimmte grundlegende Wahrheiten einprägen. Der Vajrayana-Buddhismus (das »Diamant-Fahrzeug«, siehe Kapitel 5) bezeichnet diese Wahrheiten als die *Vier Vergegenwärtigungen*, die wir in der folgenden Liste kurz beschreiben. (Nähere Informationen finden Sie in den jeweils genannten Kapiteln.)

- ✔ **Ihre menschliche Wiedergeburt ist kostbar.** Weil Sie die perfekte Gelegenheit haben, in Ihrem Leben etwas Spezielles zu tun, sollten Sie es nicht mit Nichtigkeiten vertändeln (siehe Kapitel 11).

- ✔ **Der Tod ist unvermeidlich.** Weil Sie nicht ewig leben werden, sollten Sie Ihre spirituelle Praxis nicht aufschieben (siehe Kapitel 11).

- ✔ **Die Gesetze des Karma können nicht geändert oder umgangen werden.** Weil Sie die Konsequenzen Ihres Denkens, Redens und Handelns tragen müssen, sollten Sie sich in einer Weise verhalten, die Ihnen Glück statt Unzufriedenheit bringt (siehe Kapitel 12).

- ✔ **Das Leiden durchdringt die gesamte begrenzte Existenz.** Weil Sie keinen bleibenden Frieden finden können, solange das Nicht-Wissen Ihren Geist verschleiert, sollten Sie sich anstrengen, um die wahre Befreiung vom Leiden zu erlangen (siehe Kapitel 13).

Diese Vergegenwärtigungen können Sie vor den Ablenkungen durch die vielen verführerischen Anreize Ihrer Gier, Lust oder Furcht bewahren, die diese materialistische Kultur zu bieten hat. Sie helfen Ihnen, sich unerschütterlich darauf zu konzentrieren, die Verantwortung für Ihr Glück und den Frieden Ihres Geistes zu übernehmen. (Näheres über die Beziehung zwischen Ihrem Glück und dem Zustand Ihres Geistes finden Sie in Kapitel 2.)

Den Grad Ihres Engagements bestimmen

Weil der Buddhismus individuelle Freiheit und Selbstmotivation so stark betont, bietet er natürlich Suchenden jeder Entwicklungsstufe die Möglichkeit des Einstiegs. Dharma-Lehren und Meditationsunterweisungen werden jedem frei – und im Allgemeinen kostenlos – angeboten, der sie hören möchte. (Im Gegenzug ist es üblich, in Form einer Spende eine gewisse materielle oder finanzielle Unterstützung zu leisten.)

Bei den großen christlichen Konfessionen können Sie Gottesdienste besuchen, ohne sich zu der jeweiligen Glaubensrichtung zu bekennen. Sie müssen nicht einmal Christ sein. Dasselbe gilt für den Buddhismus. Sie können Meditationsunterweisungen erhalten, Lehrvorträge hören und sogar an Meditationsretreats teilnehmen, ohne offiziell Buddhist zu werden. Einige bekannte Lehrer, wie der indische *Vipassana*-(Einsichtsmeditation-)Meister S. N. Goenka, zögern sogar, die Bezeichnung *Buddhismus* zu verwenden, weil sie glauben, dass die Lehren die Grenzen jeder Religion überschreiten und unabhängig von einem Glaubensbekenntnis universell für jeden gelten. So bezeichnet Goenka seine Lehren einfach als den *Dhamma* (Sanskrit: *Dharma*) – die Wahrheit.

Buddha wird traditionell als ein großer Heiler beschrieben, dessen Lehren die Kraft haben, das Leiden an der Wurzel zu beseitigen. Wie jeder mitfühlende Heiler ließ er seine

Fähigkeiten jedem zukommen, der zu ihm kam, unabhängig von seiner Religionszugehörigkeit. Aber Buddha machte auch klar, dass die Menschen nur gesund werden, wenn sie die Medizin auch einnehmen – anders ausgedrückt: wenn sie die Lehren in die Praxis umsetzen.

Den Dharma kennenlernen

Menschen werden aus vielen Gründen vom Buddhismus angezogen. Nehmen Sie Ihren Lieblingssport als Beispiel: Vielleicht haben Sie ihn schon in Ihrer Jugend ausgeübt und verfolgen ihn seitdem interessiert. Oder ein guter Freund hat Sie für diesen Sport begeistert. Oder Sie sind durch ein spektakuläres Spiel inspiriert worden, das Sie im Fernsehen gesehen haben – vielleicht durch die Freude eines Familienmitglieds. Oder Sie haben einfach eine Wurfsendung eines Fitnesszentrums in der Nachbarschaft gelesen und beschlossen, etwas für Ihre Fitness zu tun.

So seltsam es klingen mag, die Menschen wenden sich dem Buddhismus aus ähnlichen Gründen zu:

- ✔ Einige Leute lesen ein Buch oder hören einen Vortrag eines bestimmten Lehrers und werden so von den Lehren gefangen genommen, dass sie mehr darüber wissen wollen. Andere begleiten einen Freund, ohne etwas über den Buddhismus zu wissen, und sind begeistert. Wieder andere fangen an zu meditieren, weil sie gehört haben, dass man so wirksam Stress abbauen oder die Gesundheit verbessern könne. Wenn sich dann die ersten Anzeichen der gewünschten Wirkung zeigen, lesen diese Leute mehr und fühlen sich auch durch die Lehren angezogen.

- ✔ Einige Menschen, wie Buddha selbst, werden früh von der Einsicht in das universelle Leiden im menschlichen Leben berührt und fühlen sich gedrängt, eine Lösung dafür zu suchen. Noch mehr Menschen, die selbst tiefes Leid erfahren und andere Heilmethoden (wie beispielsweise Psychotherapie oder Medikamente) ausprobiert haben, erfahren darin nur eine temporäre Erleichterung. Diesen Suchenden bietet der Buddhismus einen umfassenden Ansatz, der die grundlegende Ursache des Leidens identifiziert und beseitigt. (Näheres über die Ursache und das Ende des Leidens finden Sie in den Kapiteln 3 und 13.)

- ✔ Und einige Menschen glauben, aus welchem Grund auch immer, der Sinn ihres Lebens liege darin, die vollkommene Erleuchtung zu erlangen, und der Buddhismus sei die Tradition, die zu studieren sie geboren worden wären.

Doch letztlich spielt es keine Rolle, wie Sie zum Buddhismus kommen; alle Gründe sind gut und gültig. Viele verharren ihr Leben lang auf dieser ersten Stufe des Engagements. Einige hingebungsvolle Langzeit-Meditierende bekennen sich niemals formell zum Buddhismus, selbst wenn sie die Lehren jahrelang studiert und praktiziert haben. (Stephans erster Zen-Lehrer ermahnte ihn, sich nie, nicht einmal als ordinierter Mönch, als »Buddhist« zu bezeichnen.)

In den folgenden Abschnitten beschreiben wir einige der vielen möglichen Wege, den Buddhismus kennenzulernen, in einer Reihenfolge, die einer typischen Annäherung an den Buddhismus entspricht. Doch natürlich ist diese Reihenfolge nicht bindend. Viele Stationen werden auch mehrfach und in anderer Reihenfolge angelaufen.

Dharma-Bücher lesen

Auf dieser Stufe Ihres Engagements für den Buddhismus sollten Sie sich intellektuell mit den Lehren auseinandersetzen. Ist das Gelesene sinnvoll? Passt es zu Ihren Erfahrungen und Auffassungen? Wirft es ein neues Licht auf die Beziehungen zwischen Ihren Gedanken, Gefühlen und Erfahrungen? Notieren Sie sich beim Lesen auftretende Fragen, und suchen Sie die Antworten.

Heute werden viele ausgezeichnete Bücher über den Buddhismus angeboten. Deshalb ist dieser Einstiegspunkt angenehm und leicht zugänglich. Sie sollten sich zunächst mit der leichteren Kost begnügen, statt sich mit der schwierigen Sprache der Sutras oder den Rätseln der Zen-Meister herumzuschlagen. In Anhang B finden Sie repräsentative Beispiele für diese Bücher.

Langfristig werden Sie in den Büchern keine befriedigenden Antworten auf die tieferen Fragen des Lebens finden: Wer bin ich? Warum bin ich hier? Wie kann ich dauerhaftes Glück erreichen? Um diese Fragen direkt für sich selbst zu beantworten, müssen Sie bestimmte *Erfahrungen* machen. Deshalb betont der Buddhismus die Umsetzung der Lehren in die Praxis, statt nur intellektuell über sie zu spekulieren.

Eine Tradition wählen

Wahrscheinlich sprechen Sie bestimmte Lehren und Traditionen in den Dharma-Büchern besonders an. Fühlen Sie sich zu dem praktischen, progressiven Ansatz des Vipassana hingezogen, der viele zugängliche Praktiken und Lehren anbietet, um mit dem Geist zu arbeiten? Werden Sie von dem geheimnisvolleren, formellen Weg des Zen angezogen, der das Erwachen zu der innewohnenden Buddha-Natur im Hier und Jetzt betont? Oder sind die kunstvollen Visualisierungen und *Mantras* des Vajrayana für Sie attraktiv, die auf die Kraft des Gurus und anderer erwachter Wesen zurückgreifen, um Ihre Reise zur Erleuchtung mit Energie zu versorgen. (Näheres über diese verschiedenen Traditionen finden Sie in Kapitel 5.)

Einige buddhistische Traditionen, etwa die Reines-Land-Schulen, spielen sogar die Bedeutung der Meditation zugunsten des Glaubens an die erlösende Gnade von *Bodhisattvas* herunter (siehe Kapitel 4). Wenn Sie einen Hang zum Numinosen haben, könnten diese Traditionen Ihrem Wesen entsprechen.

Wenn Sie den Buddhismus über einen Lehrer oder Freund kennengelernt haben, ist deren Ausrichtung für Sie möglicherweise besonders überzeugend. Doch wenn Sie noch auf der Suche sind, kann es hilfreich sein, einen bestimmten Ansatz zunächst intellektuell zu studieren und sich dann erst in die Meditation einführen zu lassen. Natürlich können Sie auf Ihrem Weg auch eine andere Richtung wählen, weil die grundlegenden buddhistischen Praktiken und Meditationstechniken der verschiedenen Traditionen bemerkenswert ähnlich sind. Doch wenn Sie weiter voranschreiten, können die Traditionen schnell divergieren.

Einführung in die Meditation

In einer Großstadt können Sie sich wahrscheinlich in einem buddhistischen Zentrum oder oft sogar auch an einer Volkshochschule in die Meditation einführen lassen. Heutzutage wird buddhistische Meditation beispielsweise auch als Teil eines *Achtsamkeit-basierten Programms zur Stressverminderung* (englisch MBSR, *mindfulness-based stress-reduction*) angeboten. Dieses Programm wurde von Jon Kabat-Zinn, einem Forscher und langjährigen Praktikanten buddhistischer Meditation am University of Massachusetts Medical Center entwickelt.

Als Methode zur Stressverminderung führt dieses Programm in die grundlegenden buddhistischen Lehren über die Ursachen des Leidens (*Stress* in diesem Fall) und den Weg zu seiner Überwindung ein und lehrt die grundlegende Praxis der Achtsamkeitsmeditation. (Näheres über die buddhistische Meditation finden Sie in Kapitel 7.) Forschungen haben gezeigt, dass dieses Programm eine Reihe stressbedingter Gesundheitsprobleme wirksam lindern oder beheben kann.

Wenn Sie keinen Einführungskurs in die buddhistische Meditation finden (oder wenn Sie sich bereits zu einer bestimmten Tradition hingezogen fühlen), sollten Sie das Branchenbuch, Tageszeitungen und einschlägige Verzeichnisse im Internet nach buddhistischen Zentren in Ihrer Nähe durchsuchen. Rufen Sie an, ob dort Einführungen in die Meditation für die Öffentlichkeit angeboten werden. Wie ihre jüdisch-christlichen Gegenstücke führen einige buddhistische Zentren nur wöchentliche Gottesdienste, Zeremonien und Gemeindeveranstaltungen durch.

Wenn Sie unter dem Stichwort Buddhismus nichts finden, sollten Sie auch unter *Meditation* nachschauen. Viele Vipassana- und Zen-Gruppen, die sich zu Sitzungen treffen, finden, dass ihr Tun durch diesen Begriff besser beschrieben wird. Fragen Sie nach der Kontaktaufnahme, ob die Organisation die Art von Meditation lehrt, die Sie lernen wollen. Wenn alles stimmt, steht Ihrer Meditationskarriere nichts mehr im Weg!

Viele Zentren bieten auch Workshops für den Abend oder einen Tag an, auf denen Sie die Grundlagen der Meditation in einigen Stunden lernen können. Andere bieten mehrwöchige Kurse an, in denen Sie auch Fragen stellen können, wenn Sie diesen Ansatz ausprobieren. Auf jeden Fall sollten Sie darauf achten, dass Sie bei Bedarf auf weitere Unterstützung (etwa per Telefon oder durch zusätzliche Unterweisung) zählen können. Auch wenn die grundlegenden Techniken im Allgemeinen ziemlich einfach sind, kann es Monate oder sogar Jahre dauern, um sie zu beherrschen, und fast jeder stößt auf seinem Weg auf diverse Hindernisse und Probleme.

Eine Meditationspraxis entwickeln

Sie sollten sich darauf einstellen, Ihre Meditationspraxis zu verfeinern und zu entwickeln, solange Sie meditieren. Selbst die fortgeschrittensten Meditierenden arbeiten permanent an der Verbesserung ihrer Technik. Dies ist ein Teil der Freuden und Befriedigungen der Meditation – sie bietet Gelegenheit für endlose Forschungen und Entdeckungen. (Näheres über Meditationspraxis finden Sie in Kapitel 7.)

In den ersten Monaten Ihrer Meditationspraxis werden Sie damit beschäftigt sein, die Zeit und einen geeigneten Ort zum Meditieren zu finden und sich mit den Grundlagen wie der Beobachtung Ihres Atems oder der Erzeugung des liebenden Mitgefühls vertraut zu machen. Sie werden sicher Fragen wie die folgenden haben:

✔ Was mache ich mit meinen Augen oder meinen Händen?

✔ Mein Atem scheint schwer und angestrengt zu gehen. Kann ich ihn irgendwie lockern?

✔ Wie kann ich verhindern, meinen Atem ganz aus dem Bewusstsein zu verlieren?

Solche Fragen sind vollkommen normal. Deshalb ist auch eine begleitende Führung so wichtig. Das Fehlen einer geeigneten Führung ist der Hauptgrund, warum viele das Meditieren aufgeben.

Neben der Technik unterstützen die Lehren des Buddhismus die Praxis der buddhistischen Meditation. Vorträge über den Dharma zu hören, Dharma-Bücher zu lesen und regelmäßig zu meditieren, ergänzen sich gegenseitig. Je mehr Ihre Meditationsfähigkeiten zunehmen, desto besser verstehen Sie auch die Lehren – und umgekehrt: Je besser Sie den Dharma verstehen, desto tiefer wird natürlich Ihre Meditation.

Einen Lehrer finden

Sie können monate- oder jahrelang ziemlich glücklich meditieren, ohne ein Verlangen nach einem Lehrer zu verspüren. Da es heute so viele Dharma-Bücher gibt, sind schließlich die tiefsten Lehren bei einem Online-Buchhändler nur einen Klick entfernt (oder einige Kilometer bei einem herkömmlichen Buchladen). Vielleicht haben Sie bereits dann und wann den einen oder anderen Meditationslehrer konsultiert oder gelegentlich einen Vortrag eines buddhistischen Lehrers gehört; doch jemanden als Führer Ihrer spirituellen Reise auszuwählen, ist eine völlig neue Stufe Ihres Engagements!

 In den verschiedenen buddhistischen Traditionen hat der Lehrer verschiedene Aufgaben:

✔ **Theravada:** So betrachtet die Theravada-Tradition in Südostasien den Lehrer als *Kalyanamitra* (spirituellen Freund), der im Wesentlichen ein Mitreisender auf dem Weg ist und Ihnen rät, »ein wenig nach links« oder »etwas schneller« zu gehen, wenn Sie vom Kurs abkommen. Abgesehen von dieser Art Input hat ein Lehrer keine spezielle spirituelle Autorität, nur dass er erfahrener als Sie ist. Die Wörter *Berater* oder *Mentor* beschreiben wahrscheinlich diese Rolle des Lehrers.

✔ **Vajrayana:** In der Vajrayana-Tradition haben die Lehrer mehrere Formen und Größen, darunter:

• **Geshes:** Üblicherweise Mönche mit einer umfangreichen akademischen Ausbildung, die Experten in der Interpretation und Erklärung der Schriften sind.

- **Meditationslehrer:** Experten, die Sie in die Meditation einführen und Ihre Meditationspraxis als Berater begleiten. Es kann sich um Mönche oder Nonnen oder einfach erfahrene Laien-Praktiker handeln.

  a) **Gurus (tibetisch: Lamas):** Lehrer, die oft, aber nicht immer, Mönche sind. Sie verfügen über eine umfangreiche Meditationsausbildung und -praxis, sind in der Meditation weit fortgeschritten und werden von ihren Anhängern als Verkörperung der erleuchteten Qualitäten der Weisheit und des Erbarmens verehrt.

Wenn Sie einen Lehrer als Ihren Guru akzeptieren, gehen Sie oft eine lebenslange Bindung ein. Natürlich können Sie die Beziehung ändern oder beenden, aber die Entwicklung von Ablehnung oder Feindseligkeit Ihrem Guru gegenüber soll ernsthafte negative karmische Konsequenzen haben.

✔ **Zen:** Im Zen betrachten Praktiker den Meister (japanisch: *Roshi*, koreanisch: *Sunim*) als Autorität mit einer beträchtlichen spirituellen Macht. Wie den Guru halten Anhänger den Meister für erleuchtet. Sie schreiben ihm die Fähigkeit zu, durch Worte, Gesten und Haltung in seinen Schülern ähnliche Verwirklichungen zu wecken. Ein persönliches Studium bei einem Zen-Meister ist eine wesentliche Komponente der Zen-Praxis und -Ausbildung. Im Zen gibt es auch Meditationsleiter und Juniorlehrer – aber hinter allen steht die spirituelle Anwesenheit des Meisters.

Welchen Lehrer Sie wählen, hängt normalerweise von der Tradition ab, von der Sie angezogen werden, aber manchmal ist es umgekehrt: Sie werden zuerst von einem Lehrer, seinen Vorträgen oder Büchern angezogen und schließen sich dann seiner Tradition an. Es gibt ein altes indisches Sprichwort: »Wenn der Schüler bereit ist, erscheint der Lehrer.« Sie müssen sich nicht beeilen, Ihren Lehrer zu finden. Wenn man dem Sprichwort glaubt, hängt es mehr von der Ernsthaftigkeit Ihrer Praxis als von den äußeren Umständen ab, wann Sie den richtigen Lehrer finden. Vertrauen Sie Ihrer Intuition und Ihrem Gefühl für den richtigen Zeitpunkt. In vielen Traditionen geht die Aufnahme einer Beziehung zu einem bestimmten Lehrer dem formellen Bekenntnis zur buddhistischen Praxis voraus oder zumindest damit einher.

 Eine letzte Warnung: Schauen Sie sich einen möglichen Lehrer sorgfältig an, bevor Sie offiziell sein Schüler werden. (Der Einschub »Den Guru prüfen« in diesem Kapitel enthält Näheres zu diesem Problem.) Fragen Sie, recherchieren Sie, und verbringen Sie so viel Zeit mit dem Lehrer wie möglich. In den letzten Jahren haben sich mehrere buddhistische Lehrer im Westen, sowohl Westler als auch Asiaten, moralisch verwerflich verhalten, was für ihre Schüler und Gemeinden nachteilige Konsequenzen hat. Wie bei allen menschlichen Interaktionen sollten Sie auch hier Ihren gesunden Menschenverstand gebrauchen.

Den Guru prüfen

Ein tibetisches Sprichwort sagt, man sollte einen Guru nicht so gedankenlos wählen, wie sich ein hungriger Hund auf ein zufällig gefundenes Stück Fleisch stürzt. Ihre spirituelle Führung jemandem anzuvertrauen, ist eine ernste Angelegenheit und erfordert spezielle Sorgfalt. Als der große indische Praktiker Atisha das ferne Land erreichte, in dem sein vorhergesagter Guru lebte, ging er nicht sofort zu ihm und bat um Unterweisung, sondern er mischte sich zunächst für eine Zeit lang unter die Anhänger des Gurus. Dies gab Atisha Gelegenheit festzustellen, welchen Einfluss der Lehrer auf seine Schüler ausübte (und folglich, wie der Lehrer selbst war), bevor er sich formell auf ihn einließ.

Eine andere (wahrscheinlich erfundene) Geschichte handelt von einem Mann, der zu einem berühmten Lehrer ging und erklärte: »Ich habe dich jetzt zwölf Jahre lang genau beobachtet, und ich sehe, dass du alle Qualitäten eines wahren spirituellen Meisters hast. Ich bin jetzt bereit, dich als meinen Guru zu akzeptieren.« Darauf antwortete der Lehrer: »Aber erst muss ich *dich* zwölf Jahre lang beobachten, um zu sehen, ob du alle Qualitäten eines wahren Schülers hast.«

Seine Heiligkeit, der Dalai Lama, diesbezüglich von westlichen Buddhisten befragt, hat wiederholt angehende Schüler ermutigt, sich Zeit zu nehmen, um einen Lehrer zu beurteilen, und dabei persönliche Untersuchungen anzustellen und ihre Vernunft und Erfahrung einzusetzen, bevor sie ihr spirituelles Wohlergehen in seine Hände legen. Er warnt Schüler besonders davor, dem Charisma, der Täuschung, der Engstirnigkeit oder dem Reiz des Exotischen zu erliegen. Obwohl der Dalai Lama zwölf Jahre nicht für notwendig hält, sind seiner Meinung nach zwei oder drei Jahre durchaus angebracht.

Sich formell zum Buddhismus bekennen

Sie müssen sich nicht zum Buddhismus bekennen, um von den buddhistischen Praktiken und Lehren zu profitieren. Einige Traditionen behalten die formelle Initiation sogar nur den Personen vor, die Mönch beziehungsweise Nonne werden wollen, und bitten Laien einfach, einige grundlegende Gebote zu beachten. Doch der Schritt, sich formell zum Buddhismus zu bekennen, kann eine tiefe persönliche Bedeutung haben, Ihre Bindung an einen Lehrer oder eine Tradition festigen und Ihre Praxis stärken. Aus diesem Grund erwägen früher oder später viele, diesen wichtigen Schritt ihres Engagements für den Buddhismus zu vollziehen.

Die Bedeutung der Entsagung

Viele Menschen verbinden Entsagung mit der Aufgabe ihres materiellen Besitzes und materieller Beschäftigungen und der Aufnahme eines Lebens der Loslösung und Zurückgezogenheit. Aber die wahre Entsagung ist eine innere (und nicht eine äußere) Bewegung oder Geste – obwohl sie sicher auch als Handlung ausgedrückt werden kann. In vielen Traditionen bedeutet, sich zum Buddhismus zu bekennen, auch, grundlegend anzuerkennen, dass der Kreislauf der Existenz (*Samsara*, siehe Kapitel 13) – die Welt des Bekommens und Ausgebens, des Strebens, des Erreichens, des Liebens und des Hassens – letztlich keine ultimative Befriedigung oder Sicherheit bietet.

Anders ausgedrückt: Wenn Sie sich formell zum Buddhismus als Weg bekennen, entsagen Sie nicht Ihrer Familie oder Ihrer Karriere; Sie entsagen der üblichen Auffassung, dass man durch weltliche Angelegenheiten wahres Glück finden könne. Sie entsagen der allgegenwärtigen Botschaft der Konsumgesellschaft, dass das nächste Auto oder Haus, der nächste Urlaub oder die nächste Stelle endlich Ihre Unzufriedenheit beenden und Ihnen die Zufriedenheit verschaffen werde, die Sie so verzweifelt suchen.

Stattdessen bekennen Sie sich zu der radikal anderen Auffassung, dass Sie dauerhaften Frieden und dauerhaftes Glück nur erlangen können, wenn Sie Ihren Geist und Ihr Herz von negativen Glaubensvorstellungen und Emotionen befreien, zur Wahrheit der Wirklichkeit durchdringen, sich selbst Ihrer innewohnenden Wachheit und Freude öffnen und erfahren, was Buddha als das »befreite Herz« bezeichnete.

Zuflucht zu den Drei Juwelen nehmen

Dieselbe 180-Grad-Wendung im Bewusstsein, die erforderlich ist, um formell Buddhist zu werden, liegt im Kern vieler Weltreligionen. Beispielsweise forderte Jesus seine Anhänger auf, weltlichen Dingen zu entsagen und ihm zu folgen. Viele christliche Kirchen (amerikanischer Provenienz) fordern ihre Mitglieder immer noch auf anzuerkennen, dass Jesus ihre einzige Zuflucht sei. Im Buddhismus nimmt diese Umkehr (griechisch *Metanoia*, wörtlich »Änderung im Bewusstsein«) oft die Form der *Zuflucht zu den Drei Juwelen* (oder Drei Kleinodien) an: Buddha, Dharma und Sangha.

In vielen traditionellen asiatischen Ländern ist es das Zufluchtnehmen, was Sie als Buddhisten definiert, und Laien rezitieren die Zufluchtsformel immer, wenn sie ein Kloster besuchen oder Dharma-Lehren hören. Für westliche Laien-Praktiker ist die Zufluchtszeremonie in vielen Traditionen zu einer Art der Initiation geworden, mit einer weitreichenden Bedeutung. Obwohl die Zeremonie einfach aus der Wiederholung eines Gebets oder Chants (Gesangs) bestehen kann, impliziert das Zufluchtnehmen, dass Sie sich Buddha, dem Dharma und dem Sangha als Quellen Ihrer spirituellen Führung und Unterstützung zuwenden. Wenn Sie unzufrieden sind oder leiden, nehmen Sie nicht sofort an, dass Sie das Problem durch einen höheren Verdienst, ein Antidepressivum oder eine bessere Stelle lösen können – obwohl diese Mittel in begrenztem Maße hilfreich sein können.

Stattdessen denken Sie über das Beispiel des erleuchteten Lehrers (Buddha, der den Weg zu einem Leben entdeckt hat, das frei vom Leiden ist) nach, finden weise Ratschläge in seinen Lehren (dem Dharma) und suchen die Unterstützung anderer, die Ihre Gesinnung teilen (dem Sangha oder der Gemeinde). Viele Buddhisten wiederholen ihre Zufluchtsgelübde täglich, um sich selbst an ihre Bindung an die Drei Juwelen zu erinnern.

Wenn Sie Zuflucht nehmen, scheinen Sie sich auf äußere Kräfte zu verlassen, um den Frieden des Geistes zu erlangen. Aber nach der tieferen Auffassung, die von vielen großen Meistern und Lehrern gelehrt wird, liegen die Drei Juwelen letztlich in Ihrem Inneren – in der innewohnenden Wachheit und dem Erbarmen Ihres eigenen Geistes und Herzens, die mit dem des Buddha identisch sind.

Die Gebote empfangen

Zusätzlich zum Zufluchtnehmen markiert die Verpflichtung, bestimmte ethische *Gebote* oder Verhaltensregeln einzuhalten, einen wichtigen Schritt im Leben eines Buddhisten. Verschiedene Traditionen betonen mal die Zuflucht, mal die Gebote stärker, aber im Kern stimmen die Traditionen darin überein, dass das Zufluchtnehmen und die Selbstverpflichtung zur Einhaltung bestimmter Gebote den Eintritt eines Aspiranten in die buddhistische Gemeinschaft markieren.

Wenn Sie Vajrayana-Praktiker sind, formalisieren Sie im Allgemeinen Ihr Engagement, indem Sie Zuflucht nehmen – und später die sogenannten *Bodhisattva-Gelübde* ablegen, in denen Sie schwören, die Wohlfahrt anderer über Ihre eigene zu stellen. Wenn Sie Zuflucht nehmen, erhalten Sie im Allgemeinen einen buddhistischen Namen, um Ihr neues Leben als Buddhist zum Ausdruck zu bringen.

In der Zen-Tradition vertiefen Sie Ihr Engagement dagegen, indem Sie eine Zeremonie durchlaufen, in der Sie sich verpflichten, 13 Gebote einzuhalten, und (wie die Vajrayana-Tradition) einen neuen Namen erhalten. (Nähere Informationen über den Empfang der Gebote als Mönch finden Sie im Abschnitt »Den Weg als Mönch beschreiten« weiter hinten in diesem Kapitel.) Die 13 Zen-Gebote umfassen die zehn *feierlichen Gebote:*

- Nicht töten.
- Nicht stehlen.
- Kein sexuelles Fehlverhalten.
- Nicht lügen.
- Keine berauschenden Mittel zu sich nehmen.
- Nicht über Fehler und Mängel anderer sprechen.
- Sich nicht selbst erheben und andere beschuldigen.
- Nicht geizig sein.
- Seinem Ärger nicht freien Lauf lassen.
- Nicht die Drei Juwelen der Zuflucht beschmutzen.

Die vollständige Zen-Gebote-Zeremonie umfasst auch die drei *reinen Gebote* sowie die dreifache Zuflucht zu Buddha, zum Dharma und zum Sangha. Die reinen Gebote sind:

- Nichts Böses erzeugen.
- Gutes tun.
- Gutes für andere bewirken.

Interessanterweise enthält die Vajrayana-Zufluchtszeremonie die Verpflichtung zum moralischen Handeln, und die Zen-Gebote-Zeremonie umfasst Zufluchtsgelübde. In der

Theravada-Zeremonie für einen angehenden *Upasaka* (Laien-Praktiker), wie sie in bestimmten Gemeinden im Westen praktiziert wird, bitten die Teilnehmer darum, sowohl die Zufluchtsgelübde als auch die Gebote zu empfangen. Im Buddhismus arbeiten Zuflucht und Gebote Hand in Hand und verstärken sich gegenseitig.

In bestimmten buddhistischen Traditionen – einschließlich der Theravada-Tradition – wird von Laien erwartet, eine kürzere Liste von Geboten zu erfüllen – im Allgemeinen die ersten fünf der zehn, die wir in Verbindung mit der Zen-Tradition genannt haben. Doch Mönche und Nonnen müssen sich zur Einhaltung eines längeren Kodex (dem *Vinaya*, genauer Vinaya-Pitika, dem »Korb der Disziplin«) verpflichten, der Hunderte von Verhaltensregeln umfasst. (Näheres über das Befolgen der Gebote finden Sie in Kapitel 12. Informationen über die Verbindung zwischen dem ethischen Verhalten, der Meditation und der Weisheit finden Sie in Kapitel 13.)

Die weiteren Stufen der Praxis eines Laien

Wenn Sie Buddhist geworden sind, indem Sie Zuflucht zu den Drei Juwelen genommen und die Gebote empfangen haben, haben Sie sich für den Rest Ihres Lebens zur Einhaltung dieser Prinzipien und Lehren verpflichtet – kein leichtes Unterfangen, egal welchen Maßstab man anlegt! In den meisten Zen-Zentren chanten alle, sowohl Mönche als auch Laien, in der Meditationshalle, am Ende der Meditation die eine oder andere Version der folgenden Verse:

> *Die Wesen sind ohne Zahl; ich gelobe, sie zu retten.*
>
> *Die Anhaftungen sind unerschöpflich; ich gelobe, sie zu beenden.*
>
> *Die Dharmas (Lehren) sind grenzenlos; ich gelobe, sie zu beherrschen.*
>
> *Der Weg des Buddha ist unübertrefflich; ich gelobe, ihn zu erreichen.*

Mit dieser Art von Versprechen, die Ihre Meditation inspirieren soll, ist Ihre Aufgabe im Leben definitiv umrissen. Indem Sie Ihren Blick auf hochgesteckte Ziele wie Erbarmen, Selbstlosigkeit, Gleichmut und letztlich die vollständige Erleuchtung heften, entscheiden Sie sich für ein Leben der spirituellen Praxis und Entwicklung.

Obwohl einige Traditionen des Buddhismus glauben, dass ein Leben als Mönch oder Nonne den spirituellen Fortschritt beschleunigen kann, stimmen sie alle darin überein, dass jeder – ob Laie, Mönch oder Nonne – das Endziel der buddhistischen Praxis, die Erleuchtung, erlangen kann. Besonders die Mahayana-Tradition (siehe Kapitel 4) zeichnet überzeugende Porträts von männlichen und weiblichen Laien, die auch berühmte Bodhisattvas waren, um Ihnen zu zeigen, dass auch Sie in ihre Fußstapfen treten können.

Natürlich können Sie Ihr Engagement für den Buddhismus jederzeit ohne karmische Auswirkungen beenden – außer denen, die vielleicht in Ihrem eigenen Geist und Herz widerhallen. (In der Vajrayana-Tradition ist es etwas komplizierter, Gelübde zurückzunehmen, nachdem man eine enge Beziehung zu einem Lehrer aufgebaut hat.) In Südostasien ist es bei

Laien (und manchmal Kindern) üblich (und wird als spirituell vorteilhaft angesehen), sich den Kopf zu rasieren und für einige Tage als Mönch oder Nonne zu leben. Wenn sie dann kurz in der Mönchsgemeinde praktiziert haben, legen sie ihre Roben wieder ab und kehren in ihr Alltagsleben zurück – durch ihre Erfahrung unwiderruflich verändert!

Den Weg als Mönch beschreiten

In einigen Weltreligionen werden Mönche oder Nonnen als Verkörperungen des spirituellen Ideals angesehen – als Person, die alle weltlichen Anhänglichkeiten aufgegeben und ihr Leben dem höchsten Streben gewidmet hat. Obwohl der Buddhismus das Verdienst der Laien-Praxis anerkennt, hat er traditionell den Weg als Mönch oder Nonne am höchsten geschätzt: das Rasieren des Kopfes, das Ablegen der vollen mönchischen Gelübde und der Eintritt in eine Mönchsgemeinde.

Viele werden von der Mönchspraxis aus denselben Gründen angezogen, die sie überhaupt zum Buddhismus gebracht haben: der Wunsch, das Leiden zu überwinden, anderen Wesen zu dienen und die ultimative Klarheit und Frieden zu erlangen. Wenn Sie zu diesem Mix eine gewisse Ablehnung (oder tief gehende Verachtung) des normalen weltlichen Lebens hinzufügen, bekommen Sie ein gutes Gefühl für den Impuls, Mönch oder Nonne zu werden. Stephans erster Zen-Lehrer pflegte zu sagen: »Klöster sind Plätze für verzweifelte Menschen.« Stephan wusste genau, was er damit meinte. (Natürlich werden Männer und Frauen in einigen asiatischen Ländern auch aus anderen Gründen Mönche beziehungsweise Nonnen, weil sie beispielsweise ihren weltlichen Pflichten oder der Erfüllung elterlicher Wünsche und so weiter entfliehen wollen.)

Der Welt entsagen

Zur Zeit von Buddha (und in den Traditionen, die danach den vollen mönchischen Kodex – den *Vinaya* einhielten), durften Mönche und Nonnen kein Geld verwenden oder erbetteln und durften nur einige wenige einfache persönliche Besitztümer haben, darunter mehrere Roben, eine Schale, einen Rasierer und einen Schirm zum Schutz vor der Sonne. Sie legten das Gelübde der Keuschheit ab, aßen nur vor zwölf Uhr mittags und erhielten ihre Nahrung von Laien, entweder auf Bettelgängen oder durch Spenden, die ins Kloster gebracht wurden. Diese Vorschriften sollten nicht Mühe oder Leiden auslösen; tatsächlich wurde Buddhas Ansatz als der »Mittlere Pfad« zwischen Asketentum (strikter Verzicht auf alle Bequemlichkeiten des Lebens) und Materialismus bekannt. Stattdessen hatten die Vorschriften den Zweck, das Leben zu vereinfachen und den Mönchen und Nonnen mehr Freiheit zu verschaffen, ihr Leben der Praxis und Lehre zu widmen.

Diese Vorschriften, die in der Theravada-Tradition Südostasiens immer noch befolgt werden, sind in anderen Traditionen, etwa Zen und Vajrayana, leicht modifiziert worden. Beispielsweise hat in Japan (der Heimstatt der Zen-Tradition) der Priester, der mehrere Monate oder Jahre studiert und dann zu seinem Heimattempel zurückkehrt, um zu heiraten und eine Familie zu gründen und der Laien-Gemeinde zu dienen, überwiegend den Mönch ersetzt. Im tibetischen Buddhismus betonen einige Strömungen das volle Mönchstum (obwohl sie den mönchischen Kodex nicht annähernd so strikt interpretieren wie ihre Theravada-Gegenstücke), während andere ernsthafte Sucher ermutigen, ein Leben in der Ehe mit einer entschlossenen spirituellen Praxis zu kombinieren.

Im Japanischen bedeutet das Wort für mönchische Ordination wörtlich »das Heim verlassen«, vielleicht weil viele Mönche und Nonnen traditionell als junge Leute aus dem Heim ihrer Familie direkt ins Kloster gingen. (In der Theravada-Tradition heißt der entsprechende Begriff »weggehen«.) Doch der Ausdruck »das Heim verlassen« hat eine tiefere Bedeutung: Sie lassen den Trost und die Vertrautheit von Familie und Freunden hinter sich und betreten eine ganz neue Welt, in der die alten Regeln nicht mehr gelten. Sie bringen Ihre innere Entsagung nach außen zum Ausdruck, indem Sie Ihr Haar abschneiden (ein Zeichen der persönlichen Schönheit und des Stolzes), Ihre Lieblingskleidung ablegen und auf Ihren geschätzten Besitz verzichten. (Vergleichen Sie diese Handlungen mit der eigenen Entsagung von Shakyamuni Buddha, die wir in Kapitel 3 beschreiben.) Im Wesentlichen legen Sie die Zeichen Ihrer Individualität ab und werden Mitglied des Mönchs- oder Nonnenkollektivs, in dem Tag für Tag jede(r) dieselbe Robe trägt, denselben Haarschnitt hat, auf der gleichen dünnen Matte schläft und denselben Reis und dasselbe Gemüse isst.

Die Ordination als Mönch oder Nonne

Die Zeremonie der Ordination als Mönch oder Nonne ist eine feierliche und verheißungsvolle Gelegenheit, die den Eintritt des Aspiranten in einen 2.500 Jahre alten Orden besiegelt. Im Westen ist die Ordination im Allgemeinen der Höhepunkt einer jahrelangen Praxis als Laie, auch wenn einige Leute von Anfang an in ein Kloster eintreten wollen.

Wenn Sie ordiniert werden wollen, müssen Sie zunächst einen älteren Mönch – oft, wenn auch nicht immer, Ihren gegenwärtigen spirituellen Lehrer – um Erlaubnis bitten. Dann erhalten Sie die erforderlichen Roben, rasieren Ihren Kopf (in einigen Traditionen lassen Sie eine Haarlocke stehen, die erst bei der Zeremonie selbst abgeschoren wird) und ordnen die weltlichen Dinge Ihres Lebens. Bei der Zeremonie rezitieren Sie die Gelübde der Zuflucht und empfangen die der Tradition und der Stufe Ihrer Ordination entsprechende Zahl von Geboten (siehe Abbildung 6.1).

So gibt es in der Zen-Tradition (einschließlich der drei Zufluchten) 16 Gebote (siehe den Abschnitt »Die Gebote empfangen« weiter oben in diesem Kapitel). In der Vajrayana-Tradition muss eine angehende Nonne 36 Gelübde ablegen. Und für einen voll ordinierten Mönch in der Theravada-Tradition sind 227 Gelübde verbindlich. Nach der Zufluchtnahme und dem Empfang der Gebote nehmen Sie einen neuen Namen an (der, ins Deutsche übersetzt, oft einen Aspekt des buddhistischen Weges ausdrückt, etwa »unbefleckte Liebe«, »reiner Geist der Geduld«, »Bewahrer der Lehren« und so weiter). Mit dieser Zeremonie sind Sie aus einer Welt in eine andere eingetreten, und Ihr Leben als Mönch oder Nonne beginnt.

Abbildung 6.1: Frisch Ordinierte in der Theravada-Tradition (Foto mit freundlicher Genehmigung des Aruna Ratangir Buddhist Monastry)

Frauen im Buddhismus

Wie viele – sowohl östliche als auch westliche – Religionen hat der Buddhismus traditionell Frauen nicht denselben Status wie Männern eingeräumt. Obwohl Buddha Männer und Frauen gleich behandelte, obwohl er betonte, dass Frauen über dieselbe Fähigkeit zur Erleuchtung verfügten wie Männer, und obwohl er einen Nonnenorden gründete, der dem Mönchsorden gleichgestellt war, waren seine Anhänger im Laufe der Jahrhunderte nicht immer so offen eingestellt. Stattdessen reflektierten sie mehr oder weniger die Einstellungen ihrer jeweiligen Kulturen, in denen Frauen traditionell als minderwertig und untergeordnet betrachtet wurden.

Die volle Ordination (Pali: *Bhikkuni*) für Frauen als Nonne starb in Indien und Sri Lanka vor etwa tausend Jahren beinahe aus und wurde niemals nach Südostasien exportiert. Obwohl die volle Ordination in bestimmten Mahayana-Ländern (besonders in China) überlebt hat, wartet sie im Westen noch auf ihre Wiederbelebung. Stattdessen erhalten in der Theravada-Tradition Frauen, die Nonnen werden wollen, zehn Gebote sowie zahlreiche andere, informellere Vorschriften. Andere buddhistische Traditionen, einschließlich des Zen und des Vajrayana, haben auch ihre Nonnen, aber sie sind den Mönchen untergeordnet. (Historische Aufzeichnungen belegen jedoch, dass bestimmte Frauen, trotz des vorherrschenden Sexismus ihrer Zeit den Status vollendeter Yoginis und Meisterinnen erreichten.)

In den letzten Jahrzehnten haben jedoch westliche Buddhistinnen aller Strömungen diesen institutionellen Sexismus scharf kritisiert und von ihren Lehrern und Gemeinden

> die Anerkennung ihrer vollen Gleichberechtigung gefordert. Dies hat dazu geführt, dass in rascher Folge Frauen als einflussreiche Praktiker, Gelehrte und Lehrerinnen an die Öffentlichkeit getreten sind. In der Zen-Tradition haben Frauen im Westen im Allgemeinen dieselbe Ordination (als Zen-»Priester«) wie Männer empfangen, und es scheint, dass es heute im Westen etwa gleich viele weibliche und männliche Vajrayana-Lamas gibt. Es wird ganz deutlich, dass sich die westlichen Buddhisten, wie ihre östlichen Vorgänger, an die Kultur ihrer Zeit anpassen.

Das Leben dem Dharma weihen

Wenn Sie in ein buddhistisches Kloster eintreten, sind Sie bereit, Ihre gesamte Zeit und Energie der Praxis, der Lehre und der Verwirklichung des Dharma zu weihen. Um Ihre Ziele zu erreichen, stehen Sie Tag für Tag früh auf und folgen einem Tagesablauf, der ausschließlich der Meditation, dem Chanten, dem Ritual, dem Studium, der Lehre und der Arbeit gewidmet ist. Sie können begrenzten Kontakt mit der Außenwelt haben (im Allgemeinen stehen Klöster zu bestimmten Jahreszeiten für Laien offener als zu anderen), aber meistens richten Sie Ihre Aufmerksamkeit nach innen auf spirituelle Angelegenheiten. (Eine ausführliche Beschreibung des Lebens in einem westlichen Theravada-Kloster finden Sie in Kapitel 8.)

Buddhistische Klöster ähneln sowohl in ihrer Struktur als auch in ihrem Zweck ihren christlichen Gegenstücken. Westliche buddhistische Mönche haben sich sogar für die Regel des Heiligen Benedikts interessiert, die Jahrhunderte lang für katholische und anglikanische Klöster verbindlich war. Stephan kennt einen Karmeliter-Mönch und Zen-Praktiker, der sagte, er würde sich in einem Zen-Kloster wie zu Hause fühlen. Unabhängig davon, ob das Ziel darin besteht, Gott näher zu kommen oder Erleuchtung zu erlangen, haben Klöster auf der ganzen Welt eine bemerkenswert ähnliche Funktion – sie sind Orte, an die sich Männer und Frauen zurückziehen können, um sich selbst rückhaltlos der Wahrheit zu widmen.

> **IN DIESEM KAPITEL**
>
> Missverständnisse über die Meditation ausräumen
>
> Herausfinden, worum es bei der Meditation wirklich geht
>
> Sich auf die drei Aspekte der Meditation konzentrieren
>
> Die drei Arten der Weisheit kennenlernen

Kapitel 7
Meditation: Die zentrale Praxis des Buddhismus

Buddhisten auf der ganzen Welt befassen sich während ihrer religiösen Ausbildung mit vielen verschiedenen Aktivitäten: vom Rezitieren von Gebeten und dem Studium religiöser Texte bis hin zu Alltagsarbeiten wie der Bestellung des Gartens, dem Servieren von Tee oder dem Arrangieren von Blumen. Vom buddhistischen Standpunkt aus kann praktisch jede Tätigkeit – sogar die Reinigung von Toiletten – als religiöse Übung betrachtet werden. Entscheidend ist einfach die entsprechende Einstellung und Motivation.

Doch unter all den verschiedenen Aktivitäten ragt eine als typisch buddhistisch hervor: die Meditation. Auch wenn nicht jeder bekennende Buddhist meditiert – oder sie in seinen Alltag einbaut (siehe Kapitel 8) –, ist die Meditation *das* Kennzeichen des Buddhismus. Aber was genau ist Meditation, und was können Sie damit erreichen? In diesem Kapitel werden wir diese Form der Übung näher beschreiben und versuchen, Ihnen zu zeigen, warum und wie Meditation im Buddhismus eine solch zentrale Rolle spielt.

Einige Meditationsmythen ausräumen

Weil viele Menschen falsche Vorstellungen davon haben, was es bedeutet, zu meditieren, möchten wir einige dieser Irrtümer gleich am Anfang ausräumen:

✔ **Meditation ist keine Flucht vor der Wirklichkeit.** Viele Leute – darunter leider auch zahlreiche Buddhisten – halten die Meditation für einen »Urlaub von der

Wirklichkeit«. Danach müssen Sie sich zurücklehnen, die Augen schließen und Ihren Geist in ein Traumland abdriften lassen. Doch wenn die Meditation einfach darin bestünde, Ihren Geist frei umherschweifen zu lassen, gäbe es sehr viel mehr vollendete Meditierende. Den Geist umherschweifen zu lassen, führt nur zu einem Ergebnis: Es verstärkt alle schlechten mentalen Gewohnheiten, die Sie bereits haben.

✔ Das Ziel der Meditation besteht nicht darin, den Geist vollkommen zu leeren und mit dem Denken aufzuhören. Auch wenn eines der Ziele darin besteht, bestimmte Arten verzerrten Denkens zu identifizieren und zu beseitigen (wenn Sie Ihr Leiden vermindern wollen), können Anfänger nicht hoffen, den Geist einfach wie eine Leuchte auszuschalten. Jeder Versuch in diese Richtung führt nur zur Frustration.

✔ **Meditation ist nicht etwas, was man nur im Sitzen kann.** Auch wenn bestimmte Übungen (siehe Kapitel 8) am besten im Sitzen ausgeführt werden, können andere auch im Stehen, Gehen oder sogar Liegen praktiziert werden. (Die letzte Meditationshaltung ist allerdings problematisch: Was als Meditation beginnt, kann leicht im Schlaf enden.)

Ein Balanceakt

Buddha verglich die Meditation einmal mit dem Spielen eines Saiteninstruments (etwa eine Laute, auch wenn Buddha in seiner Analogie eine indische Laute, ein *Vina*, verwendete.) Wenn die Saiten zu locker sind, können Sie ihnen gar keine Töne entlocken. Doch wenn sie zu straff gespannt sind, können sie reißen, wenn Sie sie zupfen wollen.

Ähnlich sollte der Geist in der Meditation nicht zu entspannt sein; dies könnte zu Schläfrigkeit führen. Er sollte auch nicht zu straff sein; dadurch könnten Sie sich körperlich angespannt und unbehaglich fühlen und der Geist könnte unruhiger werden. Stattdessen müssen Sie eine natürliche Balance zwischen Wachheit und Entspannung finden. Dann wird die Meditation leicht und angenehm verlaufen.

Eine Definition der Meditation

Oft wird die *Meditation* als »tiefes, fortgesetztes Denken; ernste Reflexion heiliger Themen als Akt der Verehrung« definiert. Diese Definition ist in einem allgemeinen Sinn gar nicht so schlecht, aber sie trifft nicht den Kern der Sache. Uns ist die folgende Definition lieber: Eine Methode, um Ihre Auffassung von der Wirklichkeit zu transformieren oder um mit Teilen Ihres Selbst in Kontakt zu kommen, von deren Existenz Sie vorher nichts wussten.

Weil es sehr viele verschiedene Arten der Meditation gibt, ist es schwer, eine Definition zu finden, die alle umfasst. Doch wenn wir die Meditation mit einem Ausdruck erklären müssten, würden wir *Vertrautmachen* favorisieren. Der Ausdruck mag ein wenig umständlich klingen, aber seine Bedeutung umfasst vieles, was das Wesen der Meditation ausmacht. Warum?

Die Meditation ist eine Methode, mit der Sie sich – Ihre Gedanken, Empfindungen, Gefühle, Verhaltensmuster und Einstellungen – besser kennenlernen können, als Sie es für möglich gehalten haben. Einige Lehrer beschreiben die Meditation als Prozess, *Freundschaft mit sich zu schließen*. Statt die Aufmerksamkeit nach außen auf andere Menschen oder die externe Welt zu richten, wenden Sie den Blick rückwärts nach innen. Durch diesen Prozess des wiederholten Vertrautmachens lernen Sie Teile Ihres Herzens und Ihres Geistes, von denen Sie vorher wenig oder gar nichts gewusst haben, allmählich besser kennen und integrieren sie in Ihr Selbstbild und Weltbild.

Wenn Sie bisher im Umgang mit einem ungeliebten Nachbarn nur unangenehme Verhaltensweisen und Gefühle – Ärger, Bitterkeit und Frustration – für möglich hielten, können Sie durch die Praxis der Meditation Ihre inneren Reserven der Toleranz, des Verstehens und sogar des Mitgefühls erschließen, von denen Sie bis dahin nicht wussten, dass es sie gibt. Auch wenn Sie sich nicht dazu durchringen werden, Ihre Nachbarn *zu lieben*, sollten Sie nicht überrascht sein, wenn Sie mit ihnen freundlicher umgehen, als Sie sich früher je vorstellen konnten.

Auch wenn die Meditation gerne mit religiösen Kulten und einer zwanghaften Nabelschau in einen Topf geworfen wird, hat sie mit dem anderen bekannten Prozess zur Veränderung des Denkens und Fühlens, der Gehirnwäsche, nichts gemein. Gehirnwäsche ist etwas, was eine Person oder Gruppe einer anderen antut, im Allgemeinen ohne die Zustimmung oder das Wissen des oder der Betroffenen. Bei der Meditation sind Sie es, der oder die diese Techniken anwendet, auch wenn andere Ihnen helfen können, die Techniken kennenzulernen. Sie allein wenden diese Techniken an, nachdem Sie sich von ihrem Nutzen überzeugt haben. Niemand zwingt Sie, irgendetwas zu tun.

 Meditation ist etwas, auf das Sie sich freiwillig einlassen, weil Sie sich aus guten Gründen Vorteile davon versprechen. Falls Sie jemals in eine Situation kommen sollten, in der jemand Sie zwingen will, gegen Ihre Überzeugung oder Ihr besseres Wissen und Gewissen etwas Bestimmtes zu denken, sollten Sie sich so schnell wie möglich aus dem Staub machen. Eine solche Person ist *kein Meditationslehrer*.

Die Vorteile der Meditation

Meditation ist eine Methode, um den eigenen Geist besser kennenzulernen. Aber warum sollten Sie dies tun? Wäre es nicht einfacher, den Geist in Ruhe zu lassen? Sie haben sich bis heute irgendwie durchgeschlagen, indem Sie den Dingen einfach ihren Lauf gelassen haben, warum sollten Sie jetzt eingreifen?

Buddha befasste sich mit diesen Zweifeln, indem er den gewöhnlichen Geist – das heißt den Geist eines gewöhnlichen, unerleuchteten Wesens – mit einem verrückten Elefanten verglich. Früher gab es in Indien viele wilde Elefanten. Deshalb sahen Buddhas Anhänger diese Analogie unmittelbar ein. Auch heute noch kennen viele Dörfer die umfangreichen Zerstörungen aus erster Hand, die ein wütender Elefant verursachen kann. Doch ein Geist, der unter dem Einfluss von Giften wie Hass oder Gier arbeitet, ist sogar noch destruktiver als eine Herde wild gewordener Elefanten. Er kann nicht nur Ihr Glück im jetzigen Leben zertrampeln, sondern auch Ihr Glück in zahllosen künftigen Leben zerstören. Die Lösung für dieses Problem? Sie brauchen etwas, um den wild gewordenen Elefanten-Geist zu zähmen: die Meditation.

Den eigenen Zustand (an)erkennen

Um den Wert der Meditation zu schätzen, müssen Sie untersuchen, wie Ihr Geist jetzt arbeitet. Es sollten keine längeren Untersuchungen erforderlich sein, um zu erkennen, dass Ihr Geist durch Ihre Vergangenheit ziemlich stark beeinflusst wird. Diese Einflüsse haben Ihre Einstellung geprägt und Ihr Verhalten konditioniert, mit dem Sie auf die Ereignisse in Ihrem Leben reagieren. Falls Sie noch keinen hohen Grad der spirituellen Verwirklichung erreicht haben, werden Sie von dieser – oft negativen – Konditionierung immer noch beeinflusst. (Mit *spiritueller Verwirklichung* meinen wir die Freiheit, die Sie erfahren, wenn Sie Ihre Konditionierung durchbrechen und den Frieden und die Klarheit erlangen, die darunterliegen.)

Denken Sie nur daran, wie Sie aus Ihrer Umgebung permanent mit direkten und unterschwelligen Botschaften bombardiert werden, wie Sie denken und sich verhalten sollten. Sie gehen in ein Geschäft und irgendein Super-neues-und-verbessertes-Elektro-Dingsbums scheint Sie aus dem Regal anzuspringen und zum Kauf aufzufordern. Plötzlich haben Sie das Gefühl: »Wenn ich das nicht sofort kaufe, fehlt etwas in meinem Leben.« Wo kommt dieser Impuls her, dieses Ding unbedingt haben zu müssen? Würden Sie sagen, dass diese Reaktion ein spontaner Ausdruck Ihres grundlegenden Charakters ist? Ist sie ein natürlicher Ausdruck der grundlegenden Reinheit Ihres Geistes? Oder ist sie eine gewohnheitsmäßige Reaktion, die durch die vielen Werbesendungen konditioniert worden ist, denen Sie ausgesetzt waren?

Hier ein vollkommen anderes Beispiel: Sie sehen in der Ferne einen Fremden, und obwohl Sie ihn nicht kennen und er ihnen nichts getan hat, können Sie ihn spontan nicht leiden. Vielleicht fühlen Sie sich so unwohl, dass sich Ihre Muskeln allein bei seinem Anblick anspannen, als würden Sie sich auf einen Kampf vorbereiten. Fragen Sie sich wieder, woher dieser aggressive Impuls kommt. Handelt es sich um eine natürliche, spontane Reaktion auf eine objektiv reale Bedrohung durch den Fremden? Oder stimmt seine Hautfarbe und sein ganzes Aussehen zufällig mit einer ethnischen Gruppe überein, die Sie zu fürchten oder als potenziellen Feind zu identifizieren gelernt haben?

Einige Formen der Konditionierung, etwa die Werbung oder die politische Propaganda, sind relativ leicht zu identifizieren. Andere Formen, wie die Einflüsse, denen Sie in Ihrer frühen Kindheit ausgesetzt waren (»Du bist ein schreckliches Kind; nichts kannst du richtig machen!«), sind schwieriger zu erkennen. Noch andere Formen der Konditionierung, die möglicherweise in einem vorangegangenen Leben Spuren in Ihrem Geist hinterlassen haben, können Ihre Fähigkeiten zur Erinnerung – wenigstens im Moment – vollkommen übersteigen. Doch all diese Formen der Konditionierung formen Ihren Geist auf die eine oder andere Weise und üben einen langfristigen Einfluss auf Ihr Handeln, Reden und Denken aus.

Meditation ist eine Methode, um die Auswirkungen der Konditionierung »zu deprogrammieren«. Wenn Sie erkennen, dass Sie in bestimmten Situationen gewohnheitsmäßig so reagieren, dass Ihre Angst und Ihr Unbehagen zunehmen, sind Sie motiviert, so viele dieser schädigenden Einflüsse wie möglich zu neutralisieren. Anstelle der Gier, des Hasses, des Nicht-Wissens und anderer Täuschungen, die Ihr Verhalten in der Vergangenheit geformt haben, können Sie sich eher mit positiveren, produktiveren Zuständen des Geistes wie Zufriedenheit, Geduld, liebendes Mitgefühl und Weisheit vertraut machen.

Buddhistische Meister erinnern ihre Schüler gern daran, dass der Geist entweder ihr schlimmster Feind oder ihr bester Freund sein kann. Wenn er, von einer ignoranten Konditionierung und einem verzerrten Denken angetrieben, wie ein verrückter Elefant herumtobt, ist Ihr Geist Ihr schlimmster Feind. Doch wenn Sie Ihren Geist zähmen und ihn – in der Meditation – benutzen, um frühere negative Muster zu überwinden und die darunterliegenden positiveren Zustände des Geistes zu erreichen, wird Ihr Geist Ihr bester Freund.

Die Einstellung anpassen

In der Meditation können Sie unter anderem eines ziemlich schnell lernen: wie Sie verhindern können, automatisch auf bestimmte Situationen zu reagieren. Diese Leistung mag nicht welterschütternd sein, ist aber unglaublich wertvoll.

Vielleicht läuft Ihnen immer wieder eine Person über den Weg, über die Sie sich ständig ärgern. (Nennen wir sie Peter. Wenn Sie sich diese fürchterliche Person besser als Frau vorstellen können, verwenden Sie im Folgenden einfach feminine statt maskuline Pronomen.) Peter kann ein Familienmitglied, ein Nachbar, ein Mitarbeiter oder einfach jemand sein, den Sie jeden Tag auf der Straße treffen. Doch wer immer es auch sein mag, Sie reiben sich fast immer an ihm. Es kann etwas sein, was er sagt oder tut, es kann seine Stimme oder einfach sein Aussehen sein. Vielleicht hat er Sie auch einmal so beleidigt, dass Sie automatisch daran denken müssen, wenn Sie ihm begegnen. Vielleicht haben Sie auch gar keine Ahnung, warum Sie Peter so schrecklich finden; Sie tun es einfach.

Zunächst müssen Sie sich darüber klar werden, ob Ihre Reaktion auf Peter für Sie ein Problem ist. Denn wenn nichts falsch ist, müssen Sie auch nichts korrigieren. Einfach verärgert zu sein, ist kein großes Problem; schließlich ist das Leben voller kleiner Ärgernisse. Doch wenn Sie den unkontrollierbaren Impuls verspüren, Peter gegen das Schienbein zu treten, sobald Sie ihn sehen, stimmen Sie wahrscheinlich zu, dass Sie ein echtes Problem haben, das Sie beheben sollten. Aus einem einfachen Ärgernis ist Ärger und sogar Hass geworden. Selbst wenn Sie Ihre Feindseligkeit im Zaum halten können, kochen Sie innerlich vor Wut und Groll. Sie haben immer noch ein Problem, das Sie auf jeden Fall beheben müssen, bevor es Sie bei lebendigem Leibe auffrisst.

Was machen Sie mit Ihrer Feindseligkeit? Sie agieren sie auf keinen Fall aus – das würde alles nur schlimmer machen. Wenn Sie sich für den buddhistischen Ansatz entschieden haben, haben Sie erkannt, dass die einzige wirksame Methode, um eine Situation zu verbessern, darin besteht, zuerst und hauptsächlich an sich selbst zu arbeiten. Solange Sie Ihre Einstellung nicht ändern, wird nichts, was Sie im Hinblick auf das Objekt Ihrer Negativität unternehmen, das zugrunde liegende Problem lösen.

Einen alten Spruch umkehren: Tue nichts – setz dich einfach hin

Wenn Sie versuchen, Ihren Geist so zu verändern, dass Sie wirkungsvoller mit problematischen Situationen umgehen können, gehört es zu den schwierigsten Dingen, herauszufinden, wann Sie in diesen Situationen reagieren sollten und wann Sie nichts tun sollten. Zurück zu unserem schrecklichen Peter: Wenn er Ihnen total auf die Nerven geht, müssen Sie entscheiden, ob Sie ihn direkt ansprechen und versuchen sollten, Ihren Konflikt zu lösen, oder ob Sie überhaupt nicht auf ihn reagieren sollten. Jede Situation ist einzigartig, und es gibt keine einfachen Antworten, welche Lösung die beste ist. Doch um überhaupt die Gelegenheit für eine kluge Entscheidung zu haben, dürfen Sie Ihren alten Gewohnheiten nicht einfach blind und automatisch folgen. Wenn Sie gewohnheitsmäßig Ihrer Frustration und Ihrem Ärger nachgeben, ist die Gelegenheit vorbei, mit Klarheit und Weisheit zu reagieren.

Meditation gibt Ihnen die Möglichkeit, Ihren alten zerstörerischen Gewohnheiten auszuweichen. Wenn Sie entdecken, wie Sie Ihren Geist durch die Meditation zähmen können, wird die Zeit kommen, dass Sie friedlich mit schwierigen Situationen umgehen, *während sie sich entfalten*. Am Anfang ist es jedoch praktisch unmöglich, dies zu erreichen. Sie werden zu sehr in das Geschehen verwickelt, um objektiv oder gekonnt zu handeln. Was ist also, zumindest am Anfang, die beste Strategie, um mit schwierigen und stressigen Situationen umzugehen? Tun Sie nichts. Am besten vermeiden Sie jede Begegnung mit Peter. Doch wenn sich dies nicht umgehen lässt, versuchen Sie, Ihren Ärger zu ertragen, so gut Sie können, ohne auf ihn zu reagieren.

Die Grundlagen schaffen

Auch wenn Sie Ihr Problem kurzfristig lösen können, indem Sie in schwierigen Situationen nicht mehr wie früher automatisch reagieren, beginnt die einzig wirksame, langfristige Lösung, *bevor* Sie auf das Problem stoßen. Dies ist die beste Zeit, um an Ihrer Einstellung zu arbeiten und sich auf einen gekonnten Umgang mit allen möglichen Situationen vorzubereiten. Hier kommt die Meditation ins Spiel.

Bevor Sie morgens das Haus verlassen, sollten Sie sich einige Minuten ruhig hinsetzen und Ihren Geist zur Ruhe bringen. (Abbildung 7.1 zeigt ein Beispiel für eine bequeme Meditationshaltung.) Wenn Sie bereit sind, stellen Sie sich vor, wie Sie später am Tag Ihren Kumpel, den schrecklichen Peter, treffen und so in die Ärger erregende Situation kommen. Malen Sie sich diese Begegnung vor Ihrem geistigen Auge so plastisch wie möglich aus. Stellen Sie sich vor, dass Sie tun, was Sie im Allgemeinen in Rage bringt. Dann – und dieser geistige Akt erfordert zunächst eine nicht unbeträchtliche Übung – treten Sie in Ihrer Vorstellung aus der Situation heraus und beobachten einfach, was passiert. Schauen Sie sich die fürchterliche Person so an, als würden Sie sie zum ersten Mal sehen, fast als ob Sie eine Dokumentation über jemanden sehen würden, den Sie noch nie getroffen haben. Achten Sie auf seinen Gesichtsausdruck, die Worte und Ausdrücke, die er verwendet, seine Handlungen und so weiter. Betrachten Sie diesen Prozess als Bestandsaufnahme und nehmen Sie alles, was Sie finden, zur Kenntnis, ohne es zu beurteilen.

Dann schauen Sie sich in ähnlich objektiver Manier Ihre Reaktionen an, als würden Sie sie von außen beobachten – als ob jemand anderer Ihre Stelle in der Begegnung eingenommen hätte. Registrieren Sie, was Sie fühlen, woran Sie denken und wie Sie reagieren. Seien Sie so objektiv wie möglich, wie ein Wissenschaftler, der ein Experiment in Gang setzt und dann zurücktritt, um zu beobachten, was passiert.

Abbildung 7.1: Sitzende Meditationshaltung

Diese Art der Beobachtung erfordert einen Balanceakt. Sie müssen herausfinden, wie Sie zwischen zwei verschiedenen Zuständen des Geistes wechseln können. Am Anfang müssen Sie Ihre ärgerliche Begegnung so lebhaft visualisieren, dass Sie sich in ihr befinden und realistisch mit Empfindungen so reagieren können, als fände die Szene wirklich statt. Sie geben nicht vor, zu reagieren; Sie erzeugen wirklich Ihre typischen Reaktionen, allerdings in abgeschwächter Form. Weil diese Reaktionen in einer sicheren, kontrollierten Umgebung – in Ihrer Meditation – stattfinden, sind Sie davor gefeit, die Art von Negativität zu erzeugen, die eine körperliche Konfrontation mit Peter normalerweise mit sich bringt.

Aber wenn die Begegnung in der Meditation in Ihrer Vorstellung abläuft, müssen Sie in Ihrem Geist eine Ecke finden, die nicht an den Reaktionen beteiligt ist, die durch die Begegnung ausgelöst werden. Beobachten Sie von diesem ruhigen Aussichtspunkt so leidenschaftslos wie möglich, was passiert. Jons Meditationslehrer vergleichen diese Ecke im Geist mit einem Kriegsspion. (Einige buddhistische Traditionen bezeichnen ihn als den *Zeugen*, den *Beobachter* oder einfach *Achtsamkeit*.) Der Spion ist an dem Konflikt nicht beteiligt; er bleibt unauffällig am Rand stehen und beobachtet einfach, was auf dem Schlachtfeld passiert. Vielleicht überrascht es Sie, zu entdecken, dass Sie über die Fähigkeit verfügen, zu beobachten, was passiert, ohne in die Aktion hineingezogen zu werden – aber Sie haben diese Fähigkeit. Und je häufiger Sie diese Fähigkeit einsetzen, desto stärker wird sie. Sie können sie ähnlich wie einen Muskel trainieren.

Die Perspektive wechseln

Wenn Sie entdecken, wie Sie bequem zwischen dem hauptsächlichen Teil Ihres Geistes, der die Erfahrung – in diesem Fall die Erfahrung einer ärgerlichen Begegnung mit dem lästigen Peter – nachbildet, und der Ecke Ihres Geistes, die nur Ihre Reaktionen beobachtet, wechseln können, können Sie auf verschiedene Arten fortfahren:

- ✔ **Sie können mit verschiedenen Blickwinkeln experimentieren, um die Situation zu betrachten.** Statt Peter nur aus Ihrer eigenen begrenzten Perspektive zu sehen, versuchen Sie, ihn mit den Augen eines anderen zu betrachten. Wahrscheinlich gibt es jemanden, der Peter für einen ziemlich netten Kerl hält. Versuchen Sie, diese Sichtweise nachzuvollziehen, und beobachten Sie, wie sich Ihre Reaktionen langsam ändern. Vielleicht haben Sie Peter in der Vergangenheit sogar gemocht; falls dies der Fall ist, versuchen Sie, sich Momente zu vergegenwärtigen, als Sie ihm gegenüber positive Gefühle hegten.

  Wenn Sie sich auf diese angenehmere und freundlichere Version von Peter konzentrieren, können Sie positive Züge an Ihrem Gegner entdecken, die Sie vergessen oder noch nie bemerkt haben. Bei dieser Entdeckung wird sich Ihre Sicht auf Peter etwas aufhellen; Sie werden ihn nicht nur als Ärgernis betrachten und feststellen, dass Sie nicht mehr so negativ auf ihn reagieren. Dadurch kann sich Ihre Beziehung zu Peter im Laufe der Zeit verbessern. Vielleicht werden Sie sogar gute Freunde. (*Das* könnte allerdings länger dauern.) Doch auch wenn Sie nicht gleich Busenfreunde werden, werden Sie wenigstens keine ernsthaften Probleme mehr mit ihm haben.

- ✔ **Sie können Ihre Aufmerksamkeit weniger auf das Problem, sondern stärker auf Ihre Reaktionen auf das Problem lenken.** Peter ärgert Sie. Das ist ein Problem. Und dieser Ärger fühlt sich wahrscheinlich ziemlich konkret an – wie ein Klumpen in der Brust. Doch wenn Sie diese Empfindungen intensiver beobachten, bemerken Sie vielleicht, dass der Ärger nicht annähernd so substanziell ist, wie es zunächst den Anschein hatte. Wie alle Gefühle steigt er in Ihrem Geist auf, bleibt dort für eine kurze Zeit und verschwindet dann wieder. Er hat nichts Festes oder Konkretes. Wenn Sie nicht immer wieder daran denken, wie sehr Sie Peter ablehnen, werden die ärgerlichen Empfindungen von selbst verschwinden. Die substanzlose, flüchtige Natur Ihrer Gefühle zu erfahren, wird Sie davon abhalten, sie so ernst zu nehmen wie früher. Allein diese Erkenntnis wird Ihre Beziehung sehr erleichtern.

Bemerkenswert ist: Beide Ansätze versuchen nicht, Peter irgendwie zu verändern, sondern sie verändern Ihre eigenen Einstellungen, Standpunkte und Reaktionen. Sie müssen Peter nicht vollkommen vergessen. Wenn er etwas Schädliches tut und Sie eine wirksame Methode kennen, ihm zu helfen, sein Verhalten zu verändern, sollten Sie dies versuchen. Doch Sie dürfen sich nicht darauf verlassen. Das Einzige, was Sie wirklich in der Hand haben, ist Ihre eigene Einstellung; deshalb versucht die Meditation, daran zu arbeiten.

Buddhas Lehren enthalten viele verschiedene Methoden, um den Blick auf die Dinge so zu verändern, dass Sie Ihr Unbehagen reduzieren und Fähigkeiten entwickeln, um schwierige Situationen zu bewältigen, Ihr Herz für andere zu öffnen und Ihre Weisheit zu schärfen. An verschiedenen, geeigneten Stellen dieses Buches beschreiben wir einige dieser Meditationstechniken. Doch alle diese Techniken haben bestimmte Qualitäten gemeinsam. Sie helfen Ihnen.

✔ mit potenziell schwierigen Situationen flexibler und kreativer umzugehen,

✔ alte Verhaltensmuster loszulassen, die Sie in Unzufriedenheit und Frustration gefangen halten.

Das Leben schätzen

Die Meditation bietet zahlreiche andere Vorteile. Viele zeigen sich darin, dass Sie Ereignisse in Ihrem Leben bewusster und aufmerksamer erleben und genießen können sowie eine größere Wertschätzung für andere Leute und Umstände entwickeln.

Die folgende Liste führt einige dieser zusätzlichen Vorteile auf. Weitere Informationen über die Vorteile und die Praxis der Meditation finden Sie in dem Buch *Meditation für Dummies*, aus dem wir diese Liste leicht verändert übernommen haben:

✔ **In den gegenwärtigen Augenblick hinein erwachen:** Die Meditation lehrt Sie, die Dinge langsamer anzugehen und jeden Moment auf sich zukommen zu lassen.

✔ **Mit sich selbst Freundschaft schließen:** Wenn Sie meditieren, stellen Sie fest, wie Sie jede Erfahrung und Facette Ihres Wesens ohne Beurteilung oder Verleugnung willkommen heißen.

✔ **Tiefere Beziehungen zu anderen herstellen:** Wenn Sie in den gegenwärtigen Augenblick hinein erwachen und Ihr Herz und Ihren Geist für Ihre eigene Erfahrung öffnen, erweitern Sie diese Qualität des Bewusstseins und der Gegenwärtigkeit auf natürliche Weise auf Ihre Beziehungen zu Ihrer Familie und zu Ihren Freunden.

✔ **Den Körper entspannen und den Geist beruhigen:** Wenn der Geist beim Meditieren zur Ruhe kommt, sich entspannt und öffnet, tut dies auch der Körper – und je länger Sie meditieren, desto mehr übertragen sich dieser Frieden und diese Entspannung auf andere Bereiche Ihres Lebens.

✔ **Heller werden:** Mithilfe der Meditation können Sie einen inneren mentalen Freiraum schaffen, in dem Schwierigkeiten und Sorgen nicht mehr so bedrohlich erscheinen und sich konstruktive Lösungen auf natürliche Weise zeigen.

✔ **Fokus und Flow erfahren:** Durch Meditation können Sie entdecken, wie Sie jede Aktivität mit derselben angenehmen, fokussierten Aufmerksamkeit ausführen und dabei dasselbe Glücksempfinden erleben können, das Sie sonst nur in den Spitzenmomenten im Sport oder beim Sex erfahren.

✔ **Sich zentrierter, geerdeter und ausgeglichener fühlen:** Um der wachsenden Furcht im Leben zu begegnen, bietet die Meditation eine innere Verankerung und einen Ausgleich an, die beziehungsweise der durch externe Umstände nicht zerstört werden kann.

✔ **Die Leistung bei der Arbeit und im Spiel verbessern:** Studien haben gezeigt, dass die einfache Ausübung der Meditation die Klarheit der Wahrnehmung, die Kreativität, die Selbstverwirklichung und viele andere Faktoren verbessern kann, die zu überlegenen Leistungen beitragen.

✔ **Die Wertschätzung, Dankbarkeit und Liebe steigern:** Wenn Sie anfangen, sich Ihren Erfahrungen ohne Urteil oder Ablehnung zu öffnen, öffnet sich allmählich auch Ihr Herz – für Sie und für andere.

✔ **Ein tieferes Sinngefühl entwickeln:** Wenn Sie Ihre Erfahrung in der Meditation willkommen heißen, entdecken Sie, wie Sie sich mit einer tieferen Strömung der Bedeutung und Zugehörigkeit in Einklang bringen.

✔ **Zu einer spirituellen Dimension des Seins erwachen:** Wenn Ihre Meditation Sie für den Reichtum des flüchtigen Augenblicks öffnet, beginnen Sie ganz natürlich, durch den Schleier verzerrter Wahrnehmungen und Glaubenssätze auf die tiefere Wirklichkeit zu blicken, die ihnen zugrunde liegt.

Die dreifache Natur der buddhistischen Meditation

Das Beispiel, an dem wir in diesem Kapitel gezeigt haben, wie Sie mit Ihren Gefühlen in schwierigen Situationen umgehen können, betonte, alte Gewohnheiten loszulassen und die Situation aus einem neuen Blickwinkel zu betrachten. Es betonte auch, zumindest als Ausgangspunkt, nicht den gewohnten Reaktionen zu folgen, sondern (geistig) einen Schritt zurückzutreten und »nichts zu tun« (das heißt, nicht zu reagieren).

Aber die Lehren Buddhas enthalten nicht nur das »Nichtstun«, sondern auch viele andere Methoden. Im Buddhismus umfasst die Praxis der Meditation im Wesentlichen drei separate, miteinander verknüpfte Aspekte oder Fähigkeiten: Achtsamkeit, Konzentration und Einsicht. Auch wenn sich die verschiedenen Traditionen in ihren Techniken etwas unterscheiden, wie Sie diese Fähigkeiten entwickeln, stimmen sie im Allgemeinen darin überein, dass Achtsamkeit, Konzentration und Einsicht Hand in Hand arbeiten und dass alle drei wesentlich sind, wenn Sie das Ziel der *spirituellen Verwirklichung* erreichen wollen. (Siehe den Abschnitt »Den eigenen Zustand (an)erkennen« weiter oben in diesem Kapitel.)

Analytische und intuitive Meditation

Der große buddhistische Meister Kalu Rinpoche aus Tibet hat die Meditation in zwei nützliche Arten eingeteilt: analytische und intuitive. Bei der *analytischen Meditation* untersuchen und beurteilen Sie die Lehren mit dem konzeptionellen Geist. So sollen Sie Ihren Geist auf die tieferen Schichten der Meditation vorbereiten, indem Sie Zweifel ausräumen und Ihr intellektuelles Verständnis klären. Die analytische Meditation kann auch die Form einer Untersuchung Ihrer gewohnheitsmäßigen Verhaltensmuster und Reaktionsweisen sowie die Suche nach vorteilhaften Alternativen annehmen. (Näheres über diese Art der Meditation finden Sie in dem Abschnitt »Die Perspektive wechseln« in diesem Kapitel.) Doch um die Wahrheit über die Wirklichkeit direkt zu erfahren, müssen Sie zu der zweiten Art der Meditation fortschreiten.

> Bei der *intuitiven Meditation* geben Sie die Suche und Erforschung mit Ihrem konzeptionellen Geist auf und öffnen Ihr Bewusstsein so, dass die Wirklichkeit Ihnen ihre Natur enthüllen kann. Die Erfahrung ist in dem Sinne unmittelbar, als dass der Geist Ihre Berührung mit der Wirklichkeit nicht vermittelt. Stattdessen haben Sie eine direkte Einsicht in das Wesen der Dinge, die nicht auf Begriffe reduziert werden kann. Die Achtsamkeitsmeditation (siehe den Abschnitt »Die Entwicklung der Achtsamkeit« in diesem Kapitel), die Zen-Meditation (*Zazen*) und die Mischung aus »Ruhigem Verweilen (Shamatha)« und Einsicht, die in der tibetischen Tradition praktiziert wird, sind größtenteils Formen der intuitiven Meditation.

Die Entwicklung der Achtsamkeit

Bevor Sie die Schichten der Konditionierung durchdringen und tief und klar in die Natur der Existenz blicken können, muss sich Ihr Geist genügend beruhigen, um eine solche Einsicht zu ermöglichen. In dieser Phase des Prozesses kommen zwei der drei Schlüsselkomponenten der buddhistischen Meditation zum Tragen: Achtsamkeit und Konzentration.

Die beliebte buddhistische Metapher eines Waldsees soll zeigen, wie die Achtsamkeit (oder *achtsame Bewusstheit*) funktioniert. Wenn der See ständig von Wind und Regen aufgewühlt wird, ist das Wasser bewegt und durch Sedimente und organische Abfälle getrübt und man kann nicht auf den Grund des Sees blicken. Doch man kann den See nicht beruhigen, indem man auf das Wasser einwirkt. Jeder dahin gehende Versuch würde das Wasser noch unruhiger machen und das Problem verschärfen. Die einzige Möglichkeit, das Wasser zu klären, besteht darin, geduldig zu sitzen, den See zu beobachten und darauf zu warten, dass sich die Sedimente setzen.

Diese geduldige, gewissenhafte Aufmerksamkeit wird als *Achtsamkeit* bezeichnet. Sie ist einer der Eckpfeiler der buddhistischen Meditation. Buddha lehrte vier Grundlagen der Achtsamkeit:

- ✔ Achtsamkeit auf den Körper
- ✔ Achtsamkeit auf die Gefühle
- ✔ Achtsamkeit auf den Geist
- ✔ Achtsamkeit auf die Objekte des Geistes

> ### Die Achtsamkeit auf den Atem richten: eine grundlegende buddhistische Meditation
>
> Suchen Sie sich zunächst einen ruhigen Platz, an dem Sie für mindestens 20 Minuten nicht durch laute Geräusche gestört werden.

> Schieben Sie Ihre Sorgen und Beschäftigungen für den Moment beiseite, und setzen Sie sich in eine bequeme Position. Setzen Sie sich in traditioneller asiatischer Manier mit gekreuzten Beinen auf ein Kissen. Oder setzen Sie sich auf einen Stuhl mit einer senkrechten Rückenlehne oder in einen ergonomischen Stuhl. Unabhängig von der gewählten Position sollten Sie Ihre Wirbelsäule relativ aufrecht (und doch entspannt) halten, damit Sie leicht und ungehindert atmen können.
>
> Lenken Sie jetzt Ihre Aufmerksamkeit sanft auf das Kommen und Gehen Ihres Atems. Einige Traditionen empfehlen die Fokussierung auf die Empfindungen, die der Atem hinterlässt, wenn er über den Rand der Nasenlöcher strömt; andere lenken den Fokus eher auf das Heben und Senken des Bauches beim Atmen. Egal, worauf Sie sich konzentrieren, sollten Sie das gewählte Objekt (Rand der Nasenlöcher oder Bauch) die gesamte Meditationsperiode beibehalten. Achten Sie auch auf die feinen Veränderungen und Verschiebungen Ihrer Empfindungen, wenn Sie ein- und ausatmen. Wenn Ihr Geist abschweift (ins Tagträumen abgleitet oder sich auf einen Gedanken fixiert), bringen Sie Ihr Bewusstheit sanft zu Ihrem Atem zurück.
>
> Versuchen Sie nicht, das Denken zu stoppen – beim Meditieren kommen und gehen Gedanken und Gefühle ganz natürlich. Lassen Sie sich, so gut Sie können, nicht von ihnen mitziehen. Genießen Sie die einfache Erfahrung, ein- und auszuatmen.
>
> Bewegen Sie nach 15 oder 20 Minuten langsam Ihren Körper, stehen Sie auf, und wenden Sie sich wieder Ihrem Alltag zu.

Wenn Sie achtsam sind, richten Sie einfach Ihre »reine Aufmerksamkeit« auf alles, was Sie im jeweiligen Moment erfahren – Gedanken, Gefühle, Empfindungen, Bilder, flüchtige Fantasien, vergängliche Stimmungen –, ohne es zu beurteilen, zu interpretieren oder zu analysieren.

Meistens editieren und kommentieren Sie Ihre Erfahrung: »Ich mag nicht, was ich höre«, »Am liebsten würde ich etwas anderes tun«, »Ich muss eine schreckliche Person sein, wenn ich solche negativen Gedanken habe.« Die Achtsamkeitsmeditation lädt Sie ein, Ihre Erfahrung einfach so willkommen zu heißen, wie sie ist – und wenn Sie Ihre Erfahrung doch ablehnen, beurteilen oder interpretieren, können Sie Ihre Achtsamkeit auch darauf richten!

Anfänger der Achtsamkeitsmeditation beginnen im Allgemeinen damit, ihre Aufmerksamkeit auf das Kommen und Gehen ihres Atems zu richten. (Näheres finden Sie in dem Einschub »Die Achtsamkeit auf den Atem richten: eine grundlegende buddhistische Meditation« in diesem Kapitel.) Im Laufe der Zeit erweitern Sie allmählich Ihre Bewusstheit, erst auf Ihre körperlichen Empfindungen, dann auf Ihre Gefühle und schließlich auf den gesamten Inhalt Ihres Geistes. Schließlich erreichen Sie die Stufe, auf der Sie »einfach nur sitzen«, auch *nicht wertendes Bewusstsein* (reines Beobachten) genannt, in dem Ihr Geist offen und umfassend ist und Sie alles willkommen heißen, was in ihm erscheint, ohne bestimmte Erfahrungen zu selektieren und sich auf sie zu konzentrieren.

Buddhisten sollen allgemein die Achtsamkeit auch im Alltag bei allen Aktivitäten praktizieren (nachdem die Fähigkeit zur Achtsamkeit zunächst durch separate Meditationsübungen entwickelt worden ist). Unabhängig davon, wo Sie sind und was Sie tun, können Sie achtsam Ihre Gefühle, Empfindungen und Gedanken beobachten: wenn Sie Auto fahren, wenn Sie in einer Schlange am Bankschalter warten, wenn Sie Ihre Kinder von der Schule abholen, wenn Sie mit einem Freund reden oder wenn Sie das Geschirr spülen und so weiter. Achtsamkeit hat einen weiteren Vorteil: Sie macht das Leben angenehmer – je achtsamer Sie Ihre alltäglichen Tätigkeiten ausführen, desto mehr schätzen Sie sie.

Die Konzentration vertiefen

Je achtsamer Sie sind, desto stärker und tiefer wird natürlich Ihre Konzentration. Dies ist ein zusätzlicher Nutzen der Achtsamkeit. Wenn Sie Ihr normales Alltagsbewusstsein mit einer 100-Watt-Glühbirne vergleichen, entspricht die Konzentration einem Flutlicht oder bei entsprechender Fokussierung einem Laserstrahl. Wahrscheinlich kennen Sie bereits aus Ihrem normalen Leben Momente, in denen Ihre Konzentration natürlich fokussiert und vertieft war – etwa beim Sport, beim Liebesakt oder bei einem spannenden Film. Wenn Sie sich konzentrieren, werden Sie von Ihrer Tätigkeit absorbiert. Dies kann so weit gehen, dass Sie sich zeitweise vergessen und in der Aktivität aufgehen.

Viele Traditionen des Buddhismus fördern die Entwicklung der fokussierten Konzentration, weil sie den Geist so stärkt, dass er tief in das Meditationsobjekt eindringen kann. Buddha beschrieb neun Schichten der immer tiefer gehenden, meditativen Versenkung, die *Jhanas* oder *Vertiefungen*. In der Theravada-Tradition von Süd- und Südostasien lernen Mönche und Nonnen manchmal, die Jhanas zu durchschreiten, bis ihre Konzentration so stark (und ihr Geist so ruhig) ist, dass sie damit tief »in die Wasser der Wirklichkeit« blicken können. (Näheres über die Waldsee-Metapher finden Sie in dem Abschnitt »Die Entwicklung der Achtsamkeit« weiter oben in diesem Kapitel.)

In der Theravada-Tradition, die im Westen praktiziert wird (und dort oft als *Vipassana* bezeichnet wird), werden die Jhanas im Allgemeinen nicht betont, vielleicht weil die meisten Lehrer die Methode nicht von ihren asiatischen Lehrern gelernt haben. Die Zustände des Geistes, die in den Jhanas erfahren werden können (unter anderem Glückseligkeit, Freude und Wonne), können so angenehm und verführerisch sein, dass Meditierende manchmal auf dieser Stufe stehen bleiben und das Interesse an der Entwicklung der Einsicht verlieren. Außerdem glauben einige Lehrer (sowohl im Westen als auch in Asien), die Jhanas seien nicht erforderlich, um die Einsicht zu erlangen, oder für die Mehrzahl der Meditierenden zu schwierig.

Unabhängig davon, ob Sie die Vertiefungen praktizieren, können alle Meditationstechniken durch Konzentration verstärkt werden. So wird in der Zen-Tradition die fokussierte Konzentration (*Joriki*, wörtlich »Geisteskraft«) wegen ihrer Fähigkeit hoch geschätzt, die Geheimnisse der spirituellen Rätsel (*Koans*, siehe Kapitel 5 für mehr über die Koan-Praxis) zu enthüllen. In der Vajrayana-Tradition lernen Meditierende eine Konzentrationspraxis, die als *Shamatha* (»Ruhiges Verweilen«) bezeichnet wird, die den Geist friedvoll und klar (wie ein klarer, ruhiger See) macht und ein tieferes Durchdringen oder eine tiefere Einsicht ermöglicht. Letztlich betrachten die Vajrayana-Praktiker die echte Meditation als eine Kombination aus »Ruhigem Verweilen« und Einsicht.

Die Entwicklung einer durchdringenden Einsicht

Nachdem Sie Ihre Achtsamkeit entwickelt und Ihre Konzentration verstärkt haben, können Sie Ihre Aufmerksamkeit der Wirklichkeit zuwenden. Die ersten Stufen der Meditation haben auf jeden Fall Vorteile (siehe den Abschnitt »Die Vorteile der Meditation« weiter oben in diesem Kapitel), doch diese endgültige Stufe – Einsicht oder Weisheit – bildet den Kern aller buddhistischen Traditionen.

Schließlich lehrte Buddha keine Techniken zur Stressreduzierung oder Leistungssteigerung, sondern einen vollständigen Weg zu einem unübertrefflichen Glück und Frieden. Um dieses edle Ziel zu erreichen, müssen Sie die das Leben umwälzende Einsicht in die grundlegende Natur Ihres Selbst und des Lebens erfahren. (Doch selbstverständlich haben Stressreduzierung und Leistungssteigerung auch einen beträchtlichen relativen Wert.) Diese das Leben umwälzende Einsicht wird in Kapitel 13 ausführlicher behandelt.

Hier möchten wir einfach hervorheben, dass die buddhistischen Traditionen unterschiedliche Methoden lehren, um diese Einsicht zu erlangen, und dieser Einsicht sogar unterschiedliche Inhalte zuschreiben.

✔ In der Theravada-Tradition (oder Vipassana-Tradition) entdecken Sie, dass die Wirklichkeit (Sie eingeschlossen) durch Vergänglichkeit, Unzufriedenheit und die Abwesenheit eines beständigen, substanziellen Selbst charakterisiert wird.

✔ In der Vajrayana-Tradition erkennen Sie die weite, offene und lichtvolle Qualität der ganzen phänomenalen Welt.

✔ In der Zen-Tradition erwachen Sie zu Ihrer wahren Natur, die mit verschiedenen Termini bezeichnet wird: *wahres Selbst, Nicht-Selbst, Soheit* oder *das Ungeborene*.

In Wirklichkeit mögen diese Unterschiede mehr eine Frage der Worte und Konzepte sein als ein Ergebnis der Erfahrung. Wesentlich ist ein Aspekt dieser Einsicht: Sie beendet das Leiden, das durch Ihre verzerrten Auffassungen und gewohnheitsmäßigen Muster verursacht wird, und sie bringt Ihnen nie gekannte Höhen des Friedens, der Zufriedenheit und der Freude.

> ### Ruhiges Verweilen
>
> Wenn Sie Ihre Achtsamkeit geschult und einige Einsichten in die Natur der Dinge erlangt haben, können Sie eine Form der Meditation praktizieren, die im Zen als »Einfach-nur-Sitzen« und in der Vajrayana-Tradition als »ruhiges Verweilen« bezeichnet wird. Paradoxerweise umfasst diese Technik das Fehlen jeglicher Techniken zur Manipulation des Geistes. Der tibetische Buddhismus spricht von *Nichtmeditation* und *Freiheit von Kunstgriffen*. Dabei handelt es sich um eine fortgeschrittene Technik, die im Allgemeinen erfahrenen Meditierenden vorbehalten ist, aber einige Lehrer im Westen unterrichten hauptsächlich diese »Technik«, und viele Westler mit gewissen spirituellen Erfahrungen scheinen begierig zu sein, sie zu lernen.

> Um in der Natur des Geistes zu verweilen, müssen Sie diese Geist-Natur direkt erfahren haben, die normalerweise von einem Lehrer auf einen Schüler übertragen wird. Im Zen wird »Einfach-nur-Sitzen« (*Shikantaza*) oft als Ausdruck der innewohnenden Buddha-Natur betrachtet, ohne dass versucht wird, irgendetwas zu erlangen oder zu verstehen. Weil dieser Ansatz die Führung eines Lehrers erfordert, erwähnen wir ihn in diesem Buch, versuchen aber nicht, ihn zu vermitteln.

Die Entwicklung der drei Weisheiten als Basis der Einsicht

Die Entwicklung der folgenden drei (aus der Vajrayana-Tradition abgeleiteten) Weisheiten kann dazu beitragen, die Grundlagen für die Erlangung der Einsicht zu schaffen. Diese Weisheiten (oder Formen des Wissens) umfassen verschiedene Formen der analytischen Meditation. (Näheres über die analytische Meditation finden Sie in dem Einschub »Analytische und intuitive Meditation« in diesem Kapitel.)

✔ Die Weisheit, die man durch Hören (oder Lesen) erlangt

✔ Die Weisheit, die man durch Reflexion erlangt

✔ Die Weisheit, die man durch Meditation erlangt

Wir wollen diese Weisheiten jetzt etwas näher beschreiben.

Die Weisheit durch das Hören der Lehren entwickeln

Nehmen wir an, Sie wollten herausfinden, was Buddhismus ist oder wie er Ihnen bei der Bewältigung Ihres Lebens helfen kann. Deshalb besuchen Sie einen Vortrag oder kaufen sich ein Buch über Buddhismus. Damit haben Sie sich natürlich noch nicht für den buddhistischen Weg entschieden, sondern Sie orientieren sich nur. Doch der Vortrag oder das Buch weckt Ihr Interesse, und Sie fangen an, Informationen zu sammeln, um sich ein umfassenderes Urteil über den Buddhismus bilden zu können.

 Wenn Sie die Lehren Buddhas kennenlernen, verlassen Sie sich hauptsächlich auf die erste der drei Weisheiten: die Weisheit, die man durch Hören (oder Lesen) seiner Lehren, des Dharma, erlangt. Sie können diese Weisheit als unterste Stufe Ihres Verstehens auffassen.

Doch die Weisheit (das Wissen), die Sie aus Vorträgen oder Büchern gewinnen können, vermittelt Ihnen nicht immer ein korrektes Bild. Wenn Sie etwas zum ersten Mal hören, können Sie seine Bedeutung vollkommen missverstehen. So lehrt Buddha, dass die ultimative Stufe der Wahrheit *Shunyata* heißt. Dieses Sanskrit-Wort wird oft mit »Leere« (oder auch: »Leerheit«) übersetzt. (Wir beschreiben dieses sehr wichtige Thema ausführlicher in Kapitel 14.) Wenn Sie die übliche Bedeutung des Wortes *Leere* zugrunde legen, können Sie Buddha leicht dahin gehend missverstehen, er wolle damit sagen, dass nichts wirklich existiere. Doch wir wollen nachdrücklich betonen, dass *Leere* im Sinne von Buddhas Aussage *dies gerade nicht* bedeutet. Eine solche Fehlinterpretation kann zu ernsten Fehlern führen.

Doch je mehr Sie aus zuverlässigen Quellen lernen, desto unwahrscheinlicher werden diese oder ähnliche Fehler und desto schärfer tritt diese erste Weisheit hervor. Sie verstehen die buddhistischen Lehren immer besser, auch wenn Sie sie noch nicht bis ins letzte Detail kennen. Zumindest werden Ihnen bestimmte Wörter und Ausdrücke vertrauter, die in den Lehren immer wieder auftauchen, und diese Vertrautheit trägt dazu bei, Ihr Denken in die richtige Richtung zu lenken.

Die Weisheit durch Reflexion des Gehörten entwickeln

Für sich genommen, kommen Sie durch die Weisheit, die Sie durch Hören oder Lesen erlangen, nicht sehr weit. Wenn Sie sich spirituell weiterentwickeln wollen, müssen Sie die Bedeutung des Gehörten oder Gelesenen verstehen. Sie können dieses Verständnis erlangen, indem Sie die zweite Weisheit kultivieren: die Weisheit, die Sie durch Reflexion erlangen.

Reflexion bedeutet, dass Sie sich mit den gehörten oder gelesenen Lehren auseinandersetzen, bis Sie ihre Bedeutung verstanden haben. Dabei setzen Sie all Ihre mentalen Fähigkeiten ein und analysieren sie so gründlich und detailliert wie möglich. Sie folgen damit Buddhas Rat (siehe in Kapitel 1), seine Lehren nicht einfach ungefragt zu akzeptieren, sondern zu prüfen, ob sie wahr oder falsch sind. Zunächst können Sie prüfen, ob die Lehren logisch widerspruchsfrei sind. Falls Buddha an einer Stelle das eine und an anderer Stelle etwas vollkommen anderes zu sagen scheint, sollten Sie zwei mögliche Erklärungen in Betracht ziehen: Entweder weiß Buddha nicht, wovon er redet (worauf wir nicht wetten wollen), oder der scheinbare Widerspruch existiert in Wirklichkeit nicht.

Buddha unterwies Menschen, die sich in vielerlei Hinsicht stark unterschieden: intellektuelle Fähigkeiten, gesellschaftliche Herkunft, aktuelle Probleme und so weiter. Deshalb sagte er nicht zu allen dasselbe. Einer Person riet er, etwas zu tun, einer anderen Person riet er, genau das zu unterlassen, je nachdem, ob es dem Angesprochenen auf seinem Weg weiterhalf oder nicht. Doch wenn Sie Buddhas Lehren insgesamt betrachten, sollten Sie erkennen, dass sie in sich konsistent sind. Falls Sie das nicht können, sind entweder die Lehren fehlerhaft, oder Sie haben noch nicht ganz verstanden, wie sie zusammenpassen.

Buddha wollte, dass die Menschen seine Lehren als persönlichen Rat auffassten, um wahrhaftes Glück und Erfüllung zu erlangen. Wenn Sie die Lehren analysieren – also die Weisheit kultivieren, die Sie durch Reflexion des Gehörten oder Gelesenen erlangen –, sollten Sie sich deshalb fragen, wie Sie diese Lehren in die Praxis Ihres Alltagslebens umsetzen können. Sind sie anwendbar? Erhellen sie Ihre Erfahrung? Und schließlich: Funktionieren sie?

Die Weisheit durch Meditation über das Verstandene entwickeln

Die Art der intelligenten Analyse, die wir in dem vorangegangenen Abschnitt beschreiben, ist selbst eine Form der Meditation, aber die dritte Weisheit bezieht sich auf etwas, was über diese Praxis hinausgeht. Dies lässt sich vielleicht am besten anhand einer Analogie erklären.

Um einem Gericht eine bestimmte Geschmacksrichtung zu geben, können Sie es marinieren. Die Marinade besteht aus einer speziellen Mischung von Gewürzen, Ölen, Kräutern oder Wein. Vielleicht kennen Sie dieses Marinaderezept aus einem Kochbuch; dies entspricht der Erlangung der ersten Weisheit. Doch das Rezept zu lesen, ist nicht genug; Sie müssen immer noch herausfinden, wie Sie die Zutaten richtig zusammenmischen; dies entspricht der zweiten Weisheit. Doch wenn Sie jetzt aufhören, waren alle Ihre kulinarischen Bemühungen umsonst. Um den gewünschten Geschmack zu erzielen, müssen Sie die Speise in die Marinade legen, damit sie deren Aroma aufsaugen kann; dieser Schritt entspricht der dritten Weisheit.

Wenn Ihr Geist von einer Lehre voll profitieren soll, reicht es nicht aus, sie zu lesen und zu durchdenken. Sie müssen sie gründlich anwenden, damit Sie ihren vollen Geschmack absorbieren. Anders ausgedrückt: Sie müssen die Weisheit der gedankenscharfen Meditation, also die dritte Weisheit, kultivieren. So können Sie Ihren Geist wirklich transformieren.

Zwei Beispiele sollen dieses Konzept verdeutlichen. Die Unbeständigkeit oder Veränderung ist ein Hauptthema im Buddhismus (siehe Kapitel 3 und 11). Die Dinge verändern sich; sogar Sie verändern sich. Ob Sie darauf eingestellt sind oder nicht: Mit jeder Sekunde kommen Sie dem Ende Ihres Lebens näher. Diese Wörter zu lesen, ist das eine; ihre Bedeutung intellektuell zu analysieren, ist etwas anderes. Aber wenn Sie diese Lehre so tief in Ihrem Geist verwurzeln wollen, dass sie Ihr Leben transformiert und Ihnen einen neuen Ausblick auf Ihre Sterblichkeit liefert, müssen Sie über die beiden ersten Weisheiten hinausgehen. Sie müssen zu dem unerschütterlichen Schluss kommen, dass Sie eines Tages sterben werden und dass dann einzig zählen wird, wie gut Sie sich um Ihren Geist gekümmert haben.

Wenn Ihnen dies klar wird, sollten Sie diese Erkenntnis zum Kernpunkt Ihres Bewusstseins machen und Ihre Aufmerksamkeit unerschütterlich darauf richten. Sie denken über Ihre Sterblichkeit nicht mehr nach und untersuchen, ob die Behauptung der Sterblichkeit wahr ist oder nicht. Das ist vorbei. Jetzt erlauben Sie dem Schluss, zu dem Sie gekommen sind – »Ich werde sterben, und nichts außer der Dharma-Ausbildung kann mir helfen, wenn ich sterbe« –, Ihren Geist zu durchdringen. Sie »marinieren« Ihren Geist in dieser Erkenntnis. Im Laufe der Zeit wiederholen Sie diesen Prozess, untersuchen die Lehren über die Vergänglichkeit und den Tod und meditieren dann gedankenscharf über die Schlussfolgerungen. Schließlich wird diese Vorstellung Ihren Geist durchtränken und Ihre Einstellung zu Leben und Tod umkehren.

Ein zweites Beispiel betrifft die Kultivierung der Liebe, ein anderes Thema, das im Buddhismus von immenser Bedeutung ist. Auch wenn Sie Peter anfänglich nicht gemocht haben, wollen Sie Ihrer Beziehung eine Chance geben, nachdem Sie die Lehren über die Liebe kennengelernt haben. (Näheres über Peter finden Sie in dem Abschnitt »Die

Einstellung anpassen« weiter oben in diesem Kapitel.) Sie lernen, dass Sie nicht in Ihrer begrenzten Sicht auf Peter gefangen bleiben müssen, und beginnen, ihn in einem neuen Licht zu sehen. Sie entdecken, dass Ihre Einstellung zu ihm weicher wird; und statt ihm Böses zu wünschen, möchten Sie, dass er glücklich wird.

Zuerst mag Ihr Wunsch, ihn glücklich zu sehen, ziemlich schwach sein. Aber wenn Sie Ihren Geist in der Meditation auf diesen Wunsch lenken, sickert sein Geschmack in Ihr Bewusstsein ein und transformiert es. Selbst wenn sich Peter danach immer noch schrecklich benimmt, werden Sie ihn mit anderen Augen betrachten und anders auf ihn reagieren. Weil sich etwas in Ihnen so radikal geändert hat, wird sich dann vielleicht auch Peter etwas öffnen. Zumindest geben Sie ihm durch Ihre nachgiebigere Einstellung Raum zur Änderung.

IN DIESEM KAPITEL

Ein Besuch in einem Theravada-Kloster

Zen in den Alltag integrieren

In die Fußstapfen eines ergebenen tibetischen Praktikers treten

Einen Tag mit der einzigartigen Jodo-Shin-shu-Tradition verbringen

Kapitel 8
Ein Tag im Leben eines Buddhisten

In früheren Kapiteln dieses Buches erklärten wir, wie sich der Buddhismus in Asien entwickelt, in verschiedene Strömungen aufgespalten und seinen Weg in den Westen gefunden hat. Aber wie werden die buddhistischen Methoden und Lehren praktiziert? Sicher, die meisten Buddhisten meditieren, doch was genau heißt das? Was tun sie sonst noch? Wie verbringen sie ihre Zeit? Wie unterscheidet sich ihr Alltagsleben von Ihrem?

In diesem Kapitel beantworten wir diese Fragen, indem wir Ihnen aus erster Hand einen Einblick in die buddhistische Praxis geben, und zwar in Form ausführlicher Beschreibungen des Alltags von Praktikern aus vier verschiedenen Traditionen, die heute im Westen praktiziert werden. Es gibt zahlreiche Varianten des Buddhismus, doch eines haben alle Traditionen gemeinsam – und das macht ihr buddhistisches Wesen aus: die Bedeutung, die sie den grundlegenden Dharma-Lehren zumessen. Beispiele für diese Lehren umfassen die Vier Edlen Wahrheiten und den Achtfachen Pfad (siehe Kapitel 3), die drei Merkmale der Existenz (Vergänglichkeit, Nicht-Wesenhaftigkeit und Unzufriedenheit, siehe die Kapitel 2 und 17) und die Kultivierung spiritueller Kernqualitäten wie Geduld, Großzügigkeit, liebendes Mitgefühl, Erbarmen, Verehrung, durchdringende Einsicht und Weisheit.

Wir glauben, dass dieses Kapitel die Religion des Buddhismus für Sie lebendig werden lässt und sie praxisnäher und direkter schildert als alle anderen Kapitel in diesem Buch.

Die Rolle der Klöster im Buddhismus

Buddhistische Mönche und Nonnen haben traditionell ihre weltlichen Bindungen zugunsten eines einfachen Lebens aufgegeben, das der »Dreifachen Schulung« (*Trishiksha*) des Buddhismus gewidmet ist (Näheres über die Dreifache Schulung finden Sie in Kapitel 13):

✔ **Schulung der Sittlichkeit (Shila):** ethisches Verhalten

✔ **Schulung des Geistes (Samadhi):** Meditationspraxis

✔ **Schulung der Weisheit (Prajna):** Studium des Dharma und direkte spirituelle Einsicht

Um dieses Bemühen zu unterstützen, werden Klöster im Allgemeinen abseits vom Tumult des normalen Lebens errichtet. Einige Klöster liegen in relativ abgelegenen Gegenden wie in einem Wald oder in den Bergen; andere liegen in der Nähe von oder sogar in Dörfern und kleinen oder großen Städten, wo sie gleichzeitig die Bedürfnisse der Mönche und Nonnen nach ungestörter Kontemplation *und* die Bedürfnisse der Laien nach spiritueller Bereicherung erfüllen.

Unabhängig von ihrer Lage haben Klöster traditionell Beziehungen zu ihrer sie umgebenden Laien-Gemeinde gepflegt. So verlassen sich Mönche und Nonnen in der Theravada-Tradition ausschließlich auf die Unterstützung durch Laien, um Nahrung und finanzielle Mittel zu erhalten. (Näheres darüber finden Sie in Kapitel 4.) Die Tradition verbietet es Mönchen und Nonnen, Nahrungsmittel anzubauen oder zu kaufen oder Geld zu verdienen, ja sogar es bei sich zu tragen. Deshalb machen Mönche und Nonnen regelmäßig ihre Almosensammelrunden in den nahe gelegenen Dörfern und Städten (um dort von ihren Anhängern Nahrungsmittel zu erhalten) und öffnen ihre Türen für die Laienschaft, um von ihr Spenden in Form von Geld, Nahrung oder Arbeit zu erhalten.

Ähnlich liegen buddhistische Klöster in Tibet oft in der Nähe einer Stadt oder eines Dorfes. Die Klöster rekrutieren von dort ihre Mitglieder und werden von diesen nahe gelegenen Gemeinden materiell unterstützt. Der Austausch funktioniert in beide Richtungen. Traditionell profitiert die Laienschaft in Tibet und in Südostasien von den Dharma-Lehren und dem weisen Rat der Mönche und Nonnen.

In China wurden die Regeln für Mönche und Nonnen geändert. Sie durften selbst Nahrungsmittel anbauen und ihre Finanzen verwalten und wurden dadurch von der Unterstützung der Laien unabhängiger. Als Folge davon entwickelten sich viele Klöster in China, Japan und Korea zu eigenen Welten, die Hunderte oder sogar Tausende von Mönchen anzogen, die bei berühmten Lehrern studieren wollten. Hier florierten exzentrisches Verhalten, mysteriöse Lehrgeschichten (japanische *Koans*; Näheres darüber finden Sie in dem Einschub »Das torlose Tor durchschreiten: Koan-Praxis im Zen« in diesem Kapitel) und der einzigartige Fachjargon des Zen. (Näheres finden Sie in dem Abschnitt »Einen Lotos im Sumpf heranziehen: Ein Tag im Leben eines Zen-Praktikers« später in diesem Kapitel.)

Trotz der Unterschiede ihrer Doktrinen, Architektur und Kultur läuft der Alltag in allen buddhistischen Klöstern bemerkenswert ähnlich ab. Im Allgemeinen stehen Mönche und

Nonnen früh auf und verbringen den Tag mit Meditieren, Chanten (rituelles Singen), anderen rituellen Handlungen, Studieren und Arbeiten.

Weltliche Bindungen aufgeben: Ein Tag im Leben eines buddhistischen Mönches im Westen

Abhayagiri, ein buddhistisches Kloster der Theravada-Tradition, ist ein ausgezeichnetes Modell für das buddhistische Mönchstum im Westen. Es liegt auf einer bewaldeten Fläche von 280 Morgen in den Wäldern von Nordkalifornien, etwa drei Autostunden nördlich von San Francisco.

Rund um das Kloster befinden sich kleine Hütten, in denen die fünf voll ordinierten Mönche (darunter zwei Lehrer), zwei Nonnen und vier *Novizen* (angehende Mönche oder Nonnen) wohnen. Wie in der Wald-Tradition in tropischen buddhistischen Ländern wie Thailand, in denen die beiden residenten Lehrer Abhayagiris ihre Ausbildung begannen, hat jede(r) Praktiker(in) eine eigene, spärlich möblierte Hütte für die persönliche Meditation und das Studium.

Die Mönche und Nonnen in Abhayagiri haben ihren strengen Lebensstil nicht aus einer Laune heraus gewählt. Die fünf ordinierten Mönche begannen als Novizen, indem sie sich zur Einhaltung zuerst von acht und dann von zehn Geboten verpflichteten, bevor sie sich dem kompletten *Vinaya* (ethischer Kodex) unterwarfen, der 227 Hauptgebote umfasst. (Näheres über Gebote finden Sie in Kapitel 12.) Sie können sich vorstellen, dass dies nicht leicht ist: Allein diese Regeln auswendig zu lernen und laufend zu beachten, erfordert eine größere Anstrengung!

Die Nonnen haben sich zu einem Ausbildungsprogramm verpflichtet, das besonders für Frauen der Theravada-Tradition im Westen entwickelt worden ist. Die komplette Ordinationsprozedur für Theravada-Nonnen wurde vor etwa 1.000 Jahren letztmals in Südostasien verwendet (möglicherweise als Folge von Krieg oder Hunger und dem untergeordneten Status von Frauen in den traditionellen asiatischen Gesellschaften). Diese neue Ausbildung für Nonnen basiert auf der Zehn-Gebote-Ordination und umfasst etwa 120 Regeln und Vorschriften, die den ursprünglichen Vinaya für Nonnen, der aus 311 Regeln bestand, entsprechen und sie etwas komprimieren.

> Neben anderen Einschränkungen verzichten Mönche und Nonnen auf sexuelle Aktivitäten jeder Art und körperliche Berührungen mit dem anderen Geschlecht. Sie dürfen nach 12 Uhr mittags keine feste Nahrung mehr zu sich nehmen, nichts verkaufen, Geld weder erbitten noch bei sich tragen oder Schulden machen.

Natürlich üben diese Regeln einen wichtigen Einfluss auf das mönchische Leben aus. So sind Mönche und Nonnen davon abhängig, dass Laien die Finanzen des Klosters regeln, und sie dürfen kein Projekt anstoßen, wenn das Kloster nicht über das Geld zu seiner Finanzierung verfügt. Keine Filme, kein Fernsehen, keine Musik, keinen Mitternachtssnack. Die meisten Laien können sich ein Leben in solcher Einfachheit und Disziplin nicht einmal vorstellen! Doch Abhayagiri folgt nur dem altbewährten Modell des Lebens buddhistischer Mönche, das über Tausende von Jahren tradiert worden ist.

 Auch wenn Abhayagiri ein Kloster für das spirituelle Streben seiner Mönche und Nonnen ist, kommen und gehen regelmäßig Laien, um Nahrungsmittel zu spenden, an Übungen teilzunehmen, ihre Gebote und Zufluchtsgelübde zu erneuern und von den residenten Lehrern unterrichtet zu werden.

Männliche und weibliche Laien, die das Kloster zum ersten Mal besuchen, können bis zu einer Woche in dem Kloster bleiben, solange sie bereit sind, sich dem Tagesablauf unterzuordnen und an den Übungen teilzunehmen. Wer bereits vorher in dem Kloster gewesen ist, kann es auch länger besuchen. Weil das Kloster nicht sehr alt ist (es wurde 1996 gründet), sind die Möglichkeiten zur Unterkunft ziemlich begrenzt, und die meisten Besucher bringen eigene Zelte mit.

Der Tagesablauf

Als Mönch oder Nonne in Abhayagiri folgen Sie einem Tagesablauf, der für buddhistische Klöster auf der ganzen Welt typisch ist. Sie stehen lange vor Sonnenaufgang um 4:00 Uhr morgens auf, duschen, ziehen sich an und gehen die etwa 800 Meter von Ihrer Hütte zum Hauptgebäude, um sich mit Ihren Kollegen zum Chanten und zur Meditation zu treffen, das beziehungsweise die um 5:00 Uhr beginnt. Die ersten 20 Minuten sind dem Chanten verschiedener Texte gewidmet, die die Verehrung der Praxis ausdrücken (siehe Abbildung 8.1)

Abbildung 8.1: Westliche Theravada-Mönche beim Chanten (Foto mit freundlicher Genehmigung des Aruna Ratangir Buddhist Monastery)

und vertraute Dharma-Themen wie die Entsagung, Genügsamkeit, liebendes Mitgefühl, Alter, Krankheit und Tod ansprechen. Nach der Zufluchtnahme zu den Drei Juwelen (Buddha, Dharma und Sangha) meditieren alle schweigend miteinander eine Stunde lang; dann wird noch einmal gechantet. (Näheres über die Meditation in der Theravada-Tradition finden Sie in Kapitel 5.)

Zwischen 6:30 und 7:00 Uhr werden Routinearbeiten erledigt. Danach kommen alle zusammen, um über einem leichten Frühstück aus Getreideflocken und Tee die Arbeit für den Morgen zu besprechen. Nach der Verteilung der Aufgaben arbeitet jeder gewissenhaft und achtsam bis 10:45 Uhr. Dann werden die Roben für die Hauptmahlzeit des Tages angelegt, die von den Laien-Mitgliedern angeboten wird. Die Mahlzeit ist ein formeller Akt. Nachdem sich die Mönche und Nonnen bedient haben, nimmt die Laienschaft ihre Portionen; dann essen alle schweigend zusammen. Jeder hilft beim Abräumen und Abwaschen. Am Nachmittag meditiert, studiert, wandert oder ruht jeder für sich. Feste Nahrung gibt es erst wieder am nächsten Tag um 7:00 Uhr morgens – und private Vorräte sind strikt verboten!

Um 17:30 Uhr werden in der Haupthalle Tee und Fruchtsäfte angeboten. Danach folgt eine Dharma-Lesung mit anschließender Diskussion um 18:30 Uhr sowie Meditation und Chanten um 19:30 Uhr. Etwa zwischen 21:00 und 22:00 Uhr gehen die Mönche und Nonnen in ihre Hütte, um ihre Meditation fortzusetzen oder zu ruhen, um sich auf einen weiteren langen Tag vorzubereiten, der um 4:00 Uhr morgens beginnt.

Da zunächst die Strenge und relative Starrheit einer solchen Routine auffällt, wollen wir die Freude und Erfüllung betonen, die ein Leben in solcher Reinheit, Bewusstheit und Verehrung der Wahrheit begleiten. Ohne die vielen Ablenkungen des postmodernen Lebens als Laie werden die subtilen Einsichten und Enthüllungen des spirituellen Lebens schneller und leichter gewonnen. Deshalb empfahl Buddha das mönchische Leben, und deshalb folgen so viele ergebene Anhänger seinem Beispiel.

Vipassana-Zentren für Laien

Ähnlich wie die Zen-Tradition unterstützt die Theravada-Tradition neben den Klöstern im Westen zahlreiche Zentren, in denen Laien praktizieren können. (Siehe den Abschnitt »Einen Lotos im Sumpf heranziehen: Ein Tag im Leben eines Zen-Praktikers« später in diesem Kapitel.) In diesen Praxiszentren können Laien zusammenkommen und meditieren lernen, Dharma-Vorträge hören, Workshops über buddhistische Themen besuchen und an Retreats verschiedener Länge (von einem Tag bis zu drei Monaten) teilnehmen. Häufig werden diese Zentren nicht als *Theravada*-, sondern als *Vipassana*-Zentren (Vipassana = Einsicht) bezeichnet. Sie werden hauptsächlich von westlichen Lehrern geleitet, die zum Teil in Asien ausgebildet worden sind. Einige Zentren sind mit nahe gelegenen Klöstern verbunden.

Spezielle Ereignisse im Kalender

Neben dem Tagesablauf, den wir in dem vorangegangenen Abschnitt beschrieben haben, wird der Kalender des Klosters durch die Mondviertel (die Tage, an denen die Mondphase jeweils ein Viertel vollendet hat) und die dreimonatige Regenzeit geprägt.

Die Tage eines Mondviertels (etwa jede Woche) werden als eine Art Feiertag begangen: Jeder steht auf, wann er will; das übliche Programm der Meditation und Arbeit entfällt; und niemand rührt einen Computer oder ein Telefon an. Stattdessen führen die Mönche und Nonnen ihre Almosensammelrunden durch; sie legen ihre Roben an und gehen mit ihrer Almosenschale durch die Straßen des nahe gelegenen Ortes, um Nahrungsspenden von jedem entgegenzunehmen, der bereit ist zu spenden (siehe Abbildung 8.2). Dann widmen sie den Rest des Tages persönlichen Übungen.

Abbildung 8.2: Theravada-Mönche empfangen Spenden von Laien-Anhängern. (Foto mit freundlicher Genehmigung des Aruna Ratangir Buddhist Monastery)

Abends hält einer der Lehrer einen Dharma-Vortrag, an dem auch Laien teilnehmen können. Laien, die das Kloster besuchen und über Nacht bleiben, nehmen die Drei Zufluchten (Buddha, Dharma und Sangha) und geloben, während ihres Aufenthalts acht Gebote einzuhalten – die üblichen fünf Gebote für Laien (wobei die mönchische Enthaltsamkeit anstelle der Vorschriften für das sexuelle Verhalten von Laien tritt) plus drei Gebote, die ein »Körnchen« Entsagung enthalten: nach 12:00 Uhr keine feste Nahrung mehr aufnehmen, auf Unterhaltung, Schmuck und Schminke verzichten und nicht in einem luxuriösen Bett schlafen (auch: nicht zu viel schlafen). (Näheres über die fünf grundlegenden Gebote finden Sie in Kapitel 12.) Laien und Mönche und Nonnen meditieren bis 3:00 Uhr zusammen; danach folgt das Morgen-Chanten. Der Rest des Tages ist vollkommen unstrukturiert, und Mönche und Nonnen nutzen ihn oft, um Schlaf nachzuholen.

Am Samstagabend werden im Kloster regelmäßig Dharma-Vorträge abgehalten, die noch mehr Zuhörer von außen anziehen als die Mondviertel-Versammlungen.

Der Höhepunkt des Jahres in Abhayagiri kommt im Januar mit dem Beginn des dreimonatigen Regenzeit-Retreats (Retreat = Rückzug). Der Retreat entspricht der traditionellen Monsun-Versammlung der Mönche in Indien und fällt zufällig mit der regenreichsten Jahreszeit in Nordkalifornien zusammen. Zweck dieser Versammlung ist die gemeinsame Übung der Mönche und Nonnen. Sie gibt ihnen Gelegenheit, das edle Schweigen zu beachten, ihre Aufmerksamkeit nach innen zu lenken und ihre Praxis zu intensivieren. Übernachtungen von Gästen und Vorträge außerhalb des Klosters sind verboten, und der Tagesablauf wird noch stärker reglementiert, wobei viel mehr Gruppensitzungen mit gemeinsamen Übungen abgehalten werden. Dazwischen suchen die Mönche und Nonnen ihre Hütten für ein persönliches Retreat auf.

Verbeugungen

Stephans erster Zen-Lehrer pflegte zu sagen: »Der Buddhismus ist eine Religion der Verbeugungen.« Damit meinte er zwei Dinge:

- ✔ Die Verbeugung drückt den Verzicht auf das ichzentrierte Handeln aus, der zu den Kernlehren des Buddhismus zählt.
- ✔ Buddhisten verbeugen sich sehr oft.

Beide Aussagen sind wahr. Verbeugungen spielen in allen Traditionen des Buddhismus eine wichtige Rolle. Buddhisten verbeugen sich vor ihren Altären, ihren Lehrern, ihren Roben, ihren Sitzkissen und voreinander. Als traditioneller Ausdruck der Dankbarkeit, des Respekts, der Verehrung, der Anerkennung und der Unterwerfung erfolgen Verbeugungen sowohl spontan als auch rituell in vorgeschriebenen Situationen und Kontexten. Anders ausgedrückt: Manchmal verbeugen sie sich aus ihrem Gefühl heraus und manchmal, weil es von ihnen erwartet wird.

Verbeugungen sind auch in den traditionellen asiatischen Gesellschaften weit verbreitet. Haben sich Asiaten bereits vor dem Buddhismus verbeugt? Die Religion wurde vor 2.500 Jahren in Indien begründet, kam mehrere Hundert Jahre später nach Südostasien und fasste in der Mitte des ersten Jahrtausends n. Chr. Fuß in Tibet, China, Korea und Japan. Deshalb sind der Buddhismus, das Verbeugen und die asiatische Kultur unentwirrbar verflochten.

Je nach Kultur und Umständen nimmt das Verbeugen im Buddhismus verschiedene Formen an:

- ✔ In Südostasien zeigen Sie Ihren Respekt, indem Sie mit den Händen in Gebetsposition die leicht gebeugte Stirn berühren. Bei einer vollen Verbeugung knien Sie in dieser Position nieder, setzen sich mit dem Gesäß auf die Fersen, legen dann die Handflächen in einem Abstand von etwa 12 Zentimetern vor sich auf den Boden und berühren mit der Stirn den Boden zwischen den Händen.
- ✔ Im japanischen Zen führen Sie eine halbe Verbeugung aus, indem Sie die Hände auf der Höhe der Brust zusammenlegen und sich dann aus der Taille verbeugen. Bei einer vollen Verbeugung beginnen Sie mit einer halben Verbeugung und

> fahren dann mit der Verbeugung im südostasiatischen Stil fort, außer dass die Handflächen nach oben statt nach unten zeigen.
>
> ✓ Im tibetischen Buddhismus zollen Sie Respekt, indem Sie mit den zusammengelegten Händen die Stirn, den Hals und das Herz berühren, um die Hingabe Ihres Körpers, Ihrer Rede und Ihres Geistes anzuzeigen. Bei einer vollen Niederwerfung wird die volle Verbeugung des Zen (mehr oder weniger) so weit verlängert, bis Sie mit dem Gesicht auf dem Boden liegen.
>
> Auch wenn die Verbeugung zu einer reinen Formalität verfallen kann, besteht ihr tieferer Sinn darin, innigen Respekt und Verehrung auszudrücken. Die übliche Praxis der Verbeugung in buddhistischen Klöstern und Gemeinden trägt zu einer Atmosphäre der Harmonie, des liebenden Mitgefühls und des Friedens bei. Wenn Sie im Westen aufgewachsen sind, haben Sie vielleicht die Maxime »Verbeuge dich vor niemandem!« gelernt und deshalb zunächst gewisse Hemmungen, dieser Praxis zu folgen. Doch vielleicht stellen Sie bald fest, dass sie eine Flexibilität und Offenheit von Geist und Herz fördert, die mit guten Gefühlen verbunden ist – und sie entspricht durch und durch dem Geist des Buddhismus! Stephans erster Lehrer pflegte ihm zu sagen: »Wohin immer du dich hinwendest, du verbeugst dich einfach vor dir selbst.« Dies sollten Sie nicht vergessen.

Einen Lotos im Sumpf heranziehen: Ein Tag im Leben eines Zen-Praktikers

Zen kam bereits gegen Ende des 19. Jahrhunderts nach Nordamerika, gewann aber erst in den 1960er und 1970er Jahren an Beliebtheit, als immer mehr Zen-Lehrer ins Land kamen und junge Menschen (die von den Religionen enttäuscht waren, mit denen sie aufgewachsen waren) anfingen, nach Alternativen zu suchen. (In Kapitel 5 finden Sie weitere Details über den Zen-Buddhismus.) Seitdem hat sich eine spezifisch westliche Form der buddhistischen Praxis etabliert: die *Zen-Zentren*, die in vielen Städten Nordamerikas und Europas entstanden sind. Ähnlich wie in einem Kloster werden im Tagesablauf in einem Zen-Zentrum Meditation, rituelle Handlungen und Arbeit mit regelmäßigen Vorträgen und Studiengruppen kombiniert. Doch im Gegensatz zu den Klöstern ist das Angebot der Zentren an die Bedürfnisse geschäftiger Laien-Praktiker angepasst, die die Anforderungen des Familienlebens, der Karriere und anderer weltlicher Pflichten mit ihrem spirituellen Engagement in Einklang bringen müssen.

Obwohl die Zen-Tempel in Japan und Korea ebenfalls Meditationsgruppen für Laien veranstalten, hat sich in Asien nichts dem Zen-Zentrum Entsprechendes entwickelt. Dies hat einen ziemlich einfachen Grund: Im Westen gibt es viel mehr Laien-Praktiker, die sich leidenschaftlich der buddhistischen Praxis widmen, als in Asien, wo ernsthafte Praktiker im Allgemeinen ihre Gelübde als Mönch, Priester oder Nonne ablegen. Vielleicht ist dieses Phänomen die Folge der westlichen Überzeugung, dass wir beides zugleich erreichen können: spirituelle Erleuchtung und weltlichen Erfolg. (Die jüdisch-christliche Ethik, die in Nordamerika so dominant ist, lehrt, dass Alltagsleben und spirituelle Praxis untrennbar verbunden sind.) Oder vielleicht haben Westler einfach keine Wahl: In einer Kultur, in der

der klösterliche Weg nicht von einer großen Laienschaft anerkannt und unterstützt wird, müssen Praktiker ihren Lebensunterhalt verdienen, während sie den Dharma studieren und praktizieren.

Auf jeden Fall gibt es auch im Buddhismus gewichtige Präzedenzfälle für diesen Ansatz: Die Mahayana-Tradition, zu der die Zen-Tradition gehört, schreibt Laien und Ordensmitgliedern die gleiche Fähigkeit zu, die Erleuchtung zu erlangen. Besonders die Zen-Tradition hat immer betont, wie wichtig es sei, auch die meisten weltlichen Tätigkeiten als Meditationspraxis aufzufassen: Geschirrspülen, Autofahren, Kinderpflege und so weiter. Die Mahayana-Tradition drückt diese Auffassung folgendermaßen aus:

> So wie die schönste Blume, der Lotos, in schlammigem Wasser wächst, kann der Praktiker Klarheit und Mitgefühl im Tumult des Alltagslebens finden.

Auch wenn die Zen-Zentren den spirituellen Mittelpunkt ihrer Gemeinden bilden, setzen die Anhänger ihre Übungen den ganzen Tag lang fort, indem sie jede Aktivität mit meditativer Achtsamkeit ausführen.

Der Tagesablauf

Als Zen-Praktiker werden Sie ermutigt, Zazen alleine zu üben; aber das Sitzen mit anderen Mitgliedern des *Sangha* (Gemeinde) gilt als besonders wirksam und förderlich. (Der Sangha zählt neben Buddha und dem Dharma zu den Drei Juwelen des Buddhismus.) Deshalb bieten die meisten Zen-Zentren tägliche Gruppenmeditationen an – üblicherweise früh am Morgen vor der Arbeit und am Abend nach der Arbeit (siehe Abbildung 8.3). Je nachdem, wie viel Zeit Sie zur Verfügung haben und welchen Zeitplan Ihr Zentrum hat, können Sie etwa eine bis drei Stunden Zen mit anderen praktizieren.

Abbildung 8.3: Westliche Laien bei der Zazen-Praxis (Mit freundlicher Genehmigung des San Francisco Zen Center.)

Meditierende im ganzen Land versammeln sich rituell vor Sonnenaufgang in sogenannten Zendos (Meditationshallen, die mit Zen-Zentren verbunden sind), um zusammen zu meditieren. (Da der Zen in seiner japanischen Form im Westen am bekanntesten ist, verwenden wir in diesem Abschnitt die japanischen Begriffe. Sie dürfen jedoch nicht vergessen, dass der Zen-Buddhismus ursprünglich aus China stammt und auch von koreanischen und vietnamesischen Lehrern in den Westen gebracht worden ist.)

Kern der Zen-Praxis ist *Zazen* (wörtlich »Sitzmeditation«), eine Form der schweigenden Meditation, die sowohl als Methode zur Erlangung der Erleuchtung als auch als Ausdruck der bereits erleuchteten Buddha-Natur verstanden wird. Anders ausgedrückt: Sie können zugleich *die Wahrheit sein und suchen*! Ein ziemlich beeindruckendes Zweierpack ...

Nachdem Sie den Zendo betreten haben, verbeugen Sie sich respektvoll vor Ihrem Sitzkissen oder Stuhl. Dann setzen Sie sich, um sich auf Ihr Zazen vorzubereiten. Selbst in seiner westlichen Form ist Zen für seine sorgfältige Einhaltung der traditionellen Formalitäten bekannt. Die Meditation beginnt mit dem Läuten einer Glocke oder dem Schlagen eines Gongs und wird im Allgemeinen schweigend für 30 bis 40 Minuten ausgeführt. Je nach der Schule des Zen (siehe Kapitel 5), zu der Sie gehören, und der Reife Ihrer Übungspraxis verbringen Sie die Zeit mit der Beobachtung Ihres Atems, mit Einfach-nur-Sitzen (einer fortgeschritteneren Technik, bei der Sie sich achtsam den jeweiligen Moment vergegenwärtigen, ohne Ihre Aufmerksamkeit auf ein bestimmtes Objekt zu fokussieren) oder mit dem Versuch, einen Koan zu lösen (eine geheimnisvolle Lehrgeschichte, siehe den Einschub »Das torlose Tor durchschreiten: Koan-Praxis im Zen«). Unabhängig von Ihrer Meditationstechnik sollen Sie mit aufrechter Wirbelsäule und ungeteilter Aufmerksamkeit sitzen.

Zwischen den Meditationssitzungen bilden Sie mit den anderen Praktikern eine Reihe und meditieren, während Sie achtsam die Halle umkreisen (Gehmeditation). Nach ein oder zwei Sitzungen chanten alle normalerweise eines der vier *Bodhisattva-Gelübde*:

✔ Die (bewussten) Wesen sind ohne Zahl; ich gelobe, sie zu retten.

✔ Die Anhaftungen (oder Täuschungen) sind unerschöpflich; ich gelobe, sie zu beenden.

✔ Die Dharmas (Lehren, Wahrheiten) sind grenzenlos; ich gelobe, sie zu beherrschen.

✔ Der Weg des Buddha ist unübertrefflich; ich gelobe, ihn zu erreichen.

Bei der Andacht nach der Meditation verbeugen Sie sich dreimal oder neunmal tief vor dem Altar (auf dem normalerweise eine Statue von Shakyamuni Buddha oder Manjushri Bodhisattva, Blumen, Kerzen und Weihrauch steht) und chanten eine oder mehrere Weisheitstexte, darunter im Allgemeinen das Herz-Sutra. Diese Texte enthalten prägnante Vergegenwärtigungen der Kernlehren des Zen. Der Altar repräsentiert die Drei Juwelen des Buddhismus, die ultimativen Objekte der Ehrerbietung und der Zuflucht: Buddha, Dharma und Sangha.

Nach der Morgenmeditation hat Ihre Zen-Praxis gerade erst begonnen. Den ganzen Tag haben Sie Gelegenheit zur Achtsamkeit. Dabei achten Sie nicht nur auf das, was um Sie herum passiert, sondern auch auf Ihre Gedanken, Emotionen und Reaktionsmuster, die durch die äußeren Ereignisse ausgelöst werden. Ob im Sitzen auf dem Kissen oder beim Gehen: Diese konstante, umfassende Achtsamkeit bildet in jeder Tradition den Kern der buddhistischen Praxis.

 Besonders die Zen-Tradition betont, jeden Aspekt des Lebens achtsam zu betrachten, weil dahinter eine tiefere Wahrheit steht: Sie sind nicht getrennt von den Werkzeugen, die Sie benutzen, von dem Auto, das Sie fahren, von dem Geschirr, das Sie spülen, und von den Leuten, denen Sie begegnen. Die Welt ist Ihr ureigener Körper!

So können Sie, wenn Sie sich ans Lenkrad setzen, einen Moment innehalten und bewusst Ihre Empfindungen registrieren: die Berührung Ihres Rückens mit dem Sitz, das Geräusch beim Anlassen des Motors, die gedämpften Stöße der Fahrbahn. Sie können beim Fahren auch bewusst auf den Zustand Ihres Geistes und Ihre Gefühle achten. Wenn Sie an einer Ampel anhalten, können Sie sich Ihre Ungeduld bewusst machen, mit der Sie auf das Umspringen der Ampel warten. Sie können auch auf die Verkehrsgeräusche hören, die Wärme der Sonne spüren, die durch das Fenster scheint und so weiter. Diese Beispiele sollen zeigen, dass Sie jeden Moment vom Morgen bis zum Abend zum Üben nutzen können.

Neben der Meditation und den Andachten bieten die residenten Lehrer der meisten Zen-Zentren wöchentliche Dharma-Vorträge sowie regelmäßige Sprechstunden an, in denen die Meditierenden ihre Übungen mit dem Lehrer besprechen können. Bei diesen persönlichen Begegnungen kann jeder Bereich der Praxis zur Sprache kommen: die Arbeit, Beziehungen, die Sitzmeditation, das formelle Koan-Studium und andere. Der Zen-Meister ist kein Guru, der über spezielle Kräfte verfügt. Praktiker betrachten ihn als fähigen Führer und lebendiges Beispiel für ein erleuchtetes Leben.

Wenn Sie Zen ernsthaft studieren, aber nicht in einem Zentrum praktizieren können, weil Sie krank sind, zu weit weg wohnen oder keine Zeit finden, können Sie im Allgemeinen eine Variante des täglichen Zeitplans auch zu Hause einhalten, indem Sie sich morgens und möglichst auch abends zum Meditieren hinsetzen. Um Ihre Praxis aufzufrischen und zu vertiefen, können Sie dann im Laufe des Jahres ein oder mehrere intensive Retreats besuchen.

Das torlose Tor durchschreiten: Koan-Praxis im Zen

Welches Bild erscheint vor Ihrem geistigen Auge, wenn Sie an Zen denken? Sind es kahl geschorene Mönche, die in schwarzen Roben schweigend mit dem Gesicht zur Wand sitzen? Ist es ein Zen-Meister, der etwas Geheimnisvolles sagt oder sich bizarr verhält, um einen Schüler aus seinem spirituellen Schlaf zu reißen?

Dieses letzte Bild ist typisch für die Zen-Lehrgeschichten, die als *Koans* bezeichnet werden. Besonders in der Rinzai-Zen-Tradition verwendeten Lehrer Koans viele Jahrhunderte lang als Katalysator für das Erwachen ihrer Schüler. Ein Koan ist keine intellektuelle Übung, sondern ein Prozess der spirituellen Reflexion, der den konzeptionellen Geist verwirren, den Intellekt umgehen und eine direkte Einsicht (*Kensho*) in die nicht-dualistische Natur der Wirklichkeit auslösen soll, die als wesenseigene Einheit des Selbst mit allem Leben verstanden wird.

Einige Meister, besonders in den Anfangsjahren des Zen in China, brauchten solche Geschichten nicht. Bei ihrem direkten Kontakt mit ihren Schülern im Alltagsleben des Klosters hatten sie reichlich Gelegenheit, den Dharma durch gesprochene Wörter, Gesten, Verhaltensweisen und vor allem ihre schweigende Anwesenheit weiterzugeben. Doch als die Klöster wuchsen und der Zugang zu den Lehrern schwieriger wurde, beschränkte sich die lehrende Begegnung zunehmend auf den öffentlichen Dialog und den Interviewraum, wo der Meister das Verständnis seiner Schüler testen und sie ermutigen konnte.

In diesem Kontext begannen Zen-Meister, traditionelle Fragen zu stellen und wahre Geschichten über klassische Lehrer-Schüler-Begegnungen zu erzählen, anfänglich, um das Kensho (Erwachen) auszulösen, und dann, um die vielen Facetten des Juwels der *Prajna* (erleuchtete Weisheit) zu vermitteln. Im Laufe der Jahrhunderte wurden diese Geschichten und Fragen gesammelt und systematisiert. Daraus entstand eine Art Studienprogramm für das Leben aus der Perspektive der Erleuchtung. Weil der Zen-Buddhismus »die direkte Überlieferung außerhalb der Texte« so stark betont, rückten Koans zusammen mit der Überlieferung von Geschichten und Gedichten der großen Meister in den Fokus des Studiums ernsthafter Zen-Praktiker. Sie werden heute noch in Asien und jetzt im Westen in großem Maße verwendet. Beispiele für die bekannteren Koans sind: »Welches Geräusch macht das Klatschen mit einer Hand?«, »Wie sah dein Gesicht aus, bevor deine Eltern geboren wurden?« oder »Wer bin ich?«

Schweige-Retreats besuchen

Die meisten Zen-Zentren im Westen bieten regelmäßig sogenannte Retreats (japanisch: *Sesshin*) an, die einen bis sieben Tage dauern und jeden Tag etwa gleich viel Meditationsperioden, Gottesdienste am Morgen und Abend, tägliche Dharma-Vorträge und Interviews umfassen. (Koreanische Zen-Zentren bieten auch Retreats an, die hauptsächlich dem Chanten und Verbeugen gewidmet sind.) Generell ist bei diesen strengen Retreats striktes Schweigen vorgeschrieben. Sie bieten die Gelegenheit, die Konzentration zu stärken, die Einsicht in die grundlegenden Wahrheiten des Buddhismus zu vertiefen und möglicherweise einen Blick auf Ihre wesentliche Buddha-Natur zu erhaschen (eine Erfahrung des Erwachens, die in Japan als *Kensho* oder *Satori* bezeichnet wird). Retreats, die länger als einen oder zwei Tage dauern, erfordern im Allgemeinen die Übernachtung im Zentrum, auch wenn Sie in einigen Zentren auf einer Teilzeitbasis an Retreats teilnehmen können, während Sie Ihr tägliches Leben fortsetzen.

Im Geiste der Mahayana-Tradition, wonach Mönche und Nonnen einerseits und Laien-Praktiker andererseits gleich sind, verfügen größere Zen-Zentren häufig über Retreat-Zentren auf dem Lande, die sowohl für ordinierte Mönche und Nonnen als auch für Laien-Praktiker klösterliche Unterkünfte und Ausbildungsmöglichkeiten anbieten.

Spezielle Ereignisse

Jedes Zen-Zentrum hat einen eigenen Jahreskalender mit speziellen Zeremonien und Ereignissen. So veranstaltet oder feiert das Zen Center of San Francisco etwa die folgenden Ereignisse:

✔ Gedenkzeremonien zur Ehrung des Begründers Suzuki Roshi

✔ Bodhisattva-Zeremonien bei Vollmond

✔ Wintersonnenwende

✔ Silvesterfeiern

✔ Frühjahrs-Tagundnachtgleiche

✔ Buddhas Geburtstag und Tag der Erleuchtung

✔ Jährliche Zeremonien zu Ehren des Gründers des Zen in China, Bodhidharma, und des Gründers des Zen in Japan, Ehei Dogen

Viele Zentren bieten auch wöchentlich Studiengruppen an, die sich auf buddhistische Schriften und die Lehren der großen Zen-Meister konzentrieren. Außerdem unterstützen die Zen-Gemeinden, wie die Kirchen anderer Glaubensrichtungen, soziale Zusammenkünfte, bei denen sich Mitglieder kennenlernen und Spaß miteinander haben können (schlicht: Partys)!

Sich den Drei Juwelen hingeben: Ein Tag im Leben eines Vajrayana-Praktikers

Neben den nordamerikanischen Konvertiten zum Buddhismus gibt es natürlich auch viele Tausend Menschen asiatischer Abstammung, die ihre buddhistische Praxis aus Asien mitgebracht oder sie von ihren Eltern oder Großeltern gelernt haben. Einige dieser asiatischen amerikanischen Buddhisten sind Mönche und Nonnen (viele aus Südostasien), die traditionelle Formen und Praktiken in den Westen mitgebracht haben. Doch die meisten sind Laien (Männer und Frauen), für die der Buddhismus oft mehr eine Sache der Verehrung und des Rituals als Meditation und Studium ist.

Die Praxis dieser asiatischen Amerikaner sieht etwa wie folgt aus:

✔ An den Wochenenden in den Tempel gehen und eine Predigt hören

✔ Sutras in der Sprache ihres Heimatlands chanten

✔ An speziellen Zeremonien teilnehmen, die den Wechsel der Jahreszeiten beziehungsweise den Jahreswechsel markieren

✔ Bei den Versammlungen im Tempel Nahrungsmittel spenden

✔ Bedürftigen Tempelmitgliedern in Zeiten der Not helfen

Auch wenn Menschen, die aufgrund ihrer Herkunft Buddhisten sind, vielleicht nicht formell meditieren, fühlen sie sich oft gleichermaßen verpflichtet, in ihrer Arbeit und ihrem Familienleben buddhistische Werte wie liebendes Mitgefühl, Erbarmen und Gleichmut zu verkörpern.

Natürlich meditieren viele traditionelle Laien-Praktiker. Einige haben bei anerkannten Lehrern studiert und ihr Leben der Vertiefung ihrer Dharma-Weisheit gewidmet. Wenn Sie aus einer Familie stammen, die sich zum tibetischen Vajrayana-Buddhismus bekennt, und jetzt als Laien-Praktiker im Westen leben, können Sie einige oder alle der folgenden täglichen Praktiken ausüben. (Näheres über den Vajrayana-Buddhismus in Tibet finden Sie in Kapitel 5.)

- ✔ Sie stehen früh, zwischen 5:00 und 6:00 Uhr, auf, um Ihren Tag mit der Meditation zu beginnen.

- ✔ Sie gehen um (umkreisen) Ihr Haus, in dem Sie einen heiligen Schrein mit Statuen, Schriftrollen und anderen rituellen Objekten errichtet haben.

- ✔ Beim Gehen lassen Sie Ihre Mala (buddhistischer Rosenkranz) durch die Finger gleiten, während Sie ein heiliges Mantra wie Om mani padme hum (das berühmte Mantra von Chenrezig, dem Bodhisattva des Erbarmens) oder das längere Mantra von Vajrasattva, dem Bodhisattva der Klarheit und der Reinigung, chanten.

- ✔ Nachdem Sie Ihren Schrein gereinigt haben, führen Sie 108 Niederwerfungen aus (Abbildung 8.4 soll Ihnen zeigen, wie sie ausgeführt werden), um Ihre Verehrung der Drei Juwelen (Buddha, Dharma und Sangha) und Zuflucht zu ihnen auszudrücken.

- ✔ Sie führen bestimmte Übungen aus, die Ihnen Ihr Lehrer gegeben hat. Sie bestehen oft aus einer Visualisierung einer Gottheit, begleitet von Chanting, Gebeten und Niederwerfungen.

- ✔ Im Laufe des Tages chanten Sie fortwährend *Om mani padme hum*, entweder laut oder schweigend für sich, während Sie die Qualitäten des Erbarmens und des liebenden Mitgefühls für alle Wesen kultivieren.

- ✔ Am Abend studieren Sie ein oder zwei Stunden bestimmte Lehren, die Ihnen Ihr Lehrer empfohlen hat.

- ✔ Bevor Sie schlafen gehen, bringen Sie auf Ihrem Altar Weihrauch und Kerzen dar, meditieren, führen weitere Niederwerfungen aus und rezitieren Gebete, in denen Sie für ein langes Leben Ihres Lehrers und seiner Heiligkeit des Dalai Lama bitten.

Das Leben eines traditionellen Vajrayana-Laien-Praktikers ist also von der spirituellen Praxis durchdrungen. Natürlich praktizieren einige Anhänger ergebener als andere; und junge Leute weichen eher von den Traditionen ab als ihre Eltern. Doch im Allgemeinen ist die tibetische Kultur sogar im Exil stark von buddhistischen Werten durchdrungen, was oft in einer hingebungsvollen Praxis zum Ausdruck kommt.

Dem Geist von Amida vertrauen: ein Tag im Leben eines Reines-Land-Buddhisten

Im Gegensatz zu den meisten anderen Formen des Buddhismus, die spirituelle Praktiken (besonders die Meditation) als Mittel zur Erleuchtung empfehlen, lehrt der Jodo-Shin-shu-Buddhismus (eine populäre Form des japanischen Reines-Land-Buddhismus, dessen Name »Wahre Schule des Reinen Landes« bedeutet) seine Anhänger, sich nicht auf ihre persönliche Praxis zu verlassen. Stattdessen sollen sie sich, laut Jodo-Shin-shu, auf die »große Praxis« des Buddha Amida selbst verlassen, der das Gelübde ablegte, alle Wesen zur Erleuchtung zu führen. (In Kapitel 5 werden viele Facetten des Reines-Land-Buddhismus näher beschrieben.)

Ein Jodo-Shin-shu-Anhänger glaubt daran, dass der Eintritt in das Reine Land (das eher als ein Zustand des Geistes und nicht als eine zukünftige Sphäre aufzufassen ist) durch die »Kraft des anderen« (Tariki – das heißt, die Kraft dessen, was der Buddha Amida bereits erreicht hat) und nicht durch eigene Versuche bewirkt wird. Jodo-Shin-shu versteht Amida (oder *Amitabha* in Sanskrit) als Ausdruck der unendlichen, formlosen, lebensgebenden Einheit, die aus tiefem Erbarmen heraus Form annahm, um das Reine Land zu schaffen und die Wesen zur Buddhaschaft zu führen.

Shinran, der diese Tradition im 13. Jahrhundert in Japan begründet hat, empfahl bestimmte Praktiken, wie beispielsweise »den Dharma zu hören« (Predigten anzuhören), Texte und zeitgenössische Kommentare zu lesen, grundlegende buddhistische Prinzipien zu verinnerlichen und »zu lernen, sich dem Geist von Amida anzuvertrauen«, statt auf die eigene begrenzte Anstrengung und Auffassung zu bauen. Doch der Kern dieser Praktiken besteht nicht wie in anderen buddhistischen Traditionen darin, Negativität zu beseitigen und den Geist zu reinigen. Als Anhänger üben Sie, zu erkennen, dass Sie bereits hier und jetzt in einem Ozean der Reinheit und des Erbarmens schwimmen.

Shinran selbst gab das Leben als Mönch auf, um zu heiraten und eine Familie zu gründen, weil es seiner Meinung nach außerordentlich wichtig war, die buddhistischen Lehren für Laien zugänglicher zu machen. In diesem Sinne betont der Jodo-Shin-shu, dass das Alltagsleben in der Familie und im Freundeskreis die perfekte Umgebung für die spirituelle Praxis sei. Folglich führen Jodo-Shin-shu-Anhänger ein normales Leben, das sich kaum vom Leben ihrer nichtbuddhistischen Mitmenschen unterscheidet, außer dass sie versuchen, grundlegende buddhistische Prinzipien wie Geduld, Großzügigkeit, Freundlichkeit und Gleichmut in die Praxis umzusetzen. Genau wie jeder andere stehen sie auf und gehen arbeiten, bereiten Essen und helfen ihren Kindern bei den Hausaufgaben.

Ohne vorgeschriebene Techniken wird die Praxis eine Frage der Einstellung statt des Handelns. Daneben können Jodo-Shin-shu-Anhänger jede traditionelle buddhistische Praxis ausüben: So können sie meditieren oder *Nembutsu* rezitieren (das Mantra *Namu amida butsu* – »Verehrung dem Buddha Amida« chanten), solange sie dies als Ausdruck ihrer Dankbarkeit für das Gnadengeschenk Amidas (nicht als Mittel zur Erleuchtung) tun.

Am Sonntagmorgen versammeln sich die Anhänger im Allgemeinen in ihrem Tempel, um einen Dharma-Vortrag zu hören, während ihre Kinder an der buddhistischen Version der (amerikanischen) Sonntagsschule teilnehmen – eine kurze Predigt, gefolgt von einem einstündigen Unterricht über buddhistische Werte. Erwachsene Mitglieder können bei genügender Motivation an einer Diskussion oder Studiengruppe über Jodo-Shin-shu-Themen teilnehmen.

Die Gemeinde kommt auch an bestimmten Feiertagen zusammen, um etwa Buddhas Geburt, den Tag seiner Erleuchtung, die Frühlings- und Herbst-Tagundnachtgleiche und eine Sommerzeremonie zu Ehren der gestorbenen Vorfahren zu feiern. Für viele Praktiker ist der Tempel (wie für Christen die Heimatkirche oder Juden die Synagoge) der Mittelpunkt des sozialen und des Gemeindelebens. Tempel bieten oft Kurse über Kampfkünste, Ikebana, Taiko-Trommeln und japanische Sprache an, die die buddhistischen Prinzipien sowie japanische Kultur und Werte fördern.

> **IN DIESEM KAPITEL**
>
> Die Rolle eines Pilgers spielen
>
> Die Hauptziele einer buddhistischen Pilgerfahrt
>
> Ereignisse auf einer Pilgerfahrt

Kapitel 9
Auf den Spuren von Buddha

Vor 2.500 Jahren inspirierte Shakyamuni Buddha seine Schüler durch seine Lehren und gab ihnen entscheidende Impulse für ihre tägliche spirituelle Praxis. Die meisten, die ihm begegneten, wurden durch seine erleuchtete Persönlichkeit nachhaltig beeinflusst. Und viele, die mit einem unruhigen Geist zu Buddha kamen, wurden allein durch seine friedvolle Haltung ruhiger.

Doch spätere Generationen von Buddhisten konnten naturgemäß nicht mehr von Shakyamunis Gegenwart profitieren. Was konnten sie tun? Buddhas Rat lautete, die Orte zu besuchen, an denen er gelehrt hatte, um sich dort inspirieren zu lassen. Auf dieser Empfehlung gründet der Brauch, eine Pilgerfahrt zu den Orten zu unternehmen, die er mit seiner Anwesenheit heiligte. Dieser Brauch wird auch heute noch gepflegt. In diesem Kapitel beschreiben wir die heiligen Orte sowie einige Praktiken, die Buddhisten dort bei einem Besuch ausüben.

Die Hauptorte der Wallfahrt

Eine *Wallfahrt* (auch *Pilgerreise* oder *Pilgerfahrt*) ist der Besuch eines Ortes mit religiöser Bedeutung, um ein spirituelles Verlangen zu erfüllen, sich einer religiösen Pflicht zu entledigen oder um Segnungen oder Inspiration zu empfangen. Wallfahrten zählen zu den am weitesten verbreiteten religiösen Praktiken, die von Millionen Menschen überall auf der ganzen Welt ausgeübt werden. Muslime betrachten es als ihre heilige Pflicht, wenigstens einmal im Leben eine Wallfahrt zu der heiligen Stadt Mekka zu unternehmen. Viele Juden reisen nach Jerusalem, um an der Klagemauer zu beten und die Stätten der großen biblischen Schlachten zu besuchen. Christen folgen den Wanderungen Jesu von Bethlehem nach Golgatha oder besuchen heilige Stätten (wie Lourdes), an denen Wunder stattgefunden haben sollen.

Laut Buddha sind vier Pilgerstätten für seine Anhänger besonders wichtig:

✔ **Lumbini:** die Stätte seiner Geburt

✔ **Bodh Gaya:** die Stätte seines Erwachens unter dem Bodhi-Baum

✔ **Sarnath:** die Stätte seiner ersten Dharma-Lehrrede

✔ **Kushinagar:** die Stätte seines Ablebens

Gemäß einiger Traditionen behauptete Buddha, dass ein Gläubiger durch den Besuch dieser und anderer wichtiger Stätten (eingedenk der Ereignisse, die dort stattfanden) sein negatives Karma aus dem vergangenen Leben abbauen könne. (Näheres über die Anhäufung und Reinigung von negativem Karma finden Sie in Kapitel 12.) Nach Buddhas Ableben florierten seine Lehren in Indien mehr als tausend Jahre lang, und die Pilgerstätten entwickelten sich zu wichtigen buddhistischen Zentren (Abbildung 9.1 zeigt eine Karte dieser Stätten). Doch schließlich verlor der Buddhismus in Indien an Bedeutung. Im 13. Jahrhundert war er auf dem Subkontinent praktisch verschwunden, und viele Pilgerstätten wurden nicht mehr beachtet und verfielen.

Abbildung 9.1: Hauptwallfahrtsorte des Buddhismus in Nordindien

Glücklicherweise hatte der Buddhismus zu der Zeit, als er in seinem Entstehungsland unterging, bereits in anderen asiatischen Kulturen Fuß gefasst. (Näheres über die Verbreitung des Buddhismus finden Sie in Kapitel 5.) Deshalb gab es genügend kompetente Buddhisten und westliche Archäologen, als im 19. Jahrhundert ernsthaft mit dem Wiederaufbau der heiligen indischen Stätten begonnen wurde. So können heutige Pilger diese Stätten wieder besuchen und sich dort inspirieren lassen. In den folgenden Abschnitten beschreiben wir die genannten vier Stätten.

Lumbini: Ein Besuch der Geburtsstätte von Buddha

Lumbini, das heute in Nepal, unweit der Grenze zu Indien liegt, ist ein guter Ausgangspunkt für eine buddhistische Pilgerreise. Es ist relativ leicht erreichbar, wenn man mit dem Zug in die nordindische Stadt Gorakhpur fährt und dann den Bus über die Grenze nimmt. (Gorakhpur ist auch der Ausgangspunkt für eine Reise nach Kushinagar, der Stätte von Buddhas Ableben, die später in diesem Kapitel beschrieben wird.)

Das Gebiet nördlich des modernen Gorakhpur gehörte einst zum Königreich der Shakyas, des Geschlechts, in das Buddha hineingeboren wurde. Er kam in Lumbini zur Welt. (Näheres über Buddhas Biografie finden Sie in Kapitel 3.) Buddhistische Pilger aus aller Welt besuchen Lumbini, um Shakyamuni, den Gründer des Buddhismus zu ehren, und drücken ihre Hingabe und Dankbarkeit dafür aus, dass er auf diese Welt gekommen ist und den Weg zu dauerhaftem Frieden und Glück sowie zur spirituellen Erfüllung bereitet hat.

Buddhisten, die Lumbini (und die anderen Hauptwallfahrtsorte) besuchen, drücken ihre Verehrung auf mannigfaltige Weise aus. In Lumbini besuchen sie den schlichten Schrein, der angeblich genau die Stelle markiert, an der Shakyamuni geboren wurde, und legen dort Opfergaben als Zeichen ihres Respekts ab. Diese Opfergaben bestehen üblicherweise aus Blumen, Kerzen, Weihrauch und anderen Dingen, die als angenehm und geeignet gelten. (Entsprechende Opfergaben zu finden, ist wahrlich nicht schwer: Buddhistische und hinduistische Pilgerstätten in ganz Asien sind übersät mit Händlern, die alles Nötige verkaufen.)

An den Pilgerstätten können Sie auch Ihre üblichen formellen Praktiken ausführen. (In Kapitel 8 werden einige buddhistische Praktiken der verschiedenen Traditionen beschrieben.) So berichten viele, dass ihre Meditationen an Orten wie Lumbini sehr viel tiefer seien als zu Hause. Der Ort selbst scheint ihr spirituelles Bemühen zu stärken, nachdem er von Buddha und anderen großen Lehrern der Vergangenheit gesegnet wurde.

Vielleicht fragen Sie sich, woher man weiß, dass dieses kleine Dorf tatsächlich die Stätte von Buddhas Geburt ist. Auch wenn es lange Zeit verfallen war, konnten Experten im 19. Jahrhundert mit hinreichender Genauigkeit die Lage des historischen Lumbini bestimmen. Damals entdeckten Archäologen ein wichtiges Beweisstück: eine Säule mit Inschriften, die vor mehr als 2.000 Jahren von einem der einflussreichsten buddhistischen Pilger, dem großen König Ashoka, gestiftet worden war. (Näheres über Ashoka, eine der wichtigsten Gestalten der buddhistischen Geschichte, finden Sie in Kapitel 4.)

Außer den Fragmenten der Ashoka-Säule blieb jedoch in Lumbini sehr wenig aus den frühen Jahren des Buddhismus erhalten. Als Jon 1973 Lumbini besuchte, waren ein ziemlich unscheinbarer Schrein und ein nahe gelegener Badesee in einem offenen Feld die einzigen nennenswerten Zeugen. Doch seit diesem Besuch haben sich die Dinge in Lumbini gewandelt. U Thant, der verstorbene frühere Generalsekretär der Vereinten Nationen, wollte das Gebiet in seinem früheren Glanz wieder auferstehen lassen. Seitdem hat die UNESCO die Entwicklung der Stätte nachhaltig unterstützt.

Selbst wenn eine Pilgerstätte verfallen ist, können Sie von einem Besuch dieser Stätte profitieren – die geeignete Einstellung und ein richtiges Verständnis vorausgesetzt. So erhalten Besucher der Ruinen ehemals wichtiger historischer Stätten einen Eindruck von Vergänglichkeit. Solche Ruinen erinnern buddhistische Pilger daran, dass selbst die eindrucksvollsten Monumente eines Tages zu Staub zerfallen. Wenn Sie wahre, dauerhafte Werte in dieser ständig im Wandel begriffenen Welt finden wollen, müssen Sie die ewigen spirituellen Wahrheiten für sich entdecken, die zu enthüllen erleuchtete Wesen wie Shakyamuni geboren wurden. Wenn Sie den Gedanken an Vergänglichkeit in Ihrem Geist verankern können, werden Sie von einem Besuch Lumbinis mehr mitnehmen als Souvenirs oder Schnappschüsse.

Bodh Gaya: Die Stätte der Erleuchtung

Bodh Gaya ist das Mekka der Buddhisten, Standort des bedeutenden Mahabodhi-Tempels (»Tempel der großen Erleuchtung«, siehe Abbildung 9.2), der östlich des berühmten Bodhi-Baums steht. (Näheres über den Bodhi-Baum finden Sie in den Kapiteln 3 und 4.) Dieser Tempel (der eigentlich ein großer *Stupa* ist, ein Monument, das Überreste des Buddha beherbergt) ist das Wahrzeichen der wichtigsten Stätte in der buddhistischen Welt: der sogenannte »Diamantsitz«, auf dem Buddha vor mehr als 2.500 Jahren die vollkommene Erleuchtung erlangte.

Die meisten Pilger erreichen die Stadt Bodh Gaya, indem sie zunächst mit dem Zug bis zur Stadt Gaya (die einen der heiligsten hinduistischen Schreine beherbergt) und von dort mit Taxi, Autoscooter oder Bus 13 Kilometer Richtung Süden fahren. Die Straße zwischen Gaya und Bodh Gaya läuft an einem Flussbett entlang, das die meiste Zeit des Jahres und vor allem im Winter ausgetrocknet ist. Der Winter ist hier mit gutem Grund die Hauptsaison für Pilgerfahrten. Auch wenn viele Buddhisten den Jahrestag von Buddhas Erleuchtung im Mai oder Juni feiern, ist diese Jahreszeit für einen Besuch von Bodh Gaya weniger geeignet – es sei denn, Sie mögen extreme Hitze.

Hindu-Pilger und Bodh Gaya

Buddhisten sind nicht die einzigen Pilger, die Bodh Gaya besuchen. Der Mahabodhi-Tempel zieht, wie alle buddhistischen Schreine, auch Hindu-Pilger an. Viele Hindus betrachten Buddha als eine Manifestation ihres Gottes Vishnu, des Erhalters. Sie glauben, dass Vishnu bei Bedarf als *Avatara* (wörtlich: »einer, der herabsteigt«) auf die Erde herabsteigt, um göttliche Unterstützung zu geben. Buddha wird in weiten Kreisen als neunter Hauptavatara betrachtet, und viele Hindus sind der Auffassung, dass seine spezielle Mission darin bestanden habe, den Brauch des Tieropfers zu beenden.

Schon lange bevor Sie das Dorf Bodh Gaya erreichen, können Sie die Spitze des »Großen Stupas« (wie der Mahabodhi-Tempel oft genannt wird) sehen, der seine Umgebung um

55 Meter überragt. Niemand kennt das genaue Alter dieses Bauwerks, aber Überlieferungen chinesischer Pilger zeugen davon, dass es bereits im 7. Jahrhundert (und möglicherweise einige Jahrhunderte früher) existierte. (Stilistisch ist gesichert, dass der Mittelturm etwa aus dem 2. Jahrhundert n. Chr. stammt.)

Abbildung 9.2: Der Mahabodhi-Tempel in Bodh Gaya, der Stätte, an der Buddha die Erleuchtung erlangte (© Simon Bond/Wirestock - stock.adobe.com)

Einen heiligen Gang gehen

Bevor sich Buddha zu der Meditation niedersetzte, in der er seine Erleuchtung erlangte, zollte er dem Bodhi-Baum seinen großen Respekt, indem er ihn sieben Mal im Uhrzeigersinn umschritt. Seitdem hat sich die rituelle Umkreisung heiliger Objekte in bestimmten buddhistischen Traditionen als Hauptpraxis der Verehrung etabliert. Buddhisten aus aller Welt besuchen Bodh Gaya, um den Mahabodhi-Tempel rituell zu umkreisen und einer Stätte ihren Respekt zu erweisen, die einen der entscheidenden Momente der buddhistischen Geschichte markiert. Zum Höhepunkt der Pilgersaison umkreisen Buddhisten den Tempel Tag und Nacht. Wenn Ihr Besuch in die Vollmondzeit fällt, zu der die Kraft solcher Übungen als noch viel größer erachtet wird, können Sie leicht von der riesigen Menschenmenge fortgerissen werden, die das Gebiet zu überschwemmen scheint.

Eine der häufigsten Praktiken, die bei Schreinen wie dem Mahabodhi-Tempel ausgeführt werden, ist die *rituelle Umkreisung* (*Umwandelung*) des Objekts der Verehrung.

»Den Dharma zu praktizieren, ist sogar noch besser«

Buddhistische Lehrer erinnern ihre Schüler immer wieder daran, dass der Wert ihrer Handlungen hauptsächlich von ihrem Geist und ihrer Motivation abhängt. Dieser Gedanke gilt auch für die Praxis der *rituellen Umkreisung* (Umwandelung) heiliger Stätten. Die folgende Geschichte soll dies verdeutlichen.

Dromtonpa (oder einfacher *Lama Drom*) war ein tibetischer Meister, der im 11. Jahrhundert das berühmte Kloster von Radreng gründete, und er gilt als einer der Vorgänger der Linie der Dalai Lamas. Eines Tages sah er, wie ein alter Mann das Kloster rituell umschritt, und sagte ihm: »Was du tust, ist gut, aber den Dharma zu praktizieren, ist noch besser.« Im Glauben, er solle etwas anderes tun, hörte der alte Mann mit der rituellen Umwandelung auf und begann, einen Dharma-Text zu lesen. Doch bald kam Lama Drom wieder zu ihm und sagte: »Texte zu studieren, ist gut, aber den Dharma zu praktizieren, ist noch besser«. »Vielleicht meint er die Meditation«, dachte der alte Mann. Deshalb hörte er auf zu lesen und setzte sich hin, um zu meditieren. Doch als Lama Drom ihn wieder sah, sagte er dem alten Mann (wie Sie schon vermutet haben): »Meditieren ist gut, aber den Dharma zu praktizieren, ist noch besser.«

Jetzt war der alte Mann ziemlich verwirrt. Er fragte Lama Drom: »Was soll ich tun, um den Dharma zu praktizieren?« Der Lama antwortete: »Gib die Anhaftung an die weltlichen Beschäftigungen dieses Lebens auf. Solange du deine Einstellung nicht änderst, wird nichts, was du tust, eine wahre Dharma-Praxis sein.«

Den Einfluss Buddhas spüren

Im Gebiet des Mahabodhi-Tempels stehen viele kleinere Stupas und Schreine. Einige markieren Stellen, an denen sich Buddha während der ersten sieben Wochen nach seiner Erleuchtung aufhielt. Viele Pilger gehen von einem heiligen Bauwerk zum anderen, um es rituell zu umschreiten. Auf dem ausgedehnten Gelände können die Pilger auch an anderen religiösen Praktiken teilnehmen: Gebete rezitieren, Opfergaben darbringen oder einfach schweigend in der Meditation sitzen. Die Meditation wird besonders gerne in einem kleinen Raum im Erdgeschoss des Mahabodhi-Tempels praktiziert. Der Raum wird von einer alten und besonders schönen Buddha-Statue dominiert. Wenn man vor diesem heiligen Bild im Herzen des Großen Stupas sitzt, scheint man die Anwesenheit von Buddha selbst zu verspüren.

In der Gegend von Bodh Gaya ist Buddhas Einfluss immer noch sehr lebendig. Einer von Jons Lehrern sagte, er meditiere sehr gerne in Bodh Gaya, weil man dort nicht versuchen müsse, zu meditieren; die Meditation käme automatisch. Buddhisten aus aller Welt haben diesen besonderen Ort dazu genutzt, rings um das Mahabodhi-Grundstück eigene Tempel zu bauen. Die Anzahl der Tempel hat in den letzten Jahren beträchtlich zugenommen. Bestimmte Teile von Bodh Gaya sehen heute wie ein buddhistischer Themenpark aus, der verschiedenste Sakralarchitekturen Asiens veranschaulicht.

Zen und die Frage des Verdienstes

Unter allen Schulen des Buddhismus hat Zen (eine der ersten Strömungen, die im Westen bekannt wurde) den Ruf, traditionelle religiöse Annahmen infrage zu stellen – und das aus einem guten Grund. (Näheres über den Zen-Buddhismus finden Sie in den Kapiteln 5, 7 und 8.) Was die Ansammlung spiritueller Verdienste durch Pilgerfahrten oder andere gute Taten angeht, vertritt der Zen-Buddhismus einen klaren Standpunkt, der der traditionellen Auffassung entgegensteht: Alles außer der vollkommenen Erleuchtung hat nur einen begrenzten Wert. Das folgende Gespräch zwischen Bodhidharma, dem legendären Mönch, der den Zen-Buddhismus aus Indien nach China brachte, und dem chinesischen Kaiser belegt diesen Punkt.

Kurz nach seiner Ankunft in China im 6. Jahrhundert n. Chr. traf sich Bodhidharma mit dem chinesischen Kaiser Wu, der ein ergebener Anhänger des Buddhismus war. Wu hatte viele Tempel bauen und Schriften übersetzen lassen; und er hatte den Buddhismus sogar selbst gelehrt. Zweifellos erwartete er von Bodhidharma eine Anerkennung seiner guten Werke. »Ich habe so viele Tempel gebaut und so viele Dienste abgehalten«, sagte der Kaiser. »Wie viel Verdienst habe ich deiner Meinung nach angesammelt?«

»Überhaupt keinen Verdienst«, antwortete Bodhidharma zur Überraschung des Kaisers. »Diese sind nur unbedeutende Wirkungen auf der relativen Ebene.« Und fügte dann im Gegensatz dazu hinzu: »Die ultimative Weisheit ist unaussprechlich perfekt, von Natur aus leer und schweigend jenseits der Worte. Ein solches Verdienst kann nicht durch irgendwelche weltliche Handlungen erworben werden.«

Bodhidharma drängt den Kaiser, seinen Blick auf die Erleuchtung zu richten, statt auf seine erlangten Verdienste stolz zu sein. Freundliche und mitfühlende Handlungen, etwa der Dienst an anderen, haben natürlich einen relativen Wert, aber für sich genommen führen sie nicht zum spirituellen Erwachen, das das endgültige Ziel der buddhistischen spirituellen Reise ist.

Andere bemerkenswerte Stätten besuchen

Nicht weit von Bodh Gaya befinden sich andere Pilgerstätten. Obwohl sie nicht annähernd wieder so hergestellt wurden wie Bodh Gaya, sind sie dennoch sehr interessant. Beispielsweise befinden sich auf der anderen Seite des ausgetrockneten Flussbetts Stellen, an denen Buddha vor seiner Erleuchtung sechs Jahre fastete und dann sein Fasten brach, als er Sujatas Opfer annahm (siehe Kapitel 3). Außerdem gibt es in den umliegenden Bergen Höhlen, in denen einige große Praktiker der Vergangenheit meditiert haben.

Sarnath: Die erste Lehre

Als Buddha entschied, dass die Zeit gekommen sei, die Früchte seiner Erleuchtung unter dem Bodhi-Baum mit anderen zu teilen, ging er in den Gazellenpark in Sarnath, um seine früheren Gefährten zu unterrichten. Sarnath liegt in den Außenbezirken von Varanasi (Benares). Selbst zu Buddhas Lebzeiten war Benares bereits eine alte heilige Stätte. Benares ist im Westen wahrscheinlich am bekanntesten als der Ort, zu dem Hindus kommen, um sich durch ein Bad im Ganges von Unreinheiten zu befreien und um die Leichname verstorbener Verwandter zu verbrennen.

Abbildung 9.3: Der Dhamekh-Stupa in Sarnath, der Stätte von Buddhas erster Lehrrede
(© YellowCrest - stock.adobe.com)

Doch buddhistische Pilger richten ihre Aufmerksamkeit auf einen Ort etwas nördlich von Benares, Sarnath, wo Buddha das Rad der Lehre andrehte, indem er die Vier Edlen Wahrheiten verkündete, die die Basis aller seiner folgenden Lehren bilden (siehe Kapitel 3). Buddhisten auf der ganzen Welt gedenken dieses Ereignisses, weil der Dharma, den er lehrte, als sein wahres Vermächtnis betrachtet wird.

Alle Stätten, die mit Buddhas erster Lehre zu tun haben, befinden sich in einem relativ neuen Park in Sarnath. Früher standen zwei Stupas an dieser Stätte. Der eine, der von König Ashoka gebaut wurde, wurde im 18. Jahrhundert zerstört; doch der Dhamekh-Stupa aus dem 6. Jahrhundert existiert immer noch (siehe Abbildung 9.3). Als der Buddhismus in Indien daniederlag, gingen viele wertvolle Kunstwerke verloren. Doch glücklicherweise wurden einige dieser Gegenstände wieder ausgegraben und werden gegenwärtig in dem kleinen, aber ausgezeichneten Museum von Sarnath ausgestellt. Unter den Ausstellungsstücken befindet sich das berühmte Löwen-Kapitell der Säule, die Ashoka hier aufstellen ließ. Dieses Bild wird heute als Symbol des modernen Indien verwendet und erscheint auf der Landeswährung; das Rad, das sich ebenfalls auf dem Kapitell befindet, taucht in Indiens Flagge wieder auf.

Buddhisten aus verschiedenen asiatischen Ländern haben in Sarnath, ähnlich wie in Bodh Gaya, Tempel gebaut (siehe den Abschnitt »Bodh Gaya: Die Stätte der Erleuchtung« weiter oben in diesem Kapitel). Auch die Tradition des Lernens, die in den frühen Jahren des Buddhismus in Sarnath florierte, ist wiederbelebt worden und wird unter anderem von dem *Institute of Higher Tibetan Studies*, von Bibliotheken und einem Verlag getragen. Auf diese und andere Weise haben interessierte Einzelpersonen und Gruppen die Dharma-Flamme wieder entfacht, die ursprünglich in Sarnath entzündet wurde.

Kushinagar: Die Stätte von Buddhas Ableben

Die am wenigsten entwickelte der vier Hauptpilgerstätten ist Kushinagar, wo Buddha im Alter von 80 Jahren starb. Weil Buddha als vollkommen erleuchtetes Wesen nicht mehr an der Illusion eines separaten Selbst litt, fürchtete er weder den Tod noch das Sterben. Für Buddha war der Tod das *Parinirvana*, das endgültige Verlöschen.

Einige Zeit vor seinem Ableben teilte Buddha seinem engsten Schüler Ananda mit, dass der Zeitpunkt heranrücke, an der er (Buddha) in das Parinirvana eingehen werde, und dass er zum Sterben in das Land seiner Geburt zurückkehren wolle. Die beiden Männer wanderten nordwärts. Als sie einen friedvollen Hain nicht weit von ihrem Ziel entfernt erreichten, wählte ihn Buddha als den Platz seiner letzten Ruhe aus. Er ging zu einer Lichtung zwischen zwei großen Bäumen, legte sich in der sogenannten *Löwenstellung* auf die rechte Seite, versenkte sich immer tiefer in die Meditation und starb dann. Danach wurde sein Körper verbrannt.

Obwohl archäologische Funde beweisen, dass in Kushinagar früher zahlreiche buddhistische Klöster standen und dass König Ashoka hier mehrere Stupas errichtete, gibt es heute nur noch wenige Überreste. Doch eine alte Statue von Buddha in der Löwenstellung wurde restauriert. Diese Statue sowie einige andere Monumente, die den Ort von Buddhas letzter Ruhe und Einäscherung markieren, ist alles, was zu sehen ist. Viele Pilger berichten jedoch, dass Kushinagar eine außergewöhnlich ruhige Atmosphäre besäße und deshalb ein perfekter Ort für eine friedvolle Meditation sei.

Andere wichtige Pilgerstätten

In Nordindien gibt es vier weitere buddhistische Wallfahrtsorte, die wenigstens kurz erwähnt werden sollten:

- ✔ **Rajgir:** die Hauptstadt des Königreichs Magadha, dessen König Bimbisara ein Schüler Buddhas wurde

✔ **Shravasti:** das Gebiet, in dem Buddha 25 Regenzeiten verbrachte

✔ **Sankashya:** der Ort, an dem Buddha zur Erde zurückkehrte, nachdem er seine Mutter unterrichtet hatte

✔ **Nalanda:** die Stätte einer weltberühmten Universität für Mönche

In den folgenden Abschnitten beschreiben wir diese Stätten etwas näher.

Rajgir

Als Buddha den Palast seines Vaters mit 29 Jahren verließ, um eine Möglichkeit zur Beendigung allen Leidens zu suchen (siehe Kapitel 3 für mehr Details), durchquerte er das Königreich Magadha, wo König Bimbisara auf ihn aufmerksam wurde. Buddha versprach dem König, dass er bei erfolgreicher Suche nach Rajgir zurückkehren werde, um ihn zu unterrichten.

Abbildung 9.4: Die Lehre des Herz-Sutra in Rajgir

Als Folge dieses Versprechens wurde Rajgir zu einem der wichtigsten Orte, an denen Buddha das Rad des Dharma drehte. Auf dem Geierberg, etwas außerhalb der Stadt, hielt Buddha einige seiner wichtigsten Lehren, etwa das *Herz-Sutra* (siehe Abbildung 9.4).

Rajgir ist eine alte Stadt. Besucher können immer noch die Bäder besuchen und nutzen, in denen sich Buddha erfrischte. Auch die Reste der Parks, die Buddha von seinen ersten Anhängern für den Sangha (die Gemeinde) zur Verfügung gestellt wurden, sind noch zu besichtigen. Viele wichtige Ereignisse der frühen Geschichte des Buddhismus fanden in Rajgir statt, darunter auch das Erste Konzil, auf dem 500 Mönche zusammenkamen und Shakyamunis Lehren sammelten und systematisierten. (Näheres über die historische Entwicklung des Buddhismus einschließlich des Ersten Konzils finden Sie in Kapitel 4.)

Für viele moderne Besucher von Rajgir ist der große Stupa, der bis weit ins Umland sichtbar ist, der eindrucksvollste Anblick. Dieser Stupa wurde von japanischen Buddhisten auf der Spitze des Berges errichtet, der den Geierberg überragt. Dieser Stupa, der strahlend weiß in der Sonne gleißt, ist auf vier Seiten mit goldenen Bildern verziert. Sie illustrieren die vier Hauptereignisse in Buddhas Leben, die in diesem Kapitel erwähnt werden: seine Geburt, seine Erleuchtung, das erste Drehen des Rades des Dharma und sein Eingehen in das Parinirvana.

Shravasti

Selbst heute erschwert der Monsun (der in Nordindien von Juni bis September dauert) das Reisen in Indien. Zu Buddhas Zeit, bevor es gepflasterte Straßen gab, muss das Reisen nahezu unmöglich gewesen sein. Deshalb zog sich Buddha in dieser Zeit mit seinen Schülern an einen geschützten Ort zurück. Die erste Regenzeit wartete er in Rajgir ab. Doch in den folgenden 25 Regenzeiten versammelten sich Buddha und seine Anhänger in Shravasti und folgten damit der Einladung eines wohlhabenden Händlers. Das Gebiet wurde als Jetavana-Hain bekannt und oft in Buddhas Lehren erwähnt.

Viele Ereignisse der frühen buddhistischen Geschichte sind mit Shravasti verbunden. Ein Ereignis ragt heraus, weil es, wenn man der Vajrayana-Tradition folgt, die übernatürlichen Fähigkeiten von Buddha belegt. Allgemein spielen Buddhisten die Bedeutung übernatürlicher Kräfte herunter, die sich manchmal als Ergebnis der tiefen Meditation einstellen. Sie werden für gewöhnlich ignoriert oder geheim gehalten, solange es keinen zwingenden Grund gibt, sie herauszustellen. Diese Kräfte sind nicht problematisch, aber sie können den Praktiker von dem wahren Ziel der Meditation ablenken: der spirituellen Verwirklichung.

Gemäß der tibetischen Tradition hatte Buddha einen guten Grund, um in Shravasti seine wundersamen Fähigkeiten zu zeigen. Während der Jahre, in denen er durch Indien wanderte, um seine Lehren zu verkünden, wurde er oft von Gurus konkurrierender philosophischer Schulen herausgefordert, bestimmte Doktrinen zu diskutieren oder sich auf einen Wettbewerb in übernatürlichen Fähigkeiten einzulassen. In den ersten Jahrzehnten nach seiner Erleuchtung lehnte Buddha derartige Herausforderungen strikt ab. Aber als er 57 wurde, nahm er eine Herausforderung an, weil er die Chance sah, eine große Anzahl von Menschen in den Schoß des Dharma zu holen. Deshalb verkündete er, er werde mit sechs anderen spirituellen Lehrern zusammentreffen und sich mit ihnen auf einen Wettbewerb ihrer Wahl einlassen, mit der Maßgabe, dass der Verlierer zusammen mit seinen Anhängern Schüler des Gewinners werden sollte.

Sie können sich wahrscheinlich vorstellen, wie dieser Wettbewerb ausging. Buddha überwältigte die versammelte Menge mit einem Feuerwerk seiner magischen Fähigkeiten – unter anderem flog er durch die Luft und erzeugte so viele Manifestationen seiner selbst, dass der ganze Himmel mit Buddhas gefüllt war! Die besiegten Rivalen und ihre Anhänger entwickelten einen starken Glauben an Buddha, der ihnen dann die Dharma-Lehren vermittelte. Das ganze Ereignis dauerte 15 Tage und ist in verschiedenen buddhistischen Ländern noch immer Gegenstand des Gedenkens. So begründete der tibetische Lama Tsongkhapa in Lhasa (den wir in den Kapiteln 3 und 15 als Guru des ersten Dalai Lama beschreiben) ein 15-tägiges Gebetsfestival, um das neue Jahr zu feiern und an die Ereignisse in Shravasti zu erinnern.

Sankashya

Der vielleicht unbekannteste Hauptwallfahrtsort ist Sankashya, an dem Buddha, gemäß der tibetischen Tradition, wieder zur Erde zurückkehrte, nachdem er seine Mutter in der himmlischen Sphäre besucht hatte, in der sie wiedergeboren worden war. (Denken Sie daran, dass nicht jede buddhistische Tradition dieses mythische Bild von Buddha teilt.) Wie wir in Kapitel 3 erklären, starb Buddhas Mutter, Königin Maya, in der Woche nach seiner Geburt. Sie wurde dann in einer anderen Sphäre als eine strahlende *Deva* (Göttin) wiedergeboren. Um ihre Freundlichkeit zurückzuzahlen, stieg Buddha, als er 41 Jahre alt wurde, in ihre Sphäre auf und vermittelte ihr Lehren über das höhere Wissen (siehe Kapitel 4 für mehr über dieses Thema). Sankashya ist der Ort, an dem Buddha, begleitet von den bedeutenden Göttern des alten Indien, nach dieser speziellen Lehre auf die Erde zurückkehrte.

Nalanda

Die letzte der Pilgerstätten ist Nalanda in der Nähe von Rajgir. Einst stand in Nalanda ein Mangohain, in dem Buddha oft verweilte. Der Ort wurde allerdings erst mehrere Jahrhunderte nach Buddhas Ableben berühmt, als dort eine Universität für Mönche an Einfluss gewann. Diese Universität prägte die Entwicklung des buddhistischen Denkens und Handelns in Indien und auf der ganzen Welt. Nalanda wurde eines der wichtigsten Lehrzentren Asiens, das Buddhisten und Anhänger anderer Bekenntnisse anzog und seinen Einfluss bis zu seiner Zerstörung Ende des 12. Jahrhunderts behielt.

Auch wenn Nalanda heute in Ruinen liegt, geben die umfangreichen Ausgrabungen den Besuchern eine Vorstellung von der riesigen Größe dieses und anderer buddhistischer Klöster der damaligen Zeit und dem enormen Einfluss, den sie auf die indische Kultur gehabt haben müssen. Viele der am meisten verehrten indischen buddhistischen Meister haben in Nalanda studiert und gelehrt. Die Werke vieler dieser Meister werden auch heute noch studiert. Jon erinnert sich, wie er dort auf dem Boden saß und die Widmung des Werkes einer dieser Meister – *Anleitungen auf dem Weg zur Glückseligkeit, Bodhicaryavatara* von Shantideva – las und sich vorzustellen versuchte, wie es gewesen sein mag, als Nalanda noch lebendig war und blühte. Wenn Jon an diesen Nachmittag zurückdenkt, kann er immer noch die Inspiration fühlen, die ihn damals berührte. Dies ist für ihn eine der größten Segnungen der Pilgerfahrt.

Heute auf Wallfahrt gehen

Obwohl Shakyamuni Buddha sein gesamtes Leben im Norden des indischen Subkontinents verbrachte, ist dies nicht der einzige Teil der Welt, wo man eine buddhistische Pilgerfahrt machen kann. Als sich der Buddhismus über Indien und darüber hinaus verbreitete (siehe die Kapitel 4 und 5), wurden viele verschiedene Orte mit wichtigen Lehrern und berühmten Meditierenden verbunden. Auch diese Orte wurden zu Wallfahrtsorten von frommen (oder einfach nur neugierigen) buddhistischen Pilgern.

Wir können unmöglich der großen Anzahl der heiligen buddhistischen Stätten gerecht werden, die bis heute von Pilgern besucht werden. Selbst in einem relativ kleinen Gebiet wie dem Tal von Kathmandu in Nepal könnte man Monate damit verbringen, von einem heiligen Platz zum nächsten zu gehen, ohne sie alle zu sehen. Die folgende kurze Liste ist deshalb nur eine Auswahl aus dem reichen Schatz der Stätten, die Sie möglicherweise eines Tages besuchen wollen:

- **Tempel des heiligen Zahns (Daliga Maligawa),** in Kandy, Sri Lanka (früher Ceylon). Ein Zahn, der der Sage nach Shakyamuni Buddha gehörte, wird hier als Reliquie aufbewahrt. Am Vollmond im August jedes Jahres wird ihm zu Ehren ein prächtiges Fest mit Elefanten veranstaltet.

- **Shwedagon-Pagode,** in Yangon (Rangoon), Myanmar (früher Burma). Dieses weltberühmte goldene Monument, das acht Haare Buddhas beherbergt, ist fast hundert Meter hoch und ist der bedeutendste aller burmesischen buddhistischen Schreine.

- **Berg Kailash,** in Westtibet. Dieser abgelegene, pyramidenförmige, schneebedeckte Berg gilt als Sammelpunkt starker spiritueller Energien und als Heimstatt sowohl hinduistischer als auch buddhistischer Gottheiten. Wer zäh genug ist, die beschwerliche Reise zu diesem heiligen Berg zu machen und ihn vollständig zu umkreisen, zählt diese Pilgerfahrt zu den Höhepunkten (im wörtlichen sowie im übertragenen Sinne) seines Lebens.

- **Borobudur,** in Java, Indonesien. Dieses enorme Bauwerk mit vielen Terrassen ist in der Form eines heiligen *Mandalas* gebaut (ein kreisförmiges Diagramm, das das innere und das äußere Universum symbolisiert). Es ist mit Hunderten von Buddha-Statuen und Stupas gefüllt. Seine Wände sind mit kunstvoll herausgearbeiteten Reliefs verziert, die die spirituelle Reise darstellen; sie sind so angeordnet, dass der Besucher auf seinem Weg um die Terrassen herum und die verschiedenen Terrassen hinauf fortlaufend höhere Zustände der erleuchteten Erfahrung sieht.

- **Die 88 Heiligen Orte** auf der Insel Shikoku, Japan. Der große japanische buddhistische Meister Kukai (774–835 n. Chr.) richtete auf der wunderschönen Berginsel Shikoku eine Pilgerroute ein. Menschen aller Altersstufen und Nationalitäten kommen, um den Kreis ganz oder teilweise zu gehen.

✔ **Fast überall.** Inspiriert von Kukais Beispiel, haben einige moderne Buddhisten in ihren Ländern ähnliche Pilgerrouten eingerichtet. In Kalifornien wählten einige Dichter der Beat-Generation Mount Tamalpais, einen heiligen Berg der amerikanischen Ureinwohner nördlich von San Francisco, als Objekt ihrer rituellen Umkreisungen aus. Diese Praxis wird auch heute noch ausgeübt. Mit der Gründung einer wachsenden Zahl von Klöstern, Retreat-Zentren und Tempeln im Westen werden wahrscheinlich noch weitere »buddhistische Pilgerrouten« entstehen, die diese einzelnen Stätten miteinander verbinden.

Teil IV
Den buddhistischen Weg gehen

IN DIESEM TEIL ...

Hier beschreiben wir den gesamten buddhistischen Weg – und stellen das Ziel der Erleuchtung gleich an den Anfang.

Dieser Teil erhellt wichtige Meilensteine auf Ihrer Reise und zeigt Ihnen, wie Sie in neues und inspirierendes Terrain vordringen können.

> **IN DIESEM KAPITEL**
>
> Herausfinden, was an der Erleuchtung so besonders ist
>
> Den traditionellen Weg ins Nirvana verfolgen
>
> Das Große Fahrzeug Richtung Erleuchtung lenken
>
> Die Erleuchtung in der Zen- und der Vajrayana-Tradition erforschen

Kapitel 10
Was ist eigentlich Erleuchtung?

Ein bahnbrechendes Buch, das die Erfahrung des plötzlichen Erwachens von zehn Meditierenden beschrieb, brachte Stephan in den späten 1960er Jahren dazu, sich mit den praktischen Aspekten des Buddhismus zu befassen. In Form von Briefen und Tagebucheinträgen beschreiben diese eindringlichen Berichte Jahre einer intensiven Meditationspraxis und der überwältigenden, das Leben umwälzenden Durchbrüche nach diesen langen Mühen. Männer und Frauen weinten und lachten vor Freude, als sie schließlich Jahre der Konditionierung durchbrachen und ein und für alle Mal erkannten, wer sie wirklich waren.

Als Student hatte Stephan sein Päckchen an Leiden zu tragen gehabt und in der westlichen Philosophie nach Lösungen gesucht; deshalb wurde er von diesem Buch gefesselt und war sofort von der Meditation fasziniert. Wenn diese normalen Menschen erwachen konnten, könne er das auch.

Damals hatten nur wenige Menschen das Wort *Erleuchtung* im Zusammenhang mit Buddhismus gehört. Es gab nur ein paar Bücher über den Buddhismus für ein allgemeines Publikum. In den letzten Jahren hat sich dies gründlich gewandelt! Heute erscheinen Bücher über Buddhismus regelmäßig auf Bestsellerlisten, und jeder scheint die Erleuchtung in der ein oder anderen Form zu suchen. Sie können populäre Anleitungen für die »Erweckung des inneren Buddhas« oder die »Erleuchtung im Handumdrehen« lesen oder einen »Schnellkurs in Erleuchtung« in einem nahe gelegenen Yoga-Studio belegen. Ein Kosmetikunternehmen bietet sogar ein Parfum namens *Satori* an, dem japanischen Wort für Erleuchtung.

Doch was bedeutet Erleuchtung eigentlich? Auch wenn unsere auf schnelle Lösungen bedachte Kultur diesen Begriff trivialisiert hat, ist die Erleuchtung im Buddhismus die tiefste aller Verwirklichungen, der Höhepunkt des spirituellen Weges, den zu erlangen ein ganzes

Leben der Praxis und des Studiums nötig sein kann. In diesem Kapitel beschreiben wir (soweit dies mit Worten möglich ist), was Erleuchtung ist und was sie nicht ist, und erklären, wie sich die Auffassung von der Erleuchtung bei der Entwicklung des Buddhismus und seiner Anpassung an verschiedene Kulturen wandelte.

In diesem Kapitel sollten Sie sich immer vergegenwärtigen, dass Worte nur auf Dimensionen einer Erfahrung hinweisen können, die einfach nicht mit Worten ausgedrückt werden kann. Eine traditionelle buddhistische Analogie vergleicht Wörter mit Fingern, die auf den Vollmond zeigen. Wenn Sie sich in der Betrachtung der Finger verfangen, werden Sie vielleicht nie den herrlichen Anblick am Himmel schätzen lernen.

Die vielen Facetten der spirituellen Verwirklichung

Wenn man den Geschichten über große Mystiker und Weise auf der ganzen Welt glaubt, hat die spirituelle Erfahrung eine überwältigende Vielfalt von Formen und Inhalten:

- Einige indianische Schamanen versetzen sich in Bewusstseinszustände, in denen sie in andere Dimensionen reisen, um Verbündete und Heilmittel für ihre Stammesmitglieder zu finden.

- Einige Hindus erfahren mächtige Energiestöße, die sogenannte Kundalini-Energie, und werden dadurch in einen Zustand der Glückseligkeit versetzt, der stundenlang dauern kann und/oder in dem sie sich mit Gottheiten wie Shiva oder Kali vereinigen.

- Christliche Heilige und Mystiker hatten ihr Leben umwandelnde Visionen von Jesus, sahen sich von Engeln besucht und entwickelten an Händen und Füßen Stigmata (Zeichen, die den Wundmalen Christi bei der Kreuzigung ähneln).

- Das Alte Testament enthält zahlreiche Erzählungen über Propheten und Patriarchen, die Jehovah in der einen oder anderen Form begegnen – das Feuer in dem brennenden Dornbusch, die Stimme in dem Wirbelwind und so weiter.

Derartige tiefgreifende Erfahrungen können eine spirituelle Transformation bewirken. Doch sind sie immer das, was im Buddhismus als Erleuchtung verstanden wird? Die meisten buddhistischen Schulen spielen sogar die Bedeutung von Visionen, Stimmen, Kräften, Energien und geänderten Bewusstseinszuständen mit der Begründung herab, dass sie den Praktizierenden vom wahren Zweck des spirituellen Bemühens ablenken – einer direkten, befreienden Einsicht in die wesentliche Natur der Wirklichkeit.

Gemäß der buddhistischen Grundlehre der Vergänglichkeit (Pali: *Anicca*) kommen und gehen selbst die stärksten spirituellen Erfahrungen wie Wolken am Himmel. Bei den Übungen soll eine Wahrheit erkannt werden, die so tief und grundlegend ist, dass sie sich nicht ändert, weil sie gar keine Erfahrung, sondern die Natur der Wirklichkeit selbst ist. Diese unbestreitbare, unwandelbare Erkenntnis wird als *Erleuchtung* bezeichnet.

Die Vier Edlen Wahrheiten (siehe Kapitel 3) zählen zu den zentralen Lehren Buddhas. Sie erklären die Natur und die Ursache des Leidens und beschreiben einen »Achtfachen Pfad« zu seiner Überwindung. Dieser kulminiert in der Erleuchtung oder »endgültigen Befreiung«, in der sich jedes Gefühl der Trennung auflöst – und damit auch die negativen Gefühle und Geisteszustände (wie Gier, Ärger, Eifersucht, Begehren oder Furcht), die auf der Illusion der Trennung beruhen. (Buddhisten haben etwas unterschiedliche Auffassungen darüber, was enthüllt wird, wenn dieses Gefühl der Trennung verschwindet; wir werden dies weiter unten näher erklären.)

Laut Buddha verfügen alle Wesen über dasselbe Potenzial zur Erleuchtung wie er. Statt sich als Ausnahmeerscheinung oder Sonderfall zu betrachten, betonte Buddha, dass er nur ein menschliches Wesen mit denselben inneren Impulsen und Versuchungen sei. Eine der Wahrheiten, zu denen er unter dem Bodhi-Baum erwachte, war diese essenzielle spirituelle Gleichheit. Das Einzige, was ein gewöhnliches Wesen von einem Buddha unterscheidet, so lehrte Buddha, sind die verzerrten Auffassungen, Anhaftungen und negativen Emotionen, die die Wahrheit verhüllen.

Alle Traditionen des Buddhismus würden zweifellos mit den grundlegenden Lehren über die Erleuchtung übereinstimmen, die wir in den beiden vorangegangenen Absätzen umrissen haben – denn diese Lehren sind Inhalt der allerersten und universell akzeptierten Lehrreden Buddhas. Die Traditionen unterscheiden sich jedoch hinsichtlich ihrer Auffassung, was der Inhalt der Erleuchtung sei und mit welchen Mitteln genau sie erreicht werden könne. Was ist eigentlich das Ziel des spirituellen Lebens? Wozu erwacht man – und wie kommt man dorthin? Ob Sie es glauben oder nicht: Die Antworten auf diese Fragen wandelten sich im Laufe der Jahrhunderte, in denen sich der Buddhismus entwickelte.

Die meisten Traditionen glauben, dass ihre Version der Erleuchtung mit der des Buddha übereinstimmt. Einige behaupten sogar, dass ihre Version die einzig wahre sei – die tiefere, geheime Erkenntnis, die Buddha zu Lebzeiten nicht zu enthüllen wagte. Andere Kommentatoren bestehen darauf, dass die Verwirklichung späterer buddhistischer Meister sowohl Praxis als auch Erleuchtung in Dimensionen trug, die Buddha selbst nie vorhergesehen hatte. Klar ist: Die Wahrheit ist strittig; die Traditionen unterscheiden sich in wichtigen Fragen.

Im Rest dieses Kapitels beschreiben wir die verschiedenen Konzepte der Erleuchtung in drei Hauptströmungen: Theravada, Vajrayana und Zen. Selbst wenn wir auf dieser kurzen Tour nicht jedes Konzept der Erleuchtung (nicht einmal innerhalb des Buddhismus) behandeln können, beschreiben wir die Grundlagen – so weit dies mit Worten möglich ist. In einem sind sich alle Traditionen einig: Letztlich übersteigt die Erleuchtung selbst das ausgefeilteste intellektuelle Verstehen und kann einfach nicht durch unser normales konzeptionelles Denken erfasst werden.

Beim Lesen der folgenden Abschnitte sollten Sie sich eine alte buddhistische Weisheit vergegenwärtigen: Ein gemalter Kuchen stillt den Hunger nicht. Sie können sich den ganzen Tag Bilder des verlockendsten Gebäcks anschauen, doch Ihr Hunger verschwindet erst, wenn Sie in den echten Keks hineinbeißen. Ähnlich können Sie Dutzende von Büchern über die Erleuchtung lesen, doch wovon sie handelt, verstehen Sie erst, wenn Sie selbst die Erfahrung machen. Also: Nicht nur lesen, sondern auch praktizieren!

Das Nirvana in der Theravada-Tradition

Die Theravada-Tradition stützt ihre Lehren und Praktiken auf den Pali-Kanon, eine Sammlung von Buddhas Lehrreden (Sanskrit: Sutras, Pali: Suttas), die von Mönchen, die wirklich dabei waren, auswendig gelernt, dann über viele Generationen hinweg mündlich tradiert und letztlich mehr als vier Jahrhunderte nach Buddhas Ableben niedergeschrieben wurden. Weil diese Lehren auf die Worte des historischen Buddha zurückgeführt werden können, behaupten einige Vertreter der Theravada-Tradition, dass sie den ursprünglichen Buddhismus repräsentieren – das heißt, den Buddhismus, wie ihn der Erleuchtete lehrte und wie er praktiziert und verwirklicht werden solle. Desgleichen beziehen sich viele Traditionen auf den Pali-Kanon als verlässliche Quelle für Buddhas früheste Einsichten.

Die Theravada-Tradition lehrt einen ausführlichen, fortschreitenden Weg der Praxis und Verwirklichung, der die Schüler über vier Stufen der Erleuchtung bis zum Nirvana (Pali: Nibbana), der vollständigen Befreiung vom Leiden, führt. Der Weg besteht aus drei Aspekten oder Schulungen: Sittlichkeit (ethisches Verhalten), Meditation und Einsicht. (Näheres über die drei Schulungen finden Sie in Kapitel 13. Näheres über die Theravada-Tradition finden Sie in Kapitel 5.)

»Definition« des Nirvana

Weil Buddha das Begehren und die Anhaftung als Wurzeln allen Leidens betrachtet, hat er das Nirvana oft als das Erlöschen des Begehrens oder die Abwesenheit des Wünschens definiert.

Nirvana bedeutet wörtlich »Verlöschen« oder »Verwehen«. Er bezieht sich auf die Flamme des Begehrens, das die unerleuchteten Wesen in einem endlosen Kreislauf der Wiedergeburten gefangen hält. Wenn Sie das Nirvana erlangen, verlöscht diese Flamme, und Sie werden vollkommen frei von aller Negativität: Nicht nur die Begierden und die Anhaftung erlöschen, sondern auch Ärger und Nicht-Wissen verschwinden und die Auffassung eines separaten Selbst löst sich auf. Die Begriffe, mit denen das Nirvana beschrieben wird, betonen die Abwesenheit gewisser unerwünschter Qualitäten. Dies sollte Sie aber nicht zu der irrtümlichen Auffassung verleiten, das Nirvana sei selbst negativ. Diese scheinbar negativen Begriffe verweisen auf eine unbedingte Wahrheit, die jenseits der Sprache liegt und deshalb mit Worten nicht genau beschrieben werden kann. In seiner Weisheit erkannte Buddha, dass positive Begriffe, die einen begrenzten Zustand zu beschreiben scheinen, eher irreführend als hilfreich sein könnten, weil das Nirvana kein Zustand ist und keine Begrenzungen hat.

In der Theravada-Tradition gilt das Nirvana als die absolute Wahrheit, die vollständige Verwirklichung der Dinge, wie sie sind: Alles ist in ständigem Wandel begriffen; nichts hat ein beständiges, ewiges Wesen oder Selbst. Wenn sich die Illusion eines separaten Selbst vollkommen auflöst, bleibt nur das Nirvana übrig. Es gibt keine Tendenz mehr, auf ein separates Ich zu verweisen oder ein solches zu schützen, weil klar erkannt wird, dass ein Ich, außer als Konglomerat aus flüchtigen Gedanken und Gefühlen, nie existiert hat. Es gibt nicht die geringste Unzufriedenheit mehr, weil alle Spuren des Begehrens verschwunden sind. Wenn das Nirvana mit einer bestimmten Empfindung oder einem Ton gleichgesetzt wird, wird es im Allgemeinen als unerschütterliche Ruhe, Zufriedenheit und Glückseligkeit beschrieben (siehe Abbildung 10.1). Hört sich das attraktiv an?

Abbildung 10.1: Shakyamuni Buddha, die klassische Verkörperung der Klarheit und des Friedens (Foto mit freundlicher Genehmigung des Aruna Ratangir Buddhist Monastery)

Die vier Stufen auf dem Weg zum Nirvana

In den 45 Jahren seines Lehrens unterschied Buddha immer wieder vier verschiedene Schichten, Stufen oder Grade der Verwirklichung, die jeweils durch eine tiefe und unmissverständliche Erfahrung der Nicht-Wesenhaftigkeit gekennzeichnet und mit bestimmten Änderungen im Verstehen und Verhalten verbunden sind. Die Erfahrung stellt sich im Allgemeinen während einer intensiven Meditation ein, wenn die Aufmerksamkeit einspitzig geworden ist, und folgt einem umfangreichen Studium und dem Verstehen der grundlegenden Wahrheiten des Buddhismus (besonders der drei Kennzeichen der Existenz: Nicht-Wesenhaftigkeit, Vergänglichkeit und Unzufriedenheit).

Der Weg zum Nirvana besteht aus den folgenden vier separaten Stufen:

- ✔ **In-den-Strom-Eingetretener:** Die erste direkte Einsicht in die Nicht-Wesenhaftigkeit ist oft die stärkste, weil sie allem widerspricht, was Sie jemals vorher erfahren haben. Einen zeitlosen Moment lang (der vielleicht nur einen kurzen Augenblick dauert) ist niemand da – das heißt, es gibt nirgendwo eine Spur eines separaten Selbst. Im Allgemeinen folgt dieser Erfahrung ein Gefühl der ungeheuren Erleichterung, oft begleitet von Freude und Glücksgefühlen: Endlich hatten Sie die Einsicht, nach der Sie so lange gesucht haben. Endlich sind Sie in den »Strom der Verwirklichung eingetreten«. Wenn Sie ein In-den-Strom-Eingetretener geworden sind, können Sie niemals wieder glauben, dass Sie wirklich ein separates Selbst seien, das in Ihrem Kopf wohnt und durch Ihre Augen blickt. Ihre Erfahrung beseitigt diese Illusion für immer. Wenn Sie nach innen blicken, finden Sie nirgends ein Selbst. Doch im Alltagsleben können Sie sich immer noch als separates Selbst erleben und immer noch in Gier, Hass, Verblendung und verschiedenen anderen negativen Gefühlen und Mustern verstricken. Glücklicherweise vermittelt die Stufe des »Stromeintritts« auch ein unerschütterliches Vertrauen in und die Hingabe an den spirituellen Weg des Buddhismus, sodass Sie motiviert bleiben, Ihre Verwirklichung zu vertiefen und zu verfeinern.

- ✔ **Einmal-Wiederkehrer:** Nachdem Sie ein In-den-Strom-Eingetretener geworden sind, nehmen Sie die ständige Erinnerung an Ihre neue Erkenntnis der »Nicht-Wesenhaftigkeit« in Ihre Übungen auf und richten Ihre Aufmerksamkeit verstärkt auf die Dinge, denen Sie noch verhaftet sind, und auf Ihren Widerstand gegen die Entfaltung Ihres Lebens. Nach einer gewissen Zeit (die im Allgemeinen Jahre der hingebungsvollen Praxis umfasst), in der Ihre Konzentration noch stärker und Ihr Geist noch ruhiger wird, haben Sie eine andere direkte Einsicht in Nicht-Wesenhaftigkeit. (Sie dürfen nicht vergessen: Diese Wahrheit intellektuell als Konzept zu erfassen, ist das eine, sie direkt, jenseits des konzeptionellen Geistes zu erfahren, ist etwas ganz anderes.) Diese Einsicht (die sich von der ersten im Wesentlichen nur durch ihre größere Stärke und Klarheit unterscheidet) führt zu einer wichtigen Verminderung der Anhaftung und der Abneigung sowie des Leidens, die mit diesen Zuständen des Geistes verbunden ist. So werden Hass und Gier durch eine gelegentliche Irritation beziehungsweise gewisse Präferenzen ersetzt, die den Einmal-Wiederkehrer nicht mehr gefangen nehmen. Wer diese Stufe erreicht, hat nur noch eine Wiedergeburt vor sich, bevor er die vollkommene Erleuchtung erlangt – deshalb der Name *Einmal-Wiederkehrer*.

- ✔ **Nie-mehr-Wiederkehrer:** Nach der Erfahrung, die das Erreichen dieser Stufe markiert, sind die schlimmsten Hindernisse, wie Hass, Gier, Eifersucht und Verblendung, vollkommen verschwunden, aber es bleibt noch ein Rest von Selbst-Bewusstheit (»Ich-heit«) – und damit auch ein, wenn auch schwacher Rest von Ruhelosigkeit und Unzufriedenheit. Die Erfahrung selbst wird selten von Emotionen oder Aufregung begleitet, sondern ist nur eine klarere Erkenntnis, die bereits zweimal zuvor gemacht wurde. Wer diese Erfahrung macht, scheint außerordentlich zufrieden, friedvoll und wunschlos zu sein, hat aber noch feinste Präferenzen für positive, statt für negative Erfahrungen.

- ✔ **Arhat:** Auf dieser Stufe trägt der Weg seine ultimative Frucht des Nirvana – alle restlichen Spuren eines separaten Selbst sind endgültig verschwunden. Die Erfahrung, die häufig von einem unvorstellbaren Gefühl der Glückseligkeit begleitet ist, ist damit verglichen worden, in die Tiefen einer Wolke zu fallen und zu verschwinden. Sie werden überhaupt nicht mehr von den Umständen des Lebens tangiert; positive oder negative Erfahrungen lösen weder Gier noch Unzufriedenheit mehr aus. Buddha beschrieb den Zustand so: Alles, was getan werden musste, ist getan. Es gibt nichts mehr zu erkennen. Das Ziel des Weges ist erreicht, und es sind keine weiteren Wiedergeburten erforderlich.

Zwei Traditionen der Weisheit

Im Laufe der Jahrhunderte entwickelten sich verschiedene Schulen des Buddhismus, die über den Weg zur Erleuchtung und das Wesen dieses Zustands unterschiedlicher Auffassung waren. (Näheres über diese Entwicklungen finden Sie in den Kapiteln 4 und 5.) Die Mahayana-Tradition (»Großes Fahrzeug«) – aus der verschiedene, heute noch populäre Schulen hervorgegangen sind – verschob die Betonung von der Erfahrung der Nicht-Wesenhaftigkeit auf die Erfahrung der Leerheit. Die Vorstellung von der Leerheit ist etwas schwerer zu fassen als das Konzept der Nicht-Wesenhaftigkeit und noch schwieriger in Worte zu fassen. Wir wollen es dennoch versuchen!

Die beiden Hauptzweige der Mahayana-Tradition hatten ziemlich unterschiedliche Konzepte von der Leerheit (oder ultimativen Wirklichkeit). Die Madhyamika-Schule (Sanskrit: »Mittlere Doktrin«) lehnte es ab, irgendetwas über die ultimative Wirklichkeit zu sagen. Stattdessen machten es sich die Anhänger dieser Richtung zur Aufgabe, alle positiven Aussagen anderer Schulen zurückzuweisen und anzuzweifeln. Damit zerstörten sie jede Überzeugung und jeden Standpunkt, an die sich ihre Praktiker klammern konnten, und zogen so ihrem konzeptionellen Geist (metaphorisch) den Boden unter den Füßen weg. Um es mit den Worten des Diamant-Sutras, eines berühmten Mahayana-Textes, auszudrücken, waren die Praktiker gezwungen, »den Geist zu kultivieren, der nirgends wohnt« – den ausgedehnten, umfassenden, unverhafteten Geist der Erleuchtung.

Im Gegensatz dazu lehrte die Yogachara-Schule (Sanskrit: »Yogaweg«), dass alles nur Geist oder *Bewusstsein* ist. (Diese Auffassung war für den anderen Namen dieser Schule, *Chittamatra-Schule* oder »Nur-Geist-Schule« verantwortlich.) Die großen Meister der Yogachara-Schule lehrten, dass Bewusstsein das Wesen oder der Geist ist, der die materielle Welt durchdringt und animiert, und dass dies in der tiefen Meditation direkt erfahren werden kann. In letzter Analyse existiert keine Trennung zwischen dem Geist des Praktizierenden und der äußeren Welt – Innen und Außen sind eins und untrennbar.

Aus der Vereinigung der Madhyamika- und der Yogachara-Schule entstanden zwei Hauptrichtungen des Mahayana-Buddhismus (»Großes Fahrzeug«): Vajrayana und Zen. Im Laufe der Jahrhunderte erkannten und lehrten viele Zen- und Vajrayana-Meister, dass »Bewusstsein« und »Leerheit« nur verschiedene Wörter für dieselbe unteilbare, nicht-dualistische Wirklichkeit seien. (Nebenbei bemerkt: Einige dieser Konzepte, die vielleicht im Moment noch schwer fassbar zu sein scheinen, werden in den folgenden Abschnitten näher erläutert. Außerdem sollten Sie daran denken, dass die Auffassung der Leerheit der End- und Höhepunkt des Mahayana-Weges ist und es Jahre dauern kann, sie voll zu erfassen!)

Die Verwirklichung der wesentlichen Reinheit des Geistes in der Vajrayana-Tradition

Die Vajrayana-Tradition (auch: Tantrayana-Tradition) des Buddhismus, die in Indien begann und in Tibet zur Blüte gelangte, basiert auf der grundlegenden Auffassung der Nicht-Wesenhaftigkeit und erweitert sie. Wenn Sie (mit Techniken aus der Madhyamika-Tradition; siehe den vorangegangenen Abschnitt für mehr Infos) tief in Ihr Herz und Ihren Geist geschaut haben und die Wahrheit der Nicht-Wesenhaftigkeit entdeckt haben, öffnen Sie sich auf natürliche Weise einer tieferen Erkenntnis der Natur des Geistes (oder des Bewusstseins), der rein, weit, leuchtend, klar, nicht lokalisierbar, unfassbar, wach und im Wesentlichen nicht-dualistisch ist.

»Nicht-dual« bedeutet einfach, dass Subjekt und Objekt, Geist und Materie »nicht zwei« sind. Sie können zwar auf der Alltagsebene unterschieden werden, aber auf der Wesensebene sind sie eins und untrennbar. So sind Sie und das Buch vor Ihnen offensichtlich verschieden, aber dem Wesen nach sind Sie und das Buch Ausdruck eines untrennbaren Ganzen. Sie dürfen nun von uns nicht erwarten, dass wir diese Ganzheit in Worte fassen, die Sie intellektuell verstehen können, selbst wenn Mystiker und Dichter dies seit Tausenden von Jahren versuchen. Wenn Sie mehr darüber wissen wollen, müssen Sie schon selbst nachschauen.

Der Geist hat nicht nur eine immanente reine, strahlende und wache Natur, sondern er manifestiert sich auch spontan in jedem Moment als mitfühlende Aktivität zum Wohle aller Wesen. Selbst wenn konzeptionelle Gedanken die Natur des Geistes nicht erfassen können, kann diese Geist-Natur (wie die Nicht-Wesenhaftigkeit) in einer Reihe immer tiefer gehender Erfahrungen, die in vollkommener Verwirklichung oder Buddhaschaft kulminieren, durch Meditation erkannt werden.

Im Vajrayana beginnt der Weg zur vollständigen Erleuchtung mit der umfassenden Kultivierung positiver Qualitäten wie liebendes Mitgefühl und Erbarmen und wird mit der Entwicklung verschiedener Ebenen der Einsicht in die Natur des Geistes fortgesetzt. Praktizierende lernen, sich als Verkörperung der Erleuchtung selbst zu visualisieren und dann über ihr innewohnendes Erwachtsein oder ihre Buddha-Natur zu meditieren. (Näheres über den Vajrayana-Weg finden Sie in Kapitel 5.)

Wer den Weg von Anfang bis Ende gehen will, braucht im Allgemeinen die folgenden Faktoren: einen qualifizierten Lehrer, fleißiges Praktizieren, rückhaltlose Hingabe und zahlreiche intensive Retreats (moderne Sammelbezeichnung für mehrtägige Workshops, Meditationswochen, Seminare und so weiter).

Der direkte Ansatz zur Verwirklichung

Zusätzlich zu den Visualisierungsübungen bietet der Vajrayana-Buddhismus einen direkteren Weg zur Erleuchtung, der als *Dzogchen-Mahamudra* bezeichnet wird und als die höchste Lehre der tibetischen Tradition gilt. Dzogchen bedeutet im Tibetischen »Große Vollendung«, Mahamudra ist der Sanskrit-Begriff für »Großes Siegel«. Beide Begriffe beziehen sich auf die Einsicht, dass alles perfekt ist, so wie es ist.

Diese beiden Ansätze wurden unabhängig voneinander von zwei verschiedenen Schulen entwickelt, doch im Allgemeinen gelten sie als nur geringfügig verschiedene Ausdrücke derselben nicht-dualistischen Erkenntnis. (Eine vollständige Erklärung von »nicht-dual« wurde zwei Absätze weiter oben gegeben.) Traditionell waren nur Praktizierende, die sich jahrelang durch Übungen vorbereitet hatten, qualifiziert, den Dzogchen-Mahamudra zu lernen, aber heute kann im Westen jeder mit einem ernsthaften Interesse ein einschlägiges Retreat besuchen, um diesen Ansatz zur Erleuchtung kennenzulernen.

Im Dzogchen geben Lehrer ihren Schülern eine sogenannte »direkte Einführung« in die Natur des Geistes mit. Die Schüler versuchen dann, diese Erkenntnis in ihren Meditationen und in ihrem Alltag zu integrieren. Ziel ist es, diese Erkenntnis dauerhaft einzupflanzen, bis die Trennung zwischen Meditation und Nicht-Meditation schwindet und der Geist sich immerzu seiner innewohnenden Natur bewusst ist und bleibt. Im Mahamudra lernen Praktizierende zunächst, den Geist zu beruhigen und dann mit dieser Ruhe seine Natur näher zu erforschen. Wenn der Geist seine Natur erkennt, verweilen sie in dieser Geist-Natur so lange und so oft wie möglich. (Fragen Sie uns bitte nicht, was dieses »Verweilen« beinhaltet – wie so vieles in diesem Kapitel ist es mit Worten nicht zu fassen.) Obwohl der Ansatz des Dzogchen-Mahamudra als direkt bezeichnet werden kann, ist es außerordentlich schwierig, ihn zu lernen. Es kann ein Leben (oder länger) dauern.

Die vollkommene Erleuchtung eines Buddhas verstehen

Gemäß der Theravada-Tradition kann jeder ernsthaft Übende in diesem Leben das Ziel der spirituellen Praxis erreichen, das durch den Arhat verkörpert wird. (In dem Abschnitt »Das Nirvana in der Theravada-Tradition« weiter oben in diesem Kapitel wird erklärt, was ein Arhat ist.) Zu Buddhas Lebzeiten erlangten zahlreiche Schüler die vollkommene Erleuchtung und waren als Arhats anerkannt. Sie hatten also die Nicht-Wesenhaftigkeit wie Buddha selbst verwirklicht.

Dagegen scheint in der Vajrayana-Tradition die Verwirklichung der Buddhaschaft ein ferneres Ideal zu sein. Die vollkommen Erleuchteten erfahren das Ende aller Begierden und anderer negativer Gefühle. Doch zugleich verkörpern sie auch »zehn Millionen« andere vorteilhafte Qualitäten: grenzenlose Liebe und grenzenloses Erbarmen, eine unendliche, allsehende Weisheit, eine unermüdliche erleuchtete Aktivität zum Wohle aller Wesen und die Fähigkeit, andere schneller zur Erleuchtung zu führen. Die Körper der vollkommen Erleuchteten tragen die 32 Haupt- und 80 Nebenmerkmale eines Buddhas; Eigenschaften, die im gesamten buddhistischen Asien anerkannt werden.

Vielen Gläubigen mag eine solch fortgeschrittene Stufe der Weisheit (besonders zu Beginn ihrer Praxis) wie ein unerreichbarer Traum erscheinen. Diese Meinung kann durch die vielen inspirierenden Geschichten über außergewöhnliche Weise noch verstärkt werden, die jahrelang in Berghöhlen meditiert und nicht nur eine diamantähnliche Klarheit des Geistes und des unerschöpflichen Erbarmens, sondern auch zahlreiche übermenschliche Kräfte erlangt haben.

Doch unermüdliche Vajrayana-Praktiker erfahren allmählich, dass ihre Anstrengungen zu einem größeren Mitgefühl, mehr Klarheit, Ruhe und Furchtlosigkeit sowie einer tieferen und dauerhafteren Erkenntnis der Natur des Geistes führen. Der Vajrayana-Buddhismus verspricht, dass jeder das Potenzial habe, die Buddhaschaft in diesem Leben zu erlangen, wenn er die geeigneten Methoden anwendet, die diese Schule anbietet. (Näheres über Vajrayana-Praktiken finden Sie in Kapitel 5.)

Zen: Das Nirvana auf den Kopf gestellt

Im Zen gibt es zahlreiche Geschichten über berühmte Meister, die ihre Erleuchtung mit der von Shakyamuni vergleichen und von ihm wie von einem alten Freund und Kollegen sprechen. Zugleich wird die Erleuchtung (obwohl sie so schwer fassbar ist) als ganz gewöhnliche Erkenntnis dessen aufgefasst, was schon immer so war. Deshalb brechen die Mönche in vielen Zen-Geschichten in lautes Lachen aus, wenn die Erkenntnis schließlich bei ihnen »ankommt«. Erwachte Zen-Praktiker sind bekannt dafür, dass sie sich allem höchst konzentriert widmen und keine Spur eines speziellen Zustands erkennen lassen, der als »Verwirklichung« bezeichnet wird.

Der Zen-Buddhismus verfolgt einen anderen Ansatz zur Erleuchtung als die Theravada- und die Vajrayana-Traditionen. Statt einen stufenförmigen Weg zu dem hohen spirituellen Ideal zu propagieren, lehren die berühmten Zen-Meister, dass die vollkommene Erleuchtung immer, hier und jetzt durch eine plötzliche Einsicht erlangt werden kann, die in Japan als *Kensho* oder *Satori* bezeichnet wird. Einige Zen-Schulen verlagern sogar die Betonung der Erleuchtungserfahrung auf die Lehre, dass die rückhaltlose Praxis der Meditation in sitzender Haltung (japanisch: Zazen) – oder die rückhaltlose Übung in jedweder Situation – die Erleuchtung selbst sei.

Die direkte Überlieferung vom Meister auf den Schüler

Am klarsten kommt die Zen-Einstellung zur Erleuchtung in dem folgenden berühmten Vers des chinesischen Meisters Linji (japanisch Rinzai) zum Ausdruck:

> *Eine Übertragung außerhalb der Schriften,*
>
> *unabhängig von Worten und Schriften.*
>
> *unmittelbar auf den menschlichen Geist bezogen,*
>
> *Die wahre Natur sehen, Buddha werden.*

Diese Verse enthalten mehrere wichtige Punkte:

✔ **Eine Übertragung außerhalb der Schriften:** Zen führt seine Abstammung auf Mahakashyapa zurück, einen von Buddhas engsten Schülern, der offensichtlich die direkte Überlieferung der »geistigen Essenz« seines Lehrers empfing, indem er eine Blume mit einem wortlosen Lächeln entgegennahm (siehe Kapitel 5). Seitdem haben Meister ihren erleuchteten Geist direkt an ihre Schüler weitergegeben, und zwar nicht durch geschriebene Texte, sondern durch geheime Lehren, die von Geist zu Geist (oder, wie Stephans erster Zen-Lehrer zu sagen pflegte, »von einer warmen Hand zur nächsten«) tradiert wurden. Doch in Wahrheit wird nicht die Erleuchtung selbst übertragen; sie muss in jeder Generation erneut entflammt werden. Der Lehrer anerkennt und bezeugt nur das Erwachen.

✔ **Unmittelbar auf den menschlichen Geist bezogen:** Der Meister erklärt die abstrakte Wahrheit nicht intellektuell, sondern er lenkt die Aufmerksamkeit seiner Schüler direkt auf ihre innewohnende wahre Natur, die immer gegenwärtig ist, aber im Allgemeinen nicht erkannt wird. Unter der Führung des Meisters erwacht der Schüler und erkennt, dass er nicht dieses begrenzte separate Selbst ist, sondern das reine, weite, geheimnisvolle, unfassbare Bewusstsein, das auch als die *Buddha-Natur* oder der *Große Geist* bezeichnet wird.

✔ **Die wahre Natur sehen, Buddha werden:** Wenn der Schüler die wahre Natur erkannt hat, sieht er jetzt mit den Augen des Buddha und tritt in seine Fußstapfen. Keine Entfernung in Raum und Zeit trennt Shakyamunis Geist von dem des Schülers. Um diesen Punkt zu verdeutlichen, wird in den alten Lehrgeschichten immer wieder die folgende Aussage verwendet: »Es gibt keinen Buddha außer dem Geist und keinen Geist außer dem Buddha.«

Alle großen Zen-Meister lehren, dass der Geist ausnahmslos die gesamte Wirklichkeit umfasst. Ihr eigener Körper ist Buddhas Körper, Ihr Geist ist Buddhas Geist, und genau dieser Moment ist von Natur aus vollständig und perfekt, genau so, wie er ist – eine Wahrheit, die als *Soheit* oder *Istheit* bezeichnet wird. Es muss nichts geändert, weggenommen oder hinzugefügt werden, um diesen Körper, Geist oder Moment spiritueller oder heiliger zu machen, als er bereits ist – Sie müssen nur selbst zu der nicht-dualistischen Natur der Wirklichkeit erwachen. (Näheres finden Sie in dem Einschub »Rein wie frisch gefallener Schnee«.)

Rein wie frisch gefallener Schnee

Generation um Generation wurde die folgende Zen-Geschichte erzählt und nacherzählt, die in dem Basis-Sutra des Sechsten Patriarchen aufgezeichnet ist, um den Unterschied zwischen einer partiellen, schrittweise verlaufenden Verwirklichung und der vollständigeren Auffassung der großen Zen-Meister zu illustrieren, die den Geist als von Natur aus klar betrachten – und deshalb keine Notwendigkeit sehen, ihn durch verschiedene Methoden oder Praktiken zu reinigen. Der Fünfte Patriarch des Zen in China,

Hung-jen, versammelte seine Mönche und bat jeden, einen Vers aufzuschreiben, der seine Auffassung der *wahren Natur* (auch *Buddha-Natur* genannt) am besten zum Ausdruck brachte. Wenn er unter ihnen einen finden würde, dessen Weisheit klar würde, versprach er, den Dharma an ihn zu übergeben und ihn zum sechsten Patriarchen, seinem Nachfolger, zu machen.

In dieser Nacht schrieb der Obermönch den folgenden Vers auf die Klosterwand:

Der Körper ist der Bodhi-Baum,

Der Geist ist ein klarer Spiegel.

Wir müssen streben, ihn laufend zu putzen,

Und nicht zulassen, dass sich Staub ansammelt.

Als der Fünfte Patriarch den Vers las, erkannte er, dass dieser ein wenig von der Bedeutung der Praxis erfasste, zugleich aber offenbarte, dass die Person, die ihn geschrieben hatte, das Tor der Verwirklichung nicht durchschritten hatte – und er sagte dies dem Obermönch. Öffentlich pries er den Vers jedoch als Aussage, die zu studieren sich lohnte. Mehrere Tage später hörte ein leseunkundiger Novize, der in der Küche Reis drosch, wie jemand den Vers rezitierte, und bat, zu der Wand gebracht zu werden, auf der der Vers stand. Dort ließ er jemanden den folgenden Vers schreiben:

Bodhi [Erwachen] hat keinen Baum,

Der Spiegel hat keinen Stand.

Die Buddha-Natur ist ursprünglich klar und rein.

Wo kann sich da Staub ansammeln?

Anders ausgedrückt: Ihre grundlegende Natur muss nicht durch spirituelle Praxis gereinigt werden, weil sie niemals – nicht einmal einen Moment – befleckt worden ist. Als der Fünfte Patriarch diesen Vers sah, wusste er, dass er seinen Nachfolger gefunden hatte. Und obwohl der junge Novize nicht lesen und schreiben konnte, anerkannte Hung-jen seine Erleuchtung und machte ihn zum Sechsten Patriarchen des chinesischen Zen.

Zehn Ochsenbilder

Seit die zehn Ochsenbilder vor mehr als acht Jahrhunderten in China entwickelt wurden, haben sie Zen-Schülern als zuverlässige Landkarte der Stufen der Erleuchtung gedient, und Zen-Meister haben sie verwendet, um ihre Schüler anzuleiten und zu inspirieren. (Die traditionellen Zeichnungen dieser Bilder finden Sie im Internet unter www.buddhanet.net.)

Die Bilder illustrieren die aufeinanderfolgenden Stufen des Weges. Sie beginnen mit der Suche nach dem Ochsen (das heißt der wahren Natur) und finden ihren Höhepunkt in der vollkommenen Befreiung, die durch den Bodhisattva (siehe Abbildung 10.2) verkörpert wird.

Abbildung 10.2: Der Bodhisattva, der voller Freude die Welt betritt (Foto mit freundlicher Genehmigung von S. Bodian)

Obwohl die erste direkte Einsicht (oder *Kensho*) im dritten Bild erfolgt, schließen sich zahlreiche weitere Kenshos an, bis Kensho selbst das klare, ungetrübte Auge wird, mit dem Sie jederzeit die Wirklichkeit sehen.

Die folgende Liste beschreibt kurz die einzelnen Bilder mit ihrer Bedeutung in der chronologischen Reihenfolge:

- **Den Ochsen suchen: Gestalt wandert durch den Wald, ein Seil in der Hand.** Sie suchen die wahre Befriedigung im Leben, können sie aber an den üblichen weltlichen Stellen – Karriere, Beziehungen, Familie und materielle Objekte – nicht finden. Weil Sie die Möglichkeit des Erwachens zu Ihrer wahren Natur noch nicht kennengelernt haben, wissen Sie nicht so recht, wo Sie suchen sollen.

- **Die Fußspuren finden: Gestalt folgt den Fußspuren des Ochsen.** Sie sind in die Lehren des Zen eingeführt worden und wissen wenigstens, wo Sie suchen müssen, um Ihre wahre Natur zu finden. Durch die Praxis der Meditation befinden Sie sich auf dem Weg, haben aber den Ochsen noch nicht mit eigenen Augen gesehen.

- **Den Ochsen erblicken: Gestalt erhascht einen Blick auf das Hinterteil des Ochsen.** Sie haben endlich Ihre erste direkte Einsicht oder Kensho! Jetzt sind Sie sicher, dass der Ochse der wahren Natur überall ist und sich in Form von allem ausdrückt. Aber diese Erkenntnis entgleitet schnell in den Hintergrund. Sie sind immer noch weit davon entfernt, ihn zu Ihrem ständigen Begleiter zu machen.

- **Den Ochsen fangen: Gestalt hält den widerspenstigen Ochsen an einem Seil.** Sie sind sich in jedem Moment und jeder Situation Ihrer wahren Natur bewusst; Sie sind niemals von ihm getrennt – nicht einmal für einen Augenblick. Aber Ihr Geist bleibt unruhig und widerspenstig, und Sie müssen sich konzentrieren, um nicht abgelenkt zu werden.

- **Den Ochsen zähmen: Gestalt führt den zahmen Ochsen am Seil.** Schließlich kommt der Geist zur Ruhe, als jede Spur des Zweifels verschwunden ist. Sie sind so fest in Ihrer Erfahrung der wahren Natur etabliert, dass selbst Gedanken Sie nicht mehr ablenken, weil Sie erkennen, dass Sie, wie alles andere im Universum, nur ein Ausdruck dessen sind, was Sie im Grunde sind.

✔ **Den Ochsen nach Hause reiten: Gestalt sitzt Flöte spielend auf dem Ochsen.** Jetzt sind Sie und Ihre wahre Natur wie Pferd und Reiter in totaler Harmonie. Sie müssen nicht mehr kämpfen, um der Versuchung oder Ablenkung zu widerstehen, weil Sie mit sich vollkommen in Frieden und untrennbar mit Ihrer wesentlichen Quelle verbunden sind.

✔ **Den Ochsen vergessen: Gestalt sitzt bei Sonnenaufgang in einer strohbedeckten Hütte.** Schließlich ist der Ochse der wahren Natur verschwunden, weil Sie selbst ihn verkörpern. Der Ochse war eine brauchbare Metapher, um Sie nach Hause zu führen. Letztlich sind Sie und der Ochse jedoch eins! Da es nichts mehr zu suchen gibt, sind Sie vollkommen unbeschwert und nehmen das Leben, wie es kommt.

✔ **Sowohl das Selbst als auch den Ochsen vergessen: ein leerer Kreis.** Die letzten Spuren eines separaten Selbst sind abgeblättert, mit ihnen sind auch sämtliche Reste der Wahrnehmung verschwunden. Selbst Gedanken wie »Ich bin erleuchtet« oder »Ich bin die Verkörperung der Buddha-Natur« können nicht mehr auftauchen. Gleichzeitig sind Sie vollkommen normal und vollkommen frei von jeder Anhaftung oder Identifikation.

✔ **Die Rückkehr zur Quelle: Natur in voller Blüte ohne einen Beobachter.** Nachdem Sie mit Ihrer Quelle eins geworden sind, sehen Sie alles in seiner ganzen Vielfalt (schmerzlich und angenehm, wunderschön und hässlich) als perfekten Ausdruck dieser Quelle. Sie müssen keiner Sache widerstehen oder sie ändern; Sie sind vollkommen eins mit der Soheit des Lebens.

✔ **Mit helfenden Händen in die Welt gehen: Glücklicher, dickbäuchiger Bodhisattva mit einem Sack auf dem Rücken** (siehe Abbildung 10.2). Ohne eine Spur eines separaten Selbst, das erleuchtet oder verblendet ist, löst sich die Trennung zwischen den beiden Zuständen in der spontanen, mitfühlenden Aktivität auf. Jetzt bewegen Sie sich frei durch die Welt wie Wasser durch Wasser, ohne den geringsten Widerstand, reagieren freudig auf die Situationen, die sich entfalten, helfen Bedürftigen und fördern natürlich das Erwachen anderer.

Die gemeinsamen Aspekte der buddhistischen Erleuchtung

Obwohl die Erfahrung der Erleuchtung in den verschiedenen Traditionen etwas unterschiedlich beschrieben wird und sie andere Ansätze verfolgen, gibt es innerhalb der Traditionen doch bemerkenswerte Ähnlichkeiten.

✔ **Die Erleuchtung signalisiert übereinstimmend das Ende der Illusion von der Verschiedenheit.** (Beachten Sie, dass wir *Illusion* sagen, weil der Buddhismus lehrt, dass die Verschiedenheit nicht überwunden wird, sondern Sie zu der Tatsache erwachen, dass sie niemals existiert hat.) Wenn Sie erleuchtet sind, sehen Sie sich nicht mehr als eine abgesonderte, isolierte Wesenheit in Ihrem Körper oder Kopf, die mit einer Welt separater Objekte und anderen Wesenheiten konfrontiert ist. Stattdessen sehen Sie die Wirklichkeit als ein fortdauerndes Ganzes mit voneinander abhängigen Teilen – unabhängig davon, ob diese Wirklichkeit aus Nicht-Wesenhaftigkeit, Leerheit, wahrer Natur, Geist, Bewusstsein oder stetig im Fluss befindlichen Phänomenen besteht. Auf einer relativen Ebene kennen Sie natürlich immer noch den Unterschied zwischen Ihrem Körper und dem Ihres Nachbarn, lassen Sie Ihre Schlüssel im ungünstigsten Augenblick im Auto liegen, zahlen Ihre Rechnungen (oder vergessen, sie zu bezahlen) und sagen Ihren Kindern (nicht fremden) gute Nacht.

✔ **In allen Traditionen bringt die Erleuchtung unvermeidlich auch das Ende von Gier, Hass, Verblendung und Furcht und bringt einen unerschütterlichen, unbeschreiblichen Frieden, Freude, liebendes Mitgefühl und Erbarmen für andere hervor.** Auch wenn diese positiven Qualitäten des Herzens in der Mahayana-Tradition stärker betont werden (während die Theravada-Tradition eher die Beseitigung negativer Qualitäten hervorhebt), sind sie definitiv der natürliche Ausdruck der erleuchteten Sicht, die sich mit der vollkommenen Verwirklichung einstellt – seien es nun die zehn Ochsenbilder des Zen, die volle Buddhaschaft des Vajrayana oder das Nirvana des Theravada. (Natürlich ermutigen sowohl Theravada als auch Mahayana zur Kultivierung des Erbarmens und anderer positiver Qualitäten, siehe Kapitel 14.)

✔ **In jeder Tradition gehört es zur Erleuchtung, voll in der Welt, aber nicht von der Welt zu sein.** (Beachten Sie, dass einige Erleuchtete wie die Waldmönche weniger »in der Welt« sind als andere.) Sie können das Spiel des Lebens niemals wieder ernst nehmen. Sie haben die scheinbare Festigkeit und Bedeutung der materiellen Existenz und ihrer Beschäftigungen durchschaut und sind nicht mehr in ihnen verfangen, weil Sie die leere – oder substanzlose, vergängliche oder immanent perfekte – Natur aller Ereignisse klar verstehen. Wie der Bodhisattva im zehnten Ochsenbild gehen Sie mit einem Lächeln auf den Lippen und Liebe im Herzen durchs Leben, helfen, wo Hilfe gebraucht wird, und inspirieren zu Glück und Freiheit, wohin Sie auch gehen.

> **IN DIESEM KAPITEL**
>
> Sich seiner Sterblichkeit stellen
>
> Den Tod als Inspiration für Dharma-Übungen nutzen
>
> Die neun Punkte der Todes-Meditation praktizieren
>
> Die Auffassung des Todes in verschiedenen buddhistischen Traditionen kennenlernen
>
> Mit dem Tod eines Verwandten umgehen

Kapitel 11
Eine Frage von Leben und Tod

Im Jahre 1989 wurde die Bucht von San Francisco von einem starken Erdbeben erschüttert. Jon lebte damals nördlich von Santa Cruz, etwa 17 Kilometer von dem Epizentrum entfernt, und wurde Zeuge der Zerstörungen, die das Erdbeben anrichtete. Glücklicherweise starben trotz der großen Bevölkerungsdichte in diesem Gebiet nur relativ wenige Menschen. Doch innerhalb von 15 Sekunden führte dieses Ereignis Millionen von Menschen die Zerbrechlichkeit ihres Lebens vor Augen, und der emotionale Aufruhr wirkte lange Zeit nach.

Das Ereignis veranlasste viele Leute, darüber nachzudenken, was im Leben wirklich wichtig ist. Selbst Fremde kamen schnell auf spirituelle Fragen zu sprechen. Meditationskurse in diesem Gebiet wurden erheblich stärker besucht; und das Interesse hielt auch viele Monate nach dem Erdbeben an. Das Ereignis schien die Menschen in mehr als einer Hinsicht erschüttert zu haben.

Eine Konfrontation mit dem Tod – ob durch eine Naturkatastrophe, eine schwere Krankheit oder ein anderes lebensbedrohendes Ereignis – bringt Menschen oft dazu, ihr Leben neu zu bewerten und letztlich zu ändern. Shakyamuni Buddha, der Begründer des Buddhismus, begann seine spirituelle Reise, als er bei seinen Besuchen der Welt außerhalb seiner Lustschlösser zum ersten Mal einen Leichnam sah (siehe Kapitel 3). Der Weg, den er am Ende seiner Reise entdeckte, wird in den Kapiteln 12, 13 und 14 beschrieben. In diesem Kapitel konzentrieren wir uns auf Buddhas Lehren über den Tod. Dieses deprimierend klingende Thema sollte für Sie allerdings kein Grund zur Sorge sein. Wir wollen Ihnen zeigen, wie eine tiefe Anerkennung der eigenen Sterblichkeit die spirituelle Entwicklung fördern und der Tod selbst ein mächtiger Lehrer sein kann.

> **Die Geschichte vom Senfkorn**
>
> Die folgende wahre Geschichte wird gemeinhin erzählt, um daran zu erinnern, dass der Tod auf jeden wartet und dass Sie ihm nicht entrinnen können. Natürlich zählt der Tod eines Kindes zu den tragischsten Verlusten überhaupt – und ist eine der stärksten Vergegenwärtigungen der Vergänglichkeit.
>
> Eine Frau namens Kisa Gotami lebte zu Buddhas Zeit. Der Tod ihres kleinen Sohnes wühlte sie so auf, dass sie vor Kummer den Verstand verlor. Sie wanderte mit dem Leichnam in den Armen von Ort zu Ort, um ein Mittel zur Wiedererweckung ihres geliebten Kindes zu finden. Ihre Freunde hatten Mitleid mit ihr und sagten: »Gotami, warum gehst du nicht zu Buddha? Vielleicht kann er dir helfen.« In seinem unendlichen Erbarmen sagte Buddha zu Gotami: »Gehe in die Stadt und bring mir ein winziges Senfkorn. Doch das Senfkorn muss unbedingt aus einem Haus kommen, in dem niemals einer gestorben ist.«
>
> Die verstörte Mutter begann sofort, ein Haus zu suchen, um dieses Samenkorn zu bekommen. Doch obwohl jeder bereit war, ihr zu helfen, hatten alle ähnliche Geschichten zu erzählen: »Im letzten Jahr starb mein Mann«, »Vor drei Jahren verlor ich meine Tochter«, »Gestern starb hier mein Bruder.« Wohin sie auch ging, überall hörte Gotami die gleiche Geschichte.
>
> Am Ende des Tages kehrte Kisa Gotami mit leeren Händen zu Buddha zurück. »Was hast du gefunden, Gotami?«, fragte er sanft. »Wo ist dein Senfkorn? Und wo ist dein Sohn? Du trägst ihn nicht mehr bei dir.« »Ach, Buddha«, antwortete sie, »heute habe ich entdeckt, dass ich nicht die Einzige bin, die einen geliebten Menschen verloren hat. Überall sind Leute gestorben; alle Dinge müssen vergehen. Ich erkenne, wie verblendet ich war, zu glauben, ich könne meinen Sohn zurückbekommen. Ich habe heute Nachmittag seinen Tod akzeptiert und seinen Körper verbrennen lassen. Jetzt bin ich zu dir zurückgekommen.«
>
> Dann nahm Buddha Kisa Gotami als Schülerin an und ordinierte sie als Nonne in seinem Orden. Ihr Verständnis der Wirklichkeit vertiefte sich mit ihrer Praxis des Dharma, und bald erlangte sie das *Nirvana* – die vollkommene Befreiung vom Leiden.

Den Tod persönlich nehmen

Jeder braucht gewisse Dinge, um am Leben zu bleiben: Nahrung, Getränke, Kleidung und Unterkunft sowie medizinische Pflege im Falle einer Krankheit. Doch zum Sterben, wie buddhistische Meister zu sagen pflegen, braucht es nicht viel: Sie müssen nur ausatmen und dann nicht wieder einatmen.

Wenn Sie nur einige Minuten lang zu atmen aufhören, klopfen Sie bald an die Tür des Todes. Der Tod ist nicht entrückt oder ungewöhnlich – er ist eine Sache, die Ihnen definitiv widerfahren wird (siehe den Einschub »Die Geschichte vom Senfkorn«). Ein altes Sprichwort sagt, dass im Leben nur zwei Dinge sicher sind: der Tod und die Steuern.

Doch es ist ein großer Unterschied, rein intellektuell zu verstehen, dass der Tod unvermeidlich ist, oder bis ins Mark zu empfinden, dass man selbst von dieser Wirklichkeit betroffen ist. Wenn Sie Teenager fragen, ob sie glauben, eines Tages zu sterben, antworten wahrscheinlich alle mit Ja. Doch wenn Sie beobachten, wie sie ihr Leben leben, kommen Sie wahrscheinlich zu dem Schluss, dass sich Teenager für unsterblich halten. Denken Sie nur an die Risiken, die einige junge Leute (beachten Sie, dass wir *einige* sagen) routinemäßig eingehen: Saufgelage, Raserei mit dem Auto, Extremsportarten, ungeschützter Sex und so weiter. Konträr zu ihren Aussagen scheinen einige Teenager zu glauben, der Tod widerfahre nur anderen.

Wir wollen nicht auf Teenagern herumhacken; sondern verwenden sie nur als ziemlich offensichtliches Beispiel. Tatsache ist, dass *die meisten* Leute leben, als würden sie niemals sterben. Sie stellen sich der Unvermeidbarkeit ihrer eigenen Sterblichkeit nur, wenn ein naher Angehöriger stirbt oder sie lebensgefährlich erkranken. Und wenn das Ereignis vorüber ist, schließt sich das Fenster zur Wirklichkeit schnell wieder, das sich so plötzlich öffnete. Sie vergessen den Tod – wenigstens für den Moment.

Der Buddhismus hat den Tod immer als einen der mächtigsten Lehrer betrachtet, aber dies macht ihn nicht zu einer freudlosen oder das Leben verneinenden Religion. Der Buddhismus erkennt einfach an, dass der Tod über die beispiellose Fähigkeit verfügt, Sie zu zwingen, tief in Ihr Herz und Ihren Geist zu schauen und zu erkennen, was wirklich wichtig ist. Diese gründliche Kontemplation des Todes ist der Antrieb Ihrer sprühenden Lebendigkeit und Selbst-Bewusstheit und gibt Ihnen die Kraft, Ihr Leben grundlegend zu ändern.

Vielleicht halten Sie für einige Minuten inne und prüfen Ihre Einstellung zum Tod. Denken Sie oft an den Tod? Sicher denken Sie, wie die meisten Menschen, nicht gerne ans Sterben. Vielleicht bewegen Sie sich mit einer ständigen leichten Angst durchs Leben, wohl wissend, dass Sie mit jedem Ereignis Ihrem Ableben ein Stück näher kommen. Aber haben Sie jemals bewusst über Ihre Sterblichkeit nachgedacht und was dies für Ihre Lebensführung bedeutet? Dies ist genau das, wozu der Buddhismus Sie ermutigt.

Das Leben als seltene und wertvolle Gelegenheit begreifen

Um über den Tod – oder ein anderes Dharma-Thema – nachzudenken, beginnen Sie im Hier und Jetzt. Schauen Sie sich Ihre gegenwärtige Situation genau an. Wahrscheinlich brauchen wir nicht darauf hinzuweisen, dass Sie ein menschliches Wesen sind.

Die Tatsache, dass Sie ein Mensch sind, ist offensichtlich. Sie können sie einfach hinnehmen oder als unbedeutend abtun. Warum sprechen wir diesen Punkt überhaupt an? Vom Standpunkt des Buddhismus aus sind Sie als menschliches Wesen in einer einzigartigen Position, um das Hauptziel der spirituellen Schulung zu erreichen – die vollkommene Befreiung vom Leiden und der Unzufriedenheit, die zu einem Leben in dauerhaftem Glück und grenzenlosem Mitgefühl für andere führt. (In Kapitel 14 wird diese Art des mitfühlenden Lebens näher beschrieben.)

Als Mensch haben Sie mit Ihrer Motivation und Fähigkeit, den Geist auf die *Dharma-Praxis* (spirituelle Schulung) zu richten, die Möglichkeit, dieses Ziel zu erlangen. Doch es bleibt die Frage: Werden Sie diese Lebensrichtung wählen? Ihre kurze Existenz wird allzu bald zu Ende sein. Wenn Sie sich nicht weise entscheiden, lassen Sie vielleicht eine seltene und wertvolle Gelegenheit verstreichen, um in Ihrer verbleibenden Zeit etwas Wertvolles zu tun.

Warum bezeichnen wir Ihre Existenz als »eine seltene und wertvolle Gelegenheit«? Auf diesem Planeten leben mehr als acht Milliarden Menschen, und in jeder Minute werden noch mehr Wesen geboren. Deswegen meinen Sie vielleicht, dass die menschliche Existenz nicht etwas besonders Seltenes ist. Doch wenn Sie sich vor Augen führen, wie viele Kreaturen in einem kleinen Garten, einem Tümpel oder einem Regenwald leben, sehen Sie Millionen anderer Wesen aller Art, die die Erde bewohnen. Und wie viele dieser verschiedenen Lebensformen verfügen tatsächlich über die Selbst-Bewusstheit, die erforderlich ist, um etwas wahrhaft Wichtiges mit ihrem Leben anzustellen?

»Wenn du die Bedeutung deiner wertvollen Existenz jetzt nicht erkennst«, schrieb der große indische Meister Shantideva (siehe Kapitel 18) im 8. Jahrhundert, »wann kannst du jemals hoffen, ihr wieder zu begegnen?«

Selbst unter Ihren zweibeinigen Brüdern und Schwestern haben nicht allzu viele das Lebensumfeld, das Interesse, die Motivation und das innewohnende Potenzial, ein inneres Wachstum oder spirituelles Erwachen zu unterstützen. (In Kapitel 10 finden Sie Näheres über das spirituelle Erwachen.) Viele Menschen wachsen in Umgebungen heran, die so ungeordnet, verarmt oder gewalttätig sind, dass alles, was über das bloße Überleben hinausgeht, ein unerschwinglicher Luxus ist. Andere leben in so abgelegenen Gebieten oder unter so repressiven Regimen, dass sie keine Gelegenheit haben, nützliche spirituelle Lehren zu hören, geschweige denn zu praktizieren. Und einige Menschen sind einfach nicht intelligent und/oder motiviert genug, um sich auf eine spirituelle Reise zu begeben.

Im Gegensatz dazu verfügen Sie über die Zeit, die Energie, das Interesse und die Freiheit, dieses Buch in die Hand zu nehmen und über den Buddhismus zu lesen. Wahrscheinlich leben Sie sogar in Umständen, die es Ihnen erlauben würden, den Dharma in Ihrer Freizeit zu praktizieren. Verglichen mit Milliarden anderer Wesen haben Sie eine einzigartige Gelegenheit. Deshalb verstehen Sie vielleicht, warum wir von »einer seltenen und wertvollen Gelegenheit« schreiben. Jetzt liegt es bei Ihnen, was Sie damit anfangen.

> ### Die blinde Schildkröte und das goldene Joch
>
> Die folgende Analogie aus traditionellen buddhistischen Quellen illustriert, wie ungewöhnlich es ist, dass sowohl die inneren als auch äußeren Bedingungen für die spirituelle Entwicklung zusammentreffen.
>
> Stellen Sie sich vor, dass auf der Oberfläche eines riesigen Ozeans ein goldenes Joch (Halsring) schwimmt. Der Wind und die Strömungen tragen das Joch hierhin und dorthin. In den Tiefen des Ozeans haust eine blinde Schildkröte, die einmal alle hundert Jahre an die Oberfläche schwimmt und ihren Kopf kurz aus dem Wasser streckt. Die

> Wahrscheinlichkeit ist sehr gering, dass die Schildkröte genau dort auftaucht, wo sie mit ihrem Kopf durch die Öffnung des ewig wandernden Jochs stößt.
>
> Der Buddhismus lehrt: Wenn Sie die Gelegenheit nicht nutzen, die sich Ihnen jetzt bietet, sind Ihre Chancen, jemals wieder eine optimale Situation zu finden, noch geringer als die der blinden Schildkröte, zur rechten Zeit am rechten Ort aus dem Wasser aufzutauchen.

Sich der Wirklichkeit stellen: Die neun Stufen der Todesmeditation

Die folgenden neun Stufen der Todesmeditation, die aus der Vajrayana-Tradition adaptiert worden sind (siehe Kapitel 5), sollten den Übenden helfen, aus ihrem Leben das Beste zu machen und das Bedauern und die Panik zu vermeiden, die ohne eine entsprechende Vorbereitung auf das Unvermeidliche eintreten können. Die Meditation wurde für hingebungsvolle Schüler des Dharma entwickelt. Trotzdem sollten Sie sie lesen, um eine allgemeine Vorstellung von ihrem Ansatz zu bekommen. Wenn Sie dann fortfahren wollen, können Sie jeden Abschnitt gründlicher studieren und ihn mit Ihren Erfahrungen und Ihrer tiefen Kontemplation der in ihm enthaltenen Wahrheiten vergleichen.

Wenn Sie die verschiedenen Punkte der Meditation untersuchen, sollten Sie versuchen, sie auch dann im Bewusstsein zu halten, wenn Sie nicht meditieren, und beobachten, ob sie in Ihrem Alltagsleben anwendbar sind. Wenn Sie so mit jedem Punkt vertrauter geworden sind, können Sie prüfen, ob sich Ihre Einstellungen und Überzeugungen in die Richtung zu bewegen beginnen, die die Meditation beschreibt.

Der Buddhismus lehrt: Wenn Sie diese wertvolle Gelegenheit, etwas Wichtiges mit Ihrem Leben anzufangen, voll nutzen wollen, sollten Sie die Wirklichkeit des Todes als ständige Erinnerung und Motivation im Bewusstsein halten. Andernfalls werden Sie, wenn Ihr Leben schließlich endet, es möglicherweise bereuen, dass Sie Ihre Zeit mit trivialen Dingen vergeudet haben.

Wenn Sie die Meditation weiter praktizieren wollen, können Sie Ihre neuen Auffassungen und Überzeugungen zum Fokus Ihrer einspitzigen Aufmerksamkeit machen (siehe Kapitel 7) und dieses tiefere Verstehen in Ihr Leben integrieren. Dann wird die Meditationspraxis nicht mehr nur eine rein intellektuelle Übung bleiben, sondern tatsächlich beeinflussen, wie Sie leben und sterben.

Mit dieser Meditation – oder dem restlichen Stoff in diesem Kapitel – wollen wir Sie nicht deprimieren oder demoralisieren, sondern letztlich hat sie genau das Gegenteil zum Ziel. Sie können mit dieser Meditation aus Ihrer Illusion der Unsterblichkeit erwachen und entschlossen den Weg der spirituellen Entwicklung betreten. Sie mögen sie beunruhigend finden; doch wir hoffen, dass sie Ihnen auch Denkanstöße gibt und Sie vielleicht sogar inspiriert.

Begreifen, dass der Tod unvermeidlich ist

Zuerst müssen Sie sich einigen kalten, harten Fakten stellen: Ihr Tod ist gewiss. Sie können ihm nicht entfliehen. Sie werden ganz bestimmt sterben. Die folgenden Überlegungen sollen diese Erkenntnis verstärken:

- ✔ **Sie können nichts tun, um das Unvermeidliche zu verhindern.** Nichts, was Sie oder irgendjemand sonst tut, kann letztlich den Tod verhindern. Wie gut Sie für sich sorgen, wie berühmt Sie werden oder wohin Sie reisen, spielt letztlich keine Rolle: Der Tod wird Sie finden. Denken Sie an die vielen Millionen Menschen, die gerade erst vor 120 Jahren gelebt haben. Nicht ein Einziger von ihnen lebt noch; warum sollte der Tod gerade Sie nicht besuchen?

- ✔ **Ihre Lebensspanne wird immer kürzer.** Mit jedem Ticken der Uhr und jedem Schlag Ihres Herzens wird die Zeit, die Ihnen zum Leben bleibt, kürzer. Wenn ein zum Tode Verurteilter zu seiner Hinrichtung geführt wird, bringt ihn jeder Schritt seinem Ende näher. Die Zeit leitet Sie unerbittlich in dieselbe Richtung.

- ✔ **Sie werden sterben, ob Sie etwas Wertvolles in diesem Leben getan haben oder nicht.** Selbst wenn Sie den Dharma praktizieren, der von Shakyamuni Buddha gelehrt wurde, garantiert nichts und niemand, dass Sie mit Ihrer Praxis sehr weit kommen werden, bevor Sie vor der großen Stechuhr im Himmel stehen. Der Tod sagt nicht: »Oh, okay, ich warte, bis du mit deiner Aufgabe fertig bist. Nein, schon in Ordnung; ich komme später wieder.« Sie können den Tod auch nicht fortschicken, wenn er vor Ihrer Tür steht, oder das Licht ausmachen und so tun, als seien Sie nicht zu Hause, wenn Sie noch nicht bereit sind zu sterben. (Wäre natürlich schön, wenn man das könnte.)

Nachdem Sie sich, auch mit Ihren Erfahrungen und Ihrem Wissen, von allen Seiten davon überzeugt haben, dass Ihr Tod sicher ist, müssen Sie den festen Entschluss fassen, *definitiv* etwas gegen das Leiden sowohl in der Gegenwart als auch in der Zukunft zu tun. Dieses »etwas« ist die Praxis des Dharma oder das Einschlagen des spirituellen Weges.

 Auch wenn die Todesmeditation etwas Grausiges zu haben scheint, dient sie nicht dazu, Sie depressiv zu machen. Sie hat den Zweck, Sie zu mobilisieren und zu motivieren, die Befreiung vom Leiden jetzt und nicht an einem zufälligen Punkt in der Zukunft in Angriff zu nehmen. Anders ausgedrückt: Die Todesmeditation soll Sie (ohne kalte Dusche und starken, schwarzen Kaffee) ernüchtern und Ihre Augen für die einfache Wahrheit öffnen: Nichts bleibt, alles ändert sich, und auch dieser Körper wird eines Tages zu Staub zerfallen.

Wenn Sie noch ein Jahr zu leben hätten ...

Die folgenden Punkte sind eine Meditation über das Leben im Angesicht des Todes. Sie wurden aus der Arbeit von Stephen Levine adaptiert, einem buddhistischen Lehrer, der ausgiebig mit Sterbenden gearbeitet hat.

1. Setzen Sie sich ruhig und bequem etwa fünf Minuten hin, und richten Sie Ihre Aufmerksamkeit auf das Kommen und Gehen Ihres Atems.

2. **Stellen Sie sich jetzt vor, dass Sie gerade einen Anruf von Ihrem Arzt bekommen haben.** Er hat Ihnen erzählt, dass er einen breit gestreuten Krebs in Ihren Röntgenaufnahmen entdeckt habe und dass Sie schätzungsweise noch etwa ein Jahr zu leben hätten. Atmen Sie tief durch, und lassen Sie es raus – ein Jahr zu leben! Natürlich könnten Sie diese Prognose anzweifeln, andere Meinungen einholen und aktiv darum kämpfen, den Krebs zu besiegen. Doch im Moment sollen Sie einfach diese Nachricht akzeptieren.

3. **Beobachten Sie Ihre auftauchenden Gefühle – vielleicht Traurigkeit, Ärger, Furcht oder Bedauern.** Wohin trägt Sie Ihr Geist: zu dem tragischen Bild, Ihre Lieben zu verlassen, zu dem erschreckenden Gedanken, allein zu sterben, zu den vielen Fehlern und Unfreundlichkeiten, für die Sie sich noch entschuldigen möchten, zu all den Orten, die Sie noch besuchen, und den Leuten, die Sie noch treffen möchten, bevor Sie sterben?

4. **Überlegen Sie, was für Sie *in diesem Moment* wirklich wichtig ist.** Was würden Sie vor Ihrem Tod tun und sagen müssen, um sich komplett zu fühlen, um nicht das Gefühl zu haben, irgendetwas Unerledigtes zurückzulassen, und um in Frieden sterben zu können? Wenn Sie wirklich noch ein Jahr zu leben hätten, wie würden Sie Ihr Leben ändern? Indem Sie gleich jetzt damit anfingen?

Verbringen Sie wenigstens zehn Minuten damit, Ihre Gedanken und Eindrücke festzuhalten.

Die Ungewissheit des Zeitpunkts des Todes

Wenn Sie voll verinnerlicht haben, dass Ihr Tod gewiss ist, können Sie sich der zweiten der drei Hauptbetrachtungen der Todesmeditation zuwenden: Der genaue *Zeitpunkt* Ihres Todes ist sehr ungewiss:

✔ **Die menschliche Lebensspanne ist nicht festgelegt.** Obwohl Statistiker die durchschnittliche Lebensspanne von Männern oder Frauen in einem bestimmten Land berechnen können, haben Sie keine Garantie dafür, dass Sie so alt werden (und einige möchten dies vielleicht gar nicht). Junge Menschen können vor den älteren und gesunde Menschen vor kranken sterben. Es passiert immer wieder. Sie können ein köstliches Mahl zubereiten, aber tot sein, bevor Sie es gegessen haben; Sie können eine interessante Reise antreten, aber vor ihrem Ende sterben.

✔ **Viele Faktoren können zu Ihrem Tod führen.** Lesen Sie in einem medizinischen Lehrbuch die lange Liste der tödlichen Krankheiten. Lesen Sie in einer Zeitung, auf wie viele Arten Menschen zu Tode kommen. Ihr Leben ist durch viele Dinge bedroht, aber Sie können sich nur gegen wenige schützen. Selbst Dinge, die Ihr Leben fördern sollen, können für Sie das endgültige Aus bedeuten. Sie benötigen Nahrung, um gesund zu bleiben, aber Tausende von Menschen ersticken jedes Jahr beim Essen. Urlaubsreisen sollen Ihre Kräfte wiederherstellen und Sie entspannen, aber Tausende von Menschen kommen jedes Jahr bei Unfällen auf ihren Urlaubsreisen um.

✔ **Ihr Körper ist fragil.** Auch wenn Sie stark und gesund sind, braucht es nicht viel, um Sie umzubringen. Ein Pikser mit einer Stecknadel kann zu einer Infektion, einer Krankheit und zum Tod führen – und zwar in sehr kurzer Zeit. Die Zeitungen sind voll von Geschichten über Leute, die an einem Tag anscheinend gesund und am nächsten tot waren.

Wenn Ihnen vollkommen klar ist, dass der Zeitpunkt Ihres Todes ungewiss ist, drängt sich Ihnen wahrscheinlich der Schluss auf, dass Sie es sich nicht leisten können, Ihre Praxis des Dharma noch länger aufzuschieben – Sie müssen *jetzt*, von diesem Moment an Ihre Praxis aufnehmen. Es geht nicht darum, verkrampft durchs Leben zu gehen und Furcht davor zu haben, das Leben zu genießen, sondern sich ständig bewusst zu bleiben, dass jeder Augenblick vergänglich ist, und ihn so klar und achtsam wie möglich zu erleben.

Die Todesbewusstheit als spirituellen Verbündeten nutzen

Schließlich überlegen Sie, was Sie zum Zeitpunkt Ihres unvermeidlichen Todes verwenden können:

✔ **Reichtum kann Ihnen nicht helfen.** Viele Leute verwenden fast ihre gesamte Zeit und Energie auf den Versuch, so viel Geld und Besitz anzuhäufen, wie sie können. Doch aller Reichtum dieser Welt kann Sie nicht vom Tod freikaufen. (»Tod, nimm doch meine Kreditkarte, und kauf dir was Schönes«, funktioniert nicht. Tut mir leid.) Arm oder reich, jeder muss sich ihm stellen. Auch Ihr materieller Besitz hilft Ihnen nicht. Sie können nicht den kleinsten Krümel mitnehmen, wenn Sie sterben. Die Anhaftung an Ihren Besitz macht es Ihnen sogar schwerer, zum Zeitpunkt Ihres Todes loszulassen.

✔ **Freunde und Verwandte können Ihnen nicht helfen.** Sie können die berühmteste oder beliebteste Person der ganzen Welt sein. Eine Armee von Anhängern kann sich um Ihr Todeslager scharen. Doch nicht ein Einziger kann Sie vor dem Tod bewahren oder Sie auf Ihrer ultimativen Reise begleiten. Ihre Anhaftung an Ihre Freunde (wie an Ihren Besitz) kann nur das Loslassen und das Sterben mit einem friedvollen Geist erschweren.

✔ **Nicht einmal Ihr Körper kann Ihnen helfen.** Ihr ganzes Leben lang haben Sie Ihren Körper gepflegt, gekleidet, gefüttert und in jeder nur denkbaren Art für ihn gesorgt. Doch wenn der Tod naht, kann Ihr Körper, statt Ihnen zu helfen, leicht zu Ihrem Gegner werden. Selbst wenn Sie über spirituelle Praxis verfügen, kann der Schmerz Ihres sterbenden Körpers es Ihnen außerordentlich schwer machen, Ihren Geist auf das zu fokussieren, was Sie tun müssen.

Diese ganzen Überlegungen führen unvermeidlich zu dem Schluss, dass nur Ihre Praxis des Dharma (was Sie Ihnen auch bedeuten mag) Sie zum Zeitpunkt Ihres Todes unterstützen kann. (Die Kapitel 1 und 2 vermitteln Ihnen ein allgemeines Verständnis des Buddhismus und der Dharma-Praxis, die Kapitel 12 bis 14 enthalten speziellere Vorschläge.) Der Tod gilt im Allgemeinen als der Zeitpunkt, an dem der Dharma ohne Ablenkung so einspitzig und unausgesetzt wie möglich praktiziert werden sollte.

Das Ergebnis der Todesmeditation ernten

Wenn Sie anfangen, sich mit der Meditation der Todes-Bewusstheit vertraut zu machen, empfinden Sie das ganze Thema vielleicht als geschmacklos und ziemlich morbide. Doch je tiefer Sie in das Thema eindringen, desto mehr können Sie davon profitieren. (Sie haben richtig gelesen: Wir schrieben »profitieren«.)

Wenn Sie die Meditation rückhaltlos praktizieren, kann Ihr Leben allmählich eine Richtung und einen Sinn bekommen, den es vorher nicht hatte. Und Ihre spirituelle Praxis, egal welcher Art, kann intensiver werden. Wenn Sie praktizierender Buddhist sind und die Todes-Bewusstheit wirklich ernst nehmen, stellen Sie vielleicht fest, dass sich Ihre Einstellung, wenn Sie dem Tode näherkommen, ebenfalls gewandelt hat:

✓ Als Anfänger haben Sie vielleicht immer noch Angst zu sterben, aber wenigstens bedauern Sie nichts, weil Sie wissen, dass Sie alles Ihnen Mögliche getan und Ihr Leben nicht verschwendet haben.

✓ Als fortgeschrittener Praktiker sind Sie vielleicht nicht glücklich darüber zu sterben, aber Sie haben keine Furcht und sind überzeugt, mit dem Tod und allem, was danach kommt, fertig zu werden.

✓ Als erfahrener Praktiker heißen Sie vielleicht den Tod tatsächlich willkommen, weil Sie wissen, dass er der Durchgang zum Erwachen sein wird.

Verschiedene buddhistische Einstellungen zum Tod

Wir haben erwähnt, dass wir den Tod in diesem Kapitel vom buddhistischen Standpunkt aus betrachten. Doch in Wirklichkeit teilen nicht alle Buddhisten dieselbe Auffassung vom Tod. Wie bei so vielen Dharma-Themen hat jede buddhistische Tradition ihre eigenen Vorstellungen auch über den Tod und den Prozess des Sterbens entwickelt.

Alle Traditionen stimmen wohl darin überein, dass der Tod ein mächtiger Motivator ist, dass Ihr wahrer Kern nicht stirbt (nur Ihr Körper und Ihre Persönlichkeit) und dass der Moment des Todes ein besonders günstiger Zeitpunkt sein kann, um zu dieser höheren Wahrheit zu erwachen, wer Sie wirklich sind. Doch auch wenn verschiedene Traditionen dieselben oder ähnliche Einstellungen teilen, betonen sie verschiedene Aspekte der Todeserfahrung.

Die folgenden Abschnitte geben Ihnen einen kurzen Überblick darüber, wie die hauptsächlichen buddhistischen Traditionen den Tod verstehen. Obwohl dieser schnelle Überblick nicht erschöpfend sein kann, ist er eingehend genug, um Ihnen eine Vorstellung von der Reichhaltigkeit der buddhistischen Ansätze zu diesem wichtigen Thema zu vermitteln.

Theravada: Das Rad der Wiedergeburten verlassen

Das Thema von Buddhas erster Lehrrede (laut Pali-Kanon der Theravada-Tradition) war die Befreiung aus dem Kreislauf der Wiedergeburten, dem *Samsara*. (In Kapitel 3 finden Sie mehr über Buddhas erste Lehren, in Kapitel 4 mehr über die Theravada-Tradition.) *Samsara* wird manchmal als ein *Teufelskreis* bezeichnet, weil er aus einer endlosen Wiederholung des Musters aus Geburt, Tod und Wiedergeburt besteht und in ihm keine dauerhafte Befriedigung zu finden ist. Das Endziel der Theravada-Lehren besteht darin, einen Ausweg aus diesem Teufelskreis zu finden und den unaussprechlichen Frieden des *Nirvana* zu erfahren – die vollkommene Freiheit von allem Leiden und aller Unzufriedenheit.

Weil der Tod einfach die Grenze zwischen dem Ende eines Lebens und dem Beginn des nächsten ist, endet Ihr Leiden nicht, wenn Sie sterben. Der Tod beschleunigt nur Ihre nächste Wiedergeburt. Die einzige wirksame Lösung besteht darin zu verhindern, wiedergeboren zu werden. Wie können Sie dies bewirken? Faszinierenderweise, indem Sie sich klar machen, dass es niemanden gibt, der stirbt, und niemanden, der wiedergeboren wird!

»Das ist lächerlich«, könnten Sie einwenden. »Ist doch klar, *ich bin* derjenige, der sterben wird, und – angenommen die Lehre von der Wiedergeburt sei wahr (wovon ich gar nicht so überzeugt bin) –, *ich bin* derjenige, der wiedergeboren wird.« Aber wer oder was ist dieses »ich«, von dem Sie sprechen? Wenn Sie die Antwort auf diese wichtige Frage suchen, können Sie das Rätsel von Geburt, Tod und Wiedergeburt lösen. Wir wollen uns jetzt auf diese Suche begeben – doch Vorsicht: Der Weg könnte beschwerlich werden.

In Kapitel 13 führen wir etwas ausführlicher aus, dass das »Ich« nur eine bequeme Methode ist, um über die nicht-endende Kette von Ereignissen zu sprechen oder nachzudenken, die in Ihrem Körper und Geist entstehen und vergehen: Ich habe Kopfschmerzen, ich mag keine Schmerzen, ich nehme eine Tablette, ich frage mich, ob das hilft, ich fühle mich ein wenig besser und so weiter. All diese Empfindungen, Gedanken, Erinnerungen, Gefühle, Vorlieben, Abneigungen und so weiter tauchen wie die Bläschen in einer Limonade fortgesetzt in Ihrem Erleben auf, dauern einen kurzen Moment und verschwinden dann wieder – nur um durch andere ersetzt zu werden. Sie scheinen sich auf ein dauerhaftes, bleibendes »Ich« zu beziehen, aber wo genau ist dieses »Ich«? In Ihrem Gehirn? Ihrem Körper? Ihrem Herzen?

Wenn Sie Ihre Erfahrungen näher analysieren, finden Sie nur diese ständig im Fluss begriffenen mentalen und physischen Ereignisse. Neben diesen flüchtigen Ereignissen gibt es nichts, was Sie entdecken könnten.

Sie können so gründlich suchen, wie Sie wollen, Sie werden kein separates, unveränderliches, eigenständiges »Ich« im Kern Ihres Wesens finden, das diese Erfahrungen hat; Sie finden nur diese flüchtigen, aufeinanderfolgenden Erfahrungen selbst.

Für Tod und Wiedergeburt gilt dasselbe: Es gibt kein festes, unveränderliches »Ich«, das stirbt und dann wiedergeboren wird; es gibt nur das Muster der ständig im Wandel begriffenen flüchtigen Ereignisse, die sich selbst fortpflanzen. Um dieses Muster zu durchbrechen und aus dem Kreislauf der Existenzen (Samsara) auszubrechen, müssen Sie Ihre angeborene Überzeugung von der Existenz eines konkreten »Ich« (oder Selbst) aufgeben. Diese falsche Auffassung von einem konkreten »Ich« nährt die Begierden und die Anhaftungen, die Sie an das Rad des Samsara fesseln; die Einsicht der *Nicht-Wesenhaftigkeit* – das heißt, die Weisheit der Nicht-Wesenhaftigkeit, die Ihnen hilft, Ihre Auffassung von einem konkreten »Ich« zu überwinden – versetzt Sie in die Lage, sich von diesem Rad loszureißen. (In den Kapiteln 13 und 14 erfahren Sie Näheres über das Rad des Samsara und die Überwindung der falschen Auffassungen vom »Ich« oder »Selbst«.) Das Ziel der Theravada-Praxis besteht darin, die durchdringende Einsicht in die wahre Natur Ihrer Existenz so stark zu entwickeln, dass die Ursachen für die Wiedergeburt im Kreislauf der Existenzen verschwinden oder »austrocknen« und Sie die Befreiung des Nirvana erfahren.

Vajrayana: Den Tod selbst in einen Weg transformieren

In der Vajrayana-Tradition, die in Tibet und den umliegenden Gegenden praktiziert wird, ist der Tod nicht eine unangenehme Tatsache, die erduldet werden muss, sondern eine Gelegenheit, die ein entsprechend geschulter Praktizierender als Weg zur Erleuchtung selbst nutzen kann.

 Um den Tod in einen spirituellen Weg zu transformieren, müssen Sie sich mit den Details des Sterbeprozesses genau vertraut machen. Sie müssen die Stufen, die Sie beim Sterben durchlaufen, intellektuell gut verstehen und müssen sie in Ihrer täglichen Meditationspraxis (und sogar in Ihren Träumen) übungsweise so durchlaufen, als würden sie Ihnen tatsächlich widerfahren. Wenn die *tantrischen Yogis* (Experten in der Ausübung der Vajrayana-Praktiken) das Ende ihres Lebens erreichen, sind sie bereits zahlreiche Male »gestorben« und wissen genau, was zu erwarten ist.

Der Vajrayana-Buddhismus lehrt, dass Ihre physische Form nicht Ihr einziger Körper ist. Der physische Körper ist in einen subtileren »Körper« eingebettet. Alle Energien, die Ihre körperlichen und mentalen Funktionen unterstützen (einschließlich der Funktionen Ihrer Sinne, Ihres Verdauungssystems und sogar der Verarbeitung von Gedanken und Emotionen in Ihrem Geist), fließen durch diesen subtileren Körper. Falls Sie mit der chinesischen Akupunktur und ihrer Stimulation der *Chi* genannten Kraft vertraut sind, oder wenn Sie wissen, wie im Hindu-Yoga der subtile Atem, das *Prana*, gelenkt wird, haben Sie eine gewisse Vorstellung von der Art von Energie, um die es hier geht.

Das Hauptziel der Vajrayana-Praxis besteht darin, eine Energie zu erwecken, die viel feiner ist als alle anderen Energien, von denen Sie durchflossen werden. Wenn Sie dies tun können, haben Sie Zugang zu dem *Geist des klaren Lichts*, der der unbezahlbare Schatz des tantrischen Yogis ist. Wenn diese durchdringende Bewusstheit mit einsichtsvoller Weisheit kombiniert wird, kann sie alle Hindernisse in Ihrem Geist wegbrennen und Ihnen die Erfahrung der Reinheit der vollkommenen Erleuchtung in diesem kurzen Leben ermöglichen. (Zumindest behauptet dies die Theorie.)

Die Erleuchtung auf diese Weise zu erlangen, ist ein außerordentlicher Erfolg. Selbst kompetente Vajrayana-Praktiker sind in ihrem Leben nicht immer ganz erfolgreich. Doch jeder Mensch, ob er diese fortgeschrittenen Meditationstechniken nun praktiziert hat oder nicht, erfährt auf natürliche Weise, wenigstens für einen Moment, das klare Licht zum Zeitpunkt seines Todes.

Je besser Sie vorbereitet sind, desto bewusster können Sie diese Erfahrung dieses klaren Lichts des Todes machen und sie als Ihren spirituellen Weg zum Erwachen verwenden. Selbst wenn es Ihnen nicht gelingt, vollkommen zu erwachen, können Sie vielleicht immer noch Ihren Geist (durch eine kraftvolle Technik, die die Tibeter als *Po-wa* oder die *Übertragung des Bewusstseins* bezeichnen) so lenken, dass Sie bewusst in einer reinen Sphäre der Existenz (einem *Buddhafeld* oder reinen Land) wiedergeboren werden, in dem alle Bedingungen für die Erlangung des vollen Erwachens vorhanden sind. Doch auch wenn Sie kein Buddhafeld erreichen, bleibt Ihre Vorbereitung immer noch wertvoll. Sie gibt Ihnen einen gewissen Vorsprung in Ihrem nächsten Leben.

Indem Sie den Todesprozess so bewusst wie möglich wahrnehmen und Ihre Wiedergeburt kontrollieren, können Sie anderen in Ihrem künftigen Leben größeren Nutzen bringen. Dieser Ansatz stimmt mit dem Gelübde des mitfühlenden Erbarmens überein, Ihre Praxis der Befreiung anderer und nicht Ihrem eigenen Ausstieg aus dem Samsara zu widmen. Die Tibeter haben eine einzigartige Tradition, in der hoch qualifizierte Lamas, die ihre Wiedergeburt steuern können, entdeckt werden und dann so erzogen werden, dass sie ihre spirituellen Praktiken von einem Leben zum nächsten fortsetzen können. So wurde der 14. Dalai Lama als Kind als Reinkarnation, oder *Tulku*, des 13. Dalai Lama entdeckt. (In Kapitel 15 können Sie Näheres darüber lesen, wie der Dalai Lama entdeckt wurde.)

Der Vajrayana-Buddhismus ist nicht die einzige buddhistische Tradition, die die Todeserfahrung als Tor zur Erleuchtung verwendet. Jahrhunderte lang haben Anhänger der chinesischen und japanischen Schulen des Reines-Land-Buddhismus ihre Verehrung von Buddha Amitabha als Methode verwendet, um bei ihrem Tod Zugang zu seinem Buddhafeld zu erlangen. (In den Kapiteln 4 und 5 erfahren Sie Näheres über den Reines-Land-Buddhismus.) In all diesen Fällen – ob Sie nun technisch hoch entwickelte Yogamethoden praktizieren oder sich auf Glauben, Verehrung und altruistische Absichten verlassen – wird der Tod nicht mehr als Hindernis Ihrer spirituellen Entwicklung betrachtet, sondern als Gelegenheit, Ihre Entwicklung voranzutreiben.

Zen: Vor dem Sterben den »Großen Tod« sterben

In der buddhistischen Zen-Tradition ist Furchtlosigkeit im Angesicht des Todes ein Kennzeichen des wahrhaft Erleuchteten. (Näheres über die Erleuchtung finden Sie in Kapitel 10, Näheres über Zen finden Sie in Kapitel 5.) Wenn Sie erkennen, dass Sie selbst der riesige Ozean der Existenz sind, werden Leben und Tod auf der relativen Ebene nur Wellen, die sich auf der Oberfläche Ihrer Existenz auf und ab bewegen. Ihr physischer Körper kann sterben, und diese spezielle Existenz in Raum und Zeit kann erlöschen, aber Sie bleiben die ungeborene, die todlose, die ewige, die beständige Wirklichkeit (der *Große Geist*, der *Große Weg* oder das *Wahre Selbst*), die sowohl dem Leben als auch dem Tod zugrunde liegt.

Es gibt eine berühmte Zen-Geschichte, die diese Erkenntnis ziemlich gut illustriert. Ein notorisch grausamer und wilder Samurai überfällt und plündert mit seiner Räuberbande ein Dorf, als er den ansässigen Zen-Meister ruhig in der Meditation sitzen sieht. Der Samurai stellt sich hinter den Meister, drückt ihm die scharfe Klinge seines Schwertes in den Nacken und verkündet arrogant: »Weißt du, ich bin jemand, der, ohne mit der Wimper zu zucken, deinen Kopf abschlagen könnte.« Darauf antwortet der Meister ruhig: »Und ich bin jemand, der sich, ohne mit der Wimper zu zucken, seinen Kopf abschlagen lassen kann.« Bis ins Mark von der Antwort des Zen-Meisters erschüttert, erkennt der Samurai, dass er seinen Meister gefunden hat. Er verbeugt sich sofort vor dem Zen-Meister und wird sein Schüler.

Auf der Ebene des Alltags betont der Zen, jede Aktivität so gewissenhaft auszuführen, dass Sie sich darin vollkommen verlieren und keine Spuren eines separaten Selbst hinterlassen. Auf diese Weise ermutigt Sie der Zen, in jedem Moment zu sterben, bevor Sie tatsächlich sterben – die Anhaftung und Kontrolle mit jeder Aktion und jedem Atemzug loszulassen, so wie Sie sie im Moment des Todes loslassen müssen.

Die Erkenntnis Ihrer Todlosigkeit, die im Moment der vollkommenen Erleuchtung (japanisch: *Daikensho*) erlangt wird, wird paradoxerweise als der »Große Tod« bezeichnet, weil er das Ende der Illusion markiert, ein separates Selbst zu sein. Aus diesem Grund drängt Sie der Zen »zu sterben, bevor Sie sterben« (wie es der Meister in der vorangegangenen Geschichte bereits getan hat). Dies bedeutet, die Trennung (die Vorstellung eines separaten »Ich«) zu beenden und zu Ihrer Einheit mit allem Leben zu erwachen. Erst dann verliert der Tod für Sie seinen Schrecken.

Mit dem Tod eines geliebten Menschen umgehen

Der Buddhismus bietet verschiedene Praktiken an, um die Furcht vor dem Tod durch die Erkenntnis zu überwinden, dass es kein separates Selbst gibt, das sterben kann. Er erkennt aber auch an, dass die meisten Menschen nicht über ein derart tief gehendes Verständnis verfügen und natürlich Angst vor dem Tod haben und trauern, wenn sie einen geliebten Angehörigen verlieren. Der Buddhismus betrachtet diesen Schmerz als vollkommen normal und verständlich und heißt ihn als natürlichen Ausdruck des menschlichen Lebens mit Mitgefühl willkommen. Denn wenn Ihr Herz für andere wahrhaft offen ist und Sie ihnen das Allerbeste wünschen, kann es eine außerordentlich traurige Erfahrung sein, sie sterben zu sehen.

Zugleich kann selbst ein vorläufiges Verständnis von Konzepten wie Vergänglichkeit, Nicht-Wesenhaftigkeit oder Leere, verbunden mit einer gewissen Kenntnis der Natur der Anhaftung und des Leidens, das sie verursachen kann, dazu beitragen, den Schmerz des Verlustes zu verringern. Die buddhistische Meditation, die Praxis, sich Ihrer Erfahrung einfach so bewusst zu sein, wie sie ist, kann eine starke Hilfe sein, indem sie es dem Schmerz erlaubt, an die Oberfläche zu kommen und sich schließlich aufzulösen. Wenn Sie Ihren tiefen Schmerz oder Ihre Trauer nicht blockieren oder sie in Ärger oder Bitterkeit umwandeln, kann die Trauer tatsächlich die wertvolle spirituelle Qualität des Mitgefühls mit dem Leiden anderer fördern – Mitgefühl mit den vielen Millionen Menschen auf der ganzen Welt, die eine ähnliche Trennung und einen ähnlichen Schmerz erfahren.

Wie immer Sie auf den Tod eines geliebten Menschen reagieren, ist das Wichtigste, was Sie vom Standpunkt des Buddhismus aus tun können, freundlich und mitfühlend mit sich selbst umzugehen. Statt zu versuchen, sich mit der buddhistischen Philosophie aus Ihrer Trauer herauszureden, sollten Sie Ihre Erfahrung liebevoll genau so akzeptieren, wie sie ist, was ungeheuer erleichternd sein kann. Diese unbedingte Akzeptanz der Dinge, so wie sie sind, ist der ureigene Kern des Buddhismus.

> **IN DIESEM KAPITEL**
>
> Das Gesetz des Karmas – ernten, was man sät
>
> Die zehn unheilsamen Handlungen, die Sie unterlassen sollten
>
> Fehler wiedergutmachen

Kapitel 12
Das eigene Karma ins Reine bringen

Einer von Jons engsten Freunden studiert Buddhismus bereits seit mehr als 30 Jahren. Eigentlich stieß er eher zufällig auf den Buddhismus. Er studierte Chemie, als ihm eines Tages klar wurde, dass Reagenzgläser und Bunsenbrenner nicht mehr sein Ding waren. Nicht wissend, wie seine künftige Karriere weitergehen solle, öffnete er das Vorlesungsverzeichnis, um sich inspirieren zu lassen. Unmittelbar nach den Chemie-Vorlesungen wurden *Chinese Studies* angeboten (wörtlich »Studien über China«, in Deutschland haben wir das Fach *Sinologie*). Da der Titel seine Neugier weckte, belegte er die Vorlesung. Eines führte zum anderen, und heute ist er eine anerkannte Autorität des Buddhismus.

Die meisten Menschen lernen den Buddhismus allerdings direkter kennen, falls sie sich überhaupt dafür interessieren. Nur wenige dieser Neugierigen treiben ihr Interesse so weit, dass sie den Buddhismus praktizieren. (In Kapitel 6 werden die verschiedenen Wege beschrieben, sich dem Buddhismus zu nähern.) Doch selbst wenn Sie sich nur nebenbei für Buddhismus interessieren, wollen Sie wahrscheinlich seine grundlegenden Prinzipien verstehen. In diesem Kapitel behandeln wir eines der grundlegendsten Prinzipien der buddhistischen Praxis – sorgfältig auf seine Handlungen, Worte und Gedanken zu achten. Oder anders ausgedrückt: sich um sein Karma kümmern.

Das Gesetz des Karmas: Ursache und Wirkung

Der Buddhismus lehrt, dass Sie für Ihr Leben verantwortlich sind. Ob Sie glücklich oder traurig sind, ob Sie angenehme oder schmerzhafte Situationen erleben und so weiter, liegt im Grunde bei Ihnen. Sie können entdecken, wie Sie die Erfahrungen Ihres Lebens steuern können und wie Ihr heutiges Verhalten Ihre künftigen Lebensumstände bestimmt.

Die Buddhisten glauben, dass Sie, wenn Sie sich auf eine bestimmte Art und mit einer bestimmten Absicht verhalten, bestimmte Ergebnisse erzielen. Insbesondere wenn Sie aus positiven Motiven heraus mitfühlend zum Wohle anderer handeln, werden Sie als Folge davon angenehme Erfahrungen machen. Doch wenn Ihr Verhalten schädlich oder zerstörerisch ist, wird der Schaden später auf Sie zurückfallen. Dieses Muster wird als das *karmische Gesetz von Ursache und Wirkung* bezeichnet.

Das Karma ähnelt anderen Arten von Ursache-und-Wirkung-Beziehungen, beispielsweise der Beziehung zwischen einem Samen und einem Sprössling. Wenn Sie einen Karottensamen pflanzen, bekommen Sie eine Karotte, keinen Kohlkopf. Buddhistische Lehrer sprechen sogar metaphorisch davon, die Samen des Karmas zu pflanzen und die künftigen Ergebnisse (oder Auswirkungen) als Früchte dieser aufgegangenen und gereiften karmischen Saaten zu ernten.

Doch die Absichten, so lehrt der Buddhismus, die die Handlungen antreiben, sind wichtiger als die Handlungen selbst. Wenn Sie aus Versehen einen Käfer zerquetschen, hat das für Sie minimale oder keine karmische Konsequenzen, weil Sie ihn nicht gesehen haben und deshalb nicht die Absicht hatten, ihn zu verletzen oder zu töten. Aber wenn Sie ein Insekt absichtlich, besonders aus Ärger oder Bosheit, zerquetschen, fällt die karmische Gerechtigkeit voll auf Sie zurück.

Es geht nicht um Belohnungen und Bestrafungen, wenn es hier um Karma geht. Sie sind kein böser Bube, wenn Sie bei Ihrer Steuererklärung schummeln, oder ein gutes Mädchen, wenn Sie einer alten Dame über die Straße helfen. Das Gesetz des Karmas ist keine Art Ersatzgericht, sondern ungemein praktisch. Die Sache ist ganz einfach: Wenn Sie mit Hass handeln, werden Sie künftig Hass erfahren. Wenn Sie mit Liebe handeln, werden Sie im Gegenzug Liebe erfahren. Um die Metapher des Samens aufzugreifen: Was Sie säen, werden Sie ernten.

Karmische Konsequenzen erfahren

Auch wenn die grundlegende Idee des Karmas einfach ist – positive Ursachen haben positive Wirkungen, negative Ursachen haben negative Wirkungen –, ist das Karma selbst ziemlich komplex.

Zum einen kann sich das Karma auf verschiedene Arten entwickeln (oder reifen). Ein brutaler, hasserfüllt begangener Mord ist eine außerordentlich negative Handlung. Wenn sich der Mörder nicht von dieser mächtigen Negativität befreit – anders ausgedrückt: Wenn er sein Karma nicht reinigt (siehe den Abschnitt »Negatives Karma abbauen« am Ende dieses Kapitels), – muss er einige oder alle Folgen seines Handelns tragen. Dies können sein:

✔ In diesem Leben kann er von schmerzhaften, turbulenten Gefühlen wie Schuld, Angst und noch mehr Wut gepeinigt werden. Und wegen der Negativität, die er nach außen projiziert, ist es wahrscheinlicher, dass er selbst Opfer einer Gewalttat wird.

✓ Nach diesem Leben kann er in einer Sphäre extremer Leiden wiedergeboren werden. (In Kapitel 13 erfahren Sie Näheres über eine solche »Höllensphäre«.)

✓ Wenn er als Mensch wiedergeboren wird, kann er ein kurzes Leben voller Krankheiten und anderer Schwierigkeiten haben.

✓ Sein zukünftiges Leben als Mensch wird in einer Umgebung stattfinden, die der Gesundheit abträglich ist (schlechte Nahrung, unbrauchbare Heilmittel).

✓ Selbst als Kind kann er in einem künftigen Leben sadistische Züge zeigen – etwa indem er aus purer Bosheit kleine Tiere tötet. Mit dieser Art von negativer Prädisposition, anderen zu schaden, pflanzt er weitere Samen für noch größeres Leiden in der Zukunft. Diese Folge des negativen Karmas ist die schlimmste, weil sie immerfort weiteres Elend für ihn und andere auslöst.

Der Zeitabstand zwischen der Ursache und ihrer Wirkung ist ein weiterer Grund dafür, warum Karma nicht so leicht zu verstehen ist. Diese Verzögerung erklärt, warum es grausamen, korrupten Menschen (zumindest temporär) gut gehen kann, während mitfühlende, ethisch handelnde Menschen leiden können. Zwischen ihrer Handlung (jemanden zu betrügen) und der Reaktion, die sie erfahren (selbst betrogen zu werden), kann ungeheuer viel Zeit vergehen.

Dasselbe gilt auch für positive Handlungen; es kann eine lange Zeit dauern, bis sich die Ergebnisse zeigen. Selbst wenn einige karmische Auswirkungen ziemlich schnell reifen, erfahren Sie die meisten Folgen erst nach einem oder mehreren weiteren Leben! Karmische Beziehungen zu erkennen, ist eine Studie in der Kunst des Wartens. Ein buddhistischer Lehrer pflegt zu sagen, wenn Ihr eigener Rücken in dem Moment anfangen würde, zu brechen, in dem Sie beginnen, einen Käfer zu zertreten, müsste niemand Sie auffordern, aufzuhören. Die Verbindung zwischen Ursache und Wirkung wäre offensichtlich, und Sie würden selbstverständlich Ihr Verhalten ändern. Leider arbeitet das Gesetz des Karmas nur selten mit einer solch kurzen Feedback-Schleife.

Buddhas ethischer Führung folgen

Als Shakyamuni Buddha in der Nacht seiner Erleuchtung unter dem Bodhi-Baum saß (siehe Kapitel 3), erlangte sein Geist eine außerordentliche Stufe der Klarheit. Unter anderem sah er das Muster von Ursache und Wirkung in seinen vorangegangenen Leben. Er sah, wie seine Handlungen in früheren Leben zu Ereignissen führten, die ihm in späteren Leben widerfuhren. Dies war keine theoretische Erkenntnis; Buddhisten glauben, dass er diese Muster so klar und direkt mit seinem Geist wahrnehmen konnte, wie Sie Farben und Formen mit Ihren Augen wahrnehmen können.

Als seine Zeit als spiritueller Lehrer gekommen war, konnte Buddha auch sehen, wie das karmische Gesetz von Ursache und Wirkung auch das Leben anderer formte. Er konnte die genauen historischen Ursachen ihrer gegenwärtigen Probleme erkennen und die Gründe für ihr Glück verstehen. Weil er ihre Vergangenheit so gut verstand, wusste er intuitiv, welcher Weg für jeden Einzelnen am wirksamsten war, um einen spirituellen Fortschritt zu erzielen. Man könnte sagen, dass Buddha, weil er sah, wie jede Person ihre eigenen karmischen Knoten knüpfte, ihr präzise raten konnte, wie sie den Knoten am besten auflösen konnte.

Näheres über Buddhas Einsichten in die Arbeitsweise des Karmas finden Sie in der Sammlung der Lehren, die als *Vinaya* (ethische Disziplin) bezeichnet wird. (Die verschiedenen Einteilungen von Buddhas Lehren werden in Kapitel 4 beschrieben.) Bis Sie die Stufe der mentalen Klarheit erlangt haben, auf der Sie die Muster Ihres eigenen Karmas so direkt wie Buddha sehen können, können Sie sich seiner Führung anvertrauen und die Handlungen unterscheiden lernen, die zu wünschenswerten Ergebnissen beziehungsweise zum Leiden führen.

Das buddhistische System der ethischen Disziplin entstand nicht als absoluter Satz von Vorschriften, sondern als eine Reihe von Regeln, die Buddha aus der Praxis heraus als Reaktion auf bestimmte Situationen aufstellte (siehe Kapitel 4 für ein Beispiel). Später schrieben seine Schüler diese Regeln nieder und kodifizierten sie. Schließlich entwickelten sich daraus verschiedene Verhaltenskodizes, die seit über 2.500 Jahren das Leben in buddhistischen Klöstern regulieren.

Kurz vor seinem Tod teilte Buddha seinem Begleiter Ananda mit, dass der *Sangha* (die Mönchsgemeinde) nach seinem Tod einzelne unbedeutende Regeln streichen könne. In seiner üblichen Manier versuchte der Erleuchtete, die Lehren zu vereinfachen und ihre Essenz oder ihren Geist zu betonen. Doch Ananda vergaß zu fragen, welche Regeln unbedeutend waren, und keins der Mönchskonzile konnte im Laufe der Jahrhunderte in dieser Frage einen Konsens erzielen. Deshalb blieb der gesamte Vinaya mit seinen mehr als 200 Regeln intakt – auch wenn er nur für voll ordinierte Mönche und Nonnen gilt; Laien-Praktiker befolgen im Allgemeinen die fünf, acht, zehn oder 16 ethischen Richtlinien oder Gebote, die im nächsten Abschnitt genannt werden.

Die buddhistischen Verhaltensgebote

Buddhas Lehren über das Karma sind sehr umfangreich. Es würde sehr lange dauern, sie komplett zu lesen. Glücklicherweise haben die verschiedenen Traditionen im Laufe der Jahrhunderte die Ratschläge, wie beispielsweise in der folgenden Gebotsliste, auf verschiedene Arten zusammengefasst. Die fünf grundlegenden Gebote werden von Laien in der ganzen buddhistischen Welt rezitiert. Sie sind wahrscheinlich die einfachsten und universellsten:

✔ Nicht töten.

✔ Nicht stehlen.

✔ Niemanden sexuell missbrauchen.

✔ Nicht lügen.

✔ Keine berauschenden Mittel einnehmen.

Verschiedene Traditionen haben diese fünf Gebote durch eigene Zusätze erweitert. So müssen die Novizen in einem Kloster der Theravada-Tradition erst die Einhaltung von acht Geboten (wobei das dritte Gebot für Laien, niemanden sexuell zu missbrauchen, durch das Enthaltsamkeitsgebot für Mönche/Nonnen ersetzt wird) und später die Einhaltung von zehn Geboten geloben. Dabei kommen zu den ursprünglichen fünf Geboten die folgenden fünf hinzu:

✔ Nicht nach Mittag essen.

✔ Nicht singen, tanzen, musizieren oder sich auf andere Art amüsieren.

✔ Keine Girlanden, kein Parfum und keinen Schmuck verwenden.

✔ Nicht in weichen Sesseln sitzen oder in luxuriösen Betten schlafen.

✔ Kein Geld annehmen oder bei sich tragen.

Im Zen und gewissen anderen ostasiatischen buddhistischen Traditionen bestehen die zehn *ernsten Gebote*, die sowohl von Mönchen und Nonnen als auch von Laien befolgt werden, aus den universellen fünf ersten Geboten plus den folgenden fünf:

✔ Nicht über die Fehler und Mängel anderer sprechen.

✔ Sich nicht über andere erheben und andere beschuldigen.

✔ Nicht geizig sein.

✔ Seinen Ärger nicht zum Ausdruck bringen.

✔ Die Drei Juwelen der Zuflucht (Buddha, Dharma und Sangha) nicht beschmutzen.

Das »Große Gelübde«, eine Art von Initiation in die buddhistische Gemeinschaft, umfasst die drei *reinen Gebote* (Böses unterlassen, Gutes tun, Gutes für andere bewirken) sowie die drei Zufluchten zu Buddha, zum Dharma und zum Sangha.

Die Gebote hinter den drei Türen

In der Vajrayana-Tradition werden die zehn Hauptgebote, die sich weitgehend mit den Zen-Geboten decken, als zehn unheilsame Handlungen beschrieben, die Sie vermeiden müssen, wenn Sie das Leiden stoppen wollen. (Die zehn heilsamen Handlungen sind einfach das Gegenteil dieser unheilsamen Handlungen.) Die Vajrayana-Tradition ordnet diese Handlungen gemäß der »drei Türen« an, durch die Sie mit Ihrer Welt in Berührung kommen:

✔ **Tür Nummer eins.** Die drei Handlungen des Körpers:

- Töten

- Stehlen

- Sexuelles Fehlverhalten

✔ **Tür Nummer zwei.** Die vier Handlungen des Redens:

- Lügen
- Zwieträchtige Rede
- Verletzende Rede
- Sinnlose Rede

✔ **Tür Nummer drei.** Die drei Handlungen des Geistes:

- Gier
- Hass
- Verblendung

Die zehn unheilsamen Handlungen im Einzelnen

In den folgenden Abschnitten beschreiben wir nacheinander die zehn unheilsamen Handlungen. Die Erklärungen sind auf alle buddhistischen Traditionen anwendbar.

Töten

Von allen physischen Handlungen hat das Töten einer anderen Person die gravierendsten karmischen Konsequenzen. In dem Abschnitt »Karmische Konsequenzen erfahren« weiter oben in diesem Kapitel beschreiben wir einige Leiden, die durch das Töten verursacht werden können – besonders wenn diese Tat brutal unter dem Einfluss einer starken Verblendung wie Ärger begangen wurde. Obwohl eine solch gewaltsame Aktivität relativ selten ist, kommt sie viel häufiger vor, als die meisten Leute zugeben würden. Ein Blick in die Tageszeitung reicht aus, um dies zu belegen.

Auch wenn das Töten zu den physischen Handlungen gerechnet wird – etwas, was Sie mit Ihrem Körper tun –, können Sie das negative Karma des Tötens auch auf sich laden, ohne einen Finger zu rühren. Wenn Sie jemandem befehlen, für Sie zu töten, fallen die vollen karmischen Konsequenzen der Handlung auf Sie zurück. Die Menge an Karma, die die Person erzeugt, die diesen Befehl in die Tat umsetzt, hängt von mehreren Faktoren ab, darunter auch von ihrer Bereitschaft, diese Tat auszuführen.

 Selbst wenn das Töten absichtlich erfolgt, hängt die Menge des erzeugten Karmas – und deshalb die Schwere der späteren karmischen Konsequenzen – stark vom Zustand Ihres Geistes ab. Je stärker die Täuschung (Ärger, Eifersucht und so weiter) ist, die Sie motiviert, desto mehr negatives Karma sammeln Sie an. Jemanden mit innerem Widerstand zu töten, obwohl Sie wünschen, Sie müssten dies nicht tun, ist das Eine, aber jemanden aus Hass heraus zu töten und sich an seinem Elend zu weiden, ist etwas viel Gravierenderes.

Die Stärke des erzeugten negativen Karmas hängt auch davon ab, wen oder was Sie töten. Vater oder Mutter zu töten ist viel gravierender, als einen Fremden zu töten. Keine Person ist von Natur aus wertvoller als eine andere, aber in Beziehung zu Ihnen und Ihrer karmischen Geschichte nehmen Ihre Eltern einen einzigartig wichtigen Platz ein, weil sie Ihnen eine ganz spezielle Gunst erwiesen haben: Sie haben Ihnen das Leben geschenkt. Ähnlich ist das Töten eines hoch entwickelten spirituellen Weisen, der anderen viel Gutes bringen kann, viel schwerwiegender, als ein Insekt zu zerquetschen.

Dies sollte Sie nicht zu dem Glauben verleiten, der Buddhismus würde bestimmte Arten des Tötens billigen, weil das karmische Gewicht des Tötens von den Umständen abhängen kann. Das ist nicht der Fall! Buddha lehrte Liebe und Erbarmen für alle. Das von ihm propagierte ethische System basiert darauf, anderen so wenig zu schaden wie möglich.

Stehlen

Hass motiviert Menschen oft zum Töten; Begierden motivieren Menschen im Allgemeinen zum Stehlen – oder zu nehmen, was ihnen nicht gegeben wird. Die Schuld des Stehlens laden Sie nur auf sich, wenn Sie sich etwas aneignen, was einem anderen gehört, ohne dass dieser damit einverstanden ist. Etwas zu nehmen und zu nutzen, was niemandem gehört, gilt nicht als Stehlen, weil niemand geschädigt wird.

Es gibt viele Formen des Stehlens: Sie können in ein Haus einbrechen, Sie können eine Person mit vorgehaltener Pistole berauben oder Sie können Menschen per Telefon oder über das Internet betrügen. Doch alle Formen des Stehlens haben eines gemeinsam: Sie schaden anderen und sich selbst. Die Menschen, die Sie bestehlen, verlieren Reichtum oder Besitz, und Sie laden die karmischen Konsequenzen Ihrer Handlungen auf sich. Wenn Sie jemanden in einer Geschäftsbeziehung bestehlen, haben Sie möglicherweise große Schwierigkeiten, in Zukunft die materiellen Erfordernisse des Lebens zu finden und anzusammeln. So wie Reichtum das Ergebnis der praktizierten Großzügigkeit ist (siehe Kapitel 14), ist Armut die karmische Folge des Bestehlens anderer in der Vergangenheit – selbst wenn diese Vergangenheit in einem vorangegangenen Leben liegt.

So wie das Töten (und alle anderen unheilsamen Handlungen) hängt das Stehlen letztlich von Ihrem Geist ab. Ein Beispiel: Nehmen Sie an, Sie haben einen Freund besucht und aus Versehen seinen Schirm mitgenommen. Dies ist kein Stehlen. Ihr Freund bemerkt nicht, dass sein Schirm fehlt, und Sie bemerken Ihren Fehler nicht, sodass der Schirm wochenlang bei Ihnen im Schrank steht. Obwohl sich der Schirm in Ihrem Haus befindet, haben Sie ihn immer noch nicht gestohlen. Eines Tages schauen Sie in den Schrank und sehen, dass Sie einen Schirm haben, der Ihnen nicht gehört. Sie finden heraus, dass er Ihrem Freund gehört, und beschließen, ihm den Schirm zurückzugeben, doch Sie haben keine Zeit. Dies ist *immer noch* kein Stehlen (wohl aber Saumseligkeit). Dann denken Sie eines Tages, vielleicht Monate später: »Ich habe diesen Schirm jetzt schon so lange, und mein Freund hat ihn nicht mehr erwähnt. Offensichtlich braucht er ihn nicht, deshalb werde ich ihn einfach behalten.« In dem Moment, in dem Sie diese Entscheidung treffen, zu behalten, was Ihnen nicht gehört, haben Sie etwas genommen, was Ihnen nicht gegeben wurde, und das ist Stehlen – mit allen karmischen Konsequenzen.

Die Gebote interpretieren

Obwohl alle buddhistischen Traditionen die fünf grundlegenden Gebote anerkennen (und die verschiedenen Mahayana-Schulen fünf weitere akzeptieren), interpretieren sie diese ethischen Richtlinien unterschiedlich. So nimmt die Theravada-Tradition sie ziemlich wörtlich und verlangt ihre buchstabengetreue Einhaltung; die Mahayana-Tradition ist etwas flexibler und passt ihre Interpretation an die Umstände an; und die Vajrayana- sowie die Zen-Tradition vertreten einen umfassenderen, mehrdimensionalen Ansatz.

So ordnet die Zen-Tradition die Gebote bestimmten Ebenen zu. Auf der relativen, weltlichen Ebene dienen sie als hilfreiche Richtlinien für das Handeln – Regeln, die Sie auf Ihrer Suche nach der Erleuchtung unterstützen. Auf einer tieferen Ebene beziehen sie sich sowohl auf den Inhalt Ihres Geistes als auch auf Ihre Handlungen. Wenn Sie den Besitz eines anderen begehren, stehlen Sie; wenn Sie den Körper einer Person begehren, begehen Sie sexuellen Missbrauch. Auf der tiefsten (oder ultimativen) Schicht versteht der Zen die Gebote als spontanen Ausdruck der wahren Natur – und eine genaue Beschreibung des natürlichen Verhaltens einer erleuchteten Person, die nicht versucht, irgendwelche Regeln zu befolgen.

So kann die erleuchtete Person nicht töten, weil sie andere Menschen nicht als von sich getrennt sieht; sie kann nicht stehlen, weil es nichts gibt, was ihr nicht gehört; und sie lügt nicht, weil sie nichts verteidigen muss. Auf dieser Ebene setzen die Gebote einen idealen Standard, an dem Sie Ihre eigenen Tendenzen und Verhaltensweisen messen und die Klarheit Ihres Verständnisses beurteilen können.

Sexuelles Fehlverhalten

Sexuelles Fehlverhalten ist die letzte der drei unheilsamen Handlungen des Körpers (siehe den Abschnitt »Die Gebote hinter den drei Türen« weiter oben in diesem Kapitel für einen Überblick über die Kategorien). Sie bezieht sich in erster Linie auf Vergewaltigung und Ehebruch. Doch breiter gefasst fallen darunter auch andere unverantwortliche sexuelle Handlungen (Promiskuität, Sexsucht und andere). Vergewaltigung und andere Formen des sexuellen Missbrauchs fügen den Opfern zweifellos einen großen Schaden zu – unter dem sie manchmal für den Rest ihres Lebens leiden. Sexuelle Süchte sind vielleicht weniger zerstörerisch, verursachen aber bei den Betroffenen oft emotionale Schmerzen und rauben ihnen wertvolle Zeit und Energie, die sie in ihrem Leben konstruktiver einsetzen könnten.

Neuere Studien zeigen, dass Täter sexuellen Missbrauchs in ihrer Kindheit selbst oft Opfer eines solchen Missbrauchs waren. Sexueller Missbrauch ist wirklich ein Übel, das sich selbst fortpflanzt. Niemand braucht die scharfe Auffassungsgabe eines Buddhas, um dies zu erkennen. Doch Buddha fügte etwas über diesen Teufelskreis hinzu, das für das normale Auffassungsvermögen nicht so offensichtlich ist: Zu den karmischen Folgen sexueller Gewalt gehört es, diese Erfahrung in der Zukunft selbst zu machen. Anders ausgedrückt: Unabhängig davon, ob das Missbrauchsopfer zu einem Täter heranwächst oder nicht – und die meisten tun dies nicht –, wird der Täter wegen seiner Missetat definitiv irgendwann in der Zukunft selbst zum Opfer werden (es sei denn, er kann sich irgendwie von diesem karmischen Makel befreien; siehe den Abschnitt »Negatives Karma abbauen« am Ende dieses Kapitels).

Ehebruch bringt ebenfalls sehr viel Schmerz über Personen, Familien und die Gesellschaft insgesamt. Auch wenn die kulturellen Standards von Land zu Land unterschiedlich sind (und in einigen erlaubt ist, was in anderen streng verboten ist), wird sexuelles Verhalten zwischen zwei Menschen zum Fehlverhalten, wenn einer gegen seinen Willen zu bestimmten Handlungen gezwungen wird. Wenn Sie Ihrem Ehepartner untreu werden oder wenn Sie dafür verantwortlich sind, dass die Ehe eines anderen Paares geschwächt oder zerstört wird, können Sie als karmische Folge dieses unerlaubten Verhaltens in der Zukunft – in diesem oder künftigen Leben – Disharmonie und sexuelle Untreue in Ihrer eigenen Ehe erfahren.

Lügen

Lügen bedeutet, dass Sie jemand anderen absichtlich irreführen, indem Sie wissentlich etwas Falsches sagen. Eine einfach unwahre Aussage ist noch kein Lügen; Sie müssen die Absicht haben, jemanden glauben zu machen, dass Sie die Wahrheit erzählen. Lügen reichen von dem Massenbetrug, der oft in der politischen Propaganda versucht wird, bis zu den kleinen Flunkereien und Notlügen, die Sie erzählen, um aus einer unangenehmen zwischenmenschlichen Situation herauszukommen. Sie müssen nicht einmal etwas sagen, um diese negative Handlung zu begehen; ein Kopfnicken oder eine Geste kann genauso irreführend sein wie falsche Worte.

Eines der Hauptprobleme beim Lügen liegt darin, dass es Sie oft zwingt, Ihre Spuren mit weiteren Lügen zu verbergen. Bald haben Sie so viele Lügen erzählt, dass Sie sich in Widersprüche verstricken und dann mit hochrotem Kopf entlarvt werden. (Sie kennen dies als Plot vieler Soaps im Fernsehen.)

 Die Folgen des Lügens können sogar noch schlimmer als eine momentane Peinlichkeit sein. Für einige Menschen wird Lügen zu einer Gewohnheit, mit der sie sich durch das Leben zu schlagen versuchen. Sie wissen nicht mehr, was wahr und was falsch ist, als ob sie sich in ihrer eigenen Täuschung verfangen hätten. Aus einer karmischen Perspektive betrachtet, sagte Buddha, dass man ihnen als Folge ihrer Lügen auch dann nicht mehr glauben wird, wenn sie die Wahrheit sagen. (Sie kennen vielleicht den Spruch aus Ihrer Kindheit: Wer einmal lügt, dem glaubt man nicht, auch wenn er mal die Wahrheit spricht.)

Manchmal kommen Sie jedoch in eine Situation, in der es nicht ratsam ist, die ungeschminkte Wahrheit zu sagen. Wenn Sie wissen, dass ein wütender Mann mit einem Gewehr die Person erschießen will, die sich hinter dem Vorhang versteckt, sollten Sie dann wahrheitsgetreu antworten, wenn Sie gefragt werden, ob Sie wissen, wo diese Person sei? Natürlich nicht. Sie wissen, dass die reine Wahrheit einen Mord zur Folge hätte – was viel schlimmer wäre, als die Wahrheit zu verschleiern –, sodass Sie den Mann in die Irre führen können, ohne die karmischen Konsequenzen des Lügens auf sich zu laden. Wenn Sie sich der Praxis des Mitgefühls verschrieben haben, müssen Sie alles tun, um einen Mord zu verhindern, aber es muss klar sein, dass Ihr Motiv, nicht die Wahrheit zu sagen, das Mitgefühl für alle Beteiligten ist – den potenziellen Mörder sowie das gesuchte Opfer. Sie sollten nicht nur jetzt ein Leben retten, sondern auch den Schießwütigen davor bewahren, mehr negatives Karma für die Zukunft anzusammeln.

Zwieträchtige Rede

Zwieträchtige Rede umfasst die Dinge, die Sie sagen könnten, um die Freundschaft zwischen anderen Leuten zu zerstören oder um sie daran zu hindern, sich nach einem Streit wieder zu versöhnen. Es gibt verschiedene Gründe dafür, Zwietracht zu säen. Wenn Sie auf eine enge Beziehung eifersüchtig sind, können Sie sie zu Ihrem Vorteil sabotieren.

Ihre Worte können Zwietracht säen, unabhängig davon, ob Ihre Aussagen wahr oder falsch sind. Falls Ihre Absicht darin besteht, Leute zu trennen oder eine Versöhnung zu verhindern, fallen Ihre Aussagen unter die Kategorie der zwieträchtigen Rede – auch wenn sie wahr sind. Diese negative Handlung führt dazu, dass Sie nur schwer Freunde und Gefährten in der Zukunft finden werden.

Es gibt einen Fall, in dem es angemessen sein kann, Disharmonie zwischen anderen zu schaffen – wenn diese planen, ein Verbrechen oder eine andere unheilsame Handlung zu begehen. Wenn Sie deren Komplott aufbrechen und sie daran hindern können, Probleme für sich selbst und andere zu erzeugen, handeln Sie mit Güte. Doch Sie müssen sich über Ihre Absichten ganz klar sein.

Verletzende Rede

Verletzende Rede umfasst die Dinge, die Sie sagen, um die Gefühle eines anderen zu verletzen. Wie bei der zwieträchtigen Rede können diese Beleidigungen wahr oder falsch sein; Ihre Absicht, jemanden herabzusetzen, in eine peinliche Lage zu bringen oder aufzubringen, macht Ihre Worte verletzend. Diese Art des Redens hat die karmische Konsequenz, dass Sie – wie Sie vielleicht vermutet haben – selbst in der Zukunft Zielscheibe verbaler Beleidigungen sein werden.

In Deutschland und vielleicht auch in anderen Ländern scheint eine bestimmte Art von Humor auf der Beleidigung anderer zu basieren. Bei manchen Fernsehsendungen hat man oft den Eindruck, ein Prominenter solle »gegrillt« werden, indem ihm in kurzer Zeit so viele raffinierte Beleidigungen wie möglich an den Kopf geworfen werden. Angeblich soll niemand dadurch verletzt werden, und es wird erwartet, dass der Betroffene bei diesem Spießrutenlaufen lauter als jeder andere lacht. Doch gelegentlich nimmt er etwas persönlich, und dann kann die ganze Sache schnell hässlich oder peinlich werden.

Weil Worte oft heftiger wirken, als Sie sie beabsichtigt haben, und mehr Schaden anrichten können, als Sie sich vorstellen, sollten Sie sorgfältig abwägen, was Sie sagen. Wenn Sie die Gewohnheit entwickelt haben, andere zu beleidigen, wird es schwieriger, Ihre Rede zu kontrollieren. Vielleicht sind Sie sich der Aggression in Ihrem Inneren nicht bewusst, aber sie kann den Worten, die Sie »nur zum Spaß« äußern, eine unerwartete Schärfe geben.

> **Verrückte Weisheit: die »Tugend«, Gebote zu brechen**
>
> Auch wenn der Buddhismus im Allgemeinen und für Mitglieder der Mönchsgemeinde im Besonderen konsistent die höchsten ethischen Standards aufrechterhält, hatten einige Traditionen ihre heiligen Rebellen und Toren, die die konventionellen Gebote gebrochen haben, um die Leute durch ihre Taten zu lehren. Dieser unkonventionelle Ansatz wurde im Westen als *Verrückte Weisheit* bezeichnet.
>
> So sind die Abenteuer des vagabundierenden Yogis Drukpa Kunley, der den Dharma lehrte, während er mit Bauern Bier trank oder mit Prostituierten schlief, in Tibet Legende. In Japan werden die gleichermaßen haarsträubenden Eskapaden des Zen-Meisters Ikkyu erzählt, der auch Abt eines der damals bekanntesten Klöster des Landes war.
>
> Normalerweise sind diese *Bodhisattvas* (vor der vollkommenen Erleuchtung stehende Menschen, die ihr Leben der Erleuchtung anderer gewidmet haben) zu der tiefsten, nicht-dualistischen Ansicht erwacht, die alles als heilig betrachtet, einschließlich solcher Aktivitäten wie Trinken und Geschlechtsverkehr, die nach traditionellen religiösen Standards oft als zweifelhaft gelten. Indem sie Gebote mit dieser umfassenderen Sicht im Bewusstsein brechen, bleiben sie dem höheren Geist der Gebote treu, deren Hauptzweck darin besteht, das Erwachen zu fördern, und nicht, einen absoluten Standard für richtig und falsch zu setzen.
>
> Leider ist die Verrückte-Weisheit-Tradition selbst bei Lehrern des Buddhismus missverstanden worden, die aus dem Westen stammen. Mehrere dieser Lehrer sind in Skandale verwickelt worden, bei denen grob unethisches Verhalten ans Licht kam und die ihren Schülern und der Gemeinde insgesamt großen Schaden zugefügt haben. Ihr warnendes Beispiel ist ein Beleg dafür, dass sich nur erleuchtete Bodhisattvas in das Land der Verrückten Weisheit wagen sollten. Bei nicht so weit Fortgeschrittenen degeneriert dieses Unterfangen nur zu einem unheilsamen, eigennützigen groben Fehlverhalten.

Sinnlose Rede

Sinnlose Rede (reines Geschwätz) ist die letzte negative Handlung der Rede. Von Natur aus ist die sinnlose Rede weniger schwerwiegend als die anderen Handlungen des Körpers oder der Rede, die in diesem Abschnitt erwähnt wurden. Das Problem ist jedoch, dass sie mit der weitaus größten Zeitverschwendung verbunden ist.

Die sinnlose Rede umfasst alle Arten der leichtfertigen Rede und kann alles Mögliche zum Thema haben. Einige Leute bezeichnen sie als »verbalen Durchfall«. Sie ist wie die verletzende Rede eine Gewohnheit, in die man leicht hineinschlittert und aus der man nur schwer wieder herauskommt. Wenn Sie Ihre Zeit und Energie damit verbringen, über unbedeutende Dinge zu schwätzen, tun die Leute schließlich alles, was Sie sagen, als unwichtig ab und nehmen Sie nicht mehr ernst.

Habgier

Jetzt folgen die drei negativen Handlungen des Geistes selbst. An erster Stelle steht die Habgier, das Verlangen, zu besitzen, was man nicht hat. Selbst wenn Sie diesen Impuls nicht in die Tat umsetzen, löst die Tatsache, dass Sie den Besitz eines anderen mit gierigen Augen betrachten, Schwierigkeiten für Ihren Geist aus, die mit Ruhelosigkeit beginnen. Wenn Ihr Verlangen, einen bestimmten Gegenstand zu besitzen, stark genug wird, können noch größere Probleme auftreten. Es kann so stark werden, dass Sie versucht sind, das Gewünschte einfach zu stehlen, was noch schlimmere karmische Konsequenzen nach sich zieht.

 Gier ist ein unzufriedener, unerfüllter Zustand des Geistes. Er wird von der Erwartung genährt (oft sogar, ohne dass Sie sich dessen klar bewusst sind), dass Sie endlich glücklich wären, wenn Sie nur diesen oder jenen attraktiven Gegenstand besäßen. Doch die buddhistischen Lehren weisen immer wieder darauf hin, dass Sie keine Befriedigung erlangen können, wenn Sie verschiedenen Objekten der Sinne nachjagen, so attraktiv sie auch zu sein scheinen (siehe Kapitel 2).

Wenn es Ihnen nicht gelingt, das gewünschte Objekt in Ihren Besitz zu bringen, werden Sie unzufrieden. Doch selbst wenn Sie das Objekt bekommen, folgt zwangsläufig die Ernüchterung; denn kein Objekt kann Ihre übertriebenen Erwartungen erfüllen. Was bleibt, ist der Durst. Wie Salzwasser Ihren Durst nicht stillen kann, sondern ihn nur noch schlimmer macht, stachelt das Objekt Ihre Begierden nur noch stärker an. So treiben Sie sich mehr und mehr in die Unzufriedenheit.

 Weil die Habgier eine rein mentale Aktivität ist, ist sie schwieriger zu kontrollieren als die physischen und verbalen Handlungen, die von ihr ausgelöst werden. Wenn Sie diese zerstörerische mentale Einstellung bekämpfen wollen, müssen Sie lernen, die Dinge anders zu sehen. Dazu hilft Ihnen die Meditation (siehe Kapitel 7). Sie müssen Ihre Fähigkeit entwickeln, zu erkennen, dass die begehrten Dinge nicht so dauerhaft oder von Natur aus so attraktiv sind, wie Sie es sich vorstellen.

Hass

Diese kraftvolle mentale Einstellung ist für vieles verantwortlich, was Sie sagen oder tun, um anderen zu schaden. In diesem zerstörerischen Zustand des Geistes laben Sie sich am Unglück anderer und wünschen sich ihr Leiden. Hass ist das genaue Gegenteil der Liebe, die als Wunsch aufgefasst werden kann, andere mögen glücklich sein.

Diese unheilsame Absicht ist, wie die Habgier, schwieriger zu kontrollieren als die greifbareren verbalen und physischen Handlungen, die aus ihr hervorgehen. Wenn Sie diese Einstellung erfolgreich bekämpfen wollen, müssen Sie andere als Personen sehen lernen, die Respekt, Sorge und Liebe verdienen. Statt auf Züge, die Ihren Hass füttern, sollten Sie sich auf die guten Qualitäten anderer konzentrieren, um Ihr Mitgefühl für sie zu entwickeln.

 Doch wir wollen realistisch bleiben: Manchmal ist Ihr Hass auf jemanden einfach so stark, dass Sie ihn nicht auf diese Weise bekämpfen können – wenigstens im Moment nicht. In diesem Fall ist es oft am besten, die Aufmerksamkeit von der Person abzuziehen, auf die man wütend ist, und auf die Hassempfindungen selbst zu richten. Wie ein Wissenschaftler, der eine giftige Schlange untersucht, beobachten Sie diese zerstörerischen Emotionen so sorgfältig und objektiv wie möglich. Sie dürfen dem Hass-Impuls weder nachgeben noch anfangen zu schimpfen oder zu streiten, sondern sollten ihn einfach beobachten.

Wenn Sie Ihren Hass leidenschaftslos beobachten, werden Sie entdecken, dass diese negative Emotion, wie alle Gefühle, nicht so stabil wie beim ersten Anschein ist. Wie eine Welle, die sich für einen Moment aus dem Ozean erhebt und im nächsten zurücksinkt, entsteht der Hass in Ihrem Gemüt, dauert eine kurze Weile und verschwindet dann wieder. Auf die erste Hasswelle kann eine weitere folgen, aber auch sie verschwindet zwangsläufig wieder. Wenn Sie sich von diesem Prozess mental distanzieren und ihn einfach beobachten können (eine Technik, die der Atem-Beobachtung aus Kapitel 7 ähnelt), werden sich Ihre negativen Gefühle schließlich selbst erschöpfen.

Verblendung

Es gibt viele Arten des Irrtums. Unter Verblendung verstehen wir hier eine ganz spezielle geistige Haltung: die aktive Verneinung der Wirklichkeit oder Existenz von Dingen, die wahr sind.

Laut Buddhismus sind die Drei Juwelen (Buddha, Dharma und Sangha) verlässliche, vertrauenswürdige Führer. Auch das karmische Gesetz von Ursache und Wirkung, das wir weiter oben in diesem Kapitel beschrieben haben, ist wahr: Handlungen *haben Konsequenzen*, nicht nur in diesem, sondern auch in künftigen Leben. Diese Tatsache zu verneinen ist ein Zeichen für Verblendung. Verneinung bedeutet hier nicht, die buddhistischen Lehren über Karma und andere Themen anzuzweifeln oder einfach nicht genau zu kennen, sondern aktiv ihre Falschheit zu behaupten.

Wenn Sie entschlossen sind, eine bestimmte unheilsame Handlung wie Ehebruch zu begehen, können Sie versuchen, sich (und andere) zu überzeugen, dass daran nichts auszusetzen sei. Außerdem würde niemand davon erfahren oder verletzt werden. In diesem Beispiel versuchen Sie, Ihr Fehlverhalten zu entschuldigen, indem Sie eine Sicht propagieren, die Buddhas Lehren über Ursache und Wirkung entgegensteht. Dinge falsch darzustellen, führt zu schwerwiegenden Fehlern; deshalb ist diese unheilsame Handlung des Geistes so gefährlich.

Mit Verstößen umgehen

Mit seinen Lehren über Ursache und Wirkung oder heilsame und unheilsame Handlungen wollte Buddha seine Schüler nicht ängstigen, sondern sie vor unerwünschtem Leiden schützen. Schließlich wird er nicht umsonst als *Mitfühlender Buddha* bezeichnet. Doch was bedeutet sein Rat für Leute, die trotz dieser Lehren (oder unwissentlich) Fehler begehen? Die verschiedenen buddhistischen Traditionen beantworten diese Frage unterschiedlich. In den folgenden Abschnitten behandeln wir einige der Antworten.

Fehler sühnen

Als Buddha anfing zu lehren, bat ihn Shariputra, einer seiner Hauptschüler, für den Sangha (die Gemeinde der Mönche; Nonnen gab es zu diesem Zeitpunkt noch nicht) einen Kodex von Regeln zu formulieren. Buddha lehnte ab, weil der Sangha zu diesem Zeitpunkt keinen Kodex benötigte, da selbst die am wenigsten fortgeschrittenen Mönche ihren Weg zum spirituellen Erwachen fest im Auge hatten.

Die Bedingungen änderten sich jedoch, als der Sangha größer wurde. Deshalb entwickelte sich allmählich ein Verhaltenskodex, um

✔ die Mönche vor dem Einfluss von Anhaftung, Hass und Nicht-Wissen zu schützen

✔ die Harmonie in dem Sangha selbst zu gewährleisten

✔ die guten Beziehungen zwischen dem Sangha und der größeren Laien-Gemeinde zu erhalten

Diese Regeln für Mönche (die den *Vinaya* ausmachen; siehe den Abschnitt »Buddhas ethischer Führung folgen« weiter oben) wurden nicht auf einmal erlassen, sondern entwickelten sich im Laufe der Zeit aus der Praxis heraus, wenn Buddha für bestimmte Einzelfälle Verhaltensregeln aufstellte (ähnlich wie das Zivilrecht in Amerika aus einer Reihe von Präzedenzfällen vor Gericht fortentwickelt wird, ein Prozedere, das es im deutschen Zivilrecht nicht gibt). Schließlich gab es mehr als 200 Regeln. Es wurde Brauch, alle zwei Wochen (bei Neumond und bei Vollmond) eine Versammlung abzuhalten, auf der diese Regeln laut rezitiert wurden und einzelne Mönche vortraten, um ihre Verstöße zu bekennen.

In der Theravada-Tradition kann sich ein Mönch in einer Art täglicher Beichte auch einem anderen Mönch gegenüber zu seinen Fehlern bekennen. Laien-Anhänger dieser Tradition können bei einer Übertretung der Gebote ihr Gelübde vor einem Mönch, vor einem Buddha-Bild oder auch nur im Geiste erneuern und die Praxis eines tugendhaften Lebens wieder aufnehmen.

 Die Verhaltensregeln für Mönche und Nonnen umfassen vier schwerwiegende Verstöße, die automatisch zum Ausschluss aus dem Sangha führen:

✔ Geschlechtsverkehr

✔ Stehlen

✔ Einen Menschen töten

✔ Falsche spirituelle Erfolge vorspiegeln

Doch die meisten Regeln des mönchischen Kodexes betreffen viel weniger schwerwiegende Verstöße. Verstöße werden im Allgemeinen dadurch gesühnt, dass der Betreffende einen Verstoß ehrlich gesteht. Laut Theravada-Tradition löscht ein solches Geständnis des Fehlverhaltens das negative Karma nicht aus, das durch den Regelverstoß erzeugt wird, aber es stärkt die Entschlossenheit der Person, diese Regel nicht noch einmal zu brechen. Außerdem signalisiert das Geständnis den anderen Sangha-Mitgliedern, dass die Person immer noch beabsichtigt, dem Weg des mönchischen Lebens so rein wie möglich zu folgen.

Negatives Karma abbauen

Laut Theravada-Tradition kann negatives Karma durch ein tugendhaftes Leben und die Kultivierung der Einsicht abgebaut werden. Doch einige Handlungen – wie etwa das Töten der Eltern – sind karmisch so belastet, dass ihre karmische Last möglicherweise nicht vollkommen abgebaut werden kann. Selbst Maudgalyayana, einer von Buddhas engsten Schülern, der für seine übernatürlichen Kräfte bekannt war, fand ein grässliches Ende. Es war die karmische Folge davon, dass er seine Mutter in einem früheren Leben getötet hatte.

Nach Auffassung bestimmter Mahayana-Traditionen können Sie Ihr negatives Karma unabhängig davon abbauen, wie schwer es ist. Allerdings werden Mönche oder Nonnen, die einen der vier schwerwiegenden Verstöße begehen, die oben in dem Abschnitt »Fehler sühnen« genannt werden, auf jeden Fall aus dem Sangha ausgestoßen. (Näheres über den Mahayana-Buddhismus finden Sie in den Kapiteln 4 und 5.)

Im Zen-Buddhismus wird schlechtes Karma durch einen Prozess der Buße abgebaut, der sich signifikant von der Theravada-Methode unterscheidet. Zusätzlich zu dem Geständnis des Fehlverhaltens und dem Entschluss, sich nicht wieder so zu verhalten, wird die Buße im Zen als Gelegenheit begriffen, die karmische Bilanz auszugleichen und zu der ursprünglichen Reinheit ihrer wahren Natur zurückzukehren.

Zen-Praktiker rezitieren die folgenden Verse (in der einen oder anderen Übersetzung) in der Bußzeremonie und auch als Präambel anderer wichtiger Zeremonien, um zu gewährleisten, dass sie auf dem Boden der Reinheit ihrer wahren Natur stehen:

Alles böse Karma, das ich mir seit ewigen Zeiten aufgeladen habe,

Weil meine Gier, mein Ärger und mein Nicht-Wissen ohne Anfang sind,

Das ich aus meinem Körper, meinem Mund und meinem Denken geboren habe,

Jetzt bereue ich alles.

In einigen anderen Traditionen, etwa dem Vajrayana, erzielen Praktiker diese Reinigung durch die bewusste Anwendung der vier *Gegenkräfte*:

✓ **Bedauern: Reue für den Schaden empfinden, den Sie angerichtet haben; Ihre Fehler erkennen und zugeben.** Sie dürfen diese offene, ehrliche Erklärung oder das Eingeständnis Ihres Fehlers nicht mit Schuld verwechseln; dies wäre kontraproduktiv. Schuld hält Sie in der Vergangenheit gefangen, verstärkt Ihre Identität als »schlechte Person« und erschwert den Wechsel zu konstruktiveren Verhaltensweisen.

Zum Bedauern gehört es, eigene Fehler zuzugeben. Dies ist der erste Schritt zur Wiedergutmachung. Statt Sie in der Vergangenheit gefangen zu halten, gibt Ihnen eine echte Reue die Kraft, für sich selbst und andere zu sorgen, indem Sie Ihr jetziges und künftiges Verhalten ändern.

✓ **Entschlossenheit: Sich darauf festlegen, die zerstörerischen Handlungen nicht wieder zu begehen.** Einen Fehler zuzugeben, ist nicht genug. Sie müssen sich außerdem anstrengen, ihn nicht zu wiederholen. Das Beste wäre zu geloben, bestimmte unheilsame Handlungen für den Rest Ihres Lebens nicht zu wiederholen.

Doch Sie müssen realistisch sein. Wenn Sie glauben, ein Gelübde nicht lebenslang einhalten zu können, können Sie sich auf einen bestimmten Zeitraum (vielleicht mehrere Monate oder auch nur einige Tage) festlegen. Wenn Sie sich auf diese Weise schulen, können Sie schließlich genügend Kraft und Vertrauen ansammeln, um die Aktivität ganz aufzugeben.

✓ **Stütze: Sich auf Ihre Zuflucht zu den Drei Juwelen und Ihre Hingabe an andere stützen, um Negativität zu beseitigen.** Unheilsame Handlungen sind gegen andere Wesen oder gegen den Buddha, den Dharma und den Sangha gerichtet. Sich auf genau diese Objekte zu stützen, kann dazu beitragen, Negativität zu beseitigen.

Falls Ihre Handlungen gegen die Drei Juwelen gerichtet sind, etwa indem Sie respektlos mit ihnen umgehen (Dharma-Texte nicht sorgfältig behandeln), können Sie Ihren Fehler korrigieren, indem Sie sich an Ihre ausgezeichneten Qualitäten erinnern und Ihre Zuflucht zu ihnen erneuern. Wenn Sie anderen Wesen geschadet haben, rufen Sie sich Ihre mitfühlende Absicht wieder ins Bewusstsein, die Erleuchtung zu ihrem Wohl zu erlangen.

Diese beiden Stützen – Zufluchtnahme und Entwicklung der mitfühlenden *Bodhichitta*-Motivation (siehe Kapitel 14) – sind in dem folgenden beliebten Gebet enthalten:

Ich nehme Zuflucht, bis ich erleuchtet bin,

Zu Buddha, dem Dharma und der höchsten Versammlung.

Durch den tugendhaften Verdienst, den ich sammle.

Indem ich das Geben und andere Anstrengungen praktiziere,

Möge ich den Zustand eines Buddhas zum Wohle aller bewussten Wesen erreichen.

✓ **Heilmittel: Spezielle positive Handlungen ausführen, um ein Gegengewicht zu der Negativität zu schaffen, die Sie erzeugt haben.** Spezielle tugendhafte Handlungen schaffen direkt ein Gegengewicht zu den zehn unheilsamen Handlungen, die in dem Abschnitt »Die zehn unheilsamen Handlungen im Einzelnen« weiter oben in diesem Kapitel behandelt wurden. So ist das Retten und Schützen des Lebens anderer das Gegenteil der ersten unheilsamen Handlung – Töten. Sie können auch Schaden wiedergutmachen, indem Sie genau das Gegenteil von dem Negativen tun, von dem Sie sich reinigen wollen – aus Liebe handeln statt aus Hass, großzügig sein statt geizig, Erbarmen haben statt Schadenfreude und so weiter.

Einige allgemein empfohlene Aktivitäten zum Ausgleich von Negativität sind:

- Den Armen und Bedürftigen helfen

- Menschen in Krankenhäusern besuchen

- Verhindern, dass Tiere (sogar Köderwürmer) getötet werden

    Klöstern und anderen religiösen Organisationen spenden

    Passagen traditioneller Dharma-Texte rezitieren (oder noch besser: über ihre Bedeutung meditieren und sie in die Praxis umsetzen)

    Heilige Bilder malen

Wenn Sie Buddhas Rat folgen, können Sie sich – zumindest im Moment – ersparen, einige der ernstesten Konsequenzen Ihrer negativen Handlungen selbst zu erfahren. Doch wenn

Sie sich von diesen Konsequenzen komplett befreien wollen, müssen Sie tiefer gehen. Wie, das beschreiben wir in Kapitel 13. Es handelt davon, wie man aus dem Kreislauf der Unzufriedenheit ein für alle Mal ausbrechen kann.

Ein starkes Heilmittel

Der Oscar-gekrönte Film *Gandhi* hat Millionen von Menschen merklich beeinflusst. Eine Szene ist hier besonders erwähnenswert, weil sie die Kraft eines korrekt angewendeten Heilmittels illustriert, das selbst das schwerste negative Karma auflösen kann.

Gandhi war nach Kalkutta (heute Kolkata) gegangen, weil in dieser indischen Stadt Gewalttätigkeiten zwischen den Hindu- und Muslim-Gemeinden ausgebrochen waren. Dort hatte der große Führer geschworen, so lange zu fasten, bis die Gewalt aufhören würde. Durch das lange Fasten war er dem Tode nahe, und eine große Menschenmenge versammelte sich um ihn. Plötzlich drängte sich ein Hindu an sein Bett und warf ihm sein Stück Brot zu. Offensichtlich völlig außer sich schrie der Mann: »Iss das! Ich will nicht auch noch dein Blut auf meinem Gewissen haben.«

Dann enthüllte er, dass er im Kampf einen jungen Muslim getötet habe und jetzt erwartete, für diese böse Tat in die Hölle zu kommen. Trotz seines geschwächten Zustands blickte Gandhi den armen Mann intensiv an und sagte ihm: »Ich weiß, wie du der Hölle entrinnen kannst.« Er erklärte, dass der Mann in der Stadt einen Muslim-Jungen suchen solle, dessen Eltern bei den Gewalttätigkeiten ums Leben gekommen waren. Er solle diesen Waisen bei sich aufnehmen und wie sein eigenes Kind großziehen. »Doch vergiss nicht«, fügte Gandhi hinzu, »du musst ihn als Muslim erziehen!«

> **IN DIESEM KAPITEL**
>
> Die drei grundlegenden Täuschungen aufdecken
>
> Die Bereiche des Kreislaufs der Existenzen durchlaufen
>
> Die zwölf Glieder des Bedingten Entstehens kennenlernen
>
> Die drei Schulungen absolvieren

Kapitel 13
Den Zyklus der Unzufriedenheit durchbrechen

Auch wenn Sie nicht viel über Buddhismus gewusst haben (was sich hoffentlich mit diesem Buch geändert hat), sind wir ziemlich sicher, dass Sie bereits vom Nirvana (und nicht nur von der Rock-Gruppe) gehört haben. Doch was genau bedeutet *Nirvana*? Handelt es sich um ein Glücksgefühl, das Sie erfahren können, wenn Sie nur lange genug meditieren? Oder ist es eine Art buddhistischer Himmel, mit dem gute Buddhisten nach ihrem Tod belohnt werden?

Keine dieser Auffassungen ist korrekt; doch wenigstens vermitteln beide den Eindruck, das Nirvana sei etwas wahrhaft Wundervolles, die höchste Form des Guten und etwas unbedingt Erstrebenswertes. Das Nirvana (oft mit »Erleuchtung« oder »Befreiung« übersetzt) ist kein Ort, an den man gehen könnte. Es ist ein Zustand der außerordentlichen Klarheit, des Friedens und der Freude, den Sie erreichen können, wenn Sie den buddhistischen spirituellen Weg praktizieren. (Näheres über die Erleuchtung erfahren Sie in Kapitel 10.)

Das Nirvana ist ein Zustand, in den Sie kommen, wenn Sie sich von der Grundursache allen Leidens befreien – der Illusion eines separaten Selbst. Genau genommen ist das Nirvana nicht einmal ein Zustand. Es ist Ihr natürliches Sein, das unter Schichten verzerrter Gedanken und gewohnheitsmäßiger Muster verborgen ist. (Einige Traditionen ziehen andere Bezeichnungen als *Nirvana* vor, um dieses natürliche Sein zu beschreiben, siehe Kapitel 10.)

Eine Möglichkeit, sich diesem schwer fassbaren Konzept des Nirvana zu nähern, besteht darin, zu erkennen, was Sie davon abhält, es zu erfahren. Deshalb präsentieren wir in diesem

Kapitel die sogenannten Zwölf Glieder der Kette des Bedingten Entstehens, das die Unzufriedenheit in Gang hält, und die Praktiken, die Sie ausführen müssen, um sich vom Leiden zu befreien und dauerhaften Frieden und beständiges Glück zu erlangen.

Das Leben als Tretmühle

Wenn Sie die ersten zwei Kapitel dieses Buches gelesen haben, haben Sie bereits eine Vorstellung davon bekommen, wie die negativen Zustände des Geistes – die sogenannten Täuschungen oder *Kleshas* wie Hass, Eifersucht und so weiter –, Probleme verursachen, sobald sie auftauchen. Doch sie lösen nicht nur Probleme aus, sondern zwingen Sie auch, auf der Suche nach Glück und Frieden aus einer unbefriedigenden Situation im Leben in die nächste zu stolpern, letztlich aber doch nur Enttäuschung und Frustration zu finden.

Im Sanskrit wird dieses wiederkehrende Muster der Frustration als *Samsara* (Kreislauf der Existenzen) bezeichnet. Diese Bezeichnung vermittelt das Bild einer unkontrollierten Wanderung und ruhelosen Bewegung, die nirgendwohin führt. Falls Sie Ihr Leben schon einmal als Tretmühle empfunden haben – als Folge scheinbar zielgerichteter Anstrengungen, die Sie doch nur im Kreis herumführen –, haben Sie den Geschmack der frustrierenden Natur des Samsara gekostet. Ziemlich bitter …!

Ist dieses Bild wirklich so düster, wie wir es gerade gemalt haben? Gibt es in Ihrem Leben nicht auch angenehme Aspekte, Momente des Glücks, die Sie genießen können? Natürlich gibt es diese auch. Doch wir wollen einen ganz bestimmten Punkt rüberbringen: Solange Ihr Geist von den Täuschungen, diesen negativen Zuständen des Geistes, beeinflusst wird, werden diese Momente nicht andauern. Sie werden zwangsläufig Frustration, Unzufriedenheit und direktes Elend erfahren. Deshalb sagen die buddhistischen Lehren, dass die Natur des Samsara das Leiden ist.

Denken Sie daran, dass das Samsara nicht die Wirklichkeit selbst beschreibt, sondern Ihre verzerrte Erfahrung der Wirklichkeit, die durch negative Zustände Ihres Geistes verursacht wird. Anders ausgedrückt: Diese frustrierende Tretmühle existiert in Ihrem Geist. Der Ausweg besteht nicht darin, Ihr Leben, sondern Ihren Geist zu ändern. Einige Traditionen des Buddhismus lehren sogar, dass Samsara und Nirvana identisch seien. Dies bedeutet: Genau so, wie das Leben ist, ist es perfekt. Sie müssen nur zu dieser Perfektion erwachen, indem Sie Ihren Geist transformieren. (Näheres über das Erwachen zu dieser Perfektion finden Sie in Kapitel 10!)

Das Rad des Lebens drehen: Das Wandern im Samsara

In Ihrem Alltag können Sie leicht erkennen, wie sich Muster der Frustration und Unzufriedenheit fortpflanzen. Wenn Sie leicht aufbrausen und sich schnell über andere ärgern, kommen Sie unvermeidlich in feindselige Situationen, in denen Sie Menschen begegnen, von denen Sie abgelehnt werden. Diese Konfrontationen stacheln Ihren Ärger noch stärker an. Wenn Sie mit Ärger im Bewusstsein schlafen gehen, können auch Ihre Träume unruhig sein. Am nächsten Morgen wachen Sie dann bereits ziemlich schlecht gelaunt auf. Und so geht es immer weiter.

Die buddhistischen Lehren behaupten, dass sich das Muster des Leidens in einer viel größeren Dimension wiederholt als in diesem Beispiel, in dem Sie schlecht gelaunt schlafen gehen und schlecht gelaunt aufwachen. Die Täuschungen sind nicht nur für eine unbefriedigende Erfahrung nach der anderen, für einen unbefriedigenden Tag nach dem anderen, sondern auch für Ihre unkontrollierbare Wanderung von einem unbefriedigenden Leben zum nächsten verantwortlich!

Wie Sie durch die Täuschungen des Geistes in diesen wiederkehrenden Mustern der Unzufriedenheit gefangen gehalten werden können, erklärte Buddha in der Lehre vom *Bedingten Entstehen* oder vom *Entstehen in Abhängigkeit* (*Pratitya-Samutpada*). Alle diese »pompösen Wörter« drücken dieselbe Wahrheit aus: Es gibt einen Grund für das, was Ihnen widerfährt.

Laut Buddhismus sind Ihre guten und schlechten Lebenserfahrungen keine zufälligen, bedeutungslosen Ereignisse. Es gibt auch keine Belohnungen oder Bestrafungen, die von einer äußeren kontrollierenden Kraft ausgeteilt werden. Deshalb können Sie auch keinen Gott und kein Schicksal verantwortlich machen. Ihre Erfahrungen sind die Folge einer Reihe von Ursachen und Auswirkungen, die in Ihrem Geist beginnen. (Näheres über das karmische Gesetz von Ursache und Wirkung finden Sie in Kapitel 12.)

Buddha illustrierte diesen Mechanismus von Ursache und Wirkung mit einem Diagramm, das als das *Rad des Lebens* bezeichnet wird. (Abbildung 13.1 zeigt das komplette Rad, Abbildung 13.2 beschreibt seine verschiedenen Komponenten.) Die Nabe dieses Rades ist vielleicht der beste Ausgangspunkt, um die Zusammenfassung dieser wichtigen Lehren darzustellen.

Die grundlegenden Täuschungen

Das Rad des Lebens (siehe Abbildung 13.3) zeigt in seinem Zentrum drei Tiere, die die drei grundlegenden Täuschungen repräsentieren:

- ✔ **Schwein:** Repräsentiert das Nicht-Wissen, obwohl das Schwein ein relativ intelligentes Tier ist.
- ✔ **Hahn:** Repräsentiert die Begierden oder das Anhaften. Einige Versionen des Rades zeigen anstelle eines Hahns andere Vögel.
- ✔ **Schlange:** Repräsentiert den Hass.

Wenn Sie die Kapitel 1 und 2 gelesen haben, sind Sie mit diesen Täuschungen bereits etwas vertraut. Doch jetzt wollen wir näher untersuchen, wie sie zusammenhängen.

Abbildung 13.1: Das Rad des Lebens

KAPITEL 13 Den Zyklus der Unzufriedenheit durchbrechen 261

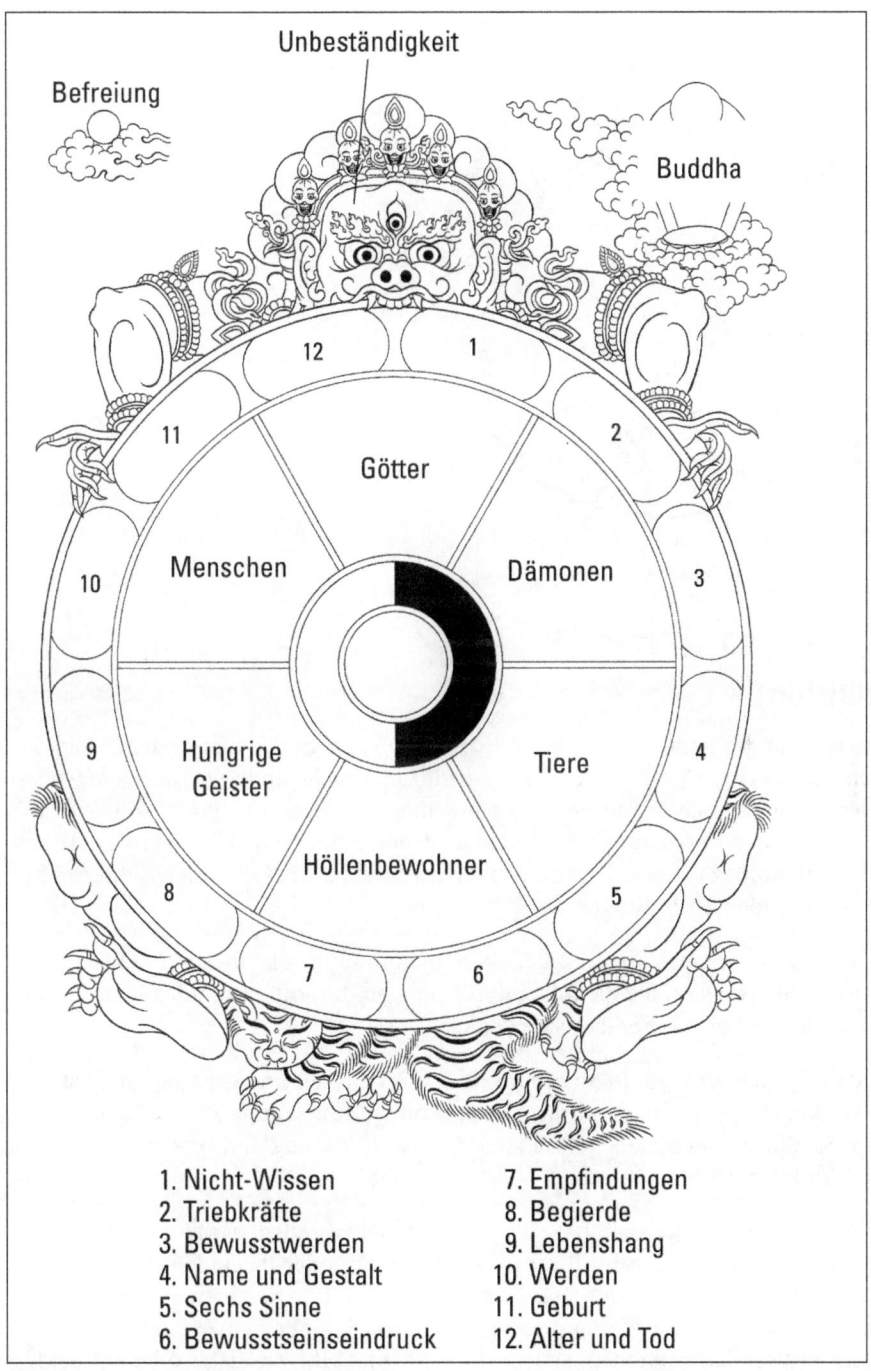

Abbildung 13.2: Ein Führer zum Rad des Lebens

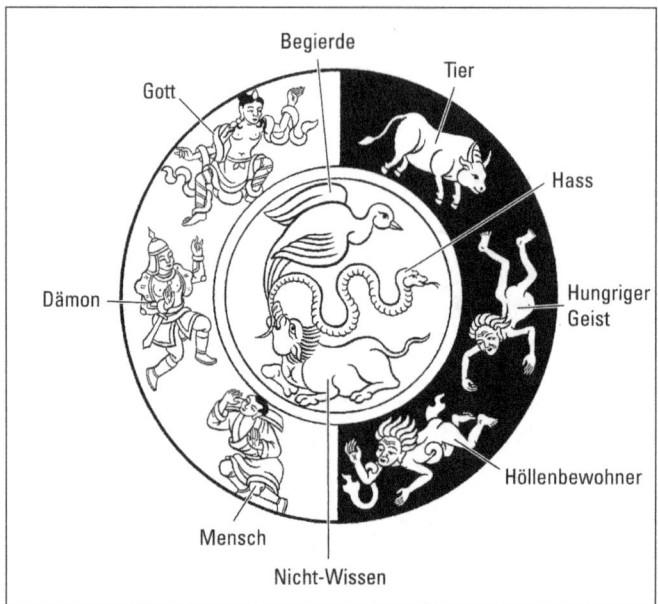

Abbildung 13.3: Die drei grundlegenden Täuschungen

Die Ich-Illusion

In dieser Illustration des Rades des Lebens entspringen Vogel und Schlange dem Maul des Schweins, um anzuzeigen, dass das Nicht-Wissen die Quelle aller anderen Täuschungen ist. Diese Art von Nicht-Wissen bedeutet nicht einfach, etwas nicht zu wissen, sondern sich zugleich an der falschen Vorstellung von der Existenz der Dinge festzuklammern. Diese Art von Nicht-Wissen propagiert geradezu ein verzerrtes Bild der Wirklichkeit. (Näheres über das Nicht-Wissen finden Sie in Kapitel 2.)

 Sie können eine Vorstellung davon bekommen, wie dieses Nicht-Wissen funktioniert, wenn Sie die folgenden Übungen durchführen, um zu entdecken, wie Sie normalerweise über sich denken.

1. **Verwenden Sie das Wort »Ich« in einem oder zwei Sätzen und schauen Sie, was Sie finden.** Wenn Sie beschreiben, was Sie im Moment tun, könnten Sie etwa den folgenden Satz formulieren: »Ich sitze hier, lese diese Erklärung und versuche zu verstehen, was sie bedeutet.«

   Bemerkenswert ist Folgendes: Sobald Sie über sich selbst reden, erwähnen Sie automatisch etwas, was entweder mit Ihrem Körper (sitzen) oder Ihrem Geist (zu verstehen versuchen) oder mit beidem (lesen) passiert. Sie sollten dieses kleine Experiment mehrfach ausführen, bis Sie klar erkennen, dass Sie sich jedes Mal, wenn Sie das Wort »Ich« verwenden, auf einen Aspekt Ihres Körpers, Ihres Geistes oder auf beides beziehen.

2. **Schauen Sie sich Ihren Körper und Geist genauer an.** Einige philosophische Texte des Buddhismus bezeichnen diese Körper-Geist-Kombination als die »Basis der

Zuschreibung des Ich«. Dies ist nur eine pompöse Methode, auszudrücken, was Sie bereits entdeckt haben: Sie verwenden die Bezeichnungen »ich« oder »mein« (oder Ihren Namen), um sich auf etwas zu beziehen, was sich in Ihrem mentalen und körperlichen Sein abspielt. Jetzt ist es Zeit, ein wenig tiefer zu graben.

Wenn Sie langsam und sorgfältig untersuchen, woraus Sie bestehen, entdecken Sie, dass sich alle Elemente, aus denen Ihr Körper und Ihr Geist besteht (die fünf Gruppen des Anhaftens oder *Skandhas*, die in dem *Herz-Sutra* erwähnt werden), sich permanent im Wandel befinden. Ihre körperlichen Empfindungen, Ihre Gedanken, Gefühle und Emotionen ändern sich dauernd – oft sogar sehr schnell. In diesem permanenten Fluss gibt es nichts, auf das Sie zeigen und dann sagen können: »Dies ist etwas Festes und Permanentes.« (Sie können die volle Wucht dieser Art der Untersuchung nur in der Meditation erfahren, wenn Sie sie über eine längere Zeitspanne hinweg wiederholen. Im Moment präsentieren wir Ihnen nur eine abgekürzte Erklärung, um Ihnen eine allgemeine Vorstellung von der Vorgehensweise zu vermitteln.)

 Statt wie in Schritt 1 eine emotional neutrale Aussage über sich selbst zu machen, lenken Sie Ihren Geist auf einen Moment, in dem Sie sehr gestresst oder erregt sind. Hier wird die Übung wirklich interessant. Vielleicht werden Sie vor einer größeren Menschenmenge beleidigt oder in Verlegenheit gebracht und fühlen sich unbehaglich, linkisch oder verärgert. (Sie können sich auch vorstellen, vor anderen gelobt zu werden und sich deswegen stolz zu fühlen oder einen roten Kopf zu bekommen, doch wir wollen hier nur ein Beispiel verwenden.) In einer solchen Situation denken Sie wahrscheinlich nicht: »Diese Person hat nur einen flüchtigen Aspekt meines Körpers oder Geistes beleidigt.« Stattdessen klumpt sich in der Mitte Ihrer Brust ein festes, permanentes, fast greifbares Selbst-Gefühl zusammen, und Sie fühlen, dass genau das gerade angegriffen worden ist: »Wie kann es einer wagen, mir das vor allen diesen Leuten zu sagen!«

Die Schlange und das Seil

Die folgende berühmte Analogie aus den buddhistischen Lehren soll Ihnen besser verstehen helfen, wie der Glaube an ein falsches Selbst zum Leiden führt und wie Weisheit dieses Leiden überwinden kann. Stellen Sie sich vor, des Nachts durch den Wald zu gehen. Auf dem Weg sehen Sie etwas, was wie eine zusammengerollte Schlange aussieht, die bereit ist, zuzustoßen. Sofort krampft sich Ihr Herz in Furcht und Panik zusammen. Doch als Sie die vermeintliche Angreiferin anleuchten, entpuppt sie sich als ein Stück Seil. Um sicherzugehen, beleuchten Sie es von allen Seiten, können aber keine Schlange finden. Als Sie erkennen, dass von Anfang an keine Schlange da war, sondern nur in Ihrer Vorstellung existierte, entspannen Sie sich schließlich und setzen Ihren Weg furchtlos fort.

Das falsche »Ich« entspricht der falschen Vorstellung der Schlange. Solange Sie glauben, sie sei real – solange Sie die Vorstellung für wahr halten –, erleben Sie Furcht, Frustration, Enttäuschung und all die anderen Formen des Leidens und der Unzufriedenheit.

> Aber wenn Sie mit dem Licht der Weisheit lange und gründlich genug sowohl innerhalb als auch außerhalb Ihres Körpers und Geistes suchen, erkennen Sie, dass Sie nirgendwo ein solides und separates »Ich« finden können. Wenn Sie sich davon überzeugt haben – und zwar nicht nur intellektuell, sondern in der Tiefe Ihres Herzens –, dass dieses fälschlich vorgestellte »Ich« niemals existiert hat, fällt Ihr Glaube daran in sich zusammen, und alles Leiden, das von dieser irrigen Überzeugung verursacht wurde, wird sich auflösen.

Das konkrete, eigenständige »Ich« oder »Mein«, das Ihnen *in diesem Moment* erscheint, hat absolut nichts mit Ihrer Wirklichkeit zu tun. Weder innerhalb noch außerhalb der Körper-Geist-Kombination werden Sie jemals irgendetwas finden, das einem solchen anscheinend konkreten Selbst entspricht. Dieses anscheinend konkrete Selbst ist ganz allein ein Geschöpf des Nicht-Wissens – eine schlechte Gewohnheit des Geistes. Dieses Nicht-Wissen wird als *Ich-Anhaftung*, *Ich-Illusion* oder *Selbst-Anhaftung* bezeichnet, weil es unrealistischerweise an einem falschen Bild des Selbst festhält und die Wurzel ausnahmslos aller Leiden ist.

Sie müssen bei solchen Untersuchungen vorsichtig sein; denn Sie wollen sicher nicht zum falschen Schluss kommen, überhaupt nicht zu existieren. Ihre Existenz wird nicht infrage gestellt! Denn wer sonst liest diese Worte? Doch das fälschlicherweise vorgestellte, anscheinend separate und konkrete Selbst, an das Sie immer so stark geglaubt haben, existiert *nicht* – es *hat niemals* existiert und *wird niemals* existieren. Diese Gewohnheit zu brechen, ist nicht leicht, aber absolut möglich.

Das Wachstum von Hass und Anhaftung beobachten

Solange Sie krampfhaft an diesem falschen Bild eines separaten Selbst festhalten und es für ein »reales Ich« halten, sperren Sie sich selbst ein. Wenn Sie glauben, dass dieses vermeintlich konkrete »Ich« angegriffen wird, gehen Sie sofort in die Defensive. Sie lehnen intensiv ab, was Ihnen widerfährt, und in Ihrem Herzen beginnt der Hass zu wachsen. Vielleicht entwickeln Sie sogar Fantasien, sich an Ihrem Peiniger zu rächen, und setzen damit das Muster von Angriff und Gegenangriff fort. Auf diese Weise dreht sich der Kreislauf des Leidens weiter.

Hass ist nicht der einzige mögliche negative Zustand des Geistes. Begierden und alle anderen Täuschungen entstehen automatisch, wenn Sie versuchen, dieses vermeintliche Selbst aufrechtzuerhalten oder zu verteidigen. Einerseits werden Sie wütend, wenn Sie dieses Selbst angegriffen fühlen. Andererseits *gieren* Sie nach allem, was dieses Selbst unterstützen oder fördern könnte. Diese Täuschung ist für die zwanghafte Hol-es-dir-Mentalität verantwortlich. Solange Sie unter dem Einfluss dieser Ich-Illusion stehen, füttern Sie ein Verlangen, das niemals befriedigt werden kann.

Sie verwenden Ihre gesamte Energie auch auf den Versuch, dieses falsche »Ich« abzusichern, aber Ihre Anstrengungen sind zum Scheitern verurteilt. Wie kann man etwas absichern, was nicht existiert und niemals existiert hat? Dieses müßige Unterfangen zehrt nur Ihre Kräfte auf und lässt Sie leidend zurück.

Wenn Sie (im Allgemeinen nach einer langen und umfangreichen Meditationsschulung) erkennen, dass das konkrete Selbst, an das Sie sich die ganze Zeit geklammert haben, nur eine Illusion ist, können Sie dieses Geschöpf des Nicht-Wissens allmählich loslassen. Dieses Loslassen ist mit einem Gefühl verbunden, als würde Ihnen eine schwere, unnötige Last von den Schultern genommen. Sie fühlen sich nicht mehr neurotisch gezwungen, dieses phantomähnliche Selbst zu verteidigen oder zu propagieren, und können ungezwungen eine tiefe Zufriedenheit und Ruhe erfahren. Um es etwas weltlicher auszudrücken: Das Selbst macht Sie nicht mehr high, und Sie können endlich runterkommen.

Die sechs Welten der Existenz

Die Nabe des Rades des Lebens (Abbildung 13.1) wird von zwei Halbkreisen (siehe auch Abbildung 13.3), einem hellen und einem dunklen, eingeschlossen, die die beiden Hauptarten von Handlungen (oder *Karma*, siehe Kapitel 12) – positive und negative – repräsentieren. Die drei Wesen in dem linken Halbkreis haben positives Karma angesammelt, das sie zu den drei »höheren« Welten der Götter, Dämonen und Menschen hinaufzieht, während die Last des negativen Karmas die drei Wesen im rechten Halbkreis in die »niedrigeren« Welten der Tiere, der Hungrigen Geister und der Höllenwesen hinabzieht. (Diese sechs Welten werden weiter unten ausführlicher erklärt.)

 Sie dürfen die Begriffe *höher* und *niedriger* nicht zu wörtlich nehmen. Götter wohnen nicht in den Wolken, und die Höllenwesen hausen nicht tief in der Erde, auch wenn einige traditionelle Erklärungen diesen Eindruck vermitteln können. Unabhängig von Ihrem Aufenthaltsort erzeugt Ihr Geist Karma und erfährt die Folgen dieses Karmas. Eine bestimmte »Welt« oder ein Zustand der Existenz (oder noch besser: Zustand des Geistes) wird als »höher« bezeichnet, wenn er weniger Leiden enthält; umgekehrt ist er »niedriger«, wenn er mehr Leiden enthält. Wesen in den höheren Welten erfahren weniger Leiden und mehr Angenehmes als Wesen in den unteren drei Welten. Unabhängig von ihrer Einstufung als höher oder niedriger sind jedoch alle sechs Welten dem Kreislauf der Existenzen unterworfen. Alle Wesen, die gegenwärtig durch ihr Nicht-Wissen in diesem Kreislauf gefangen sind, leiden an Unzufriedenheit.

Die sechs Welten (oder Gati), von der höchsten bis zur niedrigsten, sind:

✔ **Götter:** (siehe Abbildung 13.4, oberer Teil) auch Devas (himmlische Wesen) genannt. Die Götter nehmen die höchste Position im Kreislauf der Existenzen ein. Ihre Welt wird üblicherweise als die prächtigste dargestellt. Je nach dem Karma, das sie erzeugt haben, um in dieser Welt wiedergeboren zu werden, verbringen diese Wesen ihr langes Leben entweder in höchster Verzückung oder in tiefer Konzentration. Einige Götter halten ihre Welt irrtümlich für das Nirvana; doch im Gegensatz zur wahren Befreiung ist diese Sphäre (wie die anderen fünf) nur temporär. Denn das Karma hält nicht ewig vor; es wird aufgebraucht, wenn seine Folgen erfahren werden. Wenn das mächtige positive Karma eines Gottes erschöpft ist, fällt er unweigerlich in eine niedrigere, viel weniger angenehme Welt zurück. Das bedeutet, dass es selbst in der Welt

Abbildung 13.4: Die Welten der Götter und der Dämonen

der Götter keine Sicherheit gibt. Auch wenn Menschen keine Götter sind, kann der Lebensstil reicher und berühmter Menschen durchaus als eine *gottähnliche Existenz* bezeichnet werden, und zwar sowohl, was die außerordentlichen Annehmlichkeiten angeht, die ihnen zu Gebote stehen, als auch die permanente Gefahr, diese Annehmlichkeiten von einem Moment auf den anderen zu verlieren.

✔ **Dämonen:** (siehe Abbildung 13.4, unterer Teil) auch *Asuras* oder *Halbgötter* genannt. Diese Wesen erfahren eine Existenz ähnlich der in der Sphäre über ihnen (der Welt der Götter), aber sie können die Freuden ihrer Welt nicht voll genießen. Weil ihre Freuden und ihr positives Karma, verglichen mit den glücklicheren Göttern, minderwertig sind, werden die Dämonen von einer ungeheuren Eifersucht geplagt, der vorherrschenden Täuschung dieser Sphäre. Diese Eifersucht stachelt sie zum Kampf gegen ihre mächtigeren Nachbarn an. Natürlich können sie nicht gewinnen und fügen sich so selbst eine schmerzvolle Niederlage zu (ohne den Triumph des Sieges kosten zu können). In der menschlichen Welt (siehe unten), haben einige Nicht-ganz-so-Reiche und -Berühmte ähnliche Probleme mit ihrer Eifersucht und ihrem Wettbewerbsdenken.

✔ **Menschen:** (siehe Abbildung 13.5, links) Die dritte Sphäre der drei höheren Welten ist die Welt, die Sie jetzt erfahren. Wie Buddha zu Beginn seiner spirituellen Reise erkannte (siehe Kapitel 3), ist diese Sphäre voll des Leidens der Krankheit, des Alters und des Todes – ganz zu schweigen von der Frustration, nicht zu bekommen, was Sie wollen, und getrennt zu sein von dem, was Sie lieben. In dieser Sphäre können Sie ähnliche Freuden und Schmerzen wie in anderen Existenzzuständen erfahren. Deswegen gilt die Geburt in dieser Welt als glücklicher Umstand: Sie erfahren genügend Leiden, um motiviert aus dem Kreislauf der Existenzen auszubrechen, und haben genug Muße, um daran zu arbeiten.

✓ **Tiere:** (siehe Abbildung 13.5, rechts) Diese Sphäre, die höchste der drei niedrigen Welten, ist mit der der Menschen am engsten verbunden. Auch wenn diese Welt Gelegenheit für vielfältige Erfahrungen bietet, ist die überwiegende Zahl der Tiere permanent damit beschäftigt, zu fressen und zu vermeiden, selbst gefressen zu werden. Diese grobe Existenz, die von Instinkten jenseits ihrer Kontrolle getrieben wird, spiegelt das Verhalten wider, das überhaupt erst zu ihrer Geburt als Tier geführt hat. Tiere leiden nicht nur unter Hunger und Furcht, sondern auch unter Hitze und Kälte. Viele domestizierte Tiere müssen die Schmerzen schwerer Zwangsarbeit erleiden. Unglückliche Umstände oder eine begrenzte Intelligenz zwingen viele Menschen, ein Leben zu führen, das sich nicht groß von dem ihrer tierischen Nachbarn unterscheidet.

Abbildung 13.5: Die Welten der Menschen und der Tiere

✓ **Hungrige Geister:** (siehe Abbildung 13.6, links) Diese Sphäre wird von einer permanenten Frustration, vereitelten Wünschen und unbefriedigten Begierden beherrscht. Die Hauptleiden dieser unglücklichen Wesen (Sanskrit: Pretas, manchmal auch als *Wandernde Geister* bezeichnet) sind ungestillter Hunger und Durst. Die Hauptursache für die Wiedergeburt in dieser Welt ist Geiz. Diese Wesen werden oft mit schmalem Hals und eingefallenem Bauch dargestellt. Sie haben große Schwierigkeit, Nahrung und Getränke zu finden und zu sich zu nehmen. Die meisten Leute haben persönlich noch keine Pretas kennengelernt – obwohl Jon einige getroffen hat, die dies von sich behaupteten. Doch vielleicht kennen Sie einen Geizkragen, der sich so an seinen Besitz klammert, dass er, wie ein Preta, jede Freude aus seinem Leben verbannt hat.

✓ **Höllenwesen:** (siehe Abbildung 13.6, rechts) Diese Sphäre ist die niedrigste Welt im Kreislauf der Existenzen. Natürlich enthält sie die intensivsten Leiden. Die Hauptursache für die schmerzliche Wiedergeburt in dieser Welt sind außerordentlich unheilsame Handlungen, wie Mord unter dem Einfluss mächtiger Täuschungen – besonders von Hass. In der menschlichen Sphäre sagt man, dass Menschen, die besonders intensive körperliche oder mentale Schmerzen erleiden, die über die normale Erfahrung hinausgehen, »in einer Hölle leben«.

Abbildung 13.6: Die Welten der hungrigen Geister und der Höllenwesen

Auch wenn die buddhistische Mythologie diese Welten so beschreibt, als existierten sie tatsächlich, dienen sie oft als Metapher, um Menschen zu beschreiben, die in einem bestimmten Geisteszustand feststecken. Jemand, der nie genug bekommt, passt zum Bild eines hungrigen Geistes, und jemand, der von Hass zerfressen wird, lebt durchaus in einer Hölle. Umgekehrt stecken Menschen, die in Wohlstand und Frieden leben, aber wenig Sinn für spirituelle Fragen haben, in der Götterwelt fest.

Als ob das beschriebene Elend in diesen Listen noch nicht ausreichte, hat das Leben im Kreislauf der Existenzen noch einen weiteren Hauptnachteil: Es ist nicht möglich, irgendwo Ruhe oder Gewissheit zu finden. Gerade haben Sie noch den Nektar der Götter geschlürft und schon wandern Sie herum, um Ihren unerträglichen Durst zu stillen. Selbst als Mensch können Sie wie auf einer Achterbahn innerhalb von Minuten die verschiedenen Welten durchrasen. Die Vergänglichkeit (die in Abbildung 13.6 durch das Monster repräsentiert wird) hat das ganze Rad des Lebens fest im Griff. Wenn sich Ihr Geist ändert, wandeln sich auch Ihre Erfahrungen.

Diese verschiedenen Welten der Erfahrung oder Zustände der Existenz sind keine Orte, die auf Ihren Besuch warten. Sie sind kein bereits existierendes Ziel, an das Sie zur Belohnung oder zur Bestrafung geschickt werden. Sie erschaffen die Ursachen für die Freuden und Schmerzen, die Sie in diesen Welten erfahren, durch das, was Sie tun, sagen und denken.

Die zwölf Glieder des Bedingten Entstehens

In der Lehre, die als die *Zwölf Glieder des Bedingten Entstehens* bezeichnet wird, beschrieb Buddha den Mechanismus, der Sie im Kreislauf der Existenzen von Sphäre zu Sphäre treibt und Sie im Leiden und in der Unzufriedenheit gefangen hält. Diese zwölf Glieder bilden den äußeren Rand des Rades des Lebens. Die folgende Liste erklärt ihren Symbolismus.

✔ **Nicht-Wissen: Ein blinder Mann, der sich vorantastet** (Abbildung 13.7, links). Hier taucht die grundlegende Täuschung des Nicht-Wissens aus der Nabe des Rades wieder auf (siehe den Abschnitt »Die grundlegenden Täuschungen« weiter oben in diesem Kapitel). Es wird hier allerdings nicht als Schwein, sondern als schwacher blinder Mann dargestellt, der von einer Schwierigkeit in die nächste stolpert. Er kann nicht sehen, wohin er geht, weil er durch sein Nicht-Wissen geblendet ist, die Dinge (und sich selbst) vollkommen falsch sieht und deshalb die wahre Wirklichkeit nicht erkennt. Auch wenn das Nicht-Wissen als Quelle allen Leidens sehr mächtig ist, ist der Mann schwach, weil er in diesem Nicht-Wissen keine Unterstützung hat und deshalb nicht den Weg zur Weisheit findet.

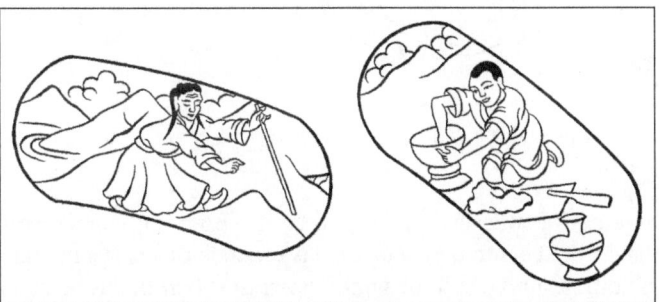

Abbildung 13.7: Die Glieder des Nicht-Wissens und des Karmas

✔ **Triebkräfte: Ein Töpfer an seinem Rad** (Abbildung 13.7, rechts). Dieses Glied wird auch als zusammengesetzte Handlungen oder einfach als Handlung bezeichnet. In Ihrem Nicht-Wissen führen Sie Handlungen des Körpers, der Rede und des Geistes aus; diese Handlungen (oder dieses Karma) formen ein neues Leben, so wie der Töpfer aus einem Klumpen Lehm einen neuen Topf formt. Denken Sie daran, dass, solange Sie an Ihrem falschen Bild vom Selbst festhalten (das erste Glied: Nicht-Wissen), sogar Ihre positiven Handlungen für Sie ein weiteres Leben im Kreislauf der Existenzen verursachen. Natürlich wird dieses weitere Leben viel angenehmer sein als ein Leben, das durch negative Handlungen geformt wird. (Die Unterschiede zwischen den »höheren« und »niedrigeren« Welten des Samsara werden in dem Abschnitt »Die sechs Welten der Existenz« weiter oben beschrieben.)

✔ **Bewusstwerden: Ein Affe, der auf einem Baum rauf- und runterklettert** (Abbildung 13.8, links). Die Handlungen des vorangegangenen Glieds hinterlassen in Ihrem Bewusstsein Eindrücke, die in Ihre künftigen Leben hinübergetragen werden; der Affe, der den Baum rauf- und runterklettert, symbolisiert diese Bewegung von einem Leben zum nächsten.

✔ **Name und Gestalt: Zwei Leute, die in einem Boot transportiert werden** (Abbildung 13.8, rechts). Falls Sie als Mensch wiedergeboren werden, geht Ihr Bewusstsein (das seine Eindrücke aus der Vergangenheit mit sich trägt) schließlich in den Schoß Ihrer künftigen Mutter ein und verbindet sich mit dem befruchteten Ei. Name, hier durch einen der beiden Reisenden symbolisiert, bedeutet das mentale Bewusstsein, das sich mit dem befruchteten Ei verbindet. Gestalt, symbolisiert durch den anderen Reisenden, bedeutet den winzigen Embryo, aus dem der neue Körper für dieses Bewusstsein erwächst.

Abbildung 13.8: Die Glieder des Bewusstseins und des Körpers und der Form

Auf einigen Darstellungen des Rades des Lebens enthält das Boot nur eine Person. In diesem Fall symbolisiert die Person den *Namen*, das mentale Bewusstsein, das aus einem früheren Leben kommt, und das Boot symbolisiert die *Gestalt*, das befruchtete Ei, in das dieses Bewusstsein eintritt.

 Einfach ausgedrückt: Name und Gestalt beziehen sich auf den Körper und den Geist des neu gezeugten Wesens im Embryonalzustand.

✔ **Sechs Sinne: Ein leeres Haus** (Abbildung 13.9, links). Wenn der Fötus in der Gebärmutter heranwächst, beginnt die Entwicklung der Grundlagen der sechs Sinne (siehe Kapitel 2). Doch die Sinne funktionieren noch nicht. Deshalb werden ihre Grundlagen durch ein Haus symbolisiert, das zwar nach außen vollständig wirkt, aber innen leer ist.

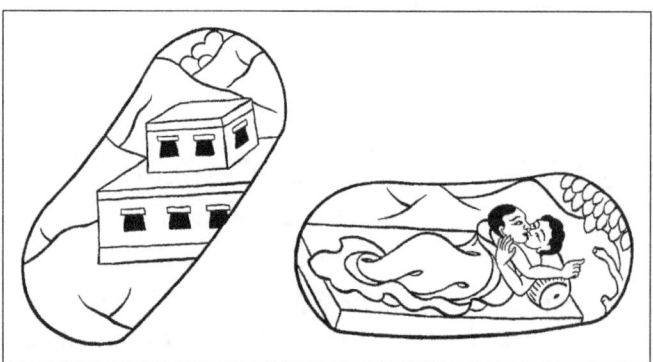

Abbildung 13.9: Die Glieder der Sinnesobjekte und der Berührung

✔ **Bewusstseinseindruck: Ein Mann und eine Frau, die sich umarmen** (13.9, rechts). Wenn sich der Fötus weiterentwickelt, sind die Sinne schließlich so weit entwickelt, dass sie mit ihren jeweiligen Objekten in Kontakt treten. Diese erste Berührung, die bei den verschiedenen Sinnesorganen zu verschiedenen Zeitpunkten erfolgt, wird durch zwei Menschen symbolisiert, die sich berühren oder küssen.

✔ **Empfindungen: Ein Mensch, mit einem Pfeil im rechten Auge** (Abbildung 13.10, links). Als Folge dieser sensorischen Berührung werden angenehme, unangenehme oder neutrale Empfindungen und Gefühle erfahren. Diese Erfahrungen beginnen im Mutterleib und setzen sich das ganze Leben lang fort. Über dieses Glied der Empfindungen (manchmal auch *Reaktionen* genannt) ernten Sie die Ergebnisse Ihres angesammelten Karmas. Angenehme Empfindungen sind die Folge tugendhafter Handlungen; Schmerzen sind die Folge unheilsamer Handlungen und neutrale Empfindungen sind die Folge von Handlungen, die weder tugendhaft noch unheilsam waren. Der Pfeil, der im rechten Auge des Menschen steckt, soll die Unmittelbarkeit und Intensität der Empfindungen illustrieren.

Abbildung 13.10: Die Glieder der Empfindungen und der Begierden

✔ **Begierden: Eine Person, die Alkohol trinkt** (Abbildung 13.10, rechts). Das achte Glied, Begierden (oder Begehren), ist der Wunsch, der aus den Empfindungen und Gefühlen des vorangegangenen Gliedes entsteht. Wenn Sie Angenehmes erfahren, soll es immer so weitergehen; wenn Sie Schmerzen erfahren, sollen sie aufhören. Ihr Wunsch zu wiederholen, was angenehme Empfindungen auslöst, und sich von etwas zu trennen, was Schmerzen verursacht, ist wie eine starke Sucht. Deshalb wird dieses Glied durch eine Person symbolisiert, die Alkohol trinkt. Begierden treten, wie die Empfindungen, Ihr ganzes Leben lang auf. Doch dieses Glied spielt zum Zeitpunkt Ihres Todes eine entscheidende Rolle, wenn Sie den besonders starken Wunsch entwickeln, weiterzuleben.

✔ **Lebensgang: Ein Affe, der nach einer Frucht schnappt** (Abbildung 13.11, links). Dieses Glied repräsentiert eine intensivere Form des Begehrens. Wenn ein Wunsch stärker wird, greifen Sie nach angenehmen Objekten, wie ein Affe nach Früchten schnappt. Wenn Sie dem Tode näherkommen, neigen Sie dazu, einen neuen Körper zu erhaschen, um den alten zu ersetzen, den Sie verlieren werden. Diese Handlung ist keine bewusste, durchdachte Entscheidung Ihrerseits, sondern die automatische Konsequenz des Begehrens und Anhaftens, das Ihnen im Leben zur Gewohnheit geworden ist.

Jetzt, da Ihr alter Körper stirbt, zwingt Sie Ihre tief verwurzelte Gewohnheit der Ich-Illusion (siehe den Abschnitt »Die Ich-Illusion« weiter oben in diesem Kapitel), einen Ersatz zu suchen. Jemand sagte einmal im Scherz:»In diesem Zustand der Panik würden Sie wahrscheinlich in den erstbesten Schoß springen, der vorbeikommt.«

✔ **Neues Werden: Eine schwangere Frau** (Abbildung 13.11, rechts). Wenn die Glieder der Begierden und des Anhaftens zum Zeitpunkt des Todes stärker werden, fängt einer der vielen karmischen Samenkörner an zu reifen, die bereits in Ihrem Bewusstsein gepflanzt sind. Jetzt wird das Potenzial dieses Samens, die karmische Impression, aktiviert, um direkt zu einem neuen Leben zu führen. Es wird durch die schwangere Frau symbolisiert, die kurz vor der Entbindung steht. Die Wiedergeburt ist gewährleistet. (Dieses Glied wird als *Neues Werden* oder manchmal *Existenz* bezeichnet, weil es zu Ihrem nächsten Leben führt.)

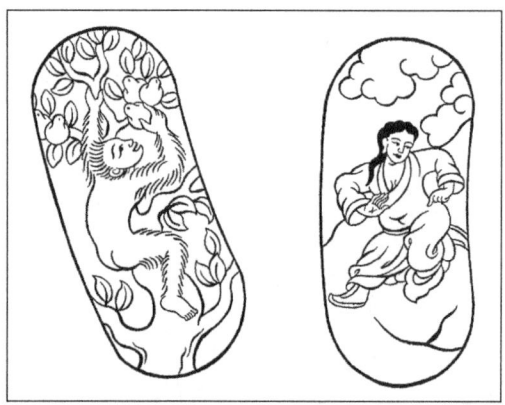

Abbildung 13.11: Die Glieder des Anhaftens und des neuen Werdens

✔ **Geburt: Eine Gebärende** (Abbildung 13.12, links). Der Samen, der in dem vorangegangenen Glied aufgegangen ist, reift schließlich voll aus, und Ihr sterbendes Bewusstsein wird zu seiner nächsten Wiedergeburt getrieben (poetisch: »von den Winden des Karmas geweht«). Dieses Glied wird durch eine gebärende Frau symbolisiert (auch wenn die erste Berührung mit der Sphäre Ihrer nächsten Wiedergeburt bereits bei Ihrer Zeugung erfolgt).

✔ **Alter und Tod: Eine Person, die einen Leichnam trägt** (Abbildung 13.12, rechts). Mit dem Moment Ihrer Zeugung beginnt der Prozess, der unvermeidlich zu Ihrer Entwicklung, Ihrem Verfall und Ihrem Tod führt. Auf diesem Weg sind Sie gezwungen, die Last unerwünschter Leiden zu tragen. Dies wird durch die Person symbolisiert, die einen Leichnam trägt.

Buddha wollte Sie mit seiner Lehre der zwölf Glieder – vom Nicht-Wissen bis zu Ihrem Ende als Leichnam – nicht aufregen oder deprimieren, sondern Ihnen nachdrücklich bewusst machen, wie Ihre durch Nicht-Wissen ausgelösten Handlungen zwangsläufig zu wiederkehrendem Leiden führen, um Sie zu motivieren, einen Ausweg zu suchen. Der Buddha, der in der Darstellung außerhalb des Rades des Lebens steht (siehe oben Abbildung 13.1 und Abbildung 13.2) und auf den Mond der Befreiung (das Nirvana) zeigt, repräsentiert diesen Ausweg.

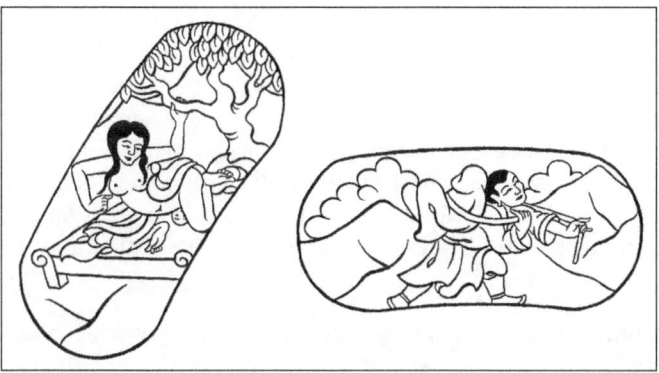

Abbildung 13.12: Die Glieder der Geburt sowie des Alters und des Todes

Das Leiden durchschneiden: Die drei Schulungen

Der spirituelle Reisende muss auf seiner Suche nach der Befreiung die folgende Frage stellen: »Wie kann ich diese zwölfgliedrige Kette des bedingten Entstehens durchschneiden, den Welten des Leidens entrinnen und dauerhaftes Glück und bleibenden Frieden erlangen?« Um diese Frage zu beantworten, müssen Sie das schwächste dieser zwölf Glieder finden!

Als Buddha vor seiner Erleuchtung sechs Jahre die strengen Praktiken der Selbstverleugnung ausübte (etwa indem er stundenlang auf einem Bein stand oder nur ein Körnchen Reis pro Tag aß, siehe Kapitel 3), versuchte er, das sechste und siebte Glied – Berührung und Empfindungen – zu zerbrechen. Seine Überlegung war: Wenn man die eigenen Sinne umfassend kontrollieren und lernen kann, selbst die schmerzlichsten Empfindungen auszuhalten, kann man das Leiden vollkommen besiegen. Doch am Ende der sechs Jahre entdeckte er, dass er seinem Ziel keinen Schritt nähergekommen war; er war nur schwach und erschöpft. Zu versuchen, die Sinne durch Aushungern zu unterwerfen, funktioniert nicht, weil dadurch nur die äußeren Symptome des Leidens, nicht aber seine Ursachen bekämpft werden.

Einige Leute scheinen zu denken, dass sie dauerhaftes Glück finden können, indem sie das zwölfte Glied – Alter und Tod – angreifen. Sie vermeiden fettes Essen, treiben regelmäßig Sport, schmieren sich spezielle Cremes gegen Falten ins Gesicht, nehmen Vitamine ein, versuchen, ihre Glatzen durch Haarverpflanzungen zu verleugnen, und so weiter – alles in der Hoffnung, sich durch ihr Verhalten irgendwie vor dem Altwerden schützen zu können. (Einige Leute planen sogar, ihren Körper einfrieren zu lassen, weil sie hoffen, künftige Ärzte könnten die Krankheiten heilen, an denen sie gestorben sind.) Sich um seine Gesundheit zu kümmern, ist sicher nützlich, doch keine Maßnahme kann Alter und Tod für immer hinauszögern.

Die schwächsten der zwölf Glieder sind die, die auf den ersten Blick die stärksten zu sein scheinen: Nicht-Wissen, Begierden und Anhaften, das erste, das achte und das neunte Glied. Sie sind dafür verantwortlich, dass der Zyklus der wiederkehrenden Leiden und der Unzufriedenheit erstens überhaupt zustande kommt und zweitens wiederholt wird. Nicht-Wissen treibt die karmischen Handlungen an, die die Samen des Leidens in den Geist pflanzen; Begierden und Anhaften bringen diese Samen zum Zeitpunkt des Todes zur Reife und treiben Sie zu einer Wiedergeburt, in der weiteres Leiden und weitere Unzufriedenheit unvermeidlich sind.

Diese drei Glieder sind mächtig, aber sie basieren alle auf einem grundlegenden Missverständnis – einer verzerrten Auffassung, einer Lüge. Sie klammern sich alle an eine Vorstellung von der Natur des Selbst oder »Ich«, die mit der Wirklichkeit nicht übereinstimmt. In dieser Hinsicht sind sie schwach. Wenn Sie die Weisheit erlangen können, die Dinge so zu sehen, wie sie tatsächlich sind, können Sie diese Glieder durchschneiden und sich vollkommen vom Kreislauf der Existenzen (Samsara) befreien. Wir meinen hier nicht einen weltfernen, gefühllosen Rückzug vom Leben, sondern die Freiheit von dem Leiden, das Sie erfahren, wenn Sie im Rad des Lebens gefangen sind.

Laut Buddha besteht die einzige Methode, diese Freiheit zu erlangen, darin, die sogenannten *drei Schulungen* zu praktizieren, die wie ein Dreifuß die gesamte Struktur der buddhistischen Praxis stützen:

- **Moralische Disziplin:** die Stärke
- **Konzentration:** die präzise Richtung
- **Weisheit:** das Werkzeug

Diese drei Schulungen werden mit der folgenden traditionellen Analogie erklärt: Stellen Sie sich vor, in Ihrem Garten wüchse ein Baum, der giftige Früchte trägt. Natürlich möchten Sie sich und andere vor dieser Gefahr schützen und beschließen, das Obst loszuwerden. Doch wie? Sie können versuchen, die Äste des Baumes zurückzuschneiden, aber das hilft nur eine gewisse Zeit. Früher oder später wachsen die Äste nach und tragen neue giftige Früchte.

Die giftigen Früchte in dieser Analogie stehen für die falschen Gedanken und irrigen Handlungen, die Sie im Kreislauf der Existenzen gefangen halten und Sie zwingen, immer wieder Leiden und Enttäuschungen zu erfahren. Die Äste zurückzuschneiden, entspricht einem temporären Gegengift gegen diese Täuschungen – etwa dem Hass mit der Praxis der Geduld zu begegnen (siehe Kapitel 14). Diese Maßnahmen helfen kurzfristig; solange die Quelle dieser Täuschungen (der Baum selbst) stehen bleibt, werden die Täuschungen früher oder später erneut auftauchen.

Die einzige Methode, um die Gefahr vollkommen zu beseitigen, besteht darin, den Baum so zu fällen, dass er niemals nachwachsen kann. Der Stamm des Baumes ist das Nicht-Wissen – Ihre falsche Art, Ihre eigene Existenz und die aller anderen Dinge zu sehen.

So wie Sie drei verschiedene Dinge benötigen, um einen Baum zu fällen (eine scharfe Axt, eine präzise Richtung und einen starken Arm), brauchen Sie auch die drei Schulungen, um sich vom Samsara zu befreien. Diese drei Schulungen arbeiten folgendermaßen zusammen:

✔ **Eine scharfe Axt:** Ohne eine scharfe Axt werden Sie nichts abschneiden können. In diesem Fall ist Ihre Axt die Weisheit, die Sie entwickeln, indem Sie Buddhas Lehren hören und analysieren und schließlich über sie meditieren. Insbesondere müssen Sie die durchdringende Weisheit entwickeln, direkt zu erkennen, dass das solide, konkrete Selbstgefühl, dem Sie anhaften, eine Fiktion ist – eine falsche Projektion Ihres Geistes.

✔ **Eine präzise Richtung:** Eine scharfe Axt zu haben, ist nicht genug. Um den Stamm des Baumes durchzuhauen, brauchen Sie eine präzise Richtung, damit Sie immer und immer wieder denselben Punkt treffen. Wenn Sie nur wild herumdreschen, kommen Sie selbst mit der schärfsten Axt nicht weiter. Nur ein perfekt konzentrierter Geist – den Sie entwickeln können, indem Sie Ihr Bewusstsein immer wieder auf ein gewähltes Meditationsobjekt zurückbringen (siehe etwa die Atembeobachtungstechnik aus Kapitel 7) – kann Ihnen die präzise Richtung geben, mit der Sie die Axt der Weisheit punktgenau einsetzen können. Falls Ihre Aufmerksamkeit lax oder gestört ist, zielen Sie in die falsche Richtung, und Ihre Weisheit wird niemals tiefer werden.

✔ **Stärke:** Sie sind noch nicht fertig. Wenn Sie körperlich nicht stark genug sind, können Sie die Axt nicht präzise und kraftvoll schwingen. Dasselbe gilt für Ihre spirituelle Praxis. Sie brauchen die Stärke, die aus der Beachtung des ethischen Verhaltens erwächst. Sie können nicht ein unethisches Leben führen und sich selbst und anderen schaden und dann hoffen, den Grad der Konzentration und Einsicht zu erlangen, der nötig ist, um das Nicht-Wissen aus Ihrem Geist zu entfernen.

Wenn Sie alle drei Schulungen praktizieren, können Sie, so lehrte Buddha, den Kreislauf der Existenzen endgültig unterbrechen und den unbeschreiblichen Frieden der Befreiung erfahren. Sie müssen nicht sterben, um das Nirvana zu erreichen, aber Sie müssen Ihren Geist zähmen. Anders ausgedrückt: Sie müssen sich der Schulung unterziehen, die in dem Achtfachen Pfad erstmals beschrieben wurde, den Buddha in seiner ersten Lehrrede enthüllte (siehe Kapitel 3). Wenn die moralische Selbstdisziplin die Grundlage bildet und die gesteigerte Konzentration den Fokus schafft, kann Ihre Weisheit das Nicht-Wissen durchschneiden und Ihnen helfen, sich aus dem Kreislauf des wiederkehrenden Elends genau in diesem Leben zu befreien.

> **IN DIESEM KAPITEL**
>
> Sein Leben anderen widmen
>
> Die Vier Unermesslichkeiten (oder Göttlichen Verweilzustände) kultivieren
>
> Die sechs Vollkommenheiten praktizieren

Kapitel 14
Ihr höchstes Potenzial erfüllen

Es scheint immer jemanden zu geben, der Sie drängen will, das Beste aus Ihrem Leben zu machen. Ihre Eltern spornen Sie an, Ihr Können zu zeigen. Ihre Lehrer haben Sie wahrscheinlich genervt, Ihr Potenzial zu erfüllen. Selbst Werbespots hacken auf diesem Thema herum: Trag diese Sportschuhmarke und dann »Just do it«. Selbst die amerikanische Armee oder die Bundeswehr werben dafür, Soldat zu werden, um das eigene Potenzial auszuschöpfen!

Selbst der Buddhismus spornt seine Anhänger an – auch wenn er natürlich andere Ziele und Werte propagiert als Werbung, Lehrer oder Eltern. Nicht nur dieses, sondern auch künftige Leben können ein Erfolg werden. Sie können Ihr negatives Karma abbauen sowie Glück und Frieden des Geistes und schließlich das *Nirvana* erlangen, die vollkommene Befreiung vom Zyklus des Leidens und der Unzufriedenheit (siehe Kapitel 13). Und was das Beste ist: All dies ist unabhängig von Ihren Lebensumständen erreichbar.

Derartig hohe Ziele zu erreichen, kann natürlich ein Leben lang dauern, doch es ist gut zu wissen, dass man über das Potenzial dazu verfügt – was im Buddhismus als Ihre *innewohnende Buddha-Natur* bezeichnet wird. Diese Buddha-Natur wurde Ihnen in die Wiege gelegt und schlummert seitdem in Ihrem Inneren. Sie müssen sie nur erkennen und ihre Fähigkeiten entfesseln. Genau darum geht es in der buddhistischen Praxis!

In diesem Kapitel beschreiben wir den Weg zur *Verwirklichung* oder Erfüllung Ihres höchsten Potenzials. Doch zunächst müssen Sie sich darüber klar werden, *warum* Sie diesen Weg beschreiten wollen. Anders ausgedrückt: Welche Motive treiben Sie an? Wenn Ihre Praxis vollkommen sein soll, sollten Ihre Motive über eine rein persönliche Befriedigung hinausgehen und das Glück und die Erfüllung anderer umfassen. Dieser tiefe Wunsch nach dem Wohl *aller* Wesen (nicht nur Ihrer Freunde und nicht nur anderer Menschen) ist ein Kernanliegen des Buddhismus. In der Mahayana-Tradition (Großes Fahrzeug, aus der unter anderem der Zen- und Vajrayana-Buddhismus hervorgegangen sind) wird dieser Wunsch als das *Bodhisattva-Gelübde* bezeichnet. In der Theravada-Tradition wird er in Form der *Vier Unermesslichkeiten* ausgedrückt.

Eine Runde Glück für alles und jeden ausgeben

Betrachten Sie die folgende hypothetische Situation. Sie sitzen gemütlich mit Ihrer ganzen Familie zusammen, als Sie plötzlich Rauch riechen. Der Rauch wird schnell dichter und Sie erkennen, dass Ihr zweistöckiges Haus in Flammen steht. Sie kommen an einer Treppe vorbei, die nach oben führt, und erkennen, dass das Feuer bald auch das obere Stockwerk erreichen wird. Deshalb suchen Sie nach einem anderen Fluchtweg. Sie tasten sich durch den dichten Rauch zur Haustür. Schließlich sind Sie draußen im Hof in Sicherheit. Schwer atmend legen Sie sich auf die Erde.

Die Frage ist: »Wie fühlen Sie sich, nachdem Sie jetzt in Sicherheit sind? Sind Sie zufrieden? Haben Sie alles Erforderliche getan?« Obwohl Sie in Sicherheit sind, muss die Antwort negativ sein. Warum? Ihre Familie kann immer noch im Haus in der Falle sitzen. Solange Ihre Lieben in Gefahr sind, können Sie unmöglich zufrieden sein, dass Sie selbst dem Feuer entkommen sind.

Diese Analogie soll zeigen, dass Sie sich nie vollkommen zufrieden fühlen können, wenn Sie sich allein auf Ihre Befreiung vom Leiden konzentrieren. Wer nur an sich denkt, ignoriert die Wohlfahrt der zahllosen anderen – menschlichen und nicht-menschlichen – Wesen, die gegenwärtig in Schmerz und Unzufriedenheit feststecken. Laut Buddhismus sind wir alle miteinander verbunden und voneinander abhängig. Auf der tiefsten Ebene sind wir alle eins. Aus dieser Perspektive muss die Erfüllung Ihres höchsten Potenzials zwangsläufig auch das Glück und die Erfüllung anderer umfassen.

Der Entschluss, sein Leben auch (oder manchmal vor allem) dem Wohle aller Wesen zu widmen, wird als *Bodhisattva-Gelübde* bezeichnet. Der *Bodhisattva* ist ein Wesen, dessen Erleuchtung nicht vollkommen ist, solange nicht alle anderen lebenden Wesen ebenfalls erleuchtet sind! Auch wenn der Bodhisattva das ultimative Rollenmodell der Mahayana-Tradition ist, durchdringt der Bodhisattva-Geist auch die Theravada-Tradition. (Näheres über die Theravada- und die Mahayana-Tradition finden Sie in Kapitel 4.)

Sein Herz anderen widmen

Die größte Erfüllung im Buddhismus erreicht nur, wer von einer allumfassenden Motivation getrieben wird. In der Mahayana-Tradition wird dieses Mitgefühl für alle mit dem Sanskrit-Namen *Bodhichitta* bezeichnet. Dieser Name besteht aus zwei Komponenten:

- ✔ *Chitta* bedeutet Geist, Einstellung oder Herz (siehe auch Kapitel 2).
- ✔ *Bodhi* bedeutet das höchste Ziel der Erleuchtung, die Buddhaschaft.

Zusammen (Bodhichitta) bedeuten die beiden Wörter den mitfühlenden Zustand des Geistes, der die Erleuchtung zum Wohle der anderen erreichen will.

Einige Kommentatoren sprechen einfach vom *erwachten Herzen*. Indem Sie Bodhichitta kultivieren, erwecken Sie Ihr Erbarmen für das Leiden anderer und widmen Ihre Anstrengungen nicht nur Ihrem Wohl, sondern dem Wohle aller.

Unabhängig davon, wie stark Sie gelitten haben oder verletzt worden sind, existiert das Erbarmen definitiv auch jetzt in Ihrem Herzen, auch wenn es unter Schichten von Gram, Ärger und Selbstschutz verborgen sein kann. (Mitgefühl wird durch Leiden nicht unterdrückt, sondern oft erweckt.) Das Problem liegt darin, dass Ihr Erbarmen bedingt und in seiner Reichweite begrenzt sein kann. Wahrscheinlich fällt es Ihnen nicht schwer, Mitgefühl mit einem leidenden Familienmitglied, engen Freund oder kleinen Kind zu haben, aber Mitgefühl für andere entsteht möglicherweise nicht so spontan.

Im Buddhismus besteht das Ziel darin, ein unbedingtes Mitgefühl zu entwickeln, das *alle* Wesen umfasst, unabhängig davon, ob sie Ihnen in der Vergangenheit geholfen oder geschadet haben. Diese Art des Erbarmens hilft Ihnen, Ihre Vorurteile, Stereotypen und andere Formen des begrenzten, beurteilenden Denkens zu überwinden, die Sie davon abhalten, alle Wesen als Ihre Brüder und Schwestern zu begreifen. Um Sie bei der Kultivierung eines solchen allumfassenden »großen« Erbarmens zu unterstützen, empfiehlt die Vajrayana-Tradition zwei zusammengehörige Ansätze:

✔ Anerkennen, dass jeder Mitglied einer Familie ist

✔ Ihre grundlegende Gleichheit mit den anderen erkennen

Alles in der Familie halten

Wenn Sie bereits an die Reinkarnation glauben (siehe Kapitel 13), dann ist es nicht so schwer zu erkennen, dass Sie mit jedem anderen verbunden sind. Sie haben bereits unendlich viele Leben gelebt (so lehren zumindest einige buddhistische Traditionen), und dadurch hatten Sie mehr als genug Zeit, um als Sohn, Tochter, Schwester, Bruder oder sonstiges Familienmitglied jedes anderen Wesens wiedergeboren worden zu sein. Nehmen Sie die nervende Person, die Ihnen gerade den Weg abgeschnitten hat, oder die Mücke, die gerade Ihren Arm zerstochen hat: Warum könnten nicht beide Wesen irgendwann in der Vergangenheit Ihre geliebte oder liebende Mutter gewesen sein?

Jedes Wesen als Mutter begreifen

Eine traditionelle Methode zur Entwicklung des großen Erbarmens und mitfühlenden Herzens beginnt mit der Erkenntnis, dass irgendwann jedes Wesen einmal Ihre Mutter gewesen ist. Als Ihre Mutter hat es Sie geliebt, geschützt und versorgt, wie es sich für eine gute Mutter gehört. Sie können erfahren, wie sich Ihre Einstellung sofort ändert (selbst einer nervenden Person gegenüber), wenn Sie in dieser Person für einen Moment Ihre liebende Mutter sehen können.

Diese Meditationen zur Entwicklung eines mitfühlenden Herzens sind Teil der buddhistischen Tradition der Geistesschulung, die besonders in Tibet gelehrt wurde, sie müssen mit Bedacht verwendet werden, um die gewünschte Wirkung zu erzielen. Wenn Sie es mit einer nervenden Person zu tun haben, geht es darum, Ihren Groll oder Ihre Ablehnung ins Positive zu verschieben. Deshalb sollten Sie gründlich überlegen, welches Rollenmodell (Mutter, Vater, Schwester, Bruder und so weiter) Sie auswählen, wenn Sie diese Person als nahestehende(n) Verwandte(n) visualisieren.

Wie bereits erwähnt wurde, wählen Sie traditionell zunächst Ihre Mutter, weil sie Sie in ihrem Schoß getragen, auf die Welt gebracht und großgezogen hat. Doch nicht alle Menschen verbinden mit ihrer Mutter überhaupt oder überwiegend positive Gefühle. Sie können sich nur an häufig sehr schwerwiegende Probleme erinnern, die sie mit einer ziemlich schwierigen Frau hatten. In einem solchen Fall ist es natürlich nicht ratsam, eine abgelehnte Person mit Ihrer Mutter zu identifizieren, weil Sie dadurch Ihre Abneigung gegen diese Person nur stärken. Wählen Sie stattdessen irgendjemanden, den Sie als selbstlos und fördernd in Erinnerung haben. Wenn Ihre Liebe, Ihr Verständnis und Ihre Kraft, zu vergeben, gewachsen sind, können Sie schließlich Ihr Herz auch für Ihre Mutter öffnen und vielleicht Bande wiederentdecken, die Sie vergessen haben.

Kontakt mit der Welt aufnehmen – durch Essen

Glücklicherweise müssen Sie nicht an die Reinkarnation glauben, um anzuerkennen, dass alle Wesen zu einer großen Familie gehören. Die Natur zeigt uns jeden Tag, dass die Leben aller Wesen auf diesem Planeten miteinander verbunden sind. Zu erkennen, dass jeder mit jedem verbunden ist, ist zu einer Frage des Überlebens geworden.

Mit diesem Bewusstsein der Verbundenheit können Sie Ihre Meditation über das große Erbarmen verbessern. Betrachten Sie zunächst alles, was Sie täglich tun, um Ihr Leben zu erhalten und zu fördern, etwa das Essen. Stellen Sie sich vor, wie Sie gerade einen Bissen in den Mund schieben wollen. Wenn Sie ihn fast schmecken können, drücken Sie auf Ihre mentale Stopptaste, und denken Sie darüber nach, wie dieses Stück Nahrung an die Stelle gekommen ist, an der es sich gerade befindet. (Sie können diese Meditation auch am Esstisch ausführen, sollten dann aber auf einige komische Blicke gefasst sein, wenn Sie plötzlich mitten beim Essen innehalten.)

Betrachten wir einen simplen Löffel Reis. Woher stammt das Getreide – aus der Camargue, aus Italien oder gar von einem anderen Kontinent? Hunderte von Menschen sind an der schwierigen Aufgabe beteiligt, diesen Reis zu pflanzen, zu ernten, zu dreschen, auf den Markt zu bringen und zu verkaufen. Viele Tätigkeiten sind die reinste Knochenarbeit, werden aber oft nur erschreckend niedrig bezahlt. Aber noch hat der Reis Ihren Mund nicht erreicht: Er muss noch transportiert, umgepackt und wieder verkauft werden. Schließlich muss er zubereitet und serviert werden; und in vielen Fällen sind Sie nicht einmal an diesen beiden letzten, relativ einfachen Schritten beteiligt.

Diese Überlegungen gelten nicht nur für einen Löffel Reis. Auch Ihr Genuss anderer Nahrungsmittel hängt von zahllosen anderen Menschen ab. Selbst wenn diese nicht Ihr spezielles Wohl im Sinne hatten, bleibt die Tatsache: Ohne ihre Anstrengung hätten Sie nichts zu essen. Ihr Genuss hängt vollkommen von der Freundlichkeit dieser Menschen ab.

Sie können dieses Denken auch auf andere Aspekte Ihres Lebens anwenden: Woher stammt das Haus, in dem Sie leben? Wer hat Ihre Kleidung gemacht? Wer hat die Sprache und Begriffe geschaffen, mit denen Sie kommunizieren? Andere! Je genauer Sie die Zusammenhänge studieren, desto klarer wird die globale gegenseitige Abhängigkeit. Einerseits können Sie eine wachsende Wertschätzung der Leistungen aller entwickeln, die an diesem Prozess beteiligt sind, andererseits wächst in Ihnen der Wunsch, als Gegenleistung Ihren Beitrag zu diesem Prozess zu leisten.

Herausfinden, was alle Wesen begehren

Ein Übersetzer der Werke des Dalai Lama (siehe Kapitel 15) bemerkte einmal: »Ich habe noch nie einen Vortrag seiner Heiligkeit gehört, in dem er nicht erwähnte, dass alle Wesen gleichermaßen wünschen, glücklich und frei vom Leiden zu sein.« Daraus könnte man, so der Übersetzer, zwei mögliche Schlüsse ziehen: Entweder hat der Dalai Lama nicht viel zu sagen oder dieser Punkt ist außerordentlich wichtig. Mit dem zweiten Schluss liegen Sie auf der sicheren Seite.

Zuzustimmen, dass alle Wesen glücklich sein und Unglück vermeiden wollen, ist nicht schwierig. Tatsächlich ist es schwer, ein Verhalten zu finden, das *nicht* durch diese beiden Wünsche motiviert wird. Was der Einzelne als sein Glück definiert, ist eine ziemlich persönliche Angelegenheit. (Was der eine mag, treibt den anderen in die Flucht.) Doch unabhängig von den konkreten Inhalten will jeder Glück erlangen und Unglück vermeiden. Selbst wenn sich einige selbst schaden – etwa indem sie Selbstmord begehen –, handelt es sich im Allgemeinen um einen fehlgeleiteten Versuch, sich von Schmerz zu befreien.

Auch wenn es leicht ist, diese universellen Zwillingswünsche anzuerkennen, hat diese scheinbar einfache Tatsache gravierende Konsequenzen. Wenn Sie von jemandem geschädigt werden, nehmen Sie dies üblicherweise ziemlich persönlich. Vielleicht glauben Sie, er habe Sie absichtlich angegriffen, und sinnen auf Rache. Doch Ihre Einstellung wird sich erheblich wandeln, wenn Sie erkennen, dass Ihr Angreifer von demselben Wunsch nach Glück getrieben wird wie Sie. Diese Tatsache bedeutet nicht, dass Sie sich passiv zurücklehnen und jede Beleidigung akzeptieren sollten. Was würden Sie damit erreichen? Doch diese Tatsache bestimmt das Motiv Ihrer Reaktion: Egal, was Sie tun – selbst wenn Sie beschließen, sich gewaltsam zu verteidigen –, tun Sie dies mehr aus Teilnahme und Verständnis heraus, als aus dem Wunsch nach Rache und Vergeltung. Wenn Sie aus dieser Motivation heraus handeln, verbessern sich automatisch die Chancen, dass Ihre Handlungen zielführend und wirksam sein werden.

Andere als Ihresgleichen zu betrachten, trägt auch dazu bei, Ihre Selbstsucht zu reduzieren, die die Ursache der meisten (wenn nicht aller) Probleme ist. Statt immer nur in den Refrain »mein, mein, mein« einzufallen, entwickeln Sie vielleicht ein echtes Interesse am Wohle der anderen. Wenn Sie mit anderen Leuten zusammen sind, fühlen Sie möglicherweise nicht mehr den schrecklichen Druck, Ihre Wünsche und Bedürfnisse an die erste Stelle zu rücken. Stattdessen anerkennen Sie, dass jede Person in dieser Gruppe ebenfalls glücklich sein will, und öffnen Herz und Geist für *ihre* Wünsche und Bedürfnisse.

Ein Kind Buddhas werden

Je mehr Sie Ihr Herz dem Wohle anderer widmen, desto klarer erkennen Sie, dass die meisten Leute durch ihr Verhalten nur ihre Chancen zerstören, wirklichen Frieden und echtes Glück zu finden, auch wenn sie behaupten, ihr Glück zu wollen. Wenn Sie ehrlich sind, werden Sie zweifellos dieselben Fehler immer wieder auch in Ihrem Verhalten finden – und das ändert sich auch nicht, wenn Sie ein Buch (vorzugsweise *dieses Buch*) über den Buddhismus oder eine andere Weltreligion lesen. (Andernfalls würde der Verlag bestimmt den Verkaufspreis erhöhen.) Doch dies ist wenigstens ein Anfang: Sie beginnen, in der richtigen Richtung nach dem wahren Frieden des Geistes und der Erfüllung zu suchen.

Wenn Sie sich um das Wohl anderer bemühen, wachsen Ihr Verständnis und Ihre Sympathie für sie, und Sie entwickeln ein Gefühl der Verantwortung für Ihre Schwestern und Brüder. Sie erkennen, dass in gewissem Sinne alle Wesen blind auf den Rand einer steilen Klippe zutaumeln. Wer hätte einen triftigeren Grund, ihnen zu helfen, als Sie? Diese Gedankenkette kann schließlich in die feste Entschlossenheit münden, sich von zerstörerischen Gewohnheiten und irrigen Ansichten zu befreien und alle positiven Qualitäten zu entwickeln, die Sie beherrschen müssen, um Ihre Familie erfolgreich auf den Weg zum wahren Glück zu führen.

Wenn dieser reine, spontane Wunsch in der Tiefe Ihres Herzens geboren wird und Sie sich dem Dienst an anderen widmen, ist die wertvolle *Bodhichitta*-Motivation entstanden. Von diesem Moment an sind Sie ein *Bodhisattva* – ein Sohn oder eine Tochter Buddhas. Sie haben den Weg betreten, der schließlich zur vollkommenen Erleuchtung führt.

Die Vier Göttlichen Verweilzustände kultivieren

Der Buddhismus bietet nicht nur zahlreiche Meditationstechniken zur Beruhigung und Klärung des Geistes und der Erlangung der Einsicht in die tieferen Wahrheiten des Lebens an, sondern auch Methoden für die Kultivierung der vier Grundqualitäten, die als die *Göttlichen Verweilzustände* oder *Unermesslichkeiten* bezeichnet werden:

✔ Erbarmen

✔ Güte

✔ Freude

✔ Gleichmut (Geistesfrieden)

In Pali werden diese Göttlichen Verweilzustände *Brahma-Vihara* genannt. Sie bezeichnen besonders erhabene Qualitäten.

Weisheit (oder Einsicht – siehe den Abschnitt »Die ultimative Vollkommenheit kultivieren: Einsichtsvolle Weisheit« weiter unten in diesem Kapitel) und Erbarmen (oder liebendes Mitgefühl) gelten als zwei Seiten derselben Medaille. Wenn Sie tief in die veränderliche, nicht-wesenhafte, leidende Natur der Wirklichkeit blicken, erleben Sie natürliche Liebe für andere, Erbarmen für ihre Leiden und den leidenschaftlichen Wunsch, ihnen zu helfen, sich vom Leiden zu befreien. Je mehr Sie Ihr Herz öffnen und je stärker Sie Ihre Liebe und Ihr Erbarmen empfinden, desto mehr fallen Ihre begrenzenden Auffassungen weg, um die im Wesen leere, substanzlose Natur der Wirklichkeit zu enthüllen.

Deshalb gehen im Buddhismus das Entwickeln der Einsicht und Kultivieren der vier Brahma-Viharas Hand in Hand. (Die Brahma-Viharas entsprechen in der Theravada-Tradition der Bodhichitta-Motivation, die wir in dem Abschnitt »Sein Herz anderen widmen« weiter oben in diesem Kapitel beschreiben. Wir behandeln sie hier, weil sie den Weg zur Erfüllung Ihres höchsten Potenzials eindringlich beschreiben.) Buddha beschrieb den spirituellen Weg als »Befreiung des Herzens, das Liebe ist« und den Höhepunkt des Weges als »Befreiung des wahren Herzens«. Die vollkommene Befreiung erlangen Sie erst, wenn Sie nicht nur eine tiefe Einsicht entwickeln, sondern auch Ihr Herz mit Liebe und Erbarmen füllen.

Die Vier Göttlichen Verweilzustände werden zwar separat beschrieben, sind aber vier untrennbare Aspekte oder Facetten eines wertvollen Juwels: des vollkommen erwachten Herzens. Auch wenn Buddha und andere große Meister und Lehrer dieses Herz verkörpern, sollten Sie nicht vergessen, dass Ihre Buddha-Natur hier und jetzt auch in Ihrem Inneren wohnt; es ist nur durch Schichten angesammelter Schmerzen, des Grolls und der Furcht verborgen. Wenn Sie die vier Brahma-Viharas praktizieren, nähren Sie dieses Herz, das, wie eine starke Sonne, allmählich die Wolken der negativen Emotionen und Verhaltensmuster sowie die verzerrten Glaubensvorstellungen wegbrennt.

Eine Warnung: Die Kultivierung des liebenden Mitgefühls und des Erbarmens bedeutet nicht, sich in das Leben anderer einzumischen oder mit einer moralisch überheblichen Einstellung zu erklären: »Ich bin ein Bodhisattva mit reiner Motivation, der dir etwas Wichtiges anzubieten hat, du niedriges leidendes Wesen!« Ganz im Gegenteil: Wenn die Qualitäten der Liebe, des Erbarmens, des Gleichmuts und der Freude am Glück anderer korrekt praktiziert werden, reißen sie die Mauern der scheinbaren Trennung zwischen sich selbst und anderen nieder und enthüllen die innewohnende Einheit allen Lebens. Sie zeigen Ihnen, wie Sie selbst leiden, engstirnig sind, feststecken oder fehlgeleitet sind. Auch wenn Sie aus echtem Mitgefühl mit dem Finger auf andere zeigen, sollten Sie nicht vergessen, sich auch an die eigene Nase zu fassen.

Meditation über die Vier Göttlichen Verweilzustände

In der Theravada-Tradition haben die Meditationen, die Liebe, Erbarmen, Freude und Gleichmut kultivieren sollen, eine ähnliche Struktur:

1. Vergegenwärtigen Sie sich Ihre eigene Güte – oder, falls dies unpassend ist, Ihren Wunsch nach Glück und Wohlbefinden.

2. Imaginieren Sie eine Zeit lang eine Person, die diese Qualitäten verkörpert. Liebendes Mitgefühl können Sie sich durch Ihre Mutter oder eine andere Person

vergegenwärtigen, von der Sie bedingungslos geliebt oder umsorgt worden sind. Beim Erbarmen können Sie an eine geliebte Person denken, die gerade großen Schmerz oder Leiden erfährt.

3. Wenn Sie sich die Qualität vergegenwärtigt haben, lenken Sie sie nach außen, auf sich selbst (was für einige Leute ziemlich schwierig ist), dann auf Menschen, die Ihnen in der Vergangenheit etwas Gutes getan haben, auf Ihre Lieben, auf Freunde, auf neutrale Parteien und schließlich (ob Sie es glauben oder nicht) auf Leute, die Sie reizen oder ärgern.
4. Lenken Sie die Qualität auf alle Wesen allerorten.

Traditionell werden diese Qualitäten durch bestimmte vorgeschriebene Formulierungen hervorgerufen: »Mögest du glücklich sein« (liebendes Mitgefühl), »Mögest du frei von Schmerz und Kummer sein« (Erbarmen), »Möge dein Glück dauern« (mitfühlende Freude) und »Mögen wir alle die Dinge annehmen, wie sie sind« (Gleichmut). Sie können aber auch andere Formulierungen ausprobieren, bis Sie die Phrasen finden, die Ihnen am meisten bedeuten. Anfänglich kann es schwer sein, sich diese Qualitäten zu vergegenwärtigen. Doch Sie sollten sich nicht unter Druck setzen: Diese Qualitäten befinden sich auch in Ihrem Inneren. Wenn sie anfangen zu fließen, wird die Praxis der Brahma-Viharas leichter. Dann treten diese Qualitäten auch im Alltagsleben natürlicher und spontaner auf.

Liebendes Mitgefühl ausweiten

Im Buddhismus und besonders in der Theravada-Tradition wird einer Qualität, dem sogenannten *liebenden Mitgefühl* (Pali: *Metta*), dieselbe Kraft wie der Einsicht zugeschrieben, das Erwachen und die Transformation zu bewirken. Wenn Sie *liebendes Mitgefühl* praktizieren, schätzen und ehren Sie andere wie die eigenen Kinder. Sie wünschen ihnen Glück, Gesundheit und Geistesfrieden wie Ihren teuersten Freunden und Familienmitgliedern.

Indem Sie Ihre Liebe auf andere ausweiten, spiegeln Sie ihre innewohnende Liebenswürdigkeit, ihre innewohnende Buddha-Natur, und ermutigen sie, ihre Herzen zu öffnen und sowohl persönlich als auch spirituell zu wachsen. Zugleich bauen Sie Ihre negativen Emotionen wie Groll und Enttäuschung ab.

Doch in seiner Weisheit erkannte Buddha, dass Sie andere nicht lieben können, bevor Sie nicht gelernt haben, sich selbst zu lieben. »Wenn du das gesamte Universum durchsuchst«, pflegte er zu sagen, »wirst du niemanden finden, der mehr Liebe und Zuneigung verdient als du selbst.« Deshalb beginnt die Praxis der Metta-Meditation damit, das liebende Mitgefühl zuerst auf sich selbst zu lenken.

Das Erbarmen entwickeln

Im Abschnitt »Sein Herz anderen widmen« weiter oben in diesem Kapitel bildet das Erbarmen den Kern der erhabenen Bodhichitta-Motivation. Doch was genau ist Erbarmen? Viele verstehen darunter, sich die Leiden anderer aufzubürden, und schaden sich bei dem

Versuch, anderen zu helfen, nur selbst. Für einen meiner Lehrer war ein solches Verhalten kein wahres, sondern ein ziemlich idiotisches Erbarmen. (In Selbsthilfebüchern wird dies manchmal als *Kodependenz*, gegenseitige Abhängigkeit bezeichnet: Nicht nur der Bedürftige braucht den Helfer, sondern umgekehrt braucht der Helfer den Bedürftigen; sonst könnte er ja nicht helfen!)

 Echtes *Erbarmen* (*Karuna* in Pali und in Sanskrit) beginnt damit, das weitverbreitete Leiden anderer anzuerkennen. Dann lernen Sie allmählich, Ihr Herz zu öffnen, um dieses Leiden mitzufühlen, ohne sich von ihm überwältigen zu lassen.

Normalerweise versuchen die meisten, Leiden zu vermeiden – nicht nur fremdes, sondern auch eigenes. Schließlich ist Leiden schmerzlich; oft ist es mit einem Gefühl der Hoffnungslosigkeit verbunden, wenn Sie nichts dagegen tun können. Zudem weckt Leiden oft auch andere unangenehme Gefühle wie Ärger (auf die Ursache des Leidens), Furcht (vor dem Leiden selbst) und Kummer.

Dagegen setzt echtes Erbarmen Kräfte frei: Normalerweise hilft es Ihnen, die Dinge so wahrzunehmen, wie sie sind. Die Wahrheit ist, dass Millionen von Leuten leiden, und Sie können nur ganz wenig dagegen tun. Aus diesen klaren Wahrnehmungen und Gefühlen des Mitgefühls erwachsen die Kräfte und Fähigkeiten, dieses Leiden zu bekämpfen, aber auch die Grenzen der eigenen Fähigkeiten anzuerkennen. Das Gebet der Gelassenheit drückt diesen Geist sehr schön aus: »Gott, gib mir die Gelassenheit, die Dinge zu akzeptieren, die ich nicht ändern kann, den Mut, die Dinge zu ändern, die ich ändern kann, und die Weisheit, das eine vom anderen zu unterscheiden.«

Liebendes Mitgefühl praktizieren

Die folgenden Schritte beschreiben die traditionelle Übung, um Kontakt zu der unbedingten Liebe in Ihrem Herzen herzustellen und sie auf andere zu lenken. Es gibt keinen Grund zur Eile. Nehmen Sie sich so viel Zeit, wie Sie können; stellen Sie sich die Liebe nicht nur vor, sondern fühlen Sie sie. Schließen Sie die Augen, atmen Sie einige Male tief durch, und entspannen Sie Ihren Körper mit jeder Ausatmung ein wenig mehr. Fahren Sie dann mit den folgenden Schritten fort:

1. Wenn Sie entspannt sind, stellen Sie sich das Gesicht einer Person vor, von der Sie in Ihrer Kindheit sehr geliebt worden sind und deren Liebe Sie tief bewegt hat.

2. Erinnern Sie sich an eine Situation, in der diese Person ihre Liebe zu Ihnen zeigte und Sie wirklich davon berührt waren.

3. Beachten Sie die Dankbarkeit und Liebe, die diese Erinnerung in Ihrem Herzen wachruft. Lassen Sie diese Gefühle aufwallen und Ihr Herz füllen.

4. Dehnen Sie diese Gefühle sanft auf diese geliebte Person aus. Sie können sogar einen Kreislauf der Liebe zwischen sich und dieser Person erfahren, wenn Sie Liebe frei geben und empfangen.

5. Lassen Sie diese liebenden Gefühle überfließen und allmählich Ihr ganzes Wesen von ihnen erfüllen.

6. Lenken Sie diese Liebe bewusst auf sich selbst. Sie können dabei eine der traditionellen buddhistischen Formeln rezitieren: »Möge ich glücklich sein. Möge ich friedvoll sein. Möge ich frei vom Leiden sein.« Sie können auch andere Wörter und Formulierungen verwenden, die für Sie gut klingen. Wichtig ist, dass sie allgemein, einfach und emotionsweckend sind. Als Empfänger sollten Sie die Liebe nicht nur ausweiten, sondern auch aufnehmen.

7. Wenn Sie sich jetzt im Einklang mit sich selbst fühlen, stellen Sie sich eine Person vor, für die Sie Dankbarkeit und Respekt empfinden. Nehmen Sie sich Zeit (wenigstens einige Minuten), um den Fluss der Liebe auf diese Person zu lenken; verwenden Sie dabei ähnliche Wörter, um Ihre Absicht auszudrücken.

8. Lenken Sie dann dieses liebende Mitgefühl auf ähnliche Weise eine Zeit lang auf einen geliebten Menschen oder teuren Freund.

9. Lenken Sie diesen Fluss der Liebe auf jemanden, dem Sie neutral gegenüberstehen – vielleicht jemand, den Sie gelegentlich sehen, aber für den Sie weder positive noch negative Gefühle hegen.

10. Und jetzt der schwierigste Teil dieser Übung: Lenken Sie Ihr liebendes Mitgefühl auf jemanden, für den sie leicht negative Gefühle der Irritation oder des Beleidigtseins empfinden. Indem Sie Liebe (anfänglich nur wenig) auf diese Person lenken, beginnen Sie, die Fähigkeit zu entwickeln, Ihr Herz sogar unter schwierigen Umständen zu öffnen. Schließlich können Sie die Liebe auf Leute ausdehnen, die in Ihnen stärkere negative Emotionen wie Ärger, Furcht oder Schmerz auslösen.

Wie jede Meditation wird das liebende Mitgefühl durch laufende Praxis gestärkt. Versuchen Sie, bei jedem Schritt nicht nur kurz, sondern vielleicht fünf oder sogar zehn Minuten zu verweilen. Je mehr Zeit und Aufmerksamkeit Sie der Person widmen, desto klarer werden Sie mehr oder weniger subtile Änderungen in Ihrem Erleben bemerken. Schließlich wird sich das liebende Mitgefühl, das Sie in dieser Übung erzeugen, nach und nach auf alle Gebiete Ihres Lebens ausweiten.

Mitfühlende Freude entwickeln

Seltsamerweise können viele leichter ein Mitgefühl für das Leiden anderer entwickeln, als sich über ihr Glück oder ihren Erfolg mitzufreuen. Vielleicht ist dieser Zug eine Folge der westlichen Arbeitsethik (»ohne Schweiß kein Preis«), die Kampf und Mühsal betont und überschwänglichere Gefühle wie Entzücken oder Hochstimmung misstrauisch abweist. Nur wenige können sich über ihr Wohlergehen wirklich freuen. Vielleicht empfinden Sie auch Eifersucht statt Freude, weil gerade im Westen der Wettbewerb mit anderen betont wird. Es wird eher beurteilt, verglichen und herabgesetzt als zugestimmt und geschätzt. Weil diese Tendenzen anscheinend auch zu Buddhas Zeiten vorherrschten, gilt die Entwicklung der mitfühlenden Freude (Pali: *Mudita*) im Allgemeinen als schwieriger als die der anderen Brahma-Viharas.

Wer *mitfühlende Freude* für andere entwickelt, betrachtet sie nicht mehr mit seinem vergleichenden, bewertenden Geist, sondern sieht ihr Glück durch ihre Augen. Normalerweise betrachten Sie andere Leute durch die Brille Ihrer Vorurteile, Gedanken und Erwartungen und beurteilen ihre Anstrengungen und Erfolge entsprechend. Wenn Sie jedoch mitfühlende Freude kultivieren, entwickeln Sie die Fähigkeit, diese klar so zu sehen, wie sie sind, und nehmen aus ihrer Perspektive an ihrem Glück und Erfolg teil und empfinden, was sie empfinden. Dadurch bereichern Sie nicht nur ihre Erfahrung, sondern vergrößern auch Ihr eigenes Glück und Ihre eigene Freude. Außerdem reißen Sie die Barrieren nieder, die Sie von anderen trennen, und schaffen die Möglichkeit einer fortdauernden gegenseitigen Liebe und Unterstützung.

Gleichmut erlangen

Gleichmut (Pali: *Upekkha*) gilt als die höchste Qualität der Brahma-Viharas, die zugleich die anderen drei schützt. Gleichmut ist der umfassende, gleichgewichtige Frieden des Geistes, der das Leben genau so akzeptiert, wie es ist.

Diese Qualität entsteht und entwickelt sich, wenn Sie über die wesentliche buddhistische Wahrheit der *Vergänglichkeit* (alles ist ständig im Wandel begriffen) meditieren und ihre tiefe Wahrheit erkennen. Dann versuchen Sie nicht länger zu kontrollieren, was Sie einfach nicht kontrollieren können. Sie lassen die Dinge einfach, wie sie sind. Die großen christlichen Mystiker haben diese Haltung so formuliert: »Nicht mein, sondern Dein Wille geschehe, oh Herr!«

Gleichmut bedeutet nicht Passivität oder Gleichgültigkeit. Sie können wichtige Änderungen in Ihrem Leben mit demselben ausgeglichenen und friedvollen Geist vornehmen, der in Ihrer Meditation vorherrscht. Im Gleichmut öffnen Sie sich wie bei den anderen Brahma-Viharas vollkommen dem Leben, wie es sich darbietet. Sie verschließen Ihr Herz nicht. Sie verleugnen nicht, was passiert, sondern vertrauen darauf, dass sich das Leben auf seine eigene sinnvolle und geheimnisvolle Weise entfaltet, wohl wissend, dass Sie nur sehr wenig dagegen tun können.

Auch wenn Sie bestimmte Lebensumstände anderen vorziehen, vertrauen Sie den größeren Zyklen oder dem größeren Bild. Wenn liebendes Mitgefühl mit der Liebe einer Mutter zu ihrem Kind verglichen wird, entspricht Gleichmut der Liebe von Eltern zu ihren heranwachsenden Kindern: Sie unterstützen sie wohlwollend, räumen ihnen immer größer werdende Freiräume ein und lassen sie schließlich los.

Aus dem Gleichmut erwächst Furchtlosigkeit im Angesicht der Höhen und Tiefen des Lebens – eine Qualität, die genauso ansteckend sein kann wie Panik oder Wut. In dem Film *Furchtlos* (englisch *Fearless*) spielt Jeff Bridges einen Mann, der mit seinem Gleichmut bei und nach einem Flugzeugabsturz die anderen Passagiere beruhigt. (Weiter unten in diesem Kapitel beschreiben wir in dem Abschnitt »Offenherzige Großzügigkeit praktizieren«, dass die Gabe der Furchtlosigkeit zu den vier Hauptformen der Großzügigkeit zählt.)

Die Sechs Vollkommenheiten eines Bodhisattvas kultivieren

Wahrscheinlich haben Sie es sich schon gedacht: Erleuchtung einfach nur zu wollen, um anderen wirksam helfen zu können, ist nicht genug. Sie müssen den Weg zu diesem Ziel tatsächlich gehen.

Im Buddhismus gibt es viele Beschreibungen dieses Weges. Sie sind oft in der einen oder anderen Liste niedergelegt: der Achtfache Pfad (siehe Kapitel 3), die drei Schulungen (siehe Kapitel 13), die zehn Ochsenbilder (siehe Kapitel 10) und so weiter. Eine weitere hilfreiche Gliederung des Weges, die die Kultivierung der positiven Qualitäten betont und häufig zur Anleitung der Schüler verwendet wird, sind die Sechs Vollkommenheiten.

Vollkommenheit ist die allgemein akzeptierte Übersetzung des Sanskrit-Wortes *Paramita*, das wörtlich bedeutet »das, was zum anderen Ufer führt«. Dieses poetische Bild suggeriert einen riesigen Ozean des Leidens, auf dessen anderer Seite die ferne Küste der Erleuchtung liegt. Mit diesen sechs Praktiken oder Vollkommenheiten kann der mitfühlende Bodhisattva die Wesen als Fährmann über den Ozean tragen – sich selbst eingeschlossen!

Der Bodhisattva-Weg (um vom Ozean auf den festen Boden zu wechseln) besteht aus der Vereinigung von Erbarmen (oft auch *Methode*, weil dies das Mittel ist, das dem Wohle anderer dient) und einsichtsvoller Weisheit in die wahre Natur der Wirklichkeit. Die ersten fünf Vollkommenheiten bilden die Methode, den Aspekt des Mitgefühls:

✔ Großzügigkeit

✔ Sittlichkeit (ethisches Verhalten)

✔ Geduld

✔ Anstrengung

✔ Konzentration

So wie die Augen den Körper einen Weg entlangleiten, gibt die sechste Vollkommenheit den anderen Führung und Richtung:

✔ Weisheit

In den folgenden Abschnitten beschreiben wir im Wesentlichen den Vajrayana-Ansatz der Interpretation der Vollkommenheiten. Aber sie werden im gesamten Buddhismus angewendet und im Allgemeinen mehr oder weniger gleich verstanden. (Einige Traditionen unterscheiden nicht sechs, sondern zehn Vollkommenheiten. Sie lassen die Konzentration weg und fügen Entsagung, Wahrhaftigkeit, Entschlossenheit, Gleichmut und liebendes Mitgefühl hinzu.)

Als Qualitäten, die kultiviert und vervollkommnet werden sollen, können die Paramitas auch aus einer anderen Perspektive (siehe etwa die Auffassung der Erleuchtung im Zen oder im tibetischen *Dzogchen*, die in Kapitel 10 beschrieben wird) als wesentliche Aspekte Ihrer innewohnenden und immer verfügbaren Buddha-Natur verstanden werden. Nach dieser

Auffassung müssen Sie nicht danach streben, die Vollkommenheiten zu erlangen, sondern nur zu Ihrer Buddha-Natur (auch: das wahre Selbst oder der Natur des Geistes) erwachen und sie ausdrücken. Dann würden die Vollkommenheiten auf natürliche Weise von alleine aufblühen.

Offenherzige Großzügigkeit praktizieren

Großzügigkeit (auch: *Freigiebigkeit* oder *Wohltätigkeit*) steht an erster Stelle der Liste, weil sie als die Vollkommenheit gilt, die am leichtesten zu praktizieren ist. *Großzügigkeit* bedeutet eine offenherzige Einstellung, aus der heraus Sie anderen ohne Geiz oder Bedauern geben können, was sie benötigen.

Diese Vollkommenheit wird traditionell in vier Arten unterteilt:

✔ **Den Dharma vermitteln:** Sie müssen kein voll qualifizierter buddhistischer Meister sein, um anderen den *Dharma* zu vermitteln (spirituelle Führung, die Wesen aus dem Leiden herausführt). Je besser Sie allerdings den Dharma verstehen und verwirklichen, desto besser können Sie andere anleiten. Doch Sie müssen über die passende Motivation verfügen: Sie müssen anderen wirklich helfen wollen und dürfen nicht nur mit Ihrem Wissen angeben.

✔ **Schutz gewähren:** Menschen und Tiere sind ständig in Gefahr, oft sogar in Lebensgefahr. Sie vor Gefahr zu schützen – etwa einen Käfer aus dem Swimmingpool zu holen –, kennzeichnet diese zweite Form der Großzügigkeit. Diese wirksame Praxis nutzt nicht nur dem Wesen, das Sie retten, sondern stärkt auch Ihren Respekt vor der Heiligkeit allen Lebens. Das positive Karma, das Sie erzeugen, indem Sie das Leben anderer schützen und retten, kann auch Ihr eigenes Leben verlängern. (Näheres über Karma finden Sie in Kapitel 12.)

✔ **Materielle Hilfe gewähren:** Dies ist die Art der Großzügigkeit, an die die meisten denken, wenn sie über die Praxis des Gebens nachdenken. Da Menschen viele Dinge zum Überleben brauchen (Nahrung, Kleidung, Unterkunft, Lebensunterhalt und so weiter), gibt es zahlreiche Gelegenheiten, materielle Hilfe zu gewähren. Kleingeld an Obdachlose auf der Straße zu verschenken, einer Hilfsorganisation Geld zu spenden oder für einen kranken Freund einkaufen zu gehen, sind bekannte Beispiele dieser Form des Gebens. Natürlich müssen Sie Ihr Urteilsvermögen (Ihre »unterscheidende Weisheit«) einsetzen, wenn Sie jemandem helfen. Einem Alkoholiker eine Flasche Wein zu schenken, ist keine weise Praxis der Großzügigkeit.

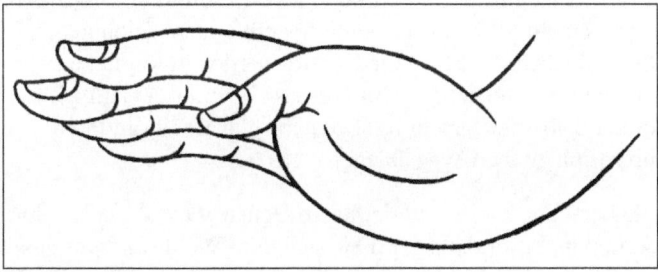

Abbildung 14.1: Die Geste der Vermittlung der Furchtlosigkeit

✔ **Furchtlosigkeit vermitteln:** Dieses wertvolle Geschenk machen Sie anderen am besten durch Ihr eigenes beispielhaftes Verhalten. Um Furchtlosigkeit zeigen zu können, müssen Sie sie zuvor in Ihrem Herz durch Meditation kultiviert und die verzerrten Glaubensvorstellungen bekämpft haben, die durch eine unangemessene oder übermäßige Furcht ausgelöst werden. Klassische Statuen von Buddha zeigen ihn oft mit einer Geste, die Furchtlosigkeit schenken soll (ausgestreckter Arm, Handfläche nach unten, siehe Abbildung 14.1). Interessanterweise wird diese Geste oft von einer anderen begleitet: Der andere Arm weist mit nach vorne gerichteter Handfläche nach unten, um das Geben auszudrücken. Weil Buddhas Lehren dazu beitragen, Furcht und andere Formen des Leidens zu reduzieren, beinhaltet die erste Art des Gebens auch automatisch Furchtlosigkeit. Gleiches gilt für die zweite Art, die die Furchtlosigkeit schenkt, die durch körperliche Sicherheit gegeben ist.

> Denken Sie daran, dass die Praxis der Großzügigkeit weniger davon abhängt, was Sie geben, als vielmehr von Ihrer *Einstellung* zum Geben. Sie vervollkommnen diese Praxis in Ihrem Geist, wenn Sie Ihren inneren Widerstand überwinden, anderen zu helfen, und lernen, Ihre Begierden (nach materiellem Besitz, Zeit, Energie und sogar Auffassungen) loszulassen. Auf diese Weise fördert die Großzügigkeit Ihre eigene Erlösung, weil sie Sie allmählich von Ihren Anhaftungen und Ihrer Gier befreit.

Sie müssen nicht einmal etwas Materielles geben, um die Großzügigkeit zu praktizieren; schon die Kultivierung des Wunsches zu geben, hat ein großes Gewicht, besonders wenn er Ihre Anhaftungen lockert. Letztlich umfasst der tiefste Ausdruck dieser Paramita die Erkenntnis, dass der Gebende, das Geschenk und der Empfänger von Natur aus eins und untrennbar sind.

Die Selbstdisziplin des ethischen Verhaltens entwickeln

Diese Vollkommenheit wird auch als *Sittlichkeit* bezeichnet, doch wir zögern etwas, diesen Terminus zu benutzen, weil er zu sehr an eine puritanische, lustfeindliche Einstellung erinnert, die dem Buddhismus weitgehend fremd ist. *Ethisches Verhalten* bedeutet im Buddhismus: vermeiden, anderen zu schaden. Man könnte es auch einfach als *Güte* oder *Tugend* bezeichnen. Wie die Großzügigkeit wird auch das ethische Verhalten traditionell in mehrere Arten unterteilt:

✔ **Selbstbeherrschung:** Diese Art umfasst Ihre Versuche, nichts Negatives zu tun, während Sie die traditionellen ethischen Gebote befolgen. Wenn Sie im Theravada- oder Vajrayana-Buddhismus formell Zuflucht zu den Drei Juwelen (Buddha, Dharma und Sangha) nehmen oder im Zen-Buddhismus die Gebote empfangen, geloben Sie, keine Lügen zu erzählen. (Die Zufluchtnahme und die Gebote werden in Kapitel 6 behandelt.) Jede Anstrengung, die Sie unternehmen, um dieses Gelübde zu erfüllen, ist Ausdruck der Disziplin der Selbstbeherrschung. Dasselbe gilt für alle anderen Gelübde, die Sie auf Ihrem spirituellen Weg ablegen.

✔ **Tugend ansammeln:** Für den Fortschritt auf dem spirituellen Weg ist es erforderlich, positive Energie anzusammeln, besonders wenn Sie sich dem Wohle anderer gewidmet haben. Die Ansammlung von Tugend entspricht deshalb dem Aufladen Ihrer spirituellen Batterien. In diesem Buch beschreiben wir viele solcher tugendhafter Aktivitäten: Opfergaben für die Drei Juwelen, Niederwerfungen (siehe Kapitel 8), Gebete für die Wohlfahrt anderer, Studium des Dharma oder Befolgen der Gebote; alle können zu dieser Art der ethischen Disziplin beitragen.

✓ **Anderen nutzen:** Anderen zu nutzen, ist der ganze Zweck der Bodhichitta-Entwicklung. Im Alltag gibt es so viele Gelegenheiten, anderen zu helfen, dass wir sie hier unmöglich alle aufführen können. Kurz, sie umfassen alles, was Sie mit Ihrem Körper, Ihrem Reden und Ihrem Geist anstellen, um dem Wohle anderer zu dienen. Selbst die winzige Aktion, eine Kerze auf Ihrem Altar anzuzünden, ist ein Beispiel für diese Art der ethischen Disziplin, wenn Sie mit dem Wunsch erfolgt, die Dunkelheit im Geist eines anderen zu erhellen.

Das leere Boot

Eine traditionelle Geschichte illustriert, wie töricht der Ärger im Licht der zentralen buddhistischen Lehre von der Nicht-Wesenhaftigkeit ist. Ein Mann fährt bei dichtem Nebel mit seinem Boot zum Angeln auf den See hinaus, als ein anderes Boot aus dem Nebel gleitet und mit seinem Boot zusammenstößt. Zuerst flucht der Mann, schreit den Steuermann des anderen Bootes an und fordert ihn auf, zurückzurudern und Platz zu machen. Doch als er genauer hinsieht, merkt er, dass das andere Boot leer ist – niemand steht am Ruder. Plötzlich verraucht sein Ärger, und er erkennt, wie sinnlos seine Wut war.

Genauso sind die Leute, die Sie absichtlich anzugreifen scheinen, in Wirklichkeit leer und haben kein separates, unabhängiges Selbst. Statt ihre Handlungen bewusst zu kontrollieren, agieren sie automatisch unter dem Einfluss unbewusster Konditionierungen und Verhaltensmuster, über die sie keine Kontrolle haben – so wie das Boot von den Wellen im Nebel fortgetragen wurde. Weil niemand da ist, dem man die Schuld geben könnte, kann Ärger als eine lächerliche Zeitverschwendung gesehen werden.

Mit dieser Geschichte soll Ihnen nicht die Verantwortung für Ihre Handlungen abgesprochen werden. Ganz im Gegenteil: Der Buddhismus fordert nachdrücklich, dass Praktizierende erkennen, wodurch sie ihre Probleme auslösen. Aber er anerkennt auch, dass Sie – wie das Boot ohne Steuermann – außer Kontrolle sind, bis Sie sich bewusst werden, was Sie tun, und anfangen, Ihr Verhalten zu ändern.

Geduld entwickeln

Ärger entsteht oft, wenn Sie sich angegriffen fühlen, wenn Sie nicht bekommen, was Sie wollen, oder wenn Sie durch eine Situation oder Person frustriert werden. Doch klar ist auch: Die Welt ist voller Leute und Dinge, die Sie ärgern können. Wollen Sie sich über jeden und alles ärgern? Ärger setzt mächtige Energien frei, aber zu versuchen, mit diesen Energien Ihre Probleme zu lösen, erzeugt nur noch mehr Probleme. Sobald Sie ein Hindernis platt walzen, entstehen an seiner Stelle unvermeidlich zwei neue Hindernisse.

Geduld ist das direkte Gegenteil von Ärger und Gereiztheit, deshalb zählt sie zu den Hauptpraktiken eines mitfühlenden Bodhisattvas. Ärger und Gereiztheit schaden nicht nur anderen, sondern haben auch eine verheerende Wirkung auf Ihre spirituelle Entwicklung. Deshalb ist es außerordentlich wichtig, Ihren Geist von dieser Art der negativen Energie so frei wie möglich zu halten.

Es gibt eine berühmte buddhistische Analogie: Wenn Sie Ihre Füße vor Dornen schützen wollen, wäre es ineffizient und verschwenderisch, die gesamte Oberfläche der Erde mit Leder zu bedecken. Wenn Sie einfach die Sohlen Ihrer Füße mit Leder bedecken, können Ihnen die Dornen nicht schaden. Analog dazu können Sie sich nicht vor den Schwierigkeiten des Lebens schützen, indem Sie versuchen, sie mit Ihrem Ärger zu bekämpfen. Doch wenn Sie Geduld praktizieren, können Sie Ihren Geist frei von Ärger halten; dann werden Ihre »Probleme« Sie nicht mehr belästigen. Dieser Ansatz ist, wie das Tragen von Schuhen, als Selbstschutz viel wirksamer.

Die Praxis der Geduld wird traditionell in drei Arten unterteilt:

- ✔ **Ruhig bleiben:** Wenn Sie es unterlassen können, mit Ärger zurückzuschlagen, wenn Sie von jemandem oder etwas geschädigt oder frustriert werden, praktizieren Sie diese Form der Geduld. Doch was könnten Sie tun? Sie könnten beispielsweise daran denken, wie viel schlimmer die Situation werden könnte, wenn Sie Vergeltung üben. Sie könnten die Situation auch sorgfältig analysieren und erkennen, dass die andere Person, so wie Sie, nur versucht, ihr Glück zu finden, aber aufgrund ihrer Unwissenheit die falsche Methode anwendet. Oft kann eine schwierige Situation nur dadurch verbessert werden, dass Sie sich weigern, mit Ärger zu reagieren. Wenn Sie die Person konfrontieren wollen, können Sie dies mit Mitgefühl und Weisheit tun und dadurch etwas ganz anderes bewirken.

- ✔ **Leiden akzeptieren:** Selbst wenn Sie nicht angegriffen oder gereizt werden, können Sie Leid im Leben erfahren, solange Sie nicht seine Ursachen in Ihrem Geist und Verhalten beseitigt haben (siehe Kapitel 13). Anders ausgedrückt: Solange Sie den Zwillingstäuschungen der Gier und der Abneigung (haben wollen, was Sie nicht haben, und zerstören wollen, was Sie stört) unterworfen sind, werden Sie ganz bestimmt leiden. Und solange Sie nicht die vollkommene Erleuchtung erlangen, bei der der Ärger für immer aus Ihrem Herzen verschwindet, müssen Sie sich diesem Leiden so stellen können, dass Sie nicht die Beherrschung verlieren.

    Eine Möglichkeit, sich zu motivieren, besteht darin, die geduldige Selbstkontrolle als Gelegenheit zu begreifen, Ihr negatives Karma aufzulösen (siehe Kapitel 12). Eine andere besteht darin, Gleichmut zu kultivieren (eine der vier Unermesslichkeiten, die wir in dem Abschnitt »Gleichmut erlangen« weiter oben in diesem Kapitel beschreiben), der es Ihnen erlaubt, Ihre Erfahrungen zu akzeptieren, egal wie schmerzlich sie sein mögen. Auf der tiefsten Ebene schließlich löst sich Ärger auf, wenn Sie andere Menschen einschließlich des Missetäters als nicht von sich verschieden sehen, und Geduld entsteht auf natürliche Weise.

- ✔ **Sicherheit im Dharma entwickeln:** In diesem Buch beschreiben wir die Praxis des Dharma – im Grunde eine Schulung Ihres Geistes – als den einzigen zuverlässigen Weg, um sich zu schützen und Ihr höchstes Potenzial zu erfüllen. Aber alte

Gewohnheiten sind schwer zu brechen; deshalb werden Sie bei Schwierigkeiten tendenziell auf dieselbe ungekonnte und zerstörerische Weise wie früher reagieren. Anders ausgedrückt: Wenn es hart auf hart zugeht, tendieren Sie dazu, alle Dharma-Lehren zu vergessen, die Sie je gehört haben, und wehren sich. Dieser dritte Aspekt der Geduld umfasst zwei Schritte: Erst suchen Sie nach der passenden Dharma-Lösung für jedes auftauchende Problem, und dann bemühen Sie sich, diese Lösung direkt auf Ihre Situation anzuwenden, egal wie schwer das sein mag.

Mit begeisterter Anstrengung praktizieren

Im positivsten Sinne ist *Anstrengung* (in der Bedeutung von Ausdauer oder Engagement) das Vergnügen, das Sie empfinden, wenn Sie etwas tun, von dessen Richtigkeit Sie überzeugt sind. Im buddhistischen Kontext bedeutet das im Allgemeinen: den Dharma praktizieren. Statt widerstrebend zu üben, stürzen Sie sich energisch in die Aufgabe, wohl wissend, dass Sie auf dem richtigen Weg sind. Einige Texte behaupten sogar, dass Ausdauer oder begeisterte Anstrengung das wichtigste Paramita sei, weil es die Energie für die anderen fünf liefert.

Die Trägheit oder der innere Widerstand ist eines der Haupthindernisse für jede Art von Fortschritt, so auch für den Fortschritt in der Dharma-Praxis. Die vierte vollkommene Anstrengung besteht aus drei Komponenten, die jeweils eine spezielle Form der Trägheit adressieren:

- ✔ **Faulheit überwinden:** Mit *Faulheit* ist hier gemeint, was viele als *Trägheit* oder inneren Schweinehund bezeichnen. Sie umfasst die Aufschieberitis und andere schlechte Gewohnheiten, die Sie davon abhalten können, den Dharma heute zu praktizieren. Wenn Sie erkennen, welch seltene und wertvolle Gelegenheit Sie haben, um diesem Leben Bedeutung zu geben, und wie leicht Sie diese Gelegenheit verspielen können (siehe die Diskussion über den Tod in Kapitel 11), werden Sie die Energie und Entschlossenheit finden, um die Dharma-Lehren hier und jetzt in die Praxis umzusetzen.

- ✔ **Die Anziehung trivialer Aktivitäten überwinden:** Es mag unangenehm sein zuzugeben, dass die meisten Leute ihre Zeit mit unwichtigen Ablenkungen verbringen, die nicht wirklich entspannend oder erfüllend sind, sondern nur ihre Zeit füllen und sie davon abhalten, sich mit den wirklichen Fragen des Lebens zu befassen. Fernsehfilme, Talkshows, Videospiele, Kreuzworträtsel – wie viele Stunden verbringen Sie jeden Tag mit Aktivitäten ohne tiefere Bedeutung? Wenn Sie erkennen, wie viel Zeit Sie mit solchen Trivialitäten verplempern, können Sie sich mit Ihrem Suchtverhalten auseinandersetzen und mehr Zeit für Ihre Dharma-Praxis finden.

- ✔ **Niedergeschlagenheit überwinden:** Diese letzte Form der begeisterten Anstrengung bekämpft Ihre Täuschungen der Unzulänglichkeit oder Unfähigkeit. Vielleicht glauben Sie, Ihr negativer Geist sei so stark und Ihre Praxis des Dharma so schwach, dass Sie sich keine Hoffnung auf Fortschritt auf dem spirituellen Weg machen dürfen.

  Um den Einfluss solcher defätistischen Gedanken zu schwächen und schließlich ganz aus Ihrem Geist zu verbannen, können Sie sich mit sogenannten *Affirmationen* (etwa: »Ich bin eine liebevolle Person, und ich habe die Kraft, anderen zu helfen.«) daran erinnern, dass die Buddha-Natur auch Ihnen innewohnt und dass Sie trotz Ihres unruhigen Geistes und laienhaften Verhaltens über dieselben innewohnenden Tugenden wie alle anderen verfügen. Dharma-Bücher zu lesen, kann Ihren Selbstzweifel verringern und Ihre Ausdauer stärken. Denken Sie daran, dass alle erwachten Wesen der Vergangenheit, auch Shakyamuni Buddha, früher stärker verblendet waren, als Sie es heute sind. Wenn diese Menschen die Kraft aufbrachten, ihren Weg zu Ende zu gehen, warum sollten Sie dies nicht auch schaffen?

Die Konzentration schärfen

Die grundlegende buddhistische Technik zur Entwicklung der *Konzentration* besteht einfach darin, ein bestimmtes Meditationsobjekt auszuwählen, die Aufmerksamkeit darauf zu lenken und dann bei diesem Objekt zu bleiben, ohne zu schwanken. Viele Objekte eignen sich für diese Übung, darunter der Atem (siehe Kapitel 7), ein Farbfleck, das visualisierte Bild von Shakyamuni Buddha und selbst der eigene Geist.

Die verschiedenen Traditionen haben ihre Lieblingspraktiken, doch die Konzentration ist in allen mehr oder weniger wichtig. So fokussieren die Anhänger bestimmter Reines-Land-Schulen des Buddhismus, die die Anbetung in den Mittelpunkt stellen, ihre Energie auf die Erlangung der Wiedergeburt im westlichen Paradies von Buddha Amitabha. Bei ihren Übungen visualisieren sie auch diesen Buddha und seine Umgebung so detailgetreu wie möglich, bis das Bild vollkommen klar vor ihrem geistigen Auge steht. Anhänger der Rinzai-Zen-Tradition konzentrieren einen großen Teil ihrer Aufmerksamkeit auf die Lösung von *Koans* (geheimnisvollen Lehrgeschichten), bis sie die Begrenzungen des normalen, konzeptionellen Denkens durchbrechen. (Einige berühmte Koans sind: »Welches Geräusch macht das Klatschen mit einer Hand?« oder »Wie sah Ihr Gesicht aus, bevor Ihre Eltern geboren wurden?« Näheres über diese beiden Traditionen finden Sie in Kapitel 5.) Ohne starke und fortgesetzte Konzentration können weder Anhänger des Reines-Land-Buddhismus noch Zen-Praktiker große Erfolge erlangen. Dasselbe gilt für ernsthafte Praktiker anderer Traditionen.

Um eine starke Konzentration zu entwickeln, braucht es Zeit, selbst wenn ein Meditationsnovize überraschend schnell Fortschritte machen kann (siehe die Geschichte von Dipa Ma in Kapitel 15). Auch wenn Sie versuchen, sich auf ein spezielles Objekt zu konzentrieren (etwa Ihren Atem), können zahlreiche Faktoren Ihre Aufmerksamkeit stören:

- ✔ Geräusche (Verkehr, Vögel und so weiter)
- ✔ Körperliche Empfindungen (Knieschmerzen, Jucken)
- ✔ Erinnerungen (etwa an Ihr Frühstück)
- ✔ Vermutungen über und Erwartungen an die Zukunft (Was gibt es zum Abendessen?)
- ✔ Jede andere mögliche Erfahrung

Viele dieser Erfahrungen lenken ab, weil sie starke Wünsche und Anhaftungen wecken oder Irritation und Frustration auslösen. (Siehe in Kapitel 3, wo Maras Versuch beschrieben wird, Buddhas Konzentration unter dem Bodhi-Baum zu stören, indem er ihm Bilder seiner Frau und seines Kindes vorspiegelte.) Meditierende, die eine starke, einspitzige Konzentration zu erreichen versuchen, üben deshalb im Allgemeinen auch, ihre starken Anhaftungen und Abneigungen loszulassen, indem sie erkennen, wie vergänglich und unbefriedigend sie sind (siehe Kapitel 2). Tiefe Konzentration kann nur in einem zufriedenen Geist wachsen.

In der Anfangsphase Ihrer Praxis müssen Sie Ihre Aufmerksamkeit geduldig und beharrlich (aber sanft) auf das Meditationsobjekt zurücklenken, sobald sie abwandert, was wahrscheinlich sehr oft passieren wird. Aber wenn Sie fleißig genug üben, wird Ihre Aufmerksamkeit allmählich ganz natürlich zu Ihrem Meditationsobjekt (statt auf die Ablenkungen) hingezogen werden und schließlich von selbst dort zur Ruhe kommen. Statt auf die Gnade Ihres unruhigen Geistes angewiesen zu sein, lernen Sie allmählich, ihn zu kontrollieren.

Wenn sich Ihre Konzentration vertieft, durchlaufen Sie natürlich einige wohldefinierte Stufen der Meditation. Selbstverständlich können Sie Beschreibungen dieser Stufen in verschiedenen Meditationsanleitungen lesen, aber es ist wichtig, unter der Führung eines kompetenten Lehrers zu üben – wenigstens, bis Sie gelernt haben, richtig zu üben. Andernfalls können Sie vielfältig abgelenkt werden. Sie können sogar jahrelang Übungen durchführen, die Sie für Meditation halten, die aber in Wirklichkeit nur Ihre mentale Dumpfheit stärken.

Falls Sie fleißig genug üben, können Sie eine Stufe der Konzentration erreichen, die weit jenseits Ihrer normalen Erfahrung liegt. Einige Beispiele:

✔ Sie können die Fähigkeit entwickeln, Ihre Aufmerksamkeit auf Ihr Meditationsobjekt zu richten, und fast mühelos bei diesem Objekt verweilen, ohne sich ablenken zu lassen oder zu ermüden.

   Diese Stufe der Konzentration vertieft nicht nur Ihre Meditationspraxis, sondern wirkt auch auf Ihr Leben im Allgemeinen vorteilhaft ein. Störungen wie Ärger, Gier oder Eifersucht können in einem ruhig fokussierten Geist kaum auftreten; wenn es doch passiert, lösen sie sich bald wieder auf.

✔ Tiefe Konzentration schafft ein Gleichgewicht von Körper und Geist und dadurch können sogar chronische Beschwerden verschwinden.

✔ Tiefe Konzentration hilft Ihnen, sich unverwandt auf jede Aufgabe zu konzentrieren, sodass Sie bei Arbeit und Spiel viel effizienter agieren können.

Letztlich sollen Sie die Fähigkeit zu tiefer Konzentration jedoch entwickeln, um die Natur der Wirklichkeit zu untersuchen. Nur so können Sie die durchdringende Einsicht entwickeln, das Nicht-Wissen, die Wurzelursache von Leiden und Unzufriedenheit, zu beseitigen. Diese Einsicht, die auch als *Weisheit* bezeichnet wird, ist Gegenstand der sechsten und letzten Vollkommenheit.

Die ultimative Vollkommenheit kultivieren: Einsichtsvolle Weisheit

In der buddhistischen Praxis sollen Sie viele verschiedene Arten der Weisheit entwickeln, so auch die Fähigkeit, für Sie und andere heilsame und unheilsame Handlungen zu unterscheiden.

Doch die Vervollkommnung der Weisheit (*Pajnaparamita* im Sanskrit) bezieht sich auf etwas Tieferes: Die Vervollkommnung der *Weisheit* ist die Erkenntnis der wahren Existenz der Dinge. Wenn Sie diese Erkenntnis erlangen, werden Sie nicht mehr durch die falsche *Erscheinung* der Dinge in die Irre geführt. Diese Weisheit enthüllt, dass die wahre Natur aller Dinge (Sie eingeschlossen) die Leere ist (*Shunyata* in Sanskrit). (Gemäß anderer Schulen des Buddhismus enthüllt diese Weisheit *Anatma*: die *Nicht-Wesenhaftigkeit* aller Dinge, was im Wesentlichen dasselbe bedeutet.) Ohne diese durchdringende Weisheit bleiben die ersten fünf Vollkommenheiten blind; und ohne die ersten fünf bleibt Ihre Entwicklung der Vollkommenheit der Weisheit schwach. Aber zusammen geben Ihnen Mitgefühl und Weisheit die Kraft und die Vision, es bis zur Erleuchtung zu schaffen.

Die Wirklichkeit der *Leere* zu verstehen, ist nicht ganz leicht. Selbst die verschiedenen buddhistischen Schulen sind sich darüber nicht einig. Wenn buddhistische Weisheitslehren behaupten, alle Phänomene seien leer oder das Selbst sei leer, was genau meinen sie damit? Zunächst einmal müssen Sie verstehen, dass sie damit *nicht* sagen, diese Dinge existierten nicht. Dinge (oder Phänomene) wie Menschen, Berge, Wolken und so weiter existieren sehr wohl. Sie sind halt nur »leer« in der Bedeutung, dass ihnen etwas fehlt. Die Weisheit zu entwickeln bedeutet, so genau wie möglich zu analysieren, was ihnen fehlt.

> ### Eine Erklärung der Leere
>
> Vergleichen Sie Ihren normalen Begriff der Leere mit der Art, wie Buddha den Begriff im *Herz-Sutra* verwendet. Wenn etwa ein Feuer das Haus eines Nachbarn zerstört hat, können Sie auf das »leere« Grundstück zeigen, um auf die Abwesenheit oder das Fehlen des Hauses zu verweisen, das dort stand. Sie können auch auf eine Flasche zeigen, die nur noch wenig Flüssigkeit enthält, und sagen: »Diese Flasche ist fast leer.«
>
> In beiden Beispielen geht es um die Abwesenheit von etwas, das einmal da war, das einmal existierte. Dieser Begriff der Leere ist in den Weisheitslehren nicht gemeint. Sie wollen nicht sagen, dass den Phänomenen etwas fehlt, das einmal existierte. Ganz im Gegenteil! Die buddhistischen Lehren über die Leere behaupten, dass alle Phänomene (Sie eingeschlossen) etwas nicht enthalten, das von Anfang an *niemals* existiert hat: ein solides, dauerhaftes, substanzielles Selbst oder Wesen. (Näheres über die Leere finden Sie in Kapitel 10.)

Verwirrt von diesem Gerede? Was gibt es daran zu verstehen, dass die Dinge nicht haben, was sie niemals hatten? Die großen Meister des Buddhismus haben erkannt und gelehrt, dass Leiden und Unzufriedenheit ausnahmslos durch eine falsche Auffassung der wahren Existenz der Dinge verursacht werden. Diese falschen Auffassungen veranlassen Sie, der Wirklichkeit Qualitäten zuzuschreiben, die diese nicht besitzt. Wenn Sie das Leiden beseitigen möchten (und wer möchte das nicht?), müssen Sie alle falschen Auffassungen identifizieren und korrigieren.

Solange Sie die Wahrheit nicht direkt wahrgenommen haben, glauben Sie irrtümlich, die Dinge seien konkret und getrennt und hätten ein dauerhaftes, substanzielles Selbst (*Atman* im Sanskrit), das sie in Wirklichkeit nicht besitzen. Wenn Sie Ihr Leiden ein für alle Mal beseitigen wollen, müssen Sie erkennen, dass die Phänomene absolut leer sind und kein solches substanzielles, dauerhaftes Selbst besitzen. Sie enthalten nicht die falschen Ansichten, die Sie irrtümlich auf sie projizieren. Ein Übersetzer bezeichnete diese *Leere* (*Shunyata*) als »die Abwesenheit des Fantasierten«, um auszudrücken, dass die Phänomene nicht Ihre Fantasien und falschen Projektionen enthalten.

Wie meditiert man also über die Leere? Eine Methode besteht darin, zunächst seine gewohnten Ansichten über Menschen und Dinge zu identifizieren und dann zu erkennen, wie begrenzt und uniform diese Ansichten sind und wie sie zwangsläufig zu Leiden und Unzufriedenheit führen (siehe Kapitel 13). Analysieren Sie besonders Ihre Auffassung von sich selbst – Ihre Gewohnheit, sich als diese oder jene Art von Person mit bestimmten, festen Eigenschaften zu sehen, die unabhängig von all den ständigen Änderungen in Ihrem Körper und Geist sind. Anders ausgedrückt: Beobachten Sie genau, wie Sie ein bestimmtes Selbstbild aufrechterhalten – Ihre vermeintliche Identität, die Sie für Ihr dauerhaftes, substanzielles Selbst halten.

Je intensiver Sie nach diesem substanziellen Selbst in Ihrem Inneren suchen, desto unbestimmbarer und unfassbarer wird es. Wenn Sie sich schließlich genügend vorbereitet haben und Ihre Konzentration tief genug ist, können Sie einen Durchbruch zu einem Bewusstsein der Wirklichkeit erfahren, »so, wie sie ist«. Alle Begriffe von *Dies* oder *Das* versinken in einer Erfahrung, die vollkommen jenseits von Wörtern oder Begriffen liegt. Wenn Sie mit dieser durchdringenden Weisheit – dieser direkten Erfahrung der Wirklichkeit selbst, frei von verzerrten Auffassungen – vertrauter werden, vertieft und stabilisiert sich Ihre Verwirklichung oder Erleuchtung. Motiviert von Ihrem mitfühlenden Wunsch, andere aus ihrem selbst errichteten Gefängnis der Unwissenheit zu befreien, können Sie sie dann ebenfalls weise und gekonnt zur Erleuchtung führen. (Näheres über die Erleuchtung finden Sie in Kapitel 10.)

> **IN DIESEM KAPITEL**
>
> Wie aus einer bengalischen Hausfrau eine ehrwürdige Lehrerin wurde
>
> Wie ein Thai-Mönch eine alte Tradition wiederbeleben half
>
> Wie der Buddhismus von einem vietnamesischen Zen-Meister gelehrt wird
>
> Die Stammreihe des Dalai Lama nachvollziehen

Kapitel 15
Vier moderne buddhistische Meister

Die anderen Kapitel in Teil IV vermitteln Ihnen eine Vorstellung davon, wie Anhänger des Buddhismus ihren Geist entwickeln können, um spirituell zu erwachen. Auch wenn diese Informationen (hoffentlich) interessant und hilfreich sind, bleibt vielleicht die nagende Frage: »Wie kann ich sicher sein, dass das alles wirklich funktioniert?«

Sind die Behauptungen über die Ergebnisse des buddhistischen Weges glaubhaft? Führt der Weg wirklich zu der Art von Selbsttransformation, die in den Geschichten über Buddha und spätere Meister (siehe Kapitel 3) beschrieben wird? Es gibt nur eine Möglichkeit, um die Wahrheit der Behauptungen zu prüfen: Sie müssen die buddhistischen Lehren selbst ausprobieren und beobachten, was passiert. Doch nicht jeder bringt ohne ein Vorbild, das ihm den Nutzen des spirituellen Wegs klar vor Augen führt, die erforderliche Motivation auf. Traditionell wird diese Rolle von einem persönlichen *Guru* oder spirituellen Mentor gespielt. (In Kapitel 6 finden Sie Näheres über die verschiedenen Typen spiritueller Lehrer.)

Weil Sie wahrscheinlich noch keinen Lehrer oder Guru gesucht (oder gefunden) haben, zeigen wir Ihnen in diesem Kapitel die zweitbeste Lösung: eine ausführliche Beschreibung von vier modernen buddhistischen Meistern, die sowohl von Buddhisten als auch von Nicht-Buddhisten als inspirierende Beispiele für das mögliche Ergebnis eines spirituellen Lebens bewundert werden. Obwohl alle vier aus Asien stammen und die beiden ersten bereits gegen Ende des 20. Jahrhunderts gestorben sind, üben sie im Westen immer noch einen großen Einfluss aus.

Dipa Ma (1911–1989)

Obwohl Buddhas Lehren jedem offenstehen, haben Männer – und insbesondere Mönche – die Geschichte des Buddhismus von Anfang bis heute dominiert. Dies ist bedauerlich, aber nicht wirklich überraschend. Seit Tausenden von Jahren sind die Hauptkulturen auf der ganzen Welt patriarchalisch (von Männern dominiert) organisiert. Die buddhistischen Organisationen spiegeln diese Dominanz wider.

Glücklicherweise gleicht sich das Gewicht der Geschlechter besonders im Westen allmählich aus, wo zunehmend auch weibliche Praktiker und Lehrer in buddhistischen Kreisen bekannt geworden sind. Doch unabhängig von Ihrem Geschlecht kann das Leben von Dipa Ma für Sie eine Inspiration sein. Dipa Ma war eine bengalische Hausfrau, die trotz ihrer außerordentlich widrigen Lebensumstände zu den vollendetsten buddhistischen Meistern ihrer Zeit gezählt wird. Sie wird von einer Generation von Vipassana-Lehrern im Westen verehrt.

Frühe Jahre als Ehefrau und Mutter

Dipa Ma, die ursprünglich *Nani* hieß, wurde 1911 in einem kleinen Dorf im heutigen Bangladesh in eine buddhistische Familie geboren. Nani war das älteste von sieben Kindern und zeigte schon früh ein ungewöhnlich starkes Interesse am Buddhismus. Statt mit den anderen kleinen Mädchen die üblichen Mädchenspiele zu spielen, verbrachte sie ihre Zeit lieber bei buddhistischen Mönchen und brachte vor Bildern Buddhas Blumenopfer dar. Außerdem lernte sie sehr gerne; aber ihre formale Ausbildung war mit zwölf zu Ende, als ihre Familie sie, dem Brauch entsprechend, zur Heirat an einen Mann weggab, der doppelt so alt war wie sie.

Glücklicherweise war ihr Ehemann Rajani ein freundlicher Mann. Er bekam bald eine Anstellung als Ingenieur in Rangoon, Burma (heute Myanmar), wo das Paar aktiv am Leben der buddhistischen Gemeinde teilnahm. Obwohl sich zwischen Nani und Rajani Liebe entwickelte, hatte ihre Ehe vom traditionellen Standpunkt aus einen wesentlichen Fehler: Sie hatten keine Kinder. Das Paar blieb mehr als 20 Jahre lang kinderlos, bis Nani überraschenderweise doch noch schwanger wurde. Aber ihre Freude währte nicht lange, da die lang ersehnte Tochter bereits nach drei Monaten starb. Nani starb fast vor Kummer; doch vier Jahre später wurde sie wieder schwanger. Dieses Mal überlebte ihre Tochter, der sie den Namen *Dipa* gegeben hatten. Nani war so glücklich, dass sie von da an als *Dipa Ma* – Dipas Mutter – bekannt wurde.

Körperliche Beschwerden durch Meditation geheilt

Im Laufe ihrer Ehe bat Dipa Ma ihren Mann häufiger um die Erlaubnis zu meditieren, aber er lehnte immer wieder ab und riet ihr, dem indischen Brauch folgend, zu warten, bis sie älter war, um ein spirituelles Leben zu führen. Doch in einem Leben voller Tragik und Kummer hielt Dipa Ma ihren Wunsch wach, meditieren zu lernen. Sie hatte ein Herzleiden, erlebte den frühen Tod ihres ersten Kindes, wurde laufend von Krankheiten geplagt und musste schließlich mit dem Herzinfarkt und plötzlichen Tod ihres Mannes fertig werden.

Im Alter von 44 war Dipa Ma verwitwet und invalide. In ihrer tiefen Verzweiflung blieb ihr nur der Ausblick auf den Tod. Ihr Arzt empfahl ihr Meditation als einzige Überlebenshoffnung. Dipa Ma erkannte klarer als jemals zuvor: Nur die Praxis der Meditation würde ihr Leiden lindern und ihr wahren Frieden bringen können. Sie vertraute ihre Tochter der Obhut eines Nachbarn an und machte sich zum Kamayut Meditation Center in Rangoon auf.

Erstaunlicherweise erreichte Dipa Ma bereits nach kurzer Unterweisung den Zustand der tiefen meditativen Konzentration, der als *Samadhi* bezeichnet wird. Sie kehrte zu ihrer Tochter zurück und meditierte mehrere Jahre zu Hause weiter, bevor sie den bengalischen Meditationslehrer Munindra und seinen geschätzten burmesischen Meister Mahasi Sayadaw kennenlernte, die beide eine wichtige Rolle dabei spielten, die lebendige Praxis der buddhistischen Meditation in den Westen zu bringen. Auf einem Retreat im Zentrum von Mahasi Sayadaw durchlief sie schnell tiefere Erfahrungen des *Samadhi*, bis sie schließlich die erste Stufe der Erleuchtung erlangte, einen Moment der unbeschreiblichen Ruhe, der ihr Leben für immer änderte.

Auf jeder folgenden Stufe ihrer inneren Reise durchbrach Dipa Ma dickere Mauern der Qual und des Schmerzes und ließ tiefere Schichten der Anhaftung los. Mit diesen Erfahrungen kehrte ihre Gesundheit zurück: Ihr Blutdruck normalisierte sich, ihr Herzleiden verschwand und sie gewann nach Jahren der Krankheit und der körperlichen Qual ihre körperliche Ausdauer zurück. Allmählich durchlief sie die Stufen der Erleuchtung (siehe Kapitel 10), löschte alle Spuren von Gram, Ärger und Furcht und erlangte einen unerschütterlichen Frieden und eine Gelassenheit, bis ihre Verwirklichung abgeschlossen war. In wenig mehr als einem Jahr hatte sich die geschwächte Mutter und Hausfrau in eine lebendige Verkörperung der buddhistischen Lehren verwandelt.

Die Geschichte von Dipa Ma wird bekannt

Erstaunt und inspiriert durch ihr Beispiel, begannen die Freunde und Nachbarn, die vor nicht langer Zeit noch alle Hoffnung auf ihr Überleben aufgegeben hatten, selbst zu meditieren. Dipa Ma begann schließlich, Schüler anzunehmen und sie zu unterrichten, wie sie jeden Moment ihres Lebens als Meditation erfahren können. Sie lehrte Mütter und Hausfrauen, achtsam Geschirr zu spülen, Wäsche zu waschen oder ihre Babys zu füttern. Denn: »Meditation und Leben sollten nicht getrennt sein. Was immer du auch tust, tue es mit Achtsamkeit.« Später verließ sie Myanmar und zog in eine kleine Wohnung außerhalb von Kalkutta. Sie zog einen ständigen Strom von Hausfrauen an, die ihren praktischen Ansatz der Achtsamkeitsschulung lernen und praktizieren wollten. Sie lehrte ihre Schüler, die Gebote des ethischen Verhaltens zu beachten und sich dem Wohle anderer zu widmen, Praktiken, die sie für den Rest ihres Lebens selbst befolgte und ausübte.

Auch wenn Dipa Ma jede Person, die zu ihr kam, wie einen Sohn oder eine Tochter behandelte, und jeden, den sie traf, mit Liebe und Segnungen überschüttete, konnte sie ihre Schüler auch leidenschaftlich antreiben, sich mehr anzustrengen, fleißiger zu üben und jeden Moment so zu nutzen, als sei er ihr letzter. In einer Kultur, die Frauen immer noch als minderwertig betrachtete, lehrte Dipa Ma ihre Schülerinnen, dass sie besser als Männer praktizieren könnten, weil ihr Geist weicher und ihre Emotionen zugänglicher seien. Zu den

Schülern, die von Dipa Ma unterrichtet, ermutigt und inspiriert wurden, gehörten Westler wie Joseph Goldstein, Sharon Salzberg und Jack Kornfield, die später sehr einflussreiche Meditationslehrer in Nordamerika wurden. (In Kapitel 5 finden Sie Näheres über die Verbreitung der buddhistischen Meditation im Westen.) In den 1980er Jahren nahm Dipa Ma zweimal Einladungen der Insight Meditation Society in Massachusetts an, um dort Retreats zu begleiten. Sie starb 1989 ruhig in ihrer kleinen Wohnung in Kalkutta. Ihre Tochter und ein ergebener Schüler standen ihr zur Seite, als sie sich, die Hände zum Gebet zusammengelegt, vor Buddha verbeugte.

Ajahn Chah (1918–1992)

Die Theravada-Taradition (»Weg der Älteren«) ist die älteste lebende buddhistische Tradition auf der Welt. (In Kapitel 4 finden Sie Näheres über die Theravada-Geschichte.) Ihre Verbreitung im Westen ist zu einem großen Teil auf die Arbeit moderner Älterer wie dem Ehrwürdigen Ajahn Chah (siehe Abbildung 15.1) zurückzuführen.

Abbildung 15.1: Ajahn Chah (Foto mit freundlicher Genehmigung von DTOH Sambhantaraksa. Copyright Abhayagiri Buddhist Monastery)

Den Weg im Wald des Lebens finden

Ajahn Chah wurde 1918 in einem kleinen Dorf im Nordosten Thailands geboren. Als junger Mann verbrachte er mehrere Jahre als Novize in einem Kloster und kehrte dann zu seiner

Familie zurück, um auf dem Bauernhof zu helfen. Mit 20 kehrte er ins Kloster zurück und wurde 1939 voll ordiniert. Seine ersten Jahre als Mönch verbrachte er damit, Pali zu lernen (die Sprache der Theravada-Schriften) und die traditionellen buddhistischen Texte zu studieren. Diese Art der Schulung war für die meisten damaligen Thai-Klöster typisch.

Doch der Tod seines Vaters veranlasste Ajahn Chah, über das intellektuelle Verständnis hinaus die wesentliche Bedeutung von Buddhas Lehren zu suchen. Er las viel über die *Drei Schulungen* des ethischen Verhaltens, der Meditation und der Weisheit, verstand aber immer noch nicht, wie er die Lehren in die Praxis umsetzen konnte. Seine brennende Frage führte ihn schließlich zu Ajahn Mun (1870–1949), der für die Wiederbelebung der buddhistischen Meditation in der alten Tradition der Waldmönche in Thailand verantwortlich war. (*Ajahn* – auch *Achaan* geschrieben – ist ein Titel des Respekts, der älteren Mönchen verliehen wird, die angefangen haben zu lehren.) Ajahn Mun lehrte ihn, dass die geschriebene Lehre zwar sehr umfangreich, aber die zentrale Praxis der Achtsamkeit tatsächlich ziemlich einfach sei. (Näheres über Achtsamkeit finden Sie in Kapitel 7.)

Nachdem ihm die Praxis klar war, reiste Ajahn Chah mehrere Jahre durch Thailand und lebte in Dschungeln voller Kobras und an Verbrennungsstätten. Diese Orte gelten als geeignet, um die Meditationspraxis zu vertiefen und sich der Furcht vor dem Tod zu stellen. Nach Jahren der Wanderung, in denen sich sein Erwachen vertiefte und klärte, wurde Ajahn Chah eingeladen, in sein Dorf zurückzukehren. Trotz schlechter Unterkunft, knapper Nahrung und der Malariagefahr kamen erste Schüler. Die Reinheit und Ernsthaftigkeit seiner Praxis zog sie an, diese schwierigen Bedingungen in Kauf zu nehmen. Ajahn Chah gründete das Kloster, das heute als *Wat Pah Pong* bekannt ist. Nach und nach wurden in der Gegend weitere Tochterklöster gegründet.

Ajahn Chah war für seine enorme Fähigkeit bekannt, seine Erklärungen des Dharma an seine jeweiligen Zuhörer anzupassen. Aufgrund seiner meditativen Erfahrung waren seine Reden immer klar, oft humorvoll und immer tiefschürfend. Bald kamen Mönche und Laien aus ganz Thailand in sein Kloster (*wat*) im Wald, um an seiner Weisheit teilzuhaben.

Den Weg des Mönches verkünden

1966 kam ein frisch ordinierter amerikanischer Mönch, der Ehrwürdige Sumedho, der seine Schulung in einem Kloster an der laotischen Grenze begonnen hatte, in das Kloster Wat Pah Pong. Die Gemeinde war bereit, ihn als Schüler zu akzeptieren, solange er bereit war, dieselbe Nahrung zu essen und sich derselben strengen Praxis wie die anderen Mönche zu unterziehen. Nachdem der Ehrwürdige Sumedho fünf Regenzeit-Retreats in Wat Pah Pong verbracht hatte, betrachtete ihn Ajahn Chah als qualifiziert zu lehren. Zusammen gründeten sie das International Forest Monastery (Internationales Waldkloster). Der Ehrwürdige Sumedho wurde Abt des ersten Klosters in Thailand, das von und für englischsprachige Mönche geführt wurde.

Während der 1960er und 1970er Jahre kamen und gingen verschiedene Westler, darunter auch Jack Kornfield, einer der Pioniere der Vipassana-Meditation in den Vereinigten Staaten und Mitbegründer der Insight Meditation Society in Massachusetts und des Spirit Rock Center in Kalifornien. Nach seinem Dienst beim Peace Corps (Friedenskorps) in Thailand verbrachte Kornfield unter der Führung von Ajahn Chah mehrere Jahre als Mönch in Wat Pah Pong, bevor er in den Westen zurückkehrte und 1975 selbst anfing zu lehren.

Im Jahre 1977 wurde Ajahn Chah eingeladen, in Großbritannien zu lehren, und er brachte den Ehrwürdigen Sumedho und andere Mönche mit. Als er das westliche Interesse am Dharma sah, erlaubte Ajahn Chah Sumedho und anderen Mönchen, in der Hauptniederlassung des English Sangha Trust in London als Lehrer zu bleiben. Im folgenden Jahr wurde das Chithurst Buddhist Monastery in Sussex, England, gegründet. Dies war das erste Mal, dass ausgebildete Westler die lebendige Mönchstradition des Theravada-Buddhismus in den Westen brachten. (1983 zog das Kloster nach Hemel Hempstead, England, um und wurde in *Amaravati* umbenannt.) Im Laufe der Zeit etablierten westliche Schüler unter der Führung und Inspiration von Ajahn Chah weitere Zentren in Europa, Australien, Neuseeland und überall.

Ajahn Chah litt an Diabetes. Nach mehreren weiteren Besuchen im Westen verschlechterte sich sein Gesundheitszustand zusehends. Wie ein wahrer Meister nutzte er seinen schlechter werdenden Zustand als Beispiel, um seinen Schülern die Vergänglichkeit zu verdeutlichen und sie an die Notwendigkeit zu erinnern, dem spirituellen Weg gewissenhaft zu folgen. Selbst als er bettlägerig wurde und nicht mehr sprechen konnte, zog allein seine Anwesenheit im Kloster zahlreiche Mönche und Laien an, die dort praktizieren wollten. Schließlich starb der Ehrwürdige Ajahn Chah 1992, nachdem er spirituellen Suchern auf der ganzen Welt einen unermesslichen Nutzen gebracht hatte.

Thich Nhat Hanh (1926-2022)

Einer der Gründer und einflussreichsten Persönlichkeiten dieser Bewegung ist ein vietnamesischer Zen-Mönch, der Ehrwürdige Thich Nhat Hanh (siehe Abbildung 15.2), der sich unermüdlich und intensiv für Arme und Unterdrückte auf der ganzen Welt eingesetzt hat.

Abbildung 15.2: Thich Nhat Hanh (Abdruck mit Genehmigung von Parallax Press, Berkeley, CA. Foto von Nang Sao)

Im letzten halben Jahrhundert gewann eine Bewegung an Kraft, die als *Engagierter Buddhismus* bezeichnet wird. Sie kombiniert die traditionellen buddhistischen Prinzipien mit gewaltfreien sozialen Handlungen, die von modernen Lehrern wie Gandhi und Martin Luther King jun. inspiriert sind.

In Kriegszeiten für den Frieden arbeiten

Thay (wie seine Schüler ihn nannten) wurde 1926 in Zentralvietnam geboren. Er wurde 1942 buddhistischer Mönch. Mit 24 war er Gründungsmitglied eines Zentrums für buddhistische Studien in Südvietnam. Nachdem er zwei Jahre lang in den Vereinigten Staaten vergleichende Religionswissenschaft studiert und gelehrt hatte, kehrte er nach Vietnam zurück, wo er eine Widerstandsbewegung unterstützte, die auf Gandhis Prinzipien der Gewaltlosigkeit basierte und gegen Kräfte gerichtet war, die sein Land im Indochinakrieg zerstören wollten.

Thich Nhat Hanh gründete auch *Youth for Social Service*, eine Organisation, die mehr als 10.000 Mönche, Nonnen und junge Sozialarbeiter aufs Land schickte, um Krankenhäuser und Schulen einzurichten und Dörfer wieder aufbauen zu helfen, die während der Kriege in Indochina bombardiert worden waren. Immer wieder brachten ihn seine Aufrufe zur Versöhnung der Kriegsparteien in Konflikte mit beiden Seiten der sich bekämpfenden vietnamesischen Parteien.

Im Jahre 1966, kurz nach Beginn des Vietnamkriegs, reiste Thich Nhat Hanh ohne offizielles Mandat und ohne jegliche Unterstützung in die Vereinigten Staaten. Seine Mission bestand darin, dem amerikanischen Volk die Leiden ihrer vietnamesischen Brüder und Schwestern zu beschreiben und sowohl an die militärischen Führer als auch an die Menschenrechtler zu appellieren, den Kampf einzustellen und einen Frieden auszuhandeln. Martin Luther King jun., ebenfalls ein Befürworter der Gewaltlosigkeit im Stile Gandhis, war von Thich Nhat Hanh und seinen Vorschlägen so ergriffen, dass er öffentlich gegen den Vietnamkrieg protestierte und Thay für den Friedensnobelpreis 1967 vorschlug. Bei demselben Besuch traf Thich Nhat Hanh auch Thomas Merton, einen bekannten katholischen Mönch und Autor, der, so wird berichtet, seinen Schülern sagte: »Allein wie er die Tür öffnet und einen Raum betritt, steht für seine Überzeugung. Er ist ein wahrer Mönch.«

Thich Nhat Hanh setzte seine Bemühungen mit Reisen nach Europa fort, wo er zweimal Papst Paul VI. traf, um eine katholisch-buddhistische Zusammenarbeit zur Befriedung von Vietnam zustande zu bringen. Auf Wunsch der Unified Buddhist Church of Vietnam leitete Thay die buddhistische Delegation bei den Pariser Friedensgesprächen von 1969. Doch 1973, als Südvietnam im Friedensvertrag den Kommunisten zufiel, verweigerte ihm die Regierung die Wiedereinreise in sein Heimatland. Fortan lebte Thay in Frankreich, leitete Meditations-Retreats, schrieb Bücher und setzte seine Friedens- und Versöhnungspolitik fort.

Klassische Ideale in einen neuen Anfang umsetzen

Im Jahre 1982 gründete Thich Nhat Hanh Plum Village, ein großes Retreat-Zentrum und eine Meditationsgemeinde in der Nähe von Bordeaux, wo Menschen aus der ganzen Welt zusammenkommen, um Achtsamkeit zu praktizieren. Plum Village dient auch als Zufluchtsort, an den sich Aktivisten, die für Frieden und soziale Gerechtigkeit kämpfen, zurückziehen können, um sich auszuruhen und spirituell weiterzuentwickeln, oder an dem Exilvietnamesen eine neue Heimat finden können. Mit Plum Village als Heimatbasis setzte Thich Nhat

Hanh seine vielen Reisen fort, leitete Retreats und Workshops über Achtsamkeit und unterstützte soziale Aktivitäten auf der ganzen Welt. Seine sanften Lehren sind fest in klassischen Themen des Buddhismus verwurzelt: Achtsamkeit, Einsicht und Erbarmen. Diese Lehren betonen, dass wir Frieden mit uns selber schließen müssen, um Frieden in der Welt zu erlangen. Seine mehr als 75 Bücher mit Prosa, Poesie und Gebeten haben Thich Nhat Hanh als international anerkannten Autor etabliert.

In seinen späteren Lebensjahren hat Thich Nhat Hanh eine neue buddhistische Tradition (oder Schule) begründet, die er als den *Order of Interbeing*, deutsch *Intersein-Orden*, genannt hat. Dieser Orden basiert auf einer Überarbeitung der traditionellen buddhistischen Gebote (siehe Kapitel 12), die als die »14 Tore der Achtsamkeit« bezeichnet werden. Jede Achtsamkeitsschulung beginnt mit einer Bewusstmachung entweder bestimmter buddhistischer Wahrheiten oder bestimmter, weit verbreiteter Ungleichheiten oder Ungerechtigkeiten. Auf diese Bewusstmachung folgt dann eine Selbstverpflichtung, sich mitfühlender, aufmerksamer und spiritueller zu verhalten.

Die folgenden Beispiele der Achtsamkeitsschulungen von Thich Nhat Hanh stammen aus seinem Buch *Interbeing*:

Im Bewusstsein der Leiden, die durch Ausbeutung, soziale Ungerechtigkeit, Diebstahl und Unterdrückung verursacht werden, haben wir uns der Kultivierung der liebenden Güte und Entwicklung von Möglichkeiten gewidmet, um für das Wohlergehen von Menschen, Tieren, Pflanzen und Mineralien zu arbeiten. Wir wollen Großzügigkeit praktizieren, indem wir unsere Zeit, Energie und materiellen Ressourcen mit den Bedürftigen teilen. Wir sind entschlossen, nicht zu stehlen und nichts zu besitzen, das anderen gehören sollte. Wir werden das Eigentum anderer respektieren, werden aber versuchen, andere daran zu hindern, vom menschlichen Leiden oder dem Leiden anderer Wesen zu profitieren.

Im Bewusstsein der Leiden, die durch Fanatismus und Intoleranz erzeugt werden, sind wir entschlossen, uns nicht abgöttisch an Doktrinen, Theorien oder Ideologien zu binden, nicht einmal an buddhistische. Dass uns buddhistische Lehren leiten, bedeutet, dass sie uns helfen, tief zu blicken und unser Verständnis und Erbarmen zu entwickeln. Es handelt sich nicht um Doktrinen, für die man kämpfen, töten oder sterben sollte.

Thich Nhat Hanh hat die Gebote an die Probleme der Gegenwart angepasst, darunter die wachsende Bedrohung der Umwelt, die Ausbeutung der Entwicklungsländer durch multinationale Konzerne und die Konflikte und den Terrorismus, die durch religiösen Fanatismus verursacht werden. Durch ihren weltweiten Einfluss auf Menschen, die für den Frieden arbeiten, haben diese sanften Mönche, die das langsame Gehen und die Achtsamkeit praktizieren, die er lehrt, dazu beigetragen, die Sache des Friedens und der Gerechtigkeit zu stärken, indem sie Frieden und Gerechtigkeit selbst verkörpern. 2014 erlitt Thich Nhat Hanh in Bordeaux einen Schlaganfall und zog sich aus dem öffentlichen Leben zurück. Er starb 2022 in dem Tempel, in dem er 80 Jahre zuvor zum Mönch ordiniert worden war.

Der Dalai Lama (geboren 1935)

Der berühmteste buddhistische Führer der Welt ist der Mönch Tenzin Gyatso, bekannter als der 14. Dalai Lama von Tibet. (Der Titel *Dalai*, Mongolisch »Ozean«, wurde einem herausragenden tibetischen *Lama* (*Guru* oder spiritueller Lehrer) vor mehr als 400 Jahren von einem mongolischen König verliehen. Dieser König war von der spirituellen Gegenwart des Lamas so beeindruckt, dass er ihn als einen »Ozean der Weisheit« ansah. Jeder folgende Dalai Lama verwendete *Gyatso* (tibetisch für »Ozean«) als Teil seines offiziellen Namens. (Nebenbei gesagt: Das Wort *Tenzin* im Namen des gegenwärtigen Dalai Lamas bedeutet »Bewahrer der Lehren«.) Weil dieser verehrte spirituelle Lehrer und politische Führer weltbekannt ist, beschreiben wir sein Leben und seine Arbeit etwas ausführlicher als die der anderen drei Lehrer.

Das Vermächtnis der Reinkarnation begreifen

Der gegenwärtige Dalai Lama ist der 14. in einer Reihe tibetischer spiritueller Meister, die mehr als 500 Jahre in die Vergangenheit reicht. Diese Reihe umfasst einige der vollkommensten Meditierenden, Lehrer, Autoren und Dichter der tibetischen Geschichte. Seit der Zeit des 5. Dalai Lama, Lobzang Gyatso (1617–1682), den alle Tibeter als den »Großen Fünften« kennen, waren die Nachfolger dieser Reihe auch die spirituellen und weltlichen Führer der tibetischen Nation (gewissermaßen Papst und Kaiser in einer Person). Unter der Herrschaft des Großen Fünften wurde der Potala-Palast, die Residenz der Dalai Lamas, in Lhasa gebaut. Neben dem Dalai Lama selbst ist dieses beeindruckende Bauwerk das heute am besten bekannte Symbol für Tibet.

Der Übergang der geistigen und weltlichen Führerschaft von einer Generation zur nächsten ist ein einzigartiger Aspekt der tibetischen Kultur. Eine Person wird nicht Dalai Lama, indem sie den Thron von einem verstorbenen Verwandten erbt oder indem sie für dieses Amt gewählt wird. Stattdessen wird der Nachfolger eines verstorbenen Dalai Lamas *entdeckt* und dann an seiner Stelle inthronisiert.

Dieses System basiert auf dem Prinzip der *Reinkarnation* (siehe Kapitel 13). Gemäß den Lehren des Buddhismus können Meditierende, die durch ihre spirituelle Praxis genügend Kontrolle über ihren Geist erlangt haben, beim Sterben bewusst bleiben und auswählen, wo und bei welchen Eltern sie wiedergeboren werden. Den Ort der Wiedergeburt zu wählen, steigert die Chancen, in jungen Jahren (oft durch frühere Schüler) entdeckt zu werden. Diese kleinen Kinder (die sogenannten *Tulkus* oder inkarnierten Lamas) werden dann in denselben spirituellen Disziplinen ausgebildet, die ihre Vorgänger beherrscht haben. Die Lehren, die sie anderen vermittelt haben, werden jetzt an sie zurückgegeben. Weil sie mit diesen Lehren bereits aus früheren Leben vertraut sind, schreitet ihre Ausbildung im Allgemeinen ziemlich schnell voran, sodass sie schnell die Funktion wieder aufnehmen können, für die sie durch ihren spirituellen Werdegang vorbereitet worden sind: anderen bestmöglich zu dienen.

In Tibet lebten viele inkarnierte Lamas. Gemäß einiger Überlieferungen konnten etwa 200 (von ca. 1.000) fliehen, als die Chinesen Tibet in den 1950er Jahren besetzten. Der wichtigste dieser entkommenen *Tulkus* ist der Dalai Lama, der als menschliche Verkörperung des Bodhisattvas des Erbarmens (*Chenrezig* im Tibetischen) verehrt wird. Chenrezig (siehe Abbildung 15.3) gilt als Beschützer des Schneelands (Tibet) und ist der Schutzgott des tibetischen Volkes.

Abbildung 15.3: Chenrezig, der Bodhisattva des Erbarmens

Das frühe Leben des gegenwärtigen Dalai Lama

Zur Zeit des Großen Fünften wurde der Dalai Lama der höchste weltliche und geistige Führer des tibetischen Volkes. Der 13. Dalai Lama trug ebenfalls den Beinamen »der Große«. Als er 1933 starb, wiesen zahlreiche Zeichen darauf hin, dass seine Reinkarnation irgendwo nordöstlich von Lhasa, der Hauptstadt von Tibet, wiedergeboren werden würde. Das *Staatsorakel*, ein Mönch mit hellseherischen Fähigkeiten, den die Regierung immer bei wichtigen

Fragen konsultiert, bestätigte, dass sich die Suche nach dem neuen Dalai Lama auf die ferne nordöstliche Provinz Amdo, nicht weit von der Grenze zu China, konzentrieren sollte.

Um die Suche einzugrenzen, beschloss der *Regent*, ein Lama, der als temporärer Herrscher regiert, eine heilige Stätte zu besuchen, die als *Orakelsee* bezeichnet wird, um möglicherweise ein Bild des Geburtsortes des neuen Dalai Lamas zu sehen. An dem See empfing er mehrere Visionen. Sie bestanden aus einer Reihe von Buchstaben, einem Bild eines dreistöckigen Klosters mit einem türkis- und goldfarbenen Dach und einem nahe gelegenen Haus mit ungewöhnlichen Wasserrinnen, das von kleinen Wacholderbäumen umgeben war.

Die Gruppe der Mönche, die für die Deutung dieser Hinweise verantwortlich war, kam zu dem Schluss, dass es sich um das Kloster Kumbum handeln müsse, eine heilige Stätte in Amdo und Geburtsort des großen Meisters Tsongkhapa, dem Hauptguru (Lehrer) des ersten Dalai Lamas. Eine Gruppe hoher Lamas, die von Keusang Rinpoche, einem Freund des Großen Dreizehnten, angeführt wurde, machte sich zum Kumbum-Kloster auf, um in dem Gebiet nach Kindern zu suchen, die Zeichen des nächsten Dalai Lamas trugen. Als sie das kleine Dorf Taktser erreichten, in dem es ein Haus gab, das dem Bild aus der Vision am Orakelsee entsprach, hatten sie das Gefühl, dass ihre Suche zu Ende ging. In diesem Haus entdeckten sie den zweieinhalbjährigen Lhamo Thondup, der am 6. Juli 1935 geboren war. Keusang Rinpoche kam bald zu der Überzeugung, dass dies das Kind sei.

Als Keusang Rinpoche mehrere Wochen später nach Taktser zurückkehrte, hatte er zwei Gehstöcke bei sich. Einer dieser Stöcke hatte dem Großen Dreizehnten gehört. Der kleine Lhamo griff nach diesem Stock und erklärte: »Der gehört mir! Was machst du damit?« Lhamo nahm auch den Rosenkranz, den Rinpoche um den Hals trug und den er von dem 13. Dalai Lama bekommen hatte, und beanspruchte ihn als seinen eigenen. Später am Abend legte Keusang Rinpoche einige Ritualobjekte vor Lhamo auf den Tisch. Der Junge griff sofort nach den Gegenständen, die seinem Vorgänger gehört hatten, und ignorierte die anderen. Da wusste Keusang Rinpoche, dass er die Reinkarnation des Dalai Lamas gefunden hatte. Doch die Verhandlungen mit dem Anführer des Gebiets dauerten länger als ein Jahr. Die dreimonatige Reise nach Lhasa begann erst im Juli 1939, als Lhamo vier Jahre alt wurde. Im folgenden Frühjahr wurde Lhamo Thondup formell als 14. Dalai Lama inthronisiert und mit der Mönchsrobe bekleidet. Am Anfang konzentrierten sich seine Lehrer einfach darauf, ihm das Lesen beizubringen. Doch schließlich begann der Junge, dem strengen Tagesablauf eines Mönches zu folgen. Er stand früh morgens auf. Bis Mittag rezitierte er Gebete, meditierte, memorierte und rezitierte Texte. Nach dem Mittagessen setzte er sein Studium der philosophischen Schriften fort, die den wichtigsten Teil der Ausbildung eines Mönches ausmachen. Als er zwölf wurde, nahm der Dalai Lama an ernsthaften Debatten teil und lernte, verschiedene philosophische Positionen in diesen Texten kraftvoll und gekonnt zu verteidigen und anzugreifen.

Auseinandersetzung mit den Chinesen

Ein Aspekt der Ausbildung des Dalai Lamas unterschied sich erheblich von der der normalen Mönche. Zusätzlich zu seinen Studien absolvierte er auch einen Teil seines Tages Treffen mit den Regierungsministern. Obwohl er noch ein Kind war, machten ihm diese entscheidungsrelevanten Treffen die enorme Verantwortung bewusst, die er eines Tages übernehmen sollte. Und dieser Tag kam schneller als erwartet.

Ende 1949 begann China, an der östlichen Grenze von Tibet Truppen zusammenzuziehen. Sie bereiteten sich auf eine Invasion vor, die schließlich das ganze Land verschlingen und eine Kultur und eine Art des Lebens zerstören würde, die Jahrhunderte überdauert hatte. Die Chinesen wollten Tibet schon seit Langem in China integrieren, und die kommunistische Revolution in China (kurz nach dem Ende des Zweiten Weltkriegs) bot ihnen eine Gelegenheit, Tibet ohne Widerstand der Weltmächte zu besetzen.

In den nächsten zehn Jahren versuchte der Dalai Lama, mit den chinesischen Autoritäten zu verhandeln, die die Kontrolle über Tibet mit der Begründung übernommen hatten, »Tibet von den Mächten des Imperialismus zu befreien«. Die einzigen imperialistischen Mächte waren jedoch die einmarschierten Chinesen selbst. Der Dalai Lama versuchte vergebens, die Tibeter vor der kommenden Verwüstung zu bewahren. 1954 luden die chinesischen Führer den Dalai Lama zu einem Treffen nach Peking ein. Die Offiziellen versuchten, ihn von den Vorzügen des Kommunismus zu überzeugen. Aber als er sich bei dem Vorsitzenden Mao darüber beschwerte, dass chinesische Soldaten tibetische religiöse Institutionen, den Kern der tibetischen kulturellen Identität, angreifen und zerstören würden, bekam er von Mao die herzlose Antwort: »Religion ist Gift.« Da erkannte der Dalai Lama, wie schrecklich die Lage Tibets geworden war.

Im Jahre 1956 nahm der Dalai Lama eine Einladung des indischen Premierministers Nehru nach Indien an, um den 2.500. Jahrestag von Buddhas Tod zu feiern. In Indien informierte er Nehru über die Gefahr, in der sich Tibet befand. Der Premierminister versicherte ihm, dass die Tibeter in Indien Asyl bekommen würden, falls es zum Krieg mit den Chinesen käme.

Trotz einer Verschlechterung der Lage, seinen wachsenden Verantwortlichkeiten und den vielen Ablenkungen setzte der Dalai Lama seine Mönchstudien fort. Anfang März 1959 erwarb er seinen *Geshe*-Grad (der ungefähr einem Doktorgrad in Philosophie und Theologie entspricht). Nur wenige Tage später spitzte sich die ständig schlimmer werdende Situation in Tibet zu. Am 10. März (der seitdem jedes Jahr als Tag der nationalen Erhebung gefeiert wird) umringten Zehntausende von Tibetern die Sommerresidenz des Dalai Lamas, den Norbu Lingka, um ihn vor den chinesischen Kräften zu beschützen, die ihn entführen wollten.

Das Staatsorakel erklärte, dass der Dalai Lama nur die Option habe, sofort nach Indien zu fliehen und seine Kampagne zur Rettung Tibets von dort fortzusetzen. Deshalb schlich sich der 14. Dalai Lama, als Soldat verkleidet, am 17. März aus dem Norbu Lingka heraus und begann seine Reise ins Exil. Nachdem er einige von Tibets rauesten schneebedeckten Gebieten durchquert hatte, erreichte er zwei Wochen später Indien, um ein neues Leben zu beginnen. (Eine dramatisierte und im Allgemeinen korrekte Version dieser Geschichte finden Sie in dem Film *Kundun* von Martin Scorsese.)

Freiheit im Exil

Fast eine Million Tibeter, etwa ein Sechstel der Gesamtbevölkerung, versuchte 1959 mit dem Dalai Lama oder kurz danach zu fliehen. Doch nur weniger als 100.000 erreichten sicher Indien oder die benachbarten Länder. Die brutale chinesische Machtübernahme in

Tibet forderte einen unglaublich hohen Blutzoll. Vielen, die den Chinesen entkommen konnten, ging es nicht viel besser. Zehntausende kamen durch Krankheiten, Unterernährung, extreme klimatische Unterschiede und die Beschwerden der Reise um.

Das Leben in Indien war für den jungen Dalai Lama ganz anders als in seinem Heimatland. Er ließ sich in der nordindischen Stadt Dharamsala in einer bescheidenen Residenz nieder, die nicht mit dem verbotenen Potala-Palast in Lhasa vergleichbar war. In Tibet hatte er praktisch als Gefangener gelebt. Sowohl die chinesischen als auch die alten tibetischen religiösen Bräuche und Institutionen hatten seine Aktivitäten eingeschränkt. Nun war er viel freier, sein Leben selbst zu gestalten und eine Politik zu formulieren und durchzusetzen, die seinen Prinzipien und seinem Interesse an wissenschaftlichen und demokratischen Methoden entsprach.

 Kurz nach seiner Ankunft in Indien setzte der Dalai Lama in Dharamsala die tibetische Exilregierung ein und begann, die Exilgemeinde demokratisch zu reformieren, während er die Ereignisse in Tibet selbst laufend beobachtete.

Mithilfe der indischen Regierung hat der Dalai Lama neue Siedlungen errichtet und Klöster wiederhergestellt. Unter seiner Führung wurden Schulen, medizinische Einrichtungen, Handwerkszentren und andere kulturelle Organisationen in Indien (und in anderen Ländern) etabliert. Auf diese und zahllose andere Arten hat der Dalai Lama durch seine Befürwortung, Unterstützung und Ermutigung trotz der verheerenden Zerstörungen und des Völkermords die kulturelle Identität der Tibeter erhalten können.

Die Rolle des buddhistischen Weltbotschafters

Im Laufe der Jahre hat der Dalai Lama (der genauso bereit ist zu lernen, wie Bitten um Lehrtätigkeiten zu erfüllen) wohlwollende, von gegenseitigem Respekt erfüllte Beziehungen zu Führern und Anhängern vieler anderer Glaubensrichtungen aufgebaut. Derselbe Geist des gegenseitigen Austauschs kennzeichnete seine häufigen Kontakte mit Wissenschaftlern, politischen Führern, Menschenrechtlern, Psychotherapeuten, Künstlern, Musikern und zahllosen anderen Individuen und Gruppen aus allen Schichten.

Der Dalai Lama ist zu einem Hauptprotagonisten des Versuches geworden, eine gemeinsame Basis für die Weltreligionen zu finden. So gelten seine Kommentare zu den Evangelien (deutsch *Das Herz aller Religionen ist eins. Die Lehre Jesu aus buddhistischer Sicht*, Reihe Arkana bei Goldmann) als ein Hauptbeitrag zum Dialog zwischen den Religionen. Er hat sich auch ernsthaft für die wissenschaftlichen Entdeckungen über die Arbeitsweise des Gehirns und ihr Verhältnis zum buddhistischen Verständnis des Geistes interessiert. Um auch hier einen Dialog anzuregen, hat er wissenschaftliche Untersuchungen an fortgeschrittenen tibetischen Meditierenden vorgeschlagen, damit der Westen mit seinen eigenen Methoden die transformierende Wirkung von spirituellen Praktiken dokumentieren kann. Die Mind-Science-Konferenzen (Konferenzen über die Wissenschaft vom Geist), die von seiner Heiligkeit zusammen mit führenden Persönlichkeiten der westlichen Wissenschaft und Philosophie abgehalten wurden, haben bereits zur Veröffentlichung zahlreicher Bücher geführt.

Einst war die Welt des Dalai Lamas noch ziemlich eng. Wenige Leute hatten Zugang zu ihm, und er hatte einen begrenzten Zugang zur Außenwelt. Heute kennen Millionen Menschen auf der ganzen Welt sein lächelndes Gesicht und sein ansteckendes Lachen. Er verbringt viel Zeit mit Reisen, dem Besuch tibetischer Gemeinden in Übersee und Lehrreden, die von Tausenden von Teilnehmern gehört werden. Er war Gegenstand zahlloser Dokumentationen und zweier großer Spielfilme – *Sieben Jahre in Tibet* und *Kundun* –, die er großzügig unterstützt hat.

Seit er 1989 für seinen gewaltfreien Kampf für das tibetische Volk den Friedensnobelpreis erhielt, wurde der Dalai Lama der bekannteste Buddhist der Welt und ein verehrtes Symbol für die buddhistischen Tugenden der Weisheit, des Erbarmens, der Toleranz und des Respekts. Selbst Menschen, die sich nicht für Religion interessieren, erkennen und reagieren auf seine Güte, seine Menschlichkeit und seinen Humor. Er ist wahrhaft der buddhistische Weltbotschafter geworden.

Teil V
Der Top-Ten-Teil

Besuchen Sie die Dummies auf
https://www.instagram.com/furdummies/

IN DIESEM TEIL ...

Sie finden zehn weit verbreitete Missverständnisse über den Buddhismus, zehn Möglichkeiten, die Einsichten des Buddhismus in Ihrem Alltagsleben anzuwenden, und zehn bedeutende Persönlichkeiten des Buddhismus.

> **IN DIESEM KAPITEL**
>
> Die Geschichte des Buddhismus richtig verstehen
>
> Die eigenen Vorurteile ausräumen
>
> Fiktion durch Fakten ersetzen

Kapitel 16
Zehn verbreitete Missverständnisse über den Buddhismus

Falls Sie noch nicht viel über Buddhismus wissen, glauben Sie vielleicht, frei von Vorurteilen über den Buddhismus und seine Lehren zu sein. Doch als Lehrer des Buddhismus können wir dies nicht so recht glauben. Wahrscheinlich haben Sie wenigstens gewisse Vorstellungen über Buddhisten, Buddha oder das Leben als Buddhist, die Sie nicht direkt gelernt, sondern hier und dort durch Fernsehkommentare, Zeitungsartikel, Dokumentarsendungen über Asien und so weiter nebenbei aufgeschnappt haben. Auch wenn man wenigstens den Mainstream-Medien gute Absichten unterstellen sollte, verbreiten sie oft falsche Ideen über den Buddhismus.

Jon gibt (und besucht) regelmäßig Kurse über buddhistisches Denken und die Meditation. Er hat festgestellt, dass dabei immer wieder bestimmte Missverständnisse in den Kommentaren und Fragen der Schüler zum Ausdruck kommen. Er erinnert sich sogar an seine eigenen Missverständnisse, als er anfing, Buddhismus zu studieren. Nachdem er einige Bücher gelesen hatte, die betonten, wie wichtig es sei, sein Begehren auszuschalten, wenn man die Buddhaschaft erreichen wolle, fürchtete Jon, dass ein Buddha einigen Statuen ähneln könne, die er in asiatischen Kunstgalerien gesehen hatte: zwar gelassen und ausgeglichen, aber auch leblos und kalt. Diese Aussicht war für Jon nicht gerade verlockend! Doch diese Missverständnisse klärten sich, als er den tibetischen Lama traf, der schließlich sein Hauptlehrer wurde. Dessen herzhaftes Lachen und warme, teilnehmende Zuneigung vertrieben das Bild von Leblosigkeit und Kälte ein für alle Mal.

In diesem Sinne wollen wir in diesem Kapitel zehn verbreitete Missverständnisse ins Visier nehmen, die mehr oder weniger regelmäßig bei neuen (und manchmal sogar noch bei erfahrenen) Schülern des Buddhismus auftauchen. Wir erklären erst, wie diese Missverständnisse entstehen können, und versuchen dann, sie auszuräumen. Wer weiß – vielleicht kommt Ihnen einiges bekannt vor?

Buddhismus ist nur etwas für Asiaten

Der Buddhismus entstand in Indien, verbreitete sich erst auf das benachbarte Sri Lanka und dann auf den Rest Asiens. (Näheres über die historische Entwicklung des Buddhismus finden Sie in den Kapiteln 4 und 5.) Alle traditionellen Formen des Buddhismus (tibetischer Buddhismus, vietnamesischer Buddhismus und japanischer Zen) sind in Asien entstanden. Die meisten stellen sich buddhistische Mönche und Nonnen mit asiatischen Gesichtszügen vor und assoziieren mit dem Buddhismus eine Haltung, die einer »östlichen Mentalität« (was immer das bedeuten mag) entspricht, aber für Westler nicht geeignet ist.

Aber der Buddhismus ist an keinen Kontinent, keine Nation und keine ethnische Gruppe gebunden. Solange Menschen unter der Last negativer Emotionen, zerstörerischer Gewohnheiten und verzerrtem Denken leiden, bieten Buddhas Lehren über Achtsamkeit, Weisheit und Erbarmen wirksame Methoden an, um dauerhaftes Glück und geistigen Frieden zu erlangen.

Millionen von Männern und Frauen in Europa und Amerika haben den Buddhismus zu ihrem spirituellen Weg erkoren und seine Rituale und Formen an ihre Bedürfnisse angepasst. Viele bedeutende buddhistische Lehrer im Westen sind selbst im Westen geboren und aufgewachsen. Sie treten heute mehr und mehr an die Stelle der östlichen Lehrer, die die Religion in den vorangegangenen Generationen in den Westen gebracht haben.

Natürlich praktizieren auch viele asiatische Amerikaner in den Vereinigten Staaten noch immer den Buddhismus. Doch heute bekennen sich auch viele Amerikaner anderer Ethnien zu ihm.

Für Buddhisten ist Buddha Gott

Weil in den westlichen Weltreligionen die Verehrung von Gott im Mittelpunkt steht, ist es verständlich, dass viele die buddhistische Verehrung von Buddha mit der christlichen oder jüdischen Verehrung von Gott gleichsetzen und glauben, dass Buddhisten Buddha für den Schöpfer der Welt und das höchste Wesen halten, das unsere Handlungen beurteilt, Belohnungen und Bestrafungen verteilt, unser Schicksal lenkt und im Allgemeinen aktiv in unseren Lebenslauf eingreift.

Diese Vorstellungen vom Buddhismus sind falsch! In Kapitel 3 beschreiben wir ausführlicher, dass der historische Buddha ein Mensch wie jeder andere war. Durch seine tiefe Meditation gelang es ihm, die Schichten der Anhaftung, des Ärgers, des Nicht-Wissens und der Furcht in seinem Geist und Herzen zu durchstoßen und die Wahrheit seiner wesentlichen Natur zu erkennen. Er empfand das Bedürfnis, anderen aus ihrem selbst erzeugten Leiden herauszuhelfen, sodass er den Rest seines Lebens damit verbrachte, anderen seine Einsichten und Methoden zu vermitteln.

Die Auffassung, »Buddha« sei kein »Gott«, ist im Buddhismus nicht unumstritten. Einige Traditionen des Buddhismus verehren bestimmte Buddhas und Bodhisattvas in ganz spezieller Form. Sie betrachten sie nicht nur als individuelle Wesen, die zu einer bestimmten Zeit in einem bestimmten Land gelebt und gelehrt haben, sondern verehren sie als Verkörperung ewiger spiritueller Qualitäten wie Erbarmen und Weisheit. Diese wesentlichen

Qualitäten sind nicht auf eine Zeit oder einen Ort begrenzt, sondern existieren jenseits der Geschichte oder transzendieren sie. Auch wenn Buddhisten diese sogenannten »transzendenten« Buddhas und Bodhisattvas nicht genau auf dieselbe Art anbeten, wie Juden und Christen Gott anbeten, behandeln sie doch definitiv diese Gestalten mit großer Ehrfurcht. Außerdem glauben sie, dass diese transzendenten Wesen in menschliche Angelegenheiten eingreifen können, insbesondere um Suchenden auf dem spirituellen Weg zu helfen.

Bestimmte buddhistische Lehren behaupten zudem, dass die Fähigkeit, dieselbe Erleuchtung wie Shakyamuni Buddha zu erlangen, in allen Wesen hier und jetzt als Potenzial vorhanden sei. Dieses Potenzial, auch *Buddha-Natur* genannt, entspricht wohl dem, was einige Anhänger gottzentrierter Religionen als den *Göttlichen Funken* oder das *Christusbewusstsein* bezeichnen. (Zur Buddha-Natur siehe Kapitel 2.) In diesem Sinne scheinen Gott und Buddha doch nicht so verschieden zu sein.

Buddhisten sind Götzendiener

Wenn Sie einen buddhistischen Tempel besuchen, sehen Sie wahrscheinlich Verhaltensweisen, die wie *Götzendienst* (die Verehrung von Götzenbildern) aussehen. Verehrer stehen andächtig mit Händen in Gebetshaltung vor einem Altar, der mit Blumen, Weihrauch und anderen Opfergaben dekoriert ist und auf dem eine Buddha-Statue steht (manchmal begleitet von anderen seltsamen Gestalten). Dann verbeugen sie sich plötzlich. In einigen Fällen werfen sie sich der Länge nach in Richtung Altar auf den Boden.

Diese Szene sieht verdächtig nach Götzendienst aus, vor dem viele Glaubenssysteme warnen. Doch wenn diese Praxis (das Opfer der *Niederwerfungen*) ausführlich erklärt wird (siehe Kapitel 8), entsteht ein ganz anderes Bild.

Für den Verehrer repräsentiert das Bild auf dem Altar seine eigene, wesenhaft reine und unbefleckte Buddha-Natur, die durch Buddha und die verschiedenen Bodhisattvas verkörpert wird (diese anderen »seltsamen Gestalten«, die wir erwähnt haben; siehe auch den Abschnitt »Für Buddhisten ist Buddha Gott« weiter oben). Diese wesentliche Natur ist leuchtend, weise, mitfühlend und voller anderer transzendenter Qualitäten wie liebendes Mitgefühl, Gelassenheit oder Großzügigkeit. Wenn Sie sich bewusst (nicht als leeres Ritual) verbeugen oder niederwerfen, besiegen Sie Ihren falschen Stolz, ehren Ihre Buddha-Natur und drücken den ernsten Wunsch aus, dass Sie und alle Wesen ihre Buddha-Natur erkennen und ausdrücken mögen. Und dies hat gewiss nichts mit Götzendienst zu tun.

Weil Buddhisten glauben, Leben sei Leiden, freuen sie sich aufs Sterben

Dieses Missverständnis zählt zu den verbreitetsten und am schwersten auszurottenden falschen Vorstellungen vom Buddhismus. Nicht ohne Grund! Denn schließlich ist die erste der Vier Edlen Wahrheiten, die den Kern von Buddhas Lehren bilden, die Wahrheit vom Leiden. (In Kapitel 3 werden alle vier Wahrheiten behandelt.) Viele haben auch noch die Bilder vietnamesischer Mönche im Kopf, die sich in Meditationshaltung verbrannten, um gegen Krieg und Unterdrückung zu protestieren. Ein eng verwandtes Missverständnis liegt nicht fern: Buddhisten betrachten es als falsch oder sogar sündig, Spaß zu haben.

Das Missverständnis kann durch eine andere Formulierung der ersten edlen Wahrheit im Wesentlichen ausgeräumt werden: Statt mit »Leben ist nichts als Leiden«, kann man die Wahrheit auch einfacher und genauer mit »Leben enthält Leiden« übersetzen. Dagegen gibt es nichts zu sagen. Denn auch wenn nicht alle immer leiden, trifft es jeden dann und wann. Diese Wahrheit wird noch klarer, wenn Sie sie nochmals umformulieren: »Ein Leben, das von negativen Emotionen und zerstörerischen Gewohnheiten beherrscht wird, führt unvermeidlich zu Leiden und Unzufriedenheit.«

Außerdem erzählen die ersten beiden Wahrheiten vom *Leiden* und seiner *Ursache* nicht die ganze Geschichte. Sie werden durch die dritte und vierte edle Wahrheit von der *Aufhebung des Leidens* beziehungsweise dem *Weg zur Aufhebung des Leidens* ergänzt. Die Wahrheit vom Leiden zu verstehen, vermittelt Ihnen die Einsicht und die Motivation, den Weg zum *Ende des Leidens* zu gehen (siehe Teil IV) und die unbeschreibliche Freude und den Frieden zu erlangen, die mit dem Erwachen Ihrer wesentlichen Buddha-Natur verbunden sind. (Näheres über das Erwachen oder die Erleuchtung finden Sie in Kapitel 10.)

Kurz: Buddhisten sind nicht morbide auf das Leiden fixiert. Ganz im Gegenteil. Sie sind in erster Linie daran interessiert, ein dauerhaftes Glück und eine Freiheit zu erlangen, die nicht von den unvorhersagbaren Umständen des Lebens abhängen. Wenn Sie noch einen Beweis brauchen, schauen Sie sich das lächelnde Gesicht des Dalai Lamas an, des bekanntesten Buddhisten auf der ganzen Welt.

Was den Selbstmord anbetrifft: Der Buddhismus verbietet diese Tat streng, es sei denn, es gibt *überzeugende und triftige* Gründe dafür – etwa um das Leben anderer zu retten. Nur diese vietnamesischen Mönche selbst konnten wissen, ob sie solche ausgezeichneten und triftigen Gründe hatten. Selbst die Buddhisten waren in dieser Frage uneins, aber eines ist sicher: Die Mönche verbrannten sich nicht, weil sie den Tod mehr als das Leben liebten, sondern weil sie so viel Erbarmen für das Leiden ihrer Landsleute empfanden, dass sie bereit waren, ihr Leben in der Hoffnung zu opfern, ein solcher dramatischer Akt könne zu einem Umdenken führen.

Buddhisten halten alles für eine Illusion

Buddha wollte mit seinen Lehren alle falschen, irreführenden Auffassungen der Wirklichkeit beseitigen, weil diese Auffassungen die Hauptursache des Leidens und der Unzufriedenheit sind. Um diesen Punkt klar zu machen, vergleichen die buddhistischen Texte die Welt der Erscheinungen (in der die meisten Menschen vollkommen gefangen sind) mit einem substanzlosen Traum, einem Trugbild oder einer Illusion. Unglücklicherweise interpretieren einige Leute die Bedeutung dieser Metapher irrtümlich so, als solle damit gesagt werden, dass nichts wirklich existiere, sondern die Dinge nur ein Fantasieprodukt Ihrer Vorstellung seien, und dass es keine Rolle spiele, was Sie täten, weil es sowieso keinen Sinn habe.

Doch der Buddhismus betrachtet diese außerordentlich negative Interpretation als eines der größten Hindernisse der spirituellen Entwicklung. Wer sich diese Auffassung zu eigen macht, läuft Gefahr, sich rücksichtslos zu verhalten und die Arbeitsweise von Ursache und Wirkung zu ignorieren (»schließlich sei alles nur Illusion«), wodurch nur weiteres Leiden für sie selbst und andere ausgelöst wird. Wenn dieses Missverständnis erst einmal Wurzeln geschlagen hat, ist es besonders schwer auszurotten.

Sie können sehr viel dazu beitragen, dieses Missverständnis zu vermeiden, indem Sie das kleine Wörtchen »wie« an der richtigen Stelle einfügen. Dinge sind keine Illusionen; Dinge sind wie Illusionen: Sie scheinen auf die eine Art zu existieren, existieren aber in Wirklichkeit auf eine andere Art. So kann bei einer optischen Täuschung eine Linie länger aussehen als eine andere, in Wirklichkeit aber kürzer sein. Auf dieselbe Art kann die Wirklichkeit als Sammlung solider, separater, materieller Objekte erscheinen. Tatsächlich ist sie jedoch ständig im Wandel begriffen, alles ist mit allem verbunden, und nichts existiert so separat oder unabhängig, wie es zu sein scheint.

Auf der relativen Ebene des Alltags existieren Dinge. Andernfalls hätten wir dieses Kapitel nicht schreiben können, und Sie könnten es nicht lesen. Doch solange Sie nicht die Schleier der Missverständnisse wegreißen, die Ihre Weisheit verdecken, können Sie die Wirklichkeit nicht direkt so wahrnehmen, wie sie ist. (Näheres darüber finden Sie in den Kapiteln 2, 13 und 14.)

Eine weitere beliebte (und vielleicht weniger verwirrende) Metapher ist der Ozean mit seinen Wellen. Wenn Sie nur die Oberfläche sehen, könnten Sie irrtümlich glauben, dass der Ozean aus einer Reihe separater Wellen besteht, die nacheinander kommen und gehen. Doch wenn Sie unter die Oberfläche blicken, erkennen Sie, dass der Ozean viel umfassender und geheimnisvoller ist, als Sie anfänglich glaubten – so wie die Wirklichkeit.

Buddhisten glauben an nichts

Dies Missverständnis ist eng mit dem Missverständnis *Buddhisten halten alles für eine Illusion* verwandt (siehe oben). Die Weisheitslehren des Buddhismus sprechen häufig von der *Leere* (Sanskrit: *Shunyata*). Die Welt der Erscheinungen, die wir in dem Illusionsabschnitt erwähnt haben, wird manchmal als *konventionelle Wahrheit* oder *relative Wahrheit* bezeichnet. Den Status der *ultimativen* Wahrheit räumt der Buddhismus nur der Leere selbst ein. Allerdings wäre es falsch, diese Leere als ein Synonym für *Nichts* zu betrachten. Buddhisten glauben an die Leere – oder genauer: versuchen die Leere direkt selbst zu erfahren. Dies bedeutet aber nicht, dass sie an nichts glauben. Alles derart extrem zu verleugnen, ist ein Haupthindernis auf dem spirituellen Weg.

Bei diesem Missverständnis ist es wichtig, den Begriff der Leere hier *nicht* im Sinne von Nichts zu verstehen. Eine der Grundlehren des Mahayana-Buddhismus lautet: Form (und was das angeht: alles andere) ist Leere; Leere und die relative, oberflächlichere Erscheinung der Dinge können nicht getrennt werden. Ein berühmter Zen-Ausspruch sagt: Berge und Flüsse sind wirklich Berge und Flüsse, und zugleich auch nicht. (Wenn Sie das für ein Paradoxon halten, sollten Sie erst einmal einige andere Zen-Lehren kennenlernen! Näheres über Zen finden Sie in den Kapiteln 4 und 5. Näheres über die Leere finden Sie in Kapitel 14.)

Doch die Aussage, Buddhisten glaubten nichts, enthält eine gewisse Wahrheit. Der historische Buddha mahnte seine Anhänger immer, seine Worte nicht als Glaubensartikel aufzufassen, sondern sie selbst in der Praxis und Erfahrung auf ihre Gültigkeit hin zu überprüfen. In diesem Sinne hat der Buddhismus immer zu einem gesunden Zweifel ermutigt und die persönliche Erfahrung über etablierte Dogmen gestellt.

Nur Buddhisten können den Buddhismus praktizieren

Einige Menschen, die den Buddhismus durch ein Buch oder einen Lehrer kennenlernen, verstehen durch ihn Dinge in dieser Welt, die ihnen vorher unverständlich waren. Aber sie praktizieren die Lehren nicht, weil sie glauben, sie müssten erst Buddhisten werden – und so weit wollen sie nun doch nicht gehen. Vielleicht gehören sie bereits einer anderen Religionsgemeinschaft an, die sie nicht aufgeben wollen. Vielleicht sind sie auch noch nicht bereit, sich mit einer bestimmten Bewegung oder einem »Ismus« zu identifizieren.

Viele buddhistische Lehrer, darunter der Dalai Lama, drängen Westler nicht, ihre angestammte Religion aufzugeben. Sie raten, die buddhistischen Lehren zu hören und zu praktizieren, wenn und so weit sie wollen, aber ihrer eigenen Tradition treu zu bleiben. Schließlich habe jede Religion ihre eigenen herausragenden Qualitäten und Werte, und es könne für sie einfacher sein, den spirituellen Fortschritt in einer vertrauten Umgebung und Gemeinde zu suchen.

Auch wenn Sie sich durch bestimmte buddhistische Lehren angesprochen fühlen, sollten Sie nicht ans Konvertieren denken. Praktizieren Sie einfach, so viel Sie wollen. In der Tat praktizieren heute viele Christen und Juden, einschließlich bekannter Priester und Rabbis, bestimmte Arten der buddhistischen Meditation, weil die Techniken und Lehren ihr Verständnis und ihre Wertschätzung der eigenen Tradition unterstützen und vertiefen. Mehrere praktizierende Katholiken werden sogar als Zen-Meister anerkannt! Eine korrekt praktizierte buddhistische Meditation kann sogar die Bindung an die eigene Religion verstärken – oder einen besseren Atheisten aus Ihnen machen, falls dies Ihr Ding ist. (Näheres über die Stufen des Engagements für den Buddhismus finden Sie in Kapitel 6.)

Buddhisten sind nur an der Nabelschau interessiert

Zweifellos betont Buddhismus die schweigende Introspektion. Die Lehren raten, die Aufmerksamkeit nach innen zu richten und den wilden und aufsässigen Geist zu zähmen. Viele Menschen, darunter auch erfahrene Buddhisten, fassen dies als Aufforderung auf, der Außenwelt den Rücken zuzukehren und sich ausschließlich auf das eigene Wohlergehen zu konzentrieren.

Doch der Buddhismus lehrt, dass der Wunsch, dem Wohl anderer zu dienen, die höchste Motivation sei. Das Problem liegt darin, dass Sie anderen erst dann so wirksam wie möglich helfen können, wenn Sie sich selbst von Ihren negativen Emotionen und Verhaltensmustern wie Nicht-Wissen, Gier, Eifersucht, Ärger und Furcht befreit haben. Das heißt, unabhängig davon, ob Sie anderen oder nur sich selbst helfen wollen, müssen Sie mit demselben Schritt beginnen: Wenden Sie sich durch Meditation und andere Praktiken nach innen und arbeiten Sie mit dem eigenen Geist und Herzen. Schließlich können Sie, wenn Sie über eine starke altruistische Motivation verfügen, natürlich die erlangte Weisheit und das Erbarmen mit anderen teilen.

Andererseits scheint der Buddhismus nicht über lange, etablierte Traditionen der Karitas, der guten Werke und des sozialen Engagements zu verfügen, die für die jüdisch-christlichen Religionen kennzeichnend sind. Deshalb meinen einige buddhistische Führer, der Buddhismus könne in dieser Hinsicht vom Christentum viel lernen, um Armen, Kranken, Unglücklichen und Bedürftigen zu helfen. In den letzten Jahren haben Buddhisten, zum Teil durch ihre christlichen Brüder und Schwestern inspiriert, eine eigene soziale Richtung, den *Engagierten Buddhismus*, gegründet.

Natürlich gibt es auch prominente buddhistische Lehrer mit einer starken sozialen Ausrichtung: Thich Nhat Hanh wurde 1968 für seine Friedensaktivitäten während des Vietnamkrieges für den Friedensnobelpreis vorgeschlagen. Dem Dalai Lama wurde dieser Preis 1989 für seine unermüdliche Arbeit für das tibetische Volk zugesprochen. (Näheres über diese beiden wichtigen Lehrer finden Sie in Kapitel 15; Quellen über den Engagierten Buddhismus finden Sie im Literaturverzeichnis in Anhang B.)

Buddhisten werden niemals wütend

Die Praxis der Meditation kann aus unterschiedlichen Blickwinkeln betrachtet werden. Die Zen-Tradition lehrt, dass die Vorstellung, durch Meditation etwas erreichen zu wollen, Ihre Praxis einschränke und Sie vom gegenwärtigen Moment ablenke. Dagegen lehren die Theravada- und Vajrayana-Traditionen, dass Sie Meditation aus vielerlei Gründen praktizieren. Zu den wichtigsten zählt die Überwindung innerer Hindernisse wie Hass und Ärger. Deshalb haben Buddhisten den Ruf, in Widrigkeiten ruhig, gleichmütig und unerschütterlich zu bleiben. Viele Leute, darunter sogar Buddhisten, glauben, Mönche und Nonnen seien unfähig, Ärger zu empfinden.

 Doch vergessen Sie nicht: Allein dadurch, Buddhist zu werden oder die Mönchsrobe anzulegen, beseitigen Sie nicht plötzlich alle zerstörerischen Gewohnheiten Ihres Lebens (oder, wie Buddhisten sagen würden, zahlloser Leben). Die spirituelle Entwicklung braucht Zeit. Einschneidende Änderungen einfach dadurch zu erwarten, dass Sie eine neue Religion angenommen oder andere Kleidung angelegt haben, ist unrealistisch und unfair.

Falls Sie Ihre buddhistischen Übungen ernsthaft und gewissenhaft ausführen, können sich schon nach kurzer Zeit – etwa sechs bis zwölf Monate – die ersten Änderungen zeigen. Sie werden zwar immer noch ärgerlich, aber nicht mehr so oft und nicht mehr so stark; und wenn, vergeht Ihr Ärger schneller als früher. Solche positiven Zeichen des Wandels sind ein Grund zur Freude. Schließlich stellen Sie vielleicht fest, dass manche Situationen, die Sie früher in Rage gebracht haben, nur Ihr Verständnis, Ihre Liebe und Ihre Toleranz stärken. Daran erkennen Sie dann, dass Sie wirklich Fortschritte machen.

Sie sollten auch daran denken, dass die Vermeidung von Ärger nicht bedeutet, stillschweigend alles hinzunehmen. Menschen tun sich alle möglichen schädlichen oder schlicht falschen Dinge an. Wenn Sie dieses Verhalten stoppen oder ändern können, sollten Sie das tun. Der entscheidende Faktor ist die Motivation in Ihrem Herzen: Sie sollten (falls möglich) mit der positiven Kraft der Liebe, des Erbarmens und der Weisheit eingreifen, wenn Sie sich einem Unruhestifter entgegenstellen, und versuchen, die zerstörerische Kraft des Hasses und des Grolls außen vor zu lassen.

Schließlich sollten wir erwähnen, dass der Buddhismus definitiv nicht empfiehlt, nach außen Ruhe und Frieden vorzuspielen, wenn Sie innerlich vor Ärger kochen. Natürlich sollen Sie Ihren Ärger auch nicht an anderen auslassen. Zunächst sollten Sie einfach (vor sich selbst, in Ihrem Bewusstsein) anerkennen, dass Sie ärgerlich sind; dann sollten Sie Ihren Ärger mit bestimmten buddhistischen Praktiken bearbeiten, mit denen Sie den Ärger abschwächen und letztlich entschärfen. (In Kapitel 7 werden einige Methoden für den Umgang mit Ärger beschrieben.) Falls erforderlich, müssen Sie Ihren Ärger auf eine unmissverständliche, verantwortungsbewusste Art zum Ausdruck bringen. Doch zu versuchen, den Ärger zu unterdrücken, gleicht dem Versuch, den Deckel eines Topfes mit kochendem Wasser zuzudrücken: Früher oder später wird der Topf explodieren!

»Das ist nur Ihr Karma; es gibt nichts, was Sie dagegen tun können«

Der Begriff *Karma* ist in unseren Alltag eingegangen; doch jeder verbindet mit ihm eine andere Vorstellung (siehe die Kapitel 12 und 13). Einige halten Karma für etwas Unvorhersagbares – eine Art von Glück. Andere setzen diesen Begriff mit Schicksal gleich, und ihre Einstellung zum Leben ist deshalb eher fatalistisch: »Es ist mein Karma, so aufbrausend zu sein«, »So bin ich eben, was kann ich schon dagegen tun?«

Doch der Buddhismus betrachtet Karma (wörtlich »Handlung«) sehr wohl als vorhersagbar und sieht es weniger passiv als die Bedeutungen des Wortes in dem vorangegangenen Absatz. Alle Ihre jetzigen Handlungen haben karmische Konsequenzen in der Zukunft. Zugleich erfahren Sie jetzt laufend die karmischen Ergebnisse von früheren Handlungen. Anders ausgedrückt: Ihr Karma ist keine fixierte, unveränderliche Bestimmung, die Sie passiv akzeptieren müssen und die Ihnen wie ein Blatt bei einem Kartenspiel ein für alle Mal vom Universum ausgeteilt wird. Stattdessen ändert sich Ihre karmische Situation laufend. Die Änderungen hängen von Ihren Handlungen, Ihren Worten und Ihrem Denken ab. Wenn Sie Ihr Verhalten ändern und Geist und Herz durch buddhistische Praxis reinigen, können Sie definitiv auch die Qualität Ihres Lebens verbessern.

> **IN DIESEM KAPITEL**
>
> Mit dem Dharma die Schwierigkeiten des Lebens bewältigen
>
> Einige allgemeine Prinzipien formulieren
>
> Den Dharma auf spezielle Probleme anwenden

Kapitel 17
Zehn Möglichkeiten, wie der Buddhismus im Leben helfen kann

Buddha verfolgte mit seiner Lehre des Dharma einen durchaus praktischen Zweck: Die Menschen sollten nicht mehr leiden müssen. So einfach war das. Seine Anhänger sollten nicht nur studieren, debattieren und den Dharma auswendig lernen. Sicher sollte auch niemand den Dharma lernen, um sich als Experte in Buddhismus brüsten zu können. Der Wissenserwerb war nur dann ein edler Zweck, wenn er dem Wohle anderer dienen sollte. Der gesamte Dharma diente einem einzigen Ziel: Menschen zu helfen, sich selbst vom Leiden zu befreien, Frieden zu erfahren und ihre wahre Natur zu verwirklichen.

Da der Buddhismus so umfassend und tiefgründig ist, geht leicht verloren, dass der Dharma auch eine praktische Anleitung für den Alltag ist. Fast alle Traditionen betonen, wie wichtig es sei, regelmäßig zu meditieren, um die Probleme des Lebens zu bewältigen. Wenn Sie jeden Tag meditieren und sich Ihr Erleben einfach für eine gewisse Zeit von Moment zu Moment vergegenwärtigen, ohne Ihre Bewusstseinsinhalte zu zensieren, verringern Sie allmählich Ihre inneren Konflikte und schließen Freundschaft mit selbst. Die Meditation schafft einen inneren Freiraum, in dem sich Probleme oft von selbst auflösen. (Näheres über die Meditation finden Sie in Kapitel 7.)

In diesem Kapitel geben wir einige allgemeine und spezielle Hinweise und Ratschläge, wie Sie mit den Einsichten aus Buddhas Lehren Alltagsprobleme bewältigen können. Einige Hinweise sind sicher schwieriger zu befolgen als andere, und manche wirken nur temporär. Aber wenn Sie sie nach und nach in Ihr Verhaltensrepertoire aufnehmen, könnten sich Ihre Probleme allmählich verringern und Ihr Glück und Ihren Geistesfrieden merklich erhöhen.

Eine Auffrischung der Prinzipien

Buddha lehrte, dass die Wirklichkeit drei grundlegende Eigenschaften hat:

✔ Die Wirklichkeit ist in dem Sinne unbefriedigend, als dass die gewöhnliche Existenz Ihnen nicht genau das gibt, was Sie sich vom Leben versprechen.

✔ Die Wirklichkeit ist in dem Sinne vergänglich, als dass sich alle Dinge von Moment zu Moment ändern.

✔ Die Wirklichkeit hat keine konkrete, dauerhafte Substanz oder Selbst-Natur.

Wenn Sie diese Eigenschaften ignorieren, laufen Sie Gefahr, Ihr Handeln an den drei entsprechenden Missverständnissen auszurichten, was Sie unvermeidlich daran hindert, mit der Wirklichkeit in Harmonie zu leben. Diese Missverständnisse lauten in Kurzform:

✔ Glauben, dass Dinge, die grundlegend unbefriedigend sind, dauerhaftes Glück bringen können

✔ Glauben, dass Dinge, die sich von Moment zu Moment ändern, dauerhaft sind

✔ Glauben, dass Dinge, die keine Selbst-Natur haben, konkret und unabhängig sind

Die grundlegenden Prinzipien anwenden

Jede Schwierigkeit in Ihrem Leben hängt direkt oder indirekt mit den drei Missverständnissen zusammen, die wir in dem vorangegangenen Abschnitt beschreiben. Wenn Sie in eine Situation kommen, die Sie aufbringt, frustriert oder unglücklich macht, sollten Sie zu identifizieren versuchen, welches der drei Missverständnisse die Hauptverantwortung dafür trägt. Mit diesem Ansatz können Sie Ihrem Leiden die Spitze nehmen und Ihren Standpunkt so ändern, dass er mehr im Einklang damit steht, wie die Welt wirklich funktioniert. Die folgenden zehn Situationen sollen Ihnen zeigen, wie Sie Ihre Probleme mit dem Dharma-Ansatz bewältigen können.

Große Erwartungen begraben

Wahrscheinlich sind Sie aufgebracht, wenn etwas in Ihrem Leben falsch läuft – wer wäre das nicht? Kritisiert zu werden, den Arbeitsplatz zu verlieren oder eine Beziehung zu beenden, sind nur einige Beispiele für schmerzliche Erfahrungen.

Doch selbst, wenn alles so läuft, wie Sie sich das vorstellen, bleibt vielleicht der nagende Gedanke: »Ist das alles?« Zwar fühlen Sie sich gut, wenn Sie gelobt oder befördert werden oder den Mann oder die Frau Ihrer Träume treffen, doch auf die anfängliche Euphorie folgt oft ein Stimmungstief. Denn schließlich haben Sie sich von Ihrem guten Schicksal Frieden und Befriedigung versprochen und sind nun enttäuscht, dass tief in Ihrem Inneren etwas ist, das unbefriedigt bleibt.

Das Gefühl, dass selbst unter positiven Umständen etwas fehle, verweist auf die grundlegend unbefriedigende Natur des Kreislaufes der Existenzen (Samsara, siehe Kapitel 13). Solange Sie Ihren Geist von Anhaftungen und Begierden beherrschen lassen, werden Sie in einem Zustand der ständigen Unzufriedenheit leben, sterben und wiedergeboren werden und von einer enttäuschenden Situation in die nächste wandern. So sieht die nackte Realität aus – wenigstens lehrt das der Buddhismus.

Doch so schlimm, wie es aussieht, ist es auch wieder nicht: Wenn Sie dem buddhistischen Weg folgen, können Sie eine Alternative zu diesem Kreislauf der unbefriedigenden Existenzen entdecken. Dieser Weg verlangt von Ihnen nicht, Ihr gegenwärtiges Leben aufzugeben und an einen anderen Ort zu gehen; er fordert nur, dass Sie die Selbst-Bewusstheit entwickeln, die erforderlich ist, um Ihren Standpunkt zu analysieren und zu ändern. Ihre Enttäuschungen zählen zu den stärksten Motiven, eine Änderung herbeizuführen.

Wenn sich die Dinge nicht so entwickeln, wie Sie gehofft haben, sollten Sie nicht überrascht sein, sondern Ihre Erwartungen etwas näher analysieren. Vielleicht leiden Sie ja, weil Sie zu viel erwarten. Das Leben hat sich nicht vertraglich verpflichtet, Ihnen alles zu liefern, was Sie begehren. Es entfaltet sich auf seine eigene mysteriöse und unkontrollierbare Art. Je weniger Sie sich gegen die Wirklichkeit der Dinge auflehnen, desto glücklicher und friedvoller werden Sie sein.

Den Wandel mit Würde akzeptieren

Warum begehren Menschen andere Menschen und materielle Objekte? Zum Teil sicher, weil diese Menschen und Dinge so außerordentlich attraktiv zu sein scheinen, zumindest von einem normalen Standpunkt aus. Zuerst scheint diese attraktive Eigenschaft ein dauerhaftes, unveränderliches Attribut des begehrten Objekts zu sein. Doch ein wenig Nachdenken enthüllt, dass sich alles, was Sie sehen, hören, riechen, schmecken und tasten, unaufhörlich wandelt. Sie können sich sehr viele Schwierigkeiten ersparen, wenn Sie einfach diese Wirklichkeit akzeptieren – die Wirklichkeit der Vergänglichkeit.

Betrachten Sie nicht nur die Vergänglichkeit der Dinge, die Sie begehren; betrachten Sie auch Ihre eigene Vergänglichkeit. Buddhismus legt großen Wert auf das Bewusstsein des Todes (siehe Kapitel 11). Am Ende Ihres Lebens wartet auf Sie der große Tod. Doch bis dahin sterben Sie bereits viele kleine Tode. Anders ausgedrückt: Sie ändern sich laufend und sind niemals genau dieselbe Person wie zuvor.

Wenn Sie älter werden, ändern sich Ihre Vorlieben und Abneigungen (denken Sie nur an die Sachen, die Sie heute gerne essen, als Kind aber verabscheut haben), Ihr Aussehen, Ihre Fähigkeiten und Ihre Interessen. Auch die Objekte Ihrer Leidenschaften ändern sich. Zu glauben, dass die Objekte, die heute für Sie attraktiv sind, für immer so bleiben werden, ist töricht (siehe den Abschnitt »Ihrem Auto beim Rosten zuschauen« weiter unten). Wenn Sie diesen kleinen Diamanten der Erkenntnis im Bewusstsein halten können, wenn wieder einmal etwas nach Ihrer ungeteilten Aufmerksamkeit (und dem Inhalt Ihrer Brieftasche) schreit, können Sie sich viel Mühe ersparen.

Sich ständig der Wirklichkeit des Wandels bewusst zu bleiben, schützt Sie nicht nur vor den Gefahren des Begehrens und der Anhaftung, sondern kann Sie auch vor Hass bewahren. Wenn Sie erkennen, dass beide Kontrahenten, Sie und die anstößige Person, bald das Gras von unten sehen werden, wird Ihr Groll in die richtige Perspektive gerückt.

Das Konkrete aufbrechen

Der Buddhismus lehrt, dass Nicht-Wissen die Wurzelursache von Leiden und Unzufriedenheit sei – speziell das Nicht-Wissen, das die Dinge als konkrete, separate, eigenständige Entitäten auffasst (siehe die Kapitel 2, 13 und 14 für Details). Das Gegengift gegen dieses Nicht-Wissen ist letztlich die Weisheit – insbesondere die Weisheit, die die tiefe Bedeutung der gegenseitigen Abhängigkeit erkennt (siehe die genannten Kapitel). Doch die Frage bleibt: Wie können Sie diese Weisheit auf Ihre Alltagsprobleme anwenden? Stellen Sie sich folgende Situation vor: Ein Mann beleidigt Sie mit Schimpfwörtern, und Sie werden wütend. Was können Sie dagegen tun, dieser zerstörerischen emotionalen Reaktion nachzugeben?

Besonders in provokanten Situationen scheint alles sehr konkret zu sein. Die Schimpfwörter, die an Sie gerichtet sind, scheinen eine wirkliche, handfeste Beleidigung zu sein; die Person, die Sie beleidigt, scheint ein wirklicher, grober Angreifer zu sein; und als Reaktion entsteht in Ihrer Brust ein unangenehm reales und kompaktes Gefühl, Opfer eines Angriffs zu sein. Doch wenn Sie alles mit Weisheit betrachten, stellen Sie fest, dass nichts davon eine eigene, konkrete Existenz hat, was Ihnen eine gewisse emotionale Abnutzung erspart.

 Wenn Sie sofort dem Ärger nachgeben, nachdem Sie beleidigt worden sind, ist es zu spät, Weisheit als Gegengift anzuwenden. Verblendung und Weisheit kommen nicht gut miteinander aus. Dann müssen Sie damit zufrieden sein, die Situation später mit Einsicht zu analysieren, wenn Sie den Vorfall in der gelassenen und ruhigen Atmosphäre Ihrer Meditationssitzung noch einmal an sich vorbeiziehen lassen. Doch je mehr Sie den folgenden Rat in Ihrer Meditation praktizieren, desto besser werden Sie in Zukunft gewappnet sein, mit Ihrer Weisheit (Einsicht) potenziell gefährliche Situationen in Echtzeit zu entschärfen, bevor sie explodieren und Sie mit sich reißen.

Schauen Sie sich zunächst die Wörter an, die Ihnen entgegengeschleudert wurden. Wo genau befindet sich in dieser Kombination von Lauten die Beleidigung selbst? Können Sie sie in irgendeinem der einzelnen Geräusche finden, die aus dem Mund des Mannes kommen? Etwa in einer bestimmten Kombination dieser Geräusche? Oder anderswo? Wenn Sie die Wörter auf diese Weise analysieren und zerlegen, um die eigenständige Beleidigung zu finden, werden Sie niemals eine finden. Die Beleidigung entwickelt ihre Bedeutung durch Ihre Reaktion auf die Wörter. Sie steckt nicht in den Wörtern selbst.

Ähnlich können Sie auch das Aussehen und mentale Verhalten des Mannes analysieren. Wo genau befindet sich der Angreifer? Können Sie ihn in seinen Lippen und seinem Mund finden, die diese Wörter von sich gegeben haben? Steckt er in einem anderen Körperteil? Ist es die Form insgesamt? Können Sie den konkreten Angreifer unter den Millionen von Gedanken und Emotionen ausmachen, die im Geist des Mannes umherziehen? Je genauer Sie hinschauen, desto ungreifbarer wird der böse Kerl.

Und wer ist schließlich das »Ich«, das beleidigt wurde? Sitzt dieses anscheinend konkrete Etwas in Ihren Ohren, wo die Schallwellen eingetreten sind? Oder ist es der Teil Ihres Gehirns, der diese Schallsignale verarbeitet hat? Oder etwa ein anderer Teil Ihres Körpers oder Geistes? Oder befindet es sich ganz woanders?

Je besser Sie lernen, Situationen auf diese Weise sorgfältig zu analysieren, desto klarer erkennen Sie, dass die Dinge nicht so substanziell oder abgegrenzt sind, wie sie zunächst erscheinen. Anstelle konkreter Objekte mit harten Ecken und Kanten erkennen Sie allmählich locker verbundene, voneinander abhängende Phänomene – Gefühle, Gedanken, Empfindungen und so weiter –, bei denen es in hohem Maße darauf ankommt, wie Sie sie wahrnehmen und interpretieren. Diese offenere Auffassung lässt keinen Raum für Hass.

Vorgeben, ein Buddha zu sein

Wenn alle anderen Methoden scheitern, mit einer schwierigen Situation fertig zu werden, warum tun Sie dann nicht einfach so, als seien Sie ein Buddha? Setzen Sie sich ruhig hin und lassen Sie die Situation einschließlich der externen Umstände und Ihrer eigenen Reaktionen darauf wie eine Welle über sich hinwegrollen. Fühlen Sie, was immer Sie fühlen, aber reagieren Sie in keiner Weise darauf.

In einer Szene des Films *Little Buddha* wird Keanu Reeves von verführerischen Visionen tanzender Mädchen und erschreckenden Bildern angreifender Armeen heimgesucht, aber er gibt nicht nach. Imitieren Sie Reeves. Dieser Technik mag zwar eine gewisse spirituelle Raffinesse fehlen, aber sie kann Ihnen in manchen schwierigen Situationen helfen, ohne sie zu verschlimmern. Außerdem, wer weiß? Wenn Sie einen Buddha lange genug imitieren, werden Sie vielleicht tatsächlich ein Buddha.

Ihrem Auto beim Rosten zuschauen

Die meisten Menschen sind oft mit ihrem materiellen Besitz unzufrieden. Autos haben Pannen, der Fernsehbildschirm wird schwarz und Ihr gutes Porzellan splittert ab und zerbricht. Die Folgen: Frust, Ärger, zusätzliche Mühe und unerwünschte Ausgaben.

In Wirklichkeit können Sie nichts dagegen tun, dass Ihr Besitz verfällt. Es spielt keine Rolle, wie sorgfältig Sie ihn behandeln und pflegen: Sein Zerfall ist unvermeidlich. Doch Sie können sich unnötigen Gram ersparen, indem Sie erkennen, dass alle materiellen Dinge vergänglich und deshalb dem Wandel unterworfen sind.

Wenn Sie etwas kaufen – etwa ein neues Auto –, erscheint es zunächst absolut nicht vergänglich. Hell und glitzernd sieht es nicht wie etwas aus, das jemals alt und rostig werden oder zwei Wochen nach Ablauf der Garantie auseinanderfallen könnte. Es scheint solide und dauerhaft zu sein, als ob es immer so aussehen würde wie im Moment des Kaufs. Doch wir alle wissen: Dieses Aussehen ist vollkommen irreführend. Buddha wies immer darauf hin, dass nichts, was Sie mit Ihren fünf Sinnen wahrnehmen, von einem Moment zum nächsten dasselbe bleibt (siehe Kapitel 2, falls sich das nicht auch geändert hat); alles ändert sich laufend.

Das wirkliche Problem liegt nicht darin, dass die Dinge permanent zu sein *scheinen*, sondern dass Sie dieses falsche Aussehen für die Wirklichkeit selbst *halten*. Wenn die Dinge dann zu zerfallen beginnen, erleben Sie unnötigerweise Gram und Angst. Die Lösung ist einfach: Denken Sie immer wieder an die Wahrheit der Vergänglichkeit, besonders wenn Sie sich dabei ertappen, einen Besitz zu bewundern, als würde er für immer bestehen.

Einer von Jons Freunden wendete einen grammatischen Trick an, um immer an die Vergänglichkeit zu denken. Wenn er einen besonders attraktiven Gegenstand, etwa eine wertvolle Uhr, hatte, dachte er nicht: »Dies ist eine schöne Uhr«, sondern absichtlich: »Dies war eine schöne Uhr.« Sich auf ein Objekt in der Vergangenheitsform zu beziehen, als sei es bereits kaputt, half ihm, die Vorstellung zu überwinden, dass es gegen Änderungen immun sei.

Erkennen: Was Ihnen gehört, ist nicht wirklich Ihr Besitz

Materielle Besitztümer können nicht nur beschädigt werden, sondern können auch verloren gehen. Dies kann ziemlich ärgerlich sein, besonders wenn der verlorene Gegenstand teuer war und/oder schwer zu ersetzen ist. Eine besonders hinderliche Einstellung übertreibt Ihr Verlustgefühl, verstärkt Ihren Ärger und macht den Verlust schwerer zu ertragen. Wenn Sie diese Einstellung umkehren oder überwinden können, können Sie recht viele Schmerzen vermeiden.

Es geht hier um Ihre Einstellung zu Besitztümern, die (wie alle unheilsamen Vorstellungen) nur eine Projektion Ihres Geistes ist. Sie funktioniert folgendermaßen: Wenn Sie einen Gegenstand in einem Geschäft sehen, können Sie zwar zu ihm hingezogen werden, aber Sie glauben nicht, dass er Ihnen gehört. Doch sobald Sie das Objekt bezahlt und mit nach Hause genommen haben, betrachten Sie es als Ihr eigenes. Es wird Bestandteil Ihres Selbstbildes und des Bildes, das Sie nach außen projizieren. Sie betrachten es als Ausdruck Ihrer Bedeutung oder Ihres Wertes als Mensch. »Weil ich dieses schicke neue Auto, dieses wunderschöne neue Kleid oder diese neuen teuren Schuhe habe, bin ich endlich die Person, die ich immer sein wollte«, so denken Sie jedenfalls.

Wider Ihr besseres Wissen entwickeln Sie schließlich das Gefühl, dass Ihnen dieser Gegenstand *immer* gehört hätte – fast als wäre er ein Teil von Ihnen. Ihn dann zu verlieren, bedeutet, einen Teil von sich selbst zu verlieren. (Dasselbe Grundmuster gilt auch für Partner oder Ehepartner. Viele Menschen behandeln sie wie einen Besitz.)

Das Gegengift gegen diese Täuschung ist die Erkenntnis, dass die Dinge und Menschen, die Ihnen angeblich gehören, nicht wirklich Ihr Eigentum sind. Sie sind nur ihr momentaner Verwalter. Es gab eine Zeit in der Vergangenheit, als Sie mit diesen Gegenständen keine Verbindung hatten, und es wird eine Zeit in der Zukunft geben, in der dies wieder der Fall sein wird. Die flüchtige Gegenwart nimmt den Platz zwischen diesen beiden Zeitabschnitten ein, und Ihre Verbindung mit diesen Gegenständen ist gleichermaßen flüchtig. Wenn Sie lernen können, Dinge auf diese Art, frei von allen übertriebenen Vorstellungen des Besitzes zu betrachten, können Sie erheblich angstfreier sowohl mit ihnen als auch ohne sie leben.

Mitleid mit einem Dieb empfinden

Etwas einfach zu verlieren, ist schlimm genug; bestohlen zu werden, ist sehr viel schlimmer. Falls Sie jemals Opfer eines Diebstahls geworden sind, wissen Sie, wie schmerzhaft diese Erfahrung sein kann. Sie verlieren nicht nur einen wertvollen Gegenstand, sondern fühlen auch den Schmerz, der mit einer Verletzung Ihrer persönlichen Sphäre verbunden ist.

Wenn Sie bestohlen werden, ärgern Sie sich normalerweise über den Dieb. Sie könnten sich auch wünschen, dass er gefasst und für sein Verbrechen bestraft werde oder dass ihm etwas Schlimmes widerfahren möge. Ihr Geist füllt sich mit Groll und Gedanken an Rache oder Vergeltung. Doch diese Gedanken sind schlimmer als nutzlos. Sie tragen nicht dazu bei, das Gestohlene zurückzubekommen, und helfen der Polizei nicht, den Dieb zu fassen; sie steigern nur Ihre Aufregung und Unruhe.

Aber Sie können etwas tun, um die Situation zu verbessern und sich zu beruhigen: Sie können dem Dieb den gestohlenen Gegenstand schenken. Auch wenn Sie ihm das Objekt physisch nicht mehr übergeben können – schließlich hat er es bereits genommen –, können Sie es ihm im Geiste geben. Lassen Sie einfach Ihre Besitzansprüche los, und stellen Sie sich vor, dass Sie dem Dieb das Objekt schenken.

Natürlich wissen wir, dass diese Technik etwas unlogisch zu sein scheint – schließlich sind Sie genau deswegen empört, weil Sie nicht auf den Gegenstand verzichten wollen. Doch indem Sie anbieten, auf ihn zu verzichten, bieten Sie auch an, Ihre Anhaftung aufzugeben. Diese Handlung mag wie eine leere Geste aussehen, aber wenn Sie sie rückhaltlos und mit dem Bewusstsein ausführen, dass sie im besten Interesse aller Betroffenen sei, können Sie Groll durch Großzügigkeit ersetzen, was in vielerlei Hinsicht unbedingt hilfreich ist.

Von einem karmischen Standpunkt aus sind Sie vielleicht Opfer des Diebstahls geworden, weil Sie in der Vergangenheit einen ähnlichen Diebstahl begangen haben. (In Kapitel 12 wird das Karma näher beschrieben.) Jetzt ernten Sie möglicherweise die Folgen Ihres negativen Karmas aus der Vergangenheit und erschöpfen damit dieses alte Karma. Während Sie gewissermaßen Ihre karmische Schuld abzahlen, sammelt der Dieb seine eigene Schuld an und wird schließlich die Konsequenzen zu tragen haben.

Mit dieser Einstellung können Sie ein gewisses Mitgefühl für den Dieb entwickeln, da Sie wissen, welches Leiden auf ihn in der Zukunft wartet. Vielleicht möchten Sie sogar beitragen, diese Leiden zu lindern (vielleicht aber auch nicht). Weil Diebstahl ein Akt ist, bei dem etwas genommen wird, was nicht gegeben wird, können Sie versuchen, die Schwere des künftigen Karmas des Diebs zu verringern, indem Sie freiwillig auf den Gegenstand verzichten. Schließlich kann man nicht stehlen, was man geschenkt bekommen hat. Selbst wenn Sie das Karma des Diebs nicht direkt beeinflussen können, ist das Gefühl des Mitgefühls für ihn sehr viel besser als ein brennender Hass und Groll, nicht wahr?

Bei Schmerzen nicht in Selbstmitleid versinken

Einen physischen Körper zu haben, bedeutet auch, Schmerzen und Unbehagen zu erfahren. Wenn diese unvermeidlichen Schmerzen auftreten, hängt die Intensität, mit der Sie sie erleben, in hohem Maße von Ihrer mentalen Einstellung ab.

Schmerz drängt viele in die Falle einer Mentalität des Selbstmitleids. Sie meinen, das Leben sei unfair und das Schicksal meine es nicht gut mit Ihnen, und können nur noch an Ihr Leiden denken. In diesem Zustand sind Sie nicht nur mit Ihrem Schmerz beschäftigt, sondern auch in der negativen Geschichte gefangen, die Sie über Ihren Zustand hervorspinnen. Diese beengende Empfindung verstärkt nur Ihr Unbehagen.

Die Lösung besteht darin, nach außen zu blicken und nicht nur an sich selbst zu denken. Diese Übung ist sicher nicht leicht, besonders wenn man pochende Kopfschmerzen oder andere intensive körperliche Schmerzen hat, doch sie ist zweifellos möglich. Der Schlüssel besteht darin zu erkennen, dass viele andere Menschen gerade jetzt dieselbe Art von Leiden ertragen müssen. Falls Sie starke Kopfschmerzen haben, können Sie gewiss sein, dass Millionen andere Menschen ebenfalls daran leiden – und viele wahrscheinlich noch schlimmer als Sie.

Natürlich wissen wir, dass die Kopfschmerzen Ihres Nachbarn das Letzte sind, an das Sie denken, wenn Sie sich vor Schmerzen krümmen. Es geht auch nicht darum, sich selbst zu bestrafen. Stattdessen betrachten Sie Ihre Erfahrung willentlich von einem anderen Standpunkt. Sie haben immer noch dieselben Kopfschmerzen, aber Sie legen ihnen jetzt die Bedeutung und den Zweck bei, mit ihnen die Bande der Sympathie zu stärken, die Sie mit allen anderen Wesen verbindet. Ihr Schmerz ist nicht mehr nur ein persönliches Leiden, sondern eine Gelegenheit, sich mit anderen zu verbinden. Diese Praxis hat den Hauptvorteil, Ihr Mitgefühl zu stärken. Doch manchmal bringt sie einen unerwarteten Bonus: Ihre Kopfschmerzen verschwinden.

Geteiltes Leid ist halbes Leid: Nur zu erkennen, dass Sie mit Ihrem Leiden nicht allein sind, verringert die Last Ihres Schmerzes und Ihr Selbstmitleid. Doch Sie können dies auch auf einer anderen Ebene betrachten. Sie können den folgenden mitfühlenden Gedanken erzeugen: »Möge meine Erfahrung dieser Kopfschmerzen stark genug sein, um das Leiden aller anderen zu beenden.« Aus Ihrem Herzen heraus treffen Sie die Entscheidung, mit Ihrer Erfahrung die Schmerzen anderer zu lindern.

Den Projektor abschalten

Menschen, die Ärger machen, lassen sich in zwei Gruppen einteilen: die, denen Sie aus dem Weg gehen können, und die anderen. Wie können Sie mit Menschen aus der zweiten Gruppe umgehen?

Nehmen Sie an, Sie leben in der Nähe einer älteren Angehörigen, die monatlich einen Besuch erwartet, zum Beispiel Ihre Mutter. Sie fürchten diese Besuche, weil sie im Allgemeinen damit enden, dass sich wenigstens einer von Ihnen aufregt. Auch wenn Sie sich fest vornehmen, es beim nächsten Besuch nicht so weit kommen zu lassen, gehen Sie sich immer wieder gegenseitig auf die Nerven. Was könnten Sie tun, abgesehen davon, sie nicht mehr zu besuchen?

Erstens: Denken Sie daran, dass es vom buddhistischen Standpunkt viel wirksamer ist zu versuchen, sich selbst zu ändern, als einen anderen zu ändern. Zweitens: Denken Sie daran, dass die zugrundeliegende Ursache der meisten (wenn nicht sogar aller) Probleme in den verzerrten Auffassungen liegen, die Sie auf Situationen projizieren. Wenn Sie andere Menschen gewohnheitsmäßig als ärgerlich erleben, schieben Sie ihnen die Schuld für Ihr Unglücklichsein zu, obwohl Sie sich nur selbst ärgern.

Zurück zu Ihrer Mutter. Wie Sie sich ihr gegenüber verhalten, ist offensichtlich wichtig. Doch Ihr Verhalten wird von dem Bild bestimmt, das Sie sich von ihr (und letztlich von sich selbst) machen. Deshalb sollten Sie sich fragen: »Projiziere ich etwas auf meine Mutter, was es uns schwierig macht, miteinander auszukommen?«

Vielleicht stellen Sie fest, dass Sie sie nicht mehr als Person mit eigenen Bedürfnissen und Rechten betrachten. Vielleicht betrachten Sie sie nur noch unter dem Aspekt ihrer Beziehung zu Ihnen. Falls dies so ist, tun Sie ihr wenigstens in zweierlei Hinsicht Unrecht:

✔ Als Ihre Mutter hat sie in Ihrem Leben eine größere Rolle gespielt, als Sie sich selektiv erinnern. Vielleicht sehen Sie sie als jemanden, der immer an Ihnen herumgemäkelt hat, sich über Ihren Lebenswandel beklagt hat, unvernünftige Forderungen an Sie gestellt hat und so weiter. Doch als Ihre Mutter hat sie zu Ihnen auch viele andere Beziehungen. Sie hat Sie genährt, geschützt, gefördert und vieles mehr.

✔ Außerdem ist sie nicht nur Ihre Mutter. Sie hatte viele verschiedene Beziehungen zu vielen anderen Menschen. Sie war Tochter, Freundin, Geliebte, Rivalin, Frau, Nachbarin und so weiter. Doch ihre Beziehungen sind nicht alles. Als Mensch hatte sie eigene Hoffnungen und Ängste, Erwartungen und Enttäuschungen, Triumphe und Herausforderungen sowie eine Geschichte von Erfahrungen, von denen Sie wahrscheinlich nur wenig wissen. Kurz: Sie ist eine komplexe Person mit vielen Facetten – genau wie Sie. Sie nur als Ihre – und noch dazu ziemlich bescheidene – Mutter zu betrachten, hindert Sie daran herauszufinden, welch interessante Person sie sein könnte.

Was also können Sie machen, um Ihre Beziehung zu verbessern? Wie kommen Sie aus der Ecke, in die Sie sich manövriert haben? Sie können anfangen, sich die andere Person alleine in der Meditation ohne Ihre gewohnten Projektionen zu vergegenwärtigen. Jeder möchte einfach glücklich sein und Leiden vermeiden. Betrachten Sie die nervende Person eine Weile unter diesem Aspekt und versuchen Sie, Ihr Herz für sie zu öffnen.

Wenn Sie dies eine Zeit lang üben, werden Sie schließlich nervende Leute – selbst Ihre Mutter – in einem neuen Licht sehen. Bei Ihrem nächsten Besuch sollten Sie dann versuchen, nicht nur »Ihre Mutter«, sondern diese faszinierende, neu entdeckte Person zu sehen. Fragen Sie sie bei Gelegenheit nach einer Zeitspanne oder einem Aspekt ihres Lebens, über den Sie nicht viel wissen. Richten Sie Ihre Aufmerksamkeit auf sie, nicht auf Ihre Beziehung zu ihr. Finden Sie heraus, wohin Sie durch diese Übung getragen werden.

Wir können nicht garantieren, dass dieser Ansatz, einer Person als Person und nicht nur als Gegenpol Ihrer Beziehung zu begegnen, eine Beziehung sofort verbessert. Tatsächlich könnte die Person so erstaunt über Ihr neues und ungewohntes Interesse sein, dass sie misstrauisch wird oder sogar in die Defensive geht. Doch wenn Ihr Interesse echt ist – wenn sie einer liebenden Teilnahme entspringt –, wird dieser neue Ansatz schließlich Früchte tragen. Bleiben Sie einfach geduldig, und denken Sie daran, dass Sie nicht hoffen können, Jahre der schlechten Gewohnheiten über Nacht ungeschehen zu machen.

Mit ungebetenen Hausgästen umgehen

Einige Probleme entstehen, weil Sie Dinge zu persönlich, andere, weil Sie sie nicht persönlich genug nehmen. Was heißt das?

Viele können Fliegen, Spinnen und andere Kriechtiere nicht ausstehen. Falls eines dieser Insekten mutig genug ist, in ihr Haus zu kommen, greifen sie sofort nach einem Insektenspray oder einer Zeitung und fallen über das Insekt her. (Jon versteht das nur zu gut. Bevor er nach Indien kam, hatte er dieselbe Mentalität.) Diese Menschen sehen in einer Ameise, einer Biene oder einer Mücke nur eine Bedrohung ihrer Gesundheit und ihres Wohlbefindens und fühlen sich deshalb berechtigt, dieses Wesen so schnell wie möglich zu eliminieren.

 Doch gemäß der Lehren Buddhas hat das Töten von Insekten und anderer Kreaturen karmische Konsequenzen. Ihre kurzfristige Lösung eines Problems – etwa eine unhygienische Fliege zu zerquetschen – kann Sie künftig in größere Schwierigkeiten bringen. (Näheres über die karmische Wirkung negativer Handlungen finden Sie in Kapitel 12.) Außerdem gewöhnen Sie sich an den Akt des Tötens, und es lohnt sich ganz gewiss nicht, diese Gewohnheit zu kultivieren.

Wenn Sie die Lehren des Karmas ernst nehmen, sollten Sie deshalb versuchen, keinem anderen lebenden Wesen zu schaden. Wenn Sie unwillkommene Eindringlinge loswerden wollen, sollten Sie nach Möglichkeiten suchen, die ihnen nicht (oder wenigstens nicht absichtlich) schaden. Statt sie mit der Chemiekeule zu erschlagen, sollten Sie etwas verwenden, was sie nur abweist. Statt den Boden mit giftigem Ameisenpulver zu bestreuen, sollten Sie die Ritzen versiegeln, durch die die Ameisen eindringen. Statt Mücken zu zerquetschen, sollten Sie sie fangen und draußen wieder freilassen.

Es gibt viele Möglichkeiten, diese Kreaturen loszuwerden, ohne sie zu töten. Allerdings benötigen die meisten viel mehr Zeit und Energie, als einfach auf einen Knopf zu drücken und den Rest einem patentierten Insektizid zu überlassen. Um sich selbst davon zu überzeugen, dass diese humaneren Ansätze die Mühe lohnen, sollten Sie Ihre Einstellung gegenüber Insekten (und allen Kreaturen) ändern, und (an)erkennen, dass sie denselben Wunsch und dasselbe Recht zu leben haben wie Sie. Anders ausgedrückt: Stellen Sie eine persönlichere Beziehung zu ihnen her.

Wenn Sie an das nervige Sirren und den schmerzhaften Stich einer Mücke denken, entdecken Sie ein Wesen, das einfach ums Überleben kämpft. Dieser kleine Kerl will Sie nicht aus Bosheit ärgern; für ihn sind Sie einfach nur eine Nahrungsquelle.

Als Jon in Indien lebte, entwickelte er mit seinem Hausgenossen eine Methode, die ihnen half, die Dinge vom Standpunkt der kleinen Kreaturen zu sehen: Sie gaben allen einen Namen. Molli Mücke musste nachts aus dem Zimmer eskortiert werden; Bettina Biene verirrte sich manchmal und kam durch eine Türritze; und Waldemar Wolfsspinne hauste in einer Ecke der Latrine. Auch wenn sie mit diesen kleinen Wesen niemals Freundschaft schlossen, kamen sie nicht auf den Gedanken, ihnen zu schaden. Sie sollen jetzt natürlich nicht allen Insekten in Ihrem Haus Namen geben (schließlich könnten Freunde und Familie so manches denken, wenn Sie plötzlich von Anton Ameise sprechen), doch Sie sollten versuchen, die Welt gelegentlich auch von ihrem Standpunkt aus zu betrachten; zweifellos wird es dann leichter für Sie, Ihren Lebensraum mit ihnen zu teilen.

> **IN DIESEM KAPITEL**
>
> In einer Höhle meditieren
>
> Einen Kaiser verärgern
>
> Den Buddhismus zurück nach Indien bringen

Kapitel 18
Zehn Buddhisten, die Sie kennen sollten

In der mehr als 2.500-jährigen Geschichte hat der Buddhismus zahlreiche bedeutende Lehrer hervorgebracht. In diesem Kapitel beschreiben wir kurz zehn dieser Lehrer. Natürlich mussten wir viele wichtige Persönlichkeiten auslassen. Aus Platzgründen sind nicht einmal alle wichtigen buddhistischen Traditionen vertreten. Dennoch enthält es einige Personen, die den Buddhismus im Laufe der Jahrhunderte entscheidend geprägt haben.

Viele historische Daten sind nur vage bekannt. Die angegebenen Daten sind oft nur Schätzungen. Die Historiker sind sich oft uneins. (Sie können selbst Buddhas Leben zeitlich nicht genau einordnen. Hier verwenden wir die Daten 563 bis 483 v. Chr.) Deshalb geben wir in einigen Fällen nur das Jahrhundert oder die Jahrhunderte an, in dem beziehungsweise in denen die Person wirkte.

Außerdem werden moderne Leser einige Ereignisse in diesen Skizzen ziemlich weit hergeholt und manche sogar für absolut unwahrscheinlich halten. Die Zeit umrankt berühmte Persönlichkeiten mit Legenden, bis diese schließlich als Teil ihrer Biografien akzeptiert werden. Doch selbst der ergebenste Buddhist muss diese Ereignisse nicht wörtlich nehmen.

Kenner von Folklore und Märchen wissen, dass eine Wahrheit umso plastischer vermittelt wird, je übernatürlicher die Geschichte ist. Betrachten Sie deshalb unglaubliche Ereignisse einfach als unterhaltsame Ausschmückungen. Unter diesem Aspekt können sie sehr instruktiv und hoffentlich auch kurzweilig sein.

Nagarjuna

Schade, dass Nagarjuna (1.–2. Jh.) außerhalb buddhistischer Kreise relativ unbekannt ist; denn er war zweifellos eines der größten spirituellen Genies aller Zeiten. Sein Werk leitete nicht nur eine neue Phase der Entwicklung des buddhistischen Denkens und Handelns ein, sondern beeinflusste sogar nicht-buddhistische Traditionen in Indien und anderswo.

Nagarjuna (na-*gahr*-ju-nah) wurde etwa 600 Jahre nach dem Ableben von Shakyamuni Buddha in eine wohlhabende und berühmte Familie in Südindien geboren. Buddha hatte vorhergesagt, dass zu dieser Zeit ein Meister erscheinen werde, um den Dharma wiederzubeleben und die Lehren der Weisheit und des Erbarmens weiter zu verbreiten. Nagarjuna erfüllte Buddhas Vorhersage. Er etablierte die philosophische Tradition, die als Madhyamika, der Mittlere Weg (siehe Kapitel 10), bezeichnet wird, und erweiterte die Lehren beträchtlich. Er beeinflusste den Buddhismus so nachhaltig, dass er von späteren Generationen als der zweite Buddha angesehen wurde.

Doch Nagarjunas Leben begann nicht so verheißungsvoll. Seine Eltern brachten den Neugeborenen zu einem *Seher* (oder Propheten), der ihnen vorhersagte, dass der Junge zwar ein außergewöhnliches Potenzial habe, aber nicht mehr als sieben Jahre alt werden würde. Doch wenn sie für ihn verschiedene Wohltaten vollbrächten – was sie taten –, könnten sie sein Leben um bis zu sieben Jahre verlängern – aber nicht mehr. Als Nagarjuna sieben Jahre alt wurde, schickten ihn seine Eltern – unfähig, den Gedanken zu ertragen, Zeuge seines Todes zu werden – auf eine Reise und glaubten, ihn nie wieder zu sehen.

Nach einiger Zeit erreichte der Junge mit seinen Dienern das berühmte Kloster von Nalanda (siehe Kapitel 9), wo er den großen Meister Saraha traf. Dieser erkannte das außergewöhnliche Potenzial des Jungen und meinte, dass die Ordination als buddhistischer Mönch sein Leben erheblich verlängern könne. Der Junge wurde voll ordiniert und erhielt den Namen Shrimanta. Das schien es gewesen zu sein, denn Shrimanta – der spätere Nagarjuna – wurde sehr alt. Traditionelle Quellen sprechen von einem Alter von mehr als 600 Jahren! (Die Gelehrten streiten sich mal wieder: So lange könne Nagarjuna nun doch nicht gelebt haben. Deshalb müsse es zwei Nagarjunas gegeben haben – den Madhyamika-Meister, den wir hier beschreiben, und einen gleichnamigen großen Yogi, der mehrere Jahrhunderte später lebte.)

Shrimantas spirituelle Karriere war ein überwältigender Erfolg. Er wurde Abt (Obermönch) von Nalanda, reformierte die Praxis der Mönche und unterband die Verbreitung falscher Doktrinen. Als Meister der Debatte brachte er viele andere gebildete Lehrer und ihre Anhänger auf den buddhistischen Weg. Doch seine bekannteste Leistung – die Verbreitung von Buddhas Diskursen über die *Vervollkommnung der Weisheit* – entstand unter recht ungewöhnlichen Umständen.

Er bemerkte, dass die Luft immer, wenn zwei bestimmte junge Männer bei seinen Lehren anwesend waren, mit dem Duft von Sandelholz erfüllt war. Als er die Männer diesbezüglich ansprach, enthüllten sie, dass sie trotz ihres menschlichen Aussehens in Wirklichkeit *Nagas* (legendäre Schlangenwesen) seien und sich mit dem Sandelholz vor den Unreinheiten der menschlichen Sphäre schützten. Im Namen ihres Vaters, dem König der Nagas, luden sie Shrimanta in ihr Land ein, um den Dharma zu lehren. Im Gegenzug übergaben sie Shrimanta die umfangreichen *Diskurse über die Vervollkommnung der Weisheit*, die ihnen Buddha zur Aufbewahrung anvertraut hatte. Nagarjuna – wie er jetzt aufgrund seiner Verbindung mit den Nagas genannte wurde – brachte diese umfangreichen und tiefschürfenden Lehren zurück in die menschliche Sphäre und verfasste zahlreiche Kommentare zu ihnen. (Der Legende nach wurde er einmal beim Studium der Lehre der *Vervollkommnung der Weisheit* von sechs Nagas vor der Sonne beschirmt; siehe Abbildung 18.1.)

Abbildung 18.1: Nagarjuna

Nur einer von Nagarjunas Kommentaren – seine einflussreichen *Memorialverse über den Mittleren Weg* – hat in seiner ursprünglichen Sanskritform überlebt. Glücklicherweise existieren jedoch andere Werke noch in chinesischer und tibetischer Übersetzung. Diese Schriften hatten einen unermesslichen Einfluss auf die Mahayana-Tradition (siehe Kapitel 4 und 5), weil Nagarjuna in ihnen die Bedeutung von Buddhas Weisheitslehren erklärt. Aus der Sicht des Mahayana beseitigte Nagarjuna – und andere wichtige Lehrer seiner Madhyamika-Schule wie Aryadeva und Chandrakirti – alle falschen Vorstellungen, die über Buddhas Auffassung der ultimativen Wirklichkeit aufgekommen waren.

Asanga

Asanga (4.–5. Jh., siehe Abbildung 18.2) wurde etwa 200 Jahre nach Nagarjunas Tod im Nordwesten Indiens, nahe dem modernen Peshawar, Pakistan, geboren. Er und sein Halbbruder Vasubandhu (der einen berühmten Kommentar zu Buddhas *Abhidharma*-Lehren (Lehre des höheren Wissens) schrieb, der heute noch studiert wird) waren Söhne einer Frau namens Prasannashila. Der Legende nach empfing sie diese Kinder in dem Wunsch, den Dharma vor der Degeneration zu bewahren. Prasannashila hätte sich nicht vorstellen können, wie sehr sich dieser Wunsch erfüllen sollte!

Asanga wurde schon jung als buddhistischer Mönch ordiniert. Bei seinen Studien zeigte er nicht nur Zeichen einer tiefen Verehrung und scharfen Intelligenz, sondern auch ein großes Interesse an der Praxis der Meditation. Doch so viel er auch studierte, er erlangte niemals ein zufriedenstellendes Verständnis der *Vervollkommnung der Weisheit-Diskurse*, in denen Buddha die ultimative Natur der Wirklichkeit lehrte. Ihm wurde gesagt, dass nur Buddha Maitreya (siehe Kapitel 3) ihm das gewünschte Wissen vermitteln könne. Da er wusste, dass tiefe Meditation die einzige Methode war, um mit ihm in Berührung zu kommen, beschloss Asanga, sich zu einer strengen, isolierten Meditation zurückzuziehen, bis er diesen Buddha direkt sehen würde.

Abbildung 18.2: Asanga

Asanga versuchte zwölf Jahre lang, in der Meditation Buddha Maitreya zu erblicken, doch ohne Erfolg. Doch bald nach seinem Retreat reichte das Mitgefühl aus, das er für einen verwurmten Hund gezeigt hatte, um die letzten Unreinheiten aus seinem Geist zu entfernen, und Asanga konnte schließlich Maitreya von Angesicht zu Angesicht sehen. Maitreya brachte dann Asanga in sein reines Land Tushita und erklärte ihm dort, wie er die Vervollkommnung der Weisheit-Diskurse von Shakyamuni richtig und gründlich verstehen könne. Außerdem vermittelte er Asanga weitere Lehren, die später als die Fünf Bücher von Maitreya bekannt wurden. Obwohl sie nur einen Morgen in Tushita verbracht hatten, erkannte Asanga bei seiner Rückkehr nach Indien, dass inzwischen 50 Erdenjahre vergangen waren!

Asanga wurde sehr alt und konnte in seinem Leben vielen helfen. Er gründete zahlreiche Klöster und andere religiöse Institutionen, lehrte die Fünf Bücher von Maitreya und schrieb Kommentare, um sie zu erklären. Um Menschen zu helfen, die die vorhandenen Weisheitslehren zu unverständlich fanden, gründete er die Yogachara-Schule des

Mahayana-Buddhismus (»Praxis der Yoga«), die die Leere leicht verständlich erklärte und meditationstauglich machte (siehe Kapitel 10). Aufgrund seiner umfangreichen Bemühungen verbreitete sich die Mahayana-Tradition weiter als je zuvor. Asanga starb in Rajgir, wo Buddha ursprünglich viele Jahrhunderte früher die Vervollkommnung der Weisheit-Diskurse abgehalten hatte.

Buddhaghosa

Über das Leben von Buddhaghosa (5. Jh.) ist nur wenig bekannt. Es gibt kaum Legenden und Geschichten wie bei den beiden oben genannten Meistern. Doch als fruchtbarer Autor ist er für die Theravada-Tradition des Buddhismus (siehe Kapitel 4 und 5) so wichtig wie Nagarjuna und Asanga für die Mahayana-Tradition.

Er wurde in einer angesehenen Hindu-Familie nicht weit von Bodh Gaya, dem Ort von Buddhas Erleuchtung, geboren, studierte eifrig die Schriften seiner Religion und entwickelte sich zu einem Kenner der Veden, der alten heiligen Texte des Hinduismus. Doch das Wissen eines buddhistischen Mönches namens Revata beeindruckte ihn so sehr, dass er beschloss, auch die buddhistischen Schriften zu studieren.

Während er in Indien mit Revata studierte, verfasste Buddhaghosa die ersten seiner vielen Kommentare über buddhistisches Denken und Handeln, für die er berühmt wurde. Er schrieb insgesamt mehr als 30 Bände. Sein Werk ist der zuverlässigste Führer zu der umfangreichen Sammlung von Buddhas Lehren, die als die *drei Körbe* (siehe Kapitel 4) bezeichnet werden. Sein Name Buddhaghosa bedeutet »Stimme des Buddha« und bezieht sich auf mit tiefer Stimme gezeigte Eloquenz. Er ist besonders treffend, weil Buddhaghosa das Wort Buddhas mit unvergleichlicher Autorität und Vollständigkeit verbreitete.

Auch wenn Buddhaghosa aus Indien stammte, wird er meist mit der Inselnation Ceylon (dem modernen Sri Lanka) in Verbindung gebracht. Er ging nach Ceylon, um die buddhistischen Traditionen zu studieren, die in dem alten Mahavihara-Kloster erhalten geblieben waren. (Das Kloster war etwa 700 Jahre vor Buddhaghosas Ankunft gegründet worden.) Einige Überlieferungen behaupten, dass er ursprünglich nach Ceylon ins Exil geschickt wurde, um ihn dafür zu bestrafen, dass er sich für klüger hielt als seine indischen Lehrer. Wie auch immer – er übersetzte die Kommentare, die er in Ceylon fand, aus dem Proto-Singhalesischen in das klassische Pali und schuf damit die breite, verbindliche Grundlage für die Theravada-Tradition, die auch heute noch gilt.

Der Weg der Reinheit (*Visuddhi-magga* in Pali) ist Buddhaghosas berühmtestes Werk. Dieses Werk ist eine vollständige Anleitung zur buddhistischen Schulung und umfasst sehr detailreich alles, was ein Praktiker über den Weg zum Erwachen wissen muss. Die Themen, die in diesem enzyklopädischen Werk behandelt werden, umfassen die verschiedenen Objekte der Meditation, die Methoden, um liebendes Mitgefühl zu entwickeln, die Stufen der tiefen meditativen Versenkung (*Jhana* in Pali), die übernatürlichen Kräfte, die man durch eine solche Versenkung erlangen kann, die zwölf Glieder des bedingten Entstehens (siehe Kapitel 13) und mehr.

Als er mit der Zusammenstellung und Übersetzung der umfangreichen Kommentare fertig war, die zu studieren er nach Ceylon gegangen war, kehrte Buddhaghosa nach Indien zurück, wo er starb. Doch sein umfangreiches Werk überlebte nicht nur, sondern führte zu einer Pali-Renaissance, die für Jahrhunderte den Lauf des buddhistischen Studiums und der Praxis in ganz Südostasien bestimmte.

Bodhidharma

Gelehrte der fernöstlichen Religionen betrachten den indischen Meister Bodhidharma (5. Jahrhundert) übereinstimmend als die Persönlichkeit, die den Buddhismus in China am stärksten beeinflusste, obwohl der Buddhismus China bereits etwa 400 Jahre vor Bodhidharma erreicht hatte, obwohl er dort nur zwei oder drei Schüler hatte und obwohl er in China zu Lebzeiten kaum bekannt war. (Anzumerken ist, dass einige Historiker seine Existenz anzweifeln und behaupten, er sei eine Erfindung.) Dennoch wird Bodhidharma als erster Patriarch des Ch'an-Buddhismus verehrt, die spezielle Form des chinesischen Buddhismus, die heute unter ihrem späteren japanischen Namen *Zen* weltbekannt ist. Außerdem wird er als Begründer der spezifisch chinesischen Kampfkunst Kung-Fu verehrt.

Bodhidharma wurde in Südindien geboren. Noch jung wurde er Buddhist. Einige Jahre studierte er bei einem Lehrer namens Prajnatara, der ihm schließlich riet, nach China zu gehen. Nach einer beschwerlichen dreijährigen Reise kam Bodhidharma nach China und traf dort Kaiser Wu, einen enthusiastischen Schutzherrn des Buddhismus.

Als der Kaiser den Besucher fragte, welches Verdienst er (der Kaiser) durch seine königliche Unterstützung des Dharma angesammelt habe, antwortete Bodhidharma unverblümt in typischer Zen-Manier: »Überhaupt keins«. Er wollte dem Kaiser zeigen, dass philanthropische Taten, egal wie großzügig, echte spirituelle Praxis nicht ersetzen können. Als Wu Bodhidharma fragte, wer er sei, dass er so mit einem Kaiser sprechen könne, antwortete dieser: »Ich weiß nicht« – eine Antwort mit tiefgründigen spirituellen Anspielungen, die anzeigten, dass er die Illusion des Ich vollkommen überwunden hatte. (In den Kapiteln 10 und 13 finden Sie mehr über diese Weisheit der »Nicht-Wesenhaftigkeit«.) Nach diesem verbalen Austausch ging Bodhidharma.

Er verbrachte die nächsten neun Jahre meditierend in seiner Höhle und »starrte auf die Wand«, wie traditionelle Überlieferungen es ausdrücken. Auch wenn einige Kommentatoren diese Formulierung so interpretieren, dass sein Geist frei von allen anhaftenden Gedanken blieb, nehmen die meisten sie ziemlich wörtlich; die Gestalt von Bodhidharma, der mit aufgerissenen Augen auf die Wand starrt, ist seit Jahrhunderten ein beliebtes Thema für Zen-Tuschezeichnungen. Eine berühmte Geschichte behauptet sogar, dass er sich die Augenlider abschnitt, um bei seiner langen, einsamen Wache nicht einzuschlafen. (Der Legende nach soll an der Stelle, an der die Lider zu Boden fielen, eine Teepflanze gewachsen sein. So gebührt Bodhidharma auch noch die Ehre, das Getränk eingeführt zu haben, das vielen Meditierenden im Laufe der Jahre über ihre Schläfrigkeit hinweggeholfen hat.)

Hui-ko war der chinesische Schüler von Bodhidharma, der ihm als zweiter Patriarch des Ch'an-Buddhismus nachfolgte. Lange Zeit stand Hui-ko vor Bodhidharmas Höhle und bettelte um Unterweisung. Bodhidharma ignorierte ihn, aber eines Tages fragte er Hui-ko schließlich, was er wolle. »Meinen Geist befrieden«, flehte Hui-ko. »Zeig ihn mir, und ich werde ihn befrieden«, antwortete der Meister. Nach vielen Tagen intensiver Meditation kam der junge Mann zurück und sagte: »Ich habe meinen Geist überall gesucht, aber ich konnte ihn nicht finden.« »Siehst du«, erklärte Bodhidharma, »ich habe ihn für dich befriedet.«

Als er dies hörte, erlebte Hui-ko ein plötzliches Erwachen (japanisch: *Satori*). Dieses berühmte Gespräch und seine verblüffende Wirkung ist das erste Beispiel für die direkte, einschneidende Übertragung der Einsicht, die für Bodhidharmas Tradition charakteristisch ist. (In den Kapiteln 5 und 10 erfahren Sie mehr über die Übertragung der Einsicht in der Zen-Tradition.) Gemäß einiger Überlieferungen starb Bodhidharma nicht lange danach, aber innerhalb von etwa 200 Jahren wurde seine Tradition immer bekannter und beeinflusste nachhaltig die Kulturen von China, Korea und vielleicht am bemerkenswertesten von Japan.

Shantideva

Viele Meister und Gelehrte stimmen darin überein, dass keines der Werke, die jemals über die Kultivierung von Bodhichitta geschrieben wurden, das in Versen abgefasste Meisterwerk Eintritt in das Leben zur Erleuchtung des indischen Meisters Shantideva (687–763, siehe Abbildung 18.3) aus dem 8. Jahrhundert übertrifft.

Abbildung 18.3: Shantideva

Falls Sie Kapitel 14 gelesen haben, kennen Sie das Herz und die Seele der buddhistischen Mahayana-Tradition: die mitfühlende Motivation, die als *Bodhichitta* bezeichnet wird – der reine, selbstlose Wunsch, nichts weniger als die Buddhaschaft zu erlangen, um zum grenzenlosen Wohl aller anderen lebendigen Wesen tätig sein zu können. Jeder, der diese selbstlose Motivation – nicht nur in seinen Worten, sondern in der Tiefe seines Herzens – entwickelt, wird automatisch ein »Erleuchtungswesen« – ein *Bodhisattva*.

Shantideva wurde als Prinz Shantivarmana (»Schild des Friedens«) in Westindien im heutigen Staat Gujarat geboren. Er war, wie Shakyamuni Buddha, Sohn eines ansässigen Königs und galt als der künftige Thronfolger. Doch als sein Vater starb und der Tag seiner Krönung näher kam, änderte sich sein Lebensplan plötzlich. Manjushri, die Verkörperung der Weisheit (siehe Kapitel 4), erschien dem jungen Prinzen im Traum und riet ihm, das königliche Leben aufzugeben und die Roben eines buddhistischen Mönches anzulegen.

Das muss auf fruchtbaren Boden gefallen sein; denn Shantivarmana verließ schnell den Palast und ging zu dem berühmten Kloster von Nalanda, wo er ordiniert wurde. Dabei erhielt er den Namen *Shantideva* (»Gott des Friedens«). Er begann sofort, ernsthaft zu studieren und zu meditieren. Die anderen Mönche in Nalanda hielten nicht viel von Shantideva. Weil er heimlich in der Nacht übte, glaubten sie, er sei ein fauler Nassauer, der nur sein Essen, seinen Schlaf und seine Verdauung im Sinn hatte. Beschämt, diesen »Meister der drei Verwirklichungen« (wie sie ihn sarkastisch nannten) in ihrer berühmten Institution zu haben, wollten ihn die Mönche öffentlich lächerlich machen, damit er den Ort in Schande verließe. Ihr Plan bestand darin, ihn einen Vortrag vor dem gesamten Kloster halten zu lassen. Sein Nicht-Wissen aufzudecken, so glaubten sie, würde reichen, ihn zu vertreiben.

Tatsächlich *ging* Shantideva, aber nicht in der geplanten Art und Weise. Statt vor allen beschämt zu werden, erstaunte er alle, indem er seine brillante *Anleitung* rezitierte und damit seine Zuhörerschaft vollkommen verzauberte. Einige berichten sogar, dass er einige seiner außerordentlichen Kräfte zeigte, indem er sich aus dem Sichtfeld levitierte, als er das letzte Kapitel seines Buches rezitierte. Als ihn die Gelehrten des Klosters um Hilfe baten, beantwortete er ihre Fragen über seine Lehrrede und zeigte ihnen die Stelle, an der ein anderes seiner Werke verborgen war, die *Sammlung der Regeln*. Seitdem haben Generationen von Buddhisten beide Werke studiert.

Padmasambhava

Weil der indische Meister Padmasambhava (8. Jahrhundert, Sanskrit für »Lotosgeborener«; siehe Abbildung 18.4) für die Entwicklung des tibetischen Buddhismus so einflussreich war, ranken sich zahlreiche Legenden um sein Leben, die ihm übernatürliche Ereignisse und Kräfte zuschreiben. Beispielsweise soll er als Kind gesehen worden sein, wie er im Zentrum eines übernatürlich entstandenen Lotos in der Meditation versunken saß und Lichtstrahlen in alle Richtungen aussendete! Doch Padmasambhava (der in liebevoller Zuneigung auch Guru Rinpoche oder »wertvoller Lehrer« genannt wird) wurde zur bekanntesten und zur bewundertsten Persönlichkeit des tibetischen Buddhismus, weil er den Dharma fest im Land des Schnees (Tibet) verankerte.

Auch wenn der Buddhismus bereits einige Zeit früher im Norden des Himalaja bekannt geworden war, wurde erst im 8. Jahrhundert von König Trisong Detsen versucht, ihn als Tradition in Tibet zu etablieren. Der König lud den indischen Abt Shantarakshita und seinen brillanten Schüler Kamalashila ein, das erste buddhistische Kloster in Tibet zu gründen. Doch viele Hemmnisse verhinderten ihren Erfolg. Sie sagten dem König, dass jemand mit außerordentlichen spirituellen Kräften – ein Meister der weißen Magie – erforderlich sei, um die Kräfte zu unterdrücken, die den Bau des Klosters behinderten, und sie den richtigen Mann für diese Aufgabe kennen würden. Guru Rinpoche besiegte nicht nur diese widerstrebenden Kräfte, sondern zog auch viele von ihnen als Beschützer zu dem neuen Glauben herüber. Aufgrund seiner Anstrengungen wurden die ersten tibetischen buddhistischen Mönche ordiniert, das Samye-Kloster wurde gegründet. Damit wurden die Grundlagen für die spätere Nyingma-Tradition (»Tradition der Alten«) des Vajrayana-Buddhismus geschaffen.

Abbildung 18.4: Padmasambhava, Guru Rinpoche

Einige Lehren der Nyingma-Tradition haben bis heute in einer faszinierenden Form, den sogenannten Terma- oder Schatz-Texten überdauert. Normalerweise geben Lehrer spirituelle Lehren mündlich von einer Generation zur nächsten an ihre Schüler weiter, solange die Kette nicht unterbrochen wird. Die Lehren in diesen Schatz-Texten wurden anders weitergegeben. Angeblich versteckte Padmasambhava – manchmal von seiner Gefährtin, der großen tibetischen Yogini Yeshe Tsogyal, assistiert – diese tiefschürfenden Lehren, damit sie erst dann entdeckt würden, wenn die Zeit für sie reif geworden sei. Padmasambhava verbarg einige dieser Terma in Höhlen oder im Boden. Andere pflanzte er direkt in den Geist einiger seiner engsten Schüler ein. Später – manchmal viele Generationen später – sollten Reinkarnationen eben dieser Schüler, die sie viele Leben lang in ihrem Geistesstrom weitergetragen haben, plötzlich inspiriert werden, diese verborgenen Schätze zu entdecken und der Welt zu enthüllen. Diese außerordentliche Methode der Überlieferung ist auch heute noch im Gange.

Atisha

Nicht lange, nachdem Padmasambhava half, den Buddhismus in Tibet zu etablieren, wurde der Fortbestand des Buddhismus ernsthaft bedroht. Im Jahre 836 versuchte der religionsfeindliche König Langdarma, den Buddhismus auszurotten. Er ließ Klöster schleifen, Mönche und Nonnen verfolgen und richtete im Allgemeinen ein ziemliches Chaos an. Obwohl der Buddhismus nicht ganz verschwand, wurde er besonders in Zentraltibet durch Langdarmas Anstrengungen gründlich durcheinandergebracht. Der indische Mönch Atisha spielte im folgenden Jahrhundert eine Schlüsselrolle, um den Buddhismus wieder einzuführen.

Atisha (Ah-*tie*-shah, 982–1054) wurde als Prinz in eine Herrscherfamilie in Bengalen geboren und sollte wie Shakyamuni und Shantideva den Thron seines Vaters erben. Doch der spirituelle Weg lockte, und Atisha entschied sich für das religiöse statt für das königliche Leben. Er studierte bei mehreren Lehrern. Seine umfangreiche Kenntnis der buddhistischen Lehren und Praktiken sprach sich bald herum.

Atisha hatte einen enormen Appetit auf die Lehren. Er bereiste große Teile der buddhistischen Welt und studierte bei mehr als 150 verschiedenen Gurus. Seine wichtigste Reise war lang und gefährlich und führte ihn zu den Goldenen Inseln (wahrscheinlich Sumatra), wo er mehr als zehn Jahre lang bei dem großen Lehrer Dharmamati studierte. Jahre später traten immer noch Tränen in Atishas Augen, wenn er den Namen dieses geliebten Meisters erwähnte, weil er unter seiner Führung die wahre Bedeutung des Mitgefühls erkannt hatte.

Als Atisha nach Nordindien zurückkehrte, blieb er meistens im Kloster Vikramashila, das damals neben Nalanda eines der großen buddhistischen Studienzentren war. Botschafter aus Tibet nahmen mit ihm in Vikramashila Kontakt auf und luden ihn ein, mit ihnen nach Norden zu kommen. Atisha kam 1037 in Tibet an und verbrachte dort die restlichen 17 Jahre seines Lebens. Als Folge seiner Anstrengungen blühte der Buddhismus auf. Die Kadam-Tradition, die seine Schüler begründeten, beeinflusste alle auch heute noch existierenden Hauptschulen des tibetischen Buddhismus.

Eines der größten Vermächtnisse von Atishas Reise nach Tibet war sein Werk *Lampe für den Weg zur Erleuchtung*. Als Atisha beschloss, nicht nach Indien zurückzukehren, wie er dem Abt von Vikramashila versprochen hatte, sandte er dieses Werk (und später den begleitenden Kommentar) zurück, um für seine Abwesenheit zu entschädigen. Die Mönche in Vikramashila sollen so erfreut über Atishas *Lampe* gewesen sein, dass sie erklärten, es würde nicht nur den dummen Tibetern, sondern sogar den gebildeten und intelligenten Indern von Nutzen sein. In der Tat ein hohes Lob.

 Die *Lampe* hat einen bemerkenswerten Aspekt: Das Werk strukturiert den gesamten buddhistischen Weg vom ersten Anfang bis zur höchsten Erleuchtung mit drei aufeinander aufbauenden Stufen der Motivation. Da wir dasselbe Gliederungsprinzip in Teil IV dieses Buches verwenden, könnte Atishas *Lampe* vielleicht auch für Sie hilfreich sein.

Machig Labdron

Stellen Sie sich einen alten Friedhof vor – nicht eine sorgfältig gepflegte, moderne Begräbnisstätte, sondern ein unheimlicher Ort, der mit Leichenresten übersät ist. Durch den Nebel sehen Sie eine sitzende Gestalt. Diese mysteriöse Person hält in einer Hand eine Trommel mit zwei Becken und in der anderen eine Trompete aus Schenkelknochen. Handelt es sich um einen Verrückten im Fieberwahn, der irgendeine grauenhafte Fantasie ausagiert? Nein, diese Gestalt ist ein fortgeschrittener Praktiker einer Meditationstechnik, die von einem der zweifellos ungewöhnlichsten und einflussreichsten Gestalten in der Geschichte des tibetanischen Buddhismus begründet wurde: Machig Labdron.

Als Machig Labdron (*mah*-chig *lahb*-drun) etwa 1055 geboren wurde, gab es eine Praxis (die heute noch ausgeübt wird), wichtige buddhistische Schriften zu rezitieren, um positive Energie oder Verdienst zu erzeugen, die eine Person dann für einen tugendhaften Zweck einsetzen konnte. Als junges Mädchen lernte Machig, diese Praxis besonders gut zu beherrschen. Sie konnte riesige Mengen von Text auswendiglernen und sie mit hoher Geschwindigkeit rezitieren. Ihre Lieblingsschriften waren die *Vervollkommnung der Weisheit-Diskurse*, die, gemäß der Mahayana-Tradition, Buddhas tiefste Lehren über die Natur der Wirklichkeit enthalten (siehe Kapitel 4 für mehr Informationen).

Schließlich konnte sie durch Studium und Meditation die Essenz dieser Lehren erfassen und wurde frei von Anhaftung und Selbstverherrlichung. Als äußeres Zeichen ihrer Erkenntnis verzichtete sie auf üppiges Essen und teure Kleidung und lebte fortan wie ein Bettler. Kein angesehener Lama konnte sie in der Debatte schlagen, und sie wurde bald selbst als große Lehrerin anerkannt.

Eines der wichtigsten Ereignisse in Machig Labdrons Leben war ihre Begegnung mit Padampa Sangye, einem bedeutenden Lehrer aus Indien, der ihr zwei Meditationstechniken beibrachte, die ihre Praxis erheblich beeinflussten.

✔ Die erste wurde als *Abschneiden* (tibetisch: *Chöd*) bezeichnet, weil der Meditierende mit dieser Technik alle Ablenkungen durch externe und interne Störungen abschneiden oder entfernen konnte.

✔ Die zweite wurde als *Besänftigung* (tibetisch: *Shijed*) bezeichnet, weil sie Leiden lindern (besänftigen) und beseitigen konnte.

Machig kombinierte diese Techniken mit ihrem eigenen tiefen Verständnis der Vervollkommnung der Weisheit und mit speziellen Anweisungen, die ihr direkt von Tara enthüllt wurden. (In Kapitel 5 finden Sie Näheres über diese weibliche Gottheit des Erbarmens.) Diese neue Praxis wird als Chöd-Ritus bezeichnet. Der Zweck dieser Praxis besteht darin, die beiden Haupthindernisse auf dem Weg zur Erleuchtung zu beseitigen: Selbst-anhaftendes Nicht-Wissen und eine selbst-verliebte Einstellung. *Selbst-anhaftendes Nicht-Wissen* ist die falsche, begrenzte, konkrete Auffassung, wer und was Sie sind. Die *selbst-verliebte Einstellung* ist die Selbstsucht – das Verlangen, sich und seine Bedürfnisse über andere zu stellen.

Es ist schon schwer genug, diese beiden Hindernisse zu verstehen. Noch schwerer ist es, einen Weg zu finden, sie zu überwinden. Machig Labdron erkannte, dass bestimmte extreme

Situationen – wie beispielsweise nachts allein auf einem gespenstischen Friedhof zu sein – die perfekte Gelegenheit bieten, zu beobachten, wie die starken Empfindungen eines konkreten Selbst in ihrem Herz entstehen. (Näheres über dieses konkrete Selbst-Gefühl finden Sie in Kapitel 13.) Mit ihrer Praxis des Abschneidens können Sie dieses selbst-anhaftende Nicht-Wissen identifizieren und dann eliminieren, während Sie gleichzeitig Ihr Selbst den furchterregenden Geistern als Opfer darbieten, die Sie mit der Trommel und der Trompete gerufen haben. Bei gründlicher Übung können Sie Nicht-Wissen durch Weisheit und Selbstsucht durch Mitgefühl ersetzen.

Die Übung von Machig Chod war so wirksam, dass sie den historischen Lauf des Buddhismus änderte. Sie war eine der wenigen bekannten Lehren, die in Tibet entwickelt wurden und sich dann südlich nach Indien verbreiteten. Dieses erstaunliche Ereignis, zusammen mit den anderen Erfolgen in ihrem Leben und nicht zuletzt die Tatsache, dass sie als Frau in einer männlich dominierten Gesellschaft einen solchen Einfluss erlangte, machen Machig Labdron zu einer der wichtigsten Gestalten in der Geschichte des Buddhismus.

Dogen

Meister Dogen (1200–1253), Begründer der Soto-Zen-Tradition in Japan, zählt zu den respektiertesten Gestalten in der Geschichte des japanischen Buddhismus. Praktizierende verehren ihn als großen Meditationsmeister, was nicht weiter überraschend ist, da der Zen für seine Betonung einer rigorosen Meditationspraxis bekannt ist. Wichtiger ist vielleicht Dogens fortdauernder Ruhm als einer der wichtigsten Philosophen Japans. Sein Ruf ist umso bemerkenswerter, wenn man bedenkt, dass ein Hauptaugenmerk der Zen-Praxis darin besteht, die Begrenzungen bloßer Worte und Gedanken – die üblichen Werkzeuge der Philosophie – zu überschreiten, um die direkte, unausdrückbare Erfahrung der Wirklichkeit selbst zu machen. Vielleicht konnte Dogen diese Begrenzungen so gekonnt überschreiten, weil er auch ein außerordentlich begnadeter Poet war.

Dogen wurde in Kyoto in einer Zeit der großen sozialen Unruhe geboren, als viele Leute den Eindruck hatten, dass die reinen Lehren von Shakyamuni Buddha – die etwa vor 600 Jahren nach Japan gekommen waren – allgemein im Niedergang begriffen waren. Vater und Mutter starben, als Dogen noch jung war. Er machte also früh die Erfahrung der Vergänglichkeit, die ihn sein Leben lang begleitete und einen wichtigen Kern seiner Lehren bildete.

Diese frühen Erfahrungen des Leidens und des Verlustes veranlassten Dogen, nach Mount Hiei zu gehen, dem Hauptzentrum für buddhistische Studien seiner Zeit, um sich als Mönch ordinieren zu lassen und den Dharma intensiv zu studieren. Obwohl er diese Studien erfolgreich abschloss, war Dogen unzufrieden. Er fühlte, dass wesentliche spirituelle Fragen unbeantwortet geblieben waren. Auf den Rat seiner Lehrer reiste er nach China, um bei den dortigen großen Meistern zu studieren. Doch selbst in China fand Dogen nicht, was er suchte, bis er den Abt Rujing traf. Von Rujing empfing Dogen die Dharma-Übertragung, die er gesucht hatte, und lernte die überragend wichtige Praxis der Sitzmeditation (japanisch: *Zazen*). Als Dogen später nach Japan zurückkehrte und die Soto-Zen-Tradition begründete, wurde die Praxis des *Zazen* zu ihrer charakteristischen Eigenschaft.

Nach Dogen ist die Praxis des *Zazen* kein *Mittel*, um spirituelle Erleuchtung zu erlangen; sondern die Sitzpraxis selbst *ist* die Erleuchtung. Das Erwachen ist kein entferntes Ziel, das irgendwann in der Zukunft erreicht werden soll, sondern eine Erfahrung, die hier und jetzt mitten in diesem vergänglichen Leben existiert. Dogen betonte, dass die gesamte Existenz im gegenwärtigen Moment entdeckt werden muss und dass Sie durch die achtsame Praxis des *Zazen* voll zum ewigen »Jetzt« erwachen.

Dogen hatte die einmalige Fähigkeit zu zeigen, wie dieser Ansatz der Meditationspraxis mit einem Studium der klassischen buddhistischen Schriften kombiniert werden konnte. Er schrieb unter anderem ein Meisterwerk, *Schatz des wahren Dharma-Auges*, an dem er mehr als 20 Jahre arbeitete. Um einen Ort für die *Zazen*-Praxis zu schaffen, gründete er mit seinen Schülern das Eihei-Kloster, das bis zum heutigen Tage das Zentrum der Soto-Zen-Tradition geblieben ist.

Dr. Ambedkar

Vielleicht finden Sie es etwas seltsam, dass wir Dr. Bhimrao Ramji Ambedkar (1891–1956) in eine Liste der wichtigsten Buddhisten aufnehmen, weil er sich erst zwei Monate vor seinem Tod zum Buddhismus bekannte. Doch dieser Architekt der indischen Verfassung und eine der gewichtigsten Stimmen seines Landes gegen soziale Ungerechtigkeit verdient einen Platz auf dieser Liste, weil er bei der Wiedereinführung des Buddhismus im Land seiner Geburt eine wichtige Rolle spielte.

Ambedkar kannte soziale Ungerechtigkeit aus erster Hand. Seit er geboren wurde, galt er (wie alle Mitglieder seiner Familie und seiner Gemeinde) als unberührbar. Gemäß des Jahrhunderte alten Kastensystems galt selbst die geringste körperliche Berührung mit einer solchen Person als Befleckung. In der Schule musste er abseits von den anderen Kindern sitzen und durfte keine Gegenstände anfassen, die von den anderen Schülern verwendet wurden. Als er älter wurde, hatte er einfach wegen seiner niedrigen Geburt eine Erniedrigung nach der anderen zu erdulden und wurde gelegentlich sogar verprügelt.

Doch Ambedkar war außergewöhnlich intelligent und fleißig. Ermutigt durch bestimmte Lehrer und unterstützt durch einen großzügigen Wohltäter besuchte er erst ein College in Bombay (heute Mumbai) und dann Universitäten in New York und London, wo er Abschlüsse in Ökonomie und Politologie erwarb und sich als Rechtsanwalt niederließ. Doch selbst seine herausragenden akademischen Erfolge bewahrten ihn nicht vor weiteren Erniedrigungen, als er nach Indien zurückkehrte. So wurde jeden Morgen, wenn er in das Regierungsbüro kam, in dem er arbeitete, der Teppich aufgerollt, damit ihn Ambedkar nicht »kontaminierte« und die anderen Angestellten verunreinigte.

Nachdem er die Freiheit und Gleichheit in den Vereinigten Staaten und England kennengelernt hatte, konnte er eine solche herabwürdigende Behandlung nicht mehr tolerieren. Babasaheb – wie Ambedkar liebevoll von seinen Bewunderern genannt wurde – nahm den gewaltfreien Kampf für die Rechte seiner unterdrückten Landsleute auf. Während andere Führer der Unabhängigkeitsbewegung die Befreiung von der britischen Herrschaft anstrebten, kämpfte Babasaheb gegen die Unterdrückung in der indischen Gesellschaft selbst. Er war überzeugt, dass Indien niemals soziale Gerechtigkeit erlangen könne, solange das

Kastensystem existierte. Deshalb kritisierte Ambedkar öffentlich die religiösen Gebräuche, die vielen seiner Landsleute die volle Anerkennung verweigerten. Schließlich erklärte Babasaheb 1935 in einer berühmten Rede: »Ich wurde als Hindu geboren, und dagegen konnte ich nichts machen. Aber ich will nicht als Hindu sterben!« Und speziell an die Mitglieder seiner eigenen Gemeinde richtete er die Worte: »Die Religion, die Menschen nicht als Menschen anerkennt, die die Ungebildeten zwingt, ungebildet zu bleiben, und die Armen daran hindert, ihre Armut zu bekämpfen, ist keine Religion, sondern eine Heimsuchung.«

Zwei Jahrzehnte später folgte Ambedkar seiner Überzeugung und trat formell zum Buddhismus über. Inzwischen war er aktiv in der indischen Politik tätig. Er wurde 1947 der erste Justizminister der neuen unabhängigen Republik Indien und dann Vorsitzender des Komitees, das die Verfassung der größten Demokratie der Welt entwerfen sollte. Als Ambedkar schließlich kurz vor seinem Lebensende zum Buddhismus übertrat, war sein Handeln für viele ein Vorbild, die als Unberührbare ausgegrenzt worden waren. Kurz nach seiner Konversion traten Tausende von ihnen ebenfalls zum Buddhismus über.

Ambedkars Sicht auf den Buddhismus entsprach bei Weitem nicht der traditionellen Auffassung. Weil die Befreiung für ihn ein soziales und politisches und nicht nur ein spirituelles Ziel war, interpretierte er bestimmte Aspekte von Buddhas Lehren so um, dass sie besser zu seinen eigenen Auffassungen passten. Er glaubte, dass die Mönchsgemeinde in vielen buddhistischen Nationen eine parasitäre Last der Gesellschaft insgesamt geworden war, und schlug vor, der *Sangha* solle soziale Dienste übernehmen. Er argumentierte auch gegen die Doktrinen des Karmas und interpretierte Buddhas Lebensgeschichte auf eigene Art. Doch unabhängig davon, wie kontrovers sein Ansatz gewesen sein mag, ist es seinem Einfluss zu verdanken, dass sich ein großer Teil der indischen Bevölkerung zum Buddhismus bekennt.

Teil VI
Anhänge

IN DIESEM TEIL …

Wenn Sie sich nicht an die Bedeutung eines buddhistischen Begriffs erinnern können, schlagen Sie seine Definition in unserem praktischen Glossar nach. Wenn Sie an bestimmten Aspekten des Buddhismus interessiert sind, helfen Ihnen möglicherweise unsere Listen einschlägiger Bücher und anderer nützlicher Quellen.

Anhang A
Ein Glossar nützlicher buddhistischer Begriffe

Jedes Buch über den Buddhismus, selbst eine Einführung wie diese, enthält wahrscheinlich einige Wörter, die Ihnen nicht vertraut sind. Sie lesen den Text und stoßen plötzlich auf Wörter wie Duhkha, Avidya oder Dhyana. Vielleicht fragen Sie sich, warum der Autor plötzlich die Sprache gewechselt hat? Ist Deutsch nicht gut genug?

Die Wahrheit ist, dass es für bestimmte buddhistische Begriffe keine genauen deutschen Entsprechungen gibt – zumindest noch nicht. Parallel zur Entwicklung des Buddhismus in Asien hat sich im Laufe der Jahrhunderte ein Vokabular herausgebildet, um komplexe Begriffe und subtile Erfahrungen auszudrücken. Doch da der Buddhismus im Westen relativ neu ist, hat sich für ihn noch keine Terminologie entwickelt, die alle westlichen Buddhisten verstehen und anerkennen können. Deshalb ist es im Moment am korrektesten, für bestimmte Begriffe die asiatischen Bezeichnungen beizubehalten.

Aber manchmal stoßen Sie auf unterschiedliche Schreibweisen desselben unvertrauten Begriffs. Beispielsweise stammen die drei eben genannten Begriffe Duhkha, Avidya und Dhyana aus dem Sanskrit, einer alten indischen Sprache. Aber Sie können auch die folgenden Schreibweisen dieser Begriffe finden: Dukkha, Avijja und Jhana. In diesem Fall verwendet der Autor Pali, eine andere alte indische Sprache, die eng mit dem Sanskrit verwandt ist. Als ob diese Sprachlotterie nicht schon verwirrend genug wäre, werden dieselben Wörter manchmal mit seltsamen Markierungen über oder sogar unter einigen Buchstaben geschrieben. Diese sogenannten diakritischen Zeichen, (ein Fachbegriff für Schrägstriche, Punkte und Schnörkel) sollen Ihnen helfen, die Wörter genauer auszusprechen, aber wenn Sie nicht gerade Sprachen studieren, die kaum noch jemand spricht, stiften diese diakritischen Zeichen oft mehr Verwirrung als Klärung. (Deshalb haben wir diese Zeichen in *Buddhismus für Dummies* weggelassen.)

Die unterschiedlichen buddhistischen Traditionen, die sich in Indien entwickelt haben (siehe Kapitel 4), haben ihre Versionen von Buddhas Lehren in verschiedenen indischen Sprachen weitergegeben. Für den Buddhismus sind Sanskrit und Pali die beiden wichtigsten dieser Sprachen. Deshalb werden viele technische Begriffe des Buddhismus, insbesondere wenn sie nur schwer genau zu übersetzen sind, immer noch in diesen alten Sprachen ausgedrückt. (Ähnliches gilt beispielsweise auch für bestimmte wichtige Begriffe der christlichen Theologie, für die immer noch die griechischen Namen verwendet werden.)

Dieses Glossar enthält nützliche – aber sicher nicht erschöpfende – Definitionen der buddhistischen Begriffe, auf die Sie wahrscheinlich in diesem Buch stoßen werden. Um die Dinge so weit wie möglich zu vereinfachen, sind die meisten Einträge in Sanskrit (was wir durch ein *S* kennzeichnen) ohne verwirrende diakritische Zeichen. Bestimmte Begriffe werden auch in Pali (Kennzeichnung *P*) sowie einigen anderen asiatischen Sprachen (*C* für Chinesisch, *J* für Japanisch und *T* für Tibetisch) angegeben. An den passenden Stellen geben wir auch einige der deutschen Begriffe an, die wir in diesem Buch mehrfach verwenden.

Noch eine Anmerkung: Wörter, die in den folgenden Glossareinträgen in Anführungszeichen (»«) eingeschlossen sind, geben annähernd die wörtliche Bedeutung des betreffenden Eintrags wieder. Danach wird dann der Eintrag ausführlicher erklärt.

Abhidharma: (S) »besondere Lehre«; Abschnitt der buddhistischen Lehren, der sich mit Psychologie, Philosophie, Kosmologie, Metaphysik und anderen Themen befasst (P: abhidhamma); **siehe auch** *Tripitaka*

Achtfacher Pfad: Weg, der von **Shakyamuni Buddha** gelehrt wurde und zur vollkommenen Aufhebung des Leidens führt; besteht aus rechter Erkenntnis, rechter Gesinnung, rechter Rede, rechtem Handeln, rechtem Leben, rechtem Streben, rechter Achtsamkeit und rechtem Sichversenken

Amitabha: (S) Buddha des »grenzenlosen Lichts«; einige Traditionen nehmen an, dass er einen Eid geschworen hat, alle Wesen in das *reine Land* zu führen, über das er herrscht (J: Amida)

Arhat: (S) »Ehrwürdiger«; jemand, der das *Nirvana* erlangt hat

Arya: (S) »Edler«; fortgeschrittener Praktiker, der direkte Einsicht in die wahre Natur der Wirklichkeit erlangt hat

Avalokiteshvara: (S) »der, der mit Erbarmen herabschaut«; Figur, die in bestimmten Traditionen als Verkörperung des erleuchteten Mitgefühls verehrt wird; in Tibet als *Chenrezig* bekannt

Avidya: (S) »Nicht-Wissen«, die grundlegende Ursache allen Leidens (P: Avijja)

Befreiung: siehe *Nirvana*

Bodhi: (S, P) »Erwachen«, die vollkommene Erleuchtung eines Buddhas; der Zustand der höchsten spirituellen Erfüllung, die gekennzeichnet ist durch universelles Erbarmen, Weisheit und Können; das Ziel der Mahayana-Praktiker; Buddhaschaft

Bodhichitta: (S) »Erleuchtungsgeist«; die altruistische Motivation eines *Bodhisattva*; der Wunsch, *Erleuchtung* zu erlangen, um anderen zu helfen

Bodhisattva: (S) »Erleuchtungswesen«; nach den *Jataka-Erzählungen* eine frühere, vor seiner *Erleuchtung* liegende Inkarnation von *Shakyamuni*; jeder, der Erleuchtung anstrebt, um anderen fühlenden Wesen zu helfen, sich vom Leiden zu befreien (P: bodhisatta); eines der zahlreichen transzendenten erwachten Wesen, die bestimmte wesentliche Qualitäten der Erleuchtung verkörpern und in einigen Traditionen Objekte der Verehrung sind

Brahma-Vihara: (S) »göttliche Verweilungszustände«; die vier wesentlichen positiven Geisteszustände (Güte, Erbarmen, Freude und Gleichmut), die auf dem Weg zur spirituellen Erfüllung erweckt und entwickelt werden

Buddha: (S, P) »der Erwachte«; das erste der *Drei Juwele der Zuflucht*; ein vollkommen erleuchtetes Wesen; jeder, der alle Hindernisse überwunden und alle guten Qualitäten entwickelt hat und deshalb für andere von größtem Nutzen sein kann; **siehe auch** *Shakyamuni Buddha*

Buddha-Natur: innere Reinheit; gemäß einiger buddhistischer Traditionen Ihre wahre Natur, ununterscheidbar von der Erleuchtung; das Potenzial, Erleuchtung zu erlangen, das alle Wesen besitzen sollen

Buddhaschaft: vollkommene Erleuchtung; die Erreichung oder Verwirklichung derjenigen, die den *Mahayana*-Weg bis zum Ende gehen

Dharma: (S) spirituelle Lehren, insbesondere die eines erleuchteten Wesens; Wahrheit, die Sie »vom Leiden fernhält«; zweites der *Drei Juwele der Zuflucht* (P: dhamma)

Dhyana: (S) meditative Konzentration (P: Jhana; C: Ch'an, J: Zen)

Drei Juwele der Zuflucht: *Buddha*, *Dharma* und *Sangha* (S: triratna); auch *Drei Kostbarkeiten* oder *Drei Kleinodien* genannt: der Lehrer, seine Lehren und die Gemeinde, die diesen Lehren folgt

Duhkha: (S) Leiden; Unzufriedenheit; die unbefriedigende Natur der weltlichen *zyklischen Existenz* (P: Dukkha)

Erleuchtung: jede der verschiedenen Ebenen der spirituellen Erfüllung, insbesondere die vollkommene Erleuchtung der *Buddhaschaft*; siehe auch *Bodhi*

Geshe: (T) »spiritueller Freund«; Grad, der jemandem verliehen wird, der ein intensives Studium in einem Kloster absolviert hat; eine Art »Doktor der Theologie«

Guru: (S) spiritueller Lehrer

Hinayana: (S) »Kleines Fahrzeug«; Name, mit dem einige *Mahayana*-Buddhisten abfällig den spirituellen Pfad der Leute bezeichneten, die nur ihre eigene persönliche Befreiung anstrebten

Jatakas: (S) Geschichten, in denen *Shakyamuni Buddha* ursprünglich über seine früheren Existenzen berichtete, in denen er oft die Gestalt eines Tieres angenommen hatte

Karma: (S) intentionale »Handlung«; die Arbeitsweise von Ursache und Wirkung, wonach tugendhafte Handlungen zum Glück und unheilsame Handlungen zum Leiden führen (P: kamma)

Karuna: (S, P) »Erbarmen«; der Wunsch, dass andere nicht leiden mögen

Kensho: (J) »das Sehen der wahren Natur«; ein direkter Blick auf Ihre wesentliche (Buddha-)Natur

Klesha: (S) »Plage, Befleckung, Leidenschaft«; jeder Gedanke oder jede Emotion, die Ihren geistigen Frieden stört, insbesondere Nicht-Wissen, Abneigung und Anhaftung; Verdunkelung, quälende Emotion

Kuan Yin: (C) weiblicher *Bodhisattva* der Gnade und des Erbarmens (J: Kwannon)

Lama: (T) spiritueller Führer und Lehrer; Guru

Lamrim: (T) »Stufen des Weges«; organische Gliederung der Lehren Buddhas, sodass diese die Stufen des spirituellen Weges erläutern und damit den unterschiedlichen Motivationsstärken der Praktiker entsprechen (auch *Lam-rim*)

Leere: siehe *Shunyata*

Mahayana: (S) »Großes Fahrzeug«; der Pfad eines *Bodhisattvas* auf seinem Weg zu seiner höchsten *Erleuchtung*; das Vehikel der universellen *Befreiung*

Maitreya: (S) »der Liebende«; *Bodhisattva*-Schüler von *Shakyamuni*, dem eine Existenz als künftiger *Buddha* vorausgesagt wird, der der Welt erneut den *Dharma* bringen wird, nachdem die Lehren von Shakyamuni verschwunden sein werden

Maitri: (S) siehe *Metta*

Manjushri: (S) »der edel und sanft ist«; Figur, die in bestimmten Traditionen als Verkörperung der erleuchteten Weisheit verehrt wird

Mantra: (S) »Schutz des Geistes«; Wörter der Kraft; Silben, im Allgemeinen in Sanskrit, die während bestimmter Meditationspraktiken rezitiert werden

Metta: (P) »liebende Güte«; der Wunsch, dass andere glücklich sein mögen (S: maitri)

Nirvana: (S) »Verwehen«; Zustand jenseits des Leids; persönliche *Befreiung* vom Leiden und von den Ursachen des Leidens; die Erlangung der Stufe eines *Arhat* (P: nibbana)

Puja: (S) Opferzeremonie

Reines Land: Zustand der Existenz außerhalb von *Samsara*, in dem alle Bedingungen für die Erlangung der *Erleuchtung* günstig sind

Roshi: (J) spiritueller Lehrer im Zen

Sadhana-Meditation: eine wesentliche Vajrayana-Übung, bei der Sie Ihre reine Natur mit einer Figur identifizieren, die Qualitäten der Erleuchtung verkörpert

Samadhi: (S) »Fixieren, Festmachen«; Zustand der tiefen meditativen Versenkung

Samsara: (S, P) »Wanderung«; zyklische Existenz; der Zyklus des unkontrollierten Todes und der Wiedergeburt, der im Nicht-Wissen wurzelt und voller Leiden und Unzufriedenheit ist; das normale Leben, wie es von nicht erleuchteten Augen gesehen wird

Sangha: (S) spirituelle Gemeinde; das dritte der *Drei Juwele der Zuflucht*

Satori: (J) plötzliche, blitzartige Einsicht; ein direkter Blick auf Ihre wesentliche (Buddha-)Natur; **siehe auch** *Kensho*

Shakyamuni Buddha: »der Weise aus dem Geschlecht der Shakyas«; der historische Buddha; Begründer der Lehren, die heute als *Buddhismus* bezeichnet werden (etwa 563–483 v. Chr.)

Shunyata: (S) »Leere«; die tatsächliche Art und Weise, in der alle Dinge existieren, leer von allen falschen Vorstellungen einer unabhängigen Eigenexistenz und letztlich für das begriffliche Denken unfassbar

Stupa: (S) Monument, Denkmal, das Relikte Buddhas oder eines anderen spirituellen Meisters enthält

Sutra: (S) Lehrrede, insbesondere von *Shakyamuni Buddha*; der Abschnitt von Buddhas Lehren, der sich mit Themen der Meditation befasst (P: sutta)

Tantra: (S) die Texte, die die Basis der *Vajrayana*-Tradition bilden und sich mit esoterischen Praktiken wie beispielsweise der *Sadhana-Meditation* befassen

Tara: (S) »die Retterin«; weibliche Figur, die von einigen Traditionen als Verkörperung der erleuchteten, mitfühlenden Tätigkeit aller Buddhas betrachtet wird

Theravada: »Lehre der Ordensältesten«; die Tradition des Buddhismus, die sich ausschließlich auf den Pali-Kanon stützt, die Lehrreden des Buddha, die in den ersten wenigen Jahrhunderten nach seinem Tod zusammengetragen worden sind; die vorherrschende Tradition in Sri Lanka und Südostasien

Tripitaka: (S) »drei Körbe«; die drei Abschnitte, in die Buddhas Lehren traditionell unterteilt worden sind: *Sutra*, *Vinaya* und *Abhidharma* (P: tipitaka)

Vajrayana: (S) »Diamant-Fahrzeug«; die *tantrischen* Lehren des Buddhismus; die Tradition des *Mahayana-Buddhismus*, die in Indien entwickelt wurde und in Tibet zur Blüte kam

Vier Edle Wahrheiten: das Hauptthema der ersten Lehrrede von *Shakyamuni Buddha*, in der er die Wirklichkeit des Leidens, die Ursache des Leidens, die Aufhebung des Leidens und den Pfad zur vollkommenen Aufhebung des Leidens erklärte

Vinaya: (S, P) Abschnitt der Lehren Buddhas, in dem die Regeln der klösterlichen Disziplin und des ethischen Verhaltens sowie das *karmische* Gesetz von Ursache und Wirkung behandelt werden

Yoga: (S) spirituelle Übung oder Disziplin, der Sie sich selbst unterwerfen; geübte männliche und weibliche Praktiker des Yoga werden als *Yogi* beziehungsweise *Yogini* bezeichnet

Zen: (J) »Meditation«; die Tradition des *Mahayana-Buddhismus*, die zuerst in China entstand und sich dann nach Korea, Japan und andere asiatische Länder verbreitete und die die Praxis der Meditation als Mittel zum plötzlichen Erwachen betont

Zyklische Existenz: siehe *Samsara*

Anhang B
Zusätzliche Quellen zum Buddhismus

Eine Einführung kann unmöglich allen Aspekten des Buddhismus und seiner 2.500-jährigen Geschichte gerecht werden. Doch hoffentlich haben wir Ihr Interesse geweckt, und Sie wollen sich weiter mit dem Buddhismus befassen.

Hier finden Sie zusätzliche Quellen, aus denen Sie mehr über den Buddhismus im Allgemeinen oder über seine verschiedenen Traditionen erfahren können, und zwar Bücher und einschlägige Websites. Beim Surfen im Web werden Sie viele weitere faszinierende Webseiten entdecken. Gute Startseiten für buddhistische Informationen im Web sind www.buddhanet.net (englisch) und www.buddhismus.de (deutsch).

Vor Jahrzehnten, als unser ernstes Interesse am Buddhismus erwachte, war das Internet unbekannt. Verglichen mit dem heutigen Überangebot einschlägiger Titel gab es nur wenige Bücher über den Buddhismus, die für Laien geeignet waren. Heute ist das Angebot so groß, dass eine Auswahl einer überschaubaren Anzahl von Büchern schwer ist. Aus den Werken, die wir weggelassen haben, könnte man leicht mehrere andere ausgezeichnete Listen zusammenstellen. Betrachten Sie diesen kurzen Katalog als Zugang zu einer riesigen Welt, die Ihrem Forschungsdrang offensteht. Viel Spaß!

Das Leben des Buddha

Das Leben von Shakyamuni Buddha ist oft erzählt worden. Die folgende Liste enthält einige besonders inspirierende Beispiele.

- *Alter Pfad. Weiße Wolken. Leben und Werk des Gautamein Buddha*, von Thich Nhat Hanh (Theseus Verlag). Basierend auf Quellen in Pali, Sanskrit und Chinesisch wird die Geschichte von Buddhas Leben teilweise aus der Perspektive des fiktiven Kuhhirtenjungen Svasti erzählt.

- *Wie Siddhartha zum Buddha wurde*, von Thich Nhat Hanh (dtv). Beschreibt den außergewöhnlichen Lebensweg des Siddhartha Gautama und führt in die buddhistische Gedankenwelt ein.

- *Prinz Siddhartha*, von Jonathan Landaw (Diamant-Verlag). Diese Geschichte des Lebens von Buddha wird besonders für Kinder – und ihre Eltern – nacherzählt.

- *Siddhartha*, von Hermann Hesse. Dieser Roman wurde 1922 von dem Nobelpreisgewinner geschrieben. Seine Handlung spielt zur Lebenszeit von Shakyamuni Buddha und versetzt den Leser in die Welt des Begründers des Buddhismus. Sie handelt allerdings nicht von Buddha selbst, sondern von einem fiktiven Prinzen Siddhartha, der seinen eigenen Weg zum Seelenfrieden findet.

Alte und neue buddhistische Klassiker

Die folgende Liste enthält einige der einflussreichsten und populärsten Bücher über den Buddhismus.

- *Buddhismus. Stifter, Schulen und Systeme*, von Hans Wolfgang Schumann (Diederichs Verlag). Eine profunde, doch eher wissenschaftlich ausgerichtete Kurzdarstellung.

- *Das große O. W. Barth-Buch des Buddhismus*, von Oliver Bottini (O. W. Barth). Eine umfassende Darstellung von Geschichte, Richtungen, Inhalt und Verbreitung des Buddhismus.

- *Das tibetische Buch vom Leben und vom Sterben*, von Sogyal Rinpoche (Fischer Taschenbuch). Lehrgeschichten, Meditationen und altbewährte Einsichten aus der tibetischen Vajrayana-Tradition rund um die Todeserfahrung – und das Leben – und voller Mitgefühl und Weisheit.

- *Dhammapada* (Jhana-Verlag). Diese alte Sammlung enthält einige der berühmtesten Aussprüche von Shakyamuni Buddha und ist eine ausgezeichnete Einführung in sein Denken und den Geist seiner Lehren.

- *Die drei Pfeiler des Zen*, von Philip Kapleau (O. W. Barth Verlag). Die erste populäre Zen-Anleitung von einem Westler für Westler machte eine ganze Generation mit dem Zen-Buddhismus bekannt.

- *Frag den Buddha, und geh den Weg des Herzens*, von Jack Kornfield (Ullstein). Der Autor hat zahlreiche Bücher über das buddhistische Denken und Handeln geschrieben. Dieser Bestseller bietet eine freundliche, psychologisch scharfsinnige Einführung in die Meditation. Kornfield ist Mitbegründer der Insight Meditation Society in Massachusetts und des Spirit Rock Center in Kalifornien.

- *Geistestraining durch Achtsamkeit*, von Nyanaponika Thera (Beyerlein und Steinschulte). Dieser Klassiker beschreibt die Praxis der Meditation in der Theravada-Tradition.

- *Lexikon der östlichen Weisheitslehren. Buddhismus, Hinduismus, Taoismus, Zen*, unverzichtbares deutsches Standardnachschlagewerk (O. W. Barth).

- *Metta Meditation*, von Sharon Salzberg (Arbor-Verlag). Voller persönlicher Anekdoten und Einsichten einer der Mitbegründerinnen der Insight Meditation Society in Barre, Massachusetts, enthält diese eingängige Anleitung Meditationen für die Kultivierung des liebenden Mitgefühls, der mitfühlenden Freude und des Gleichmuts.

✓ *Spirituellen Materialismus durchschneiden*, von Chögyam Trungpa Rinpoche (Theseus). Ein zeitgenössischer tibetischer Lama, der den Buddhismus im Westen entscheidend beeinflusste, behandelt Probleme und Fallstricke bei der spirituellen Suche.

✓ *Vipassana-Meditation*, von Joseph Goldstein (Arbor-Verlag). Eine gradlinige Anleitung für die Praxis der buddhistischen *Vipassana*-Meditation (Einsichtsmeditation). Der Autor ist Mitbegründer der Insight Meditation Society in Barre, Massachusetts.

✓ *Vom Geist des Zen*, von Alan W. Watts (Suhrkamp). Dieses Buch wurde 1957 von einem der einflussreichsten Kommentatoren über die östliche Philosophie und Religion geschrieben und ist immer noch eine der besten Einführungen in die Welt des Zen-Denkens und der Zen-Praxis.

✓ *Wenn alles zusammenbricht*, von Pema Chödrön (Goldmann). Dieses beliebte Buch ist eine warmherzige, klare und verständliche Anleitung zur Entwicklung des Mitgefühls, besonders sich selbst gegenüber, von einer amerikanischen buddhistischen Nonne, die in einem Vajrayana-Retreat-Zentrum in Nova Scotia, Kanada, als Lehrerin tätig ist.

✓ *Zen in der Kunst des Sehens*, von Frederick Franck (Ariston). Dieses wundervolle Buch betrachtet die Kunst des Sehens als spirituelle Disziplin mit einem Zen-Einschlag, die sich bemüht, die Welt in jedem Moment frisch zu sehen.

✓ *Zen-Geist, Anfänger-Geist*, von Shunryu Suzuki (Theseus). Eine klassische Sammlung der Reden des beliebten japanisch-amerikanischen Zen-Meisters über Sitzhaltung, Einstellung und Verstehen aus der Soto-Zen-Perspektive.

Moderne Meister

In Kapitel 15 stellen wir vier Lehrer vor, die großen Einfluss auf den zeitgenössischen Buddhismus hatten. Hier ist eine Auswahl von Büchern, die von und über diese berühmten Lehrer geschrieben wurden.

✓ *Der Weg zum Glück*, vom Dalai Lama (Herder). Was ist wirklich wesentlich? Kann man das, was ein gutes Leben ausmacht, auch einüben – wenn der Alltag stresst und Unsicherheiten unser Leben bestimmen? Der Dalai Lama gibt seine Antworten.

✓ *Ein stiller Waldteich*, von Ajahn Chah (Theseus). Ajahn Chah spricht in klaren, einfachen und humorvollen Worten über die grundlegenden menschlichen Probleme, über Gier, Angst, Hass und Verblendung und zeigt, dass unsere Anhaftung an angenehmen Gefühlen, schönen Dingen, an unserem Leben und an unserem Ich unser Leid erzeugt.

✓ *Das Herz aller Religionen ist eins. Die Lehre Jesu aus buddhistischer Sicht*, vom Dalai Lama (Verlag Hoffmann und Campe). Die Kommentare des Dalai Lamas über die Evangelien gelten als eines der wichtigsten Bücher über den Dialog zwischen den Religionen.

- *Lebendiger Buddha, lebendiger Christus*, von Thich Nhat Hanh (Goldmann). Der vietnamesische Zen-Meister untersucht die Gemeinsamkeiten zweier Weltreligionen.

- *Achtsam leben – wie geht das denn?*, von Thich Nhat Hanh (Theseus). In diesem Buch beantwortet der Autor konkrete Fragen zur Integration der Achtsamkeit in den Alltag und zeigt, wie uns Achtsamkeit hilft, mit Stress, Hektik, heftigen Gefühlen und herausfordernden Situationen umzugehen.

Sozial engagierter Buddhismus

Die Praxis der buddhistischen Meditation ist von Natur aus eine persönliche, private und nach innen gerichtete Aktivität. Doch diese und alle anderen buddhistischen Praktiken haben letztlich den Zweck, anderen so viel wie möglich zu nutzen. Diese mitfühlende Anteilnahme am Wohl anderer hat zur Entwicklung des *Engagierten Buddhismus* geführt. So finden Sie einschlägige Quellen:

- Deutsche Quellen suchen Sie am besten im Internet. Geben Sie die Stichwörter *Engagierter Buddhismus* ein.

- *Wahren Frieden schaffen*, von Thich Nhat Hanh (Goldmann). Thich Nhat Hanh über wahre Friedensarbeit.

Abbildungsverzeichnis

Abbildung 1.1: Shakyamuni Buddha 28

Abbildung 1.2: Mönche, die den Bodhi-Baum besuchen (© Luciano Mortula-LGM - stock.adobe.com) 30

Abbildung 3.1: Königin Maya träumt von einem wunderbaren Elefanten. 58

Abbildung 3.2: Die Geburt in den Lumbini-Gärten 58

Abbildung 3.3: Der Schwan wird von dem Prinzen vor seinem Cousin gerettet. 60

Abbildung 3.4: Krankheit 61

Abbildung 3.5: Alter 62

Abbildung 3.6: Tod 62

Abbildung 3.7: Ein heimatloser Sucher der Wahrheit 63

Abbildung 3.8: Siddhartha verabschiedet sich schweigend von seiner Frau und seinem Kind. 64

Abbildung 3.9: Die große Entsagung 65

Abbildung 3.10: Das sechs Jahre währende Fasten 67

Abbildung 3.11: Der Angriff der Mächte der Täuschung 69

Abbildung 3.12: Der Sieg über Mara 70

Abbildung 3.13: Maitreya, der künftige Buddha (Copyright Daishin Art Inc. Alle Rechte vorbehalten, mit Erlaubnis des Shingon Buddhist International Institute.) 76

Abbildung 3.14: Das Rad des Dharma mit den acht Speichen 83

Abbildung 4.1: Manjushri, der Bodhisattva der Weisheit (Copyright Daishin Art Inc. Alle Rechte vorbehalten, mit Erlaubnis des Shingon Buddhist International Institute.) 103

Abbildung 5.1: Die Verbreitung des Buddhismus über Asien 110

Abbildung 5.2: Thailändische Buddha-Statue (Foto mit freundlicher Genehmigung des buddhistischen Klosters Aruna Ratangir) 112

Abbildung 5.3: Theravada-Mönch beim Blumenopfer (Foto mit freundlicher Genehmigung des buddhistischen Klosters Aruna Ratangir) 114

Abbildung 5.4: Die fünf transzendentalen Buddhas 122

Abbildung 5.5: Kuan-yin, der Bodhisattva des Erbarmens (Privatfoto von Stephan Bodian) 123

Abbildung 5.6: Westler praktizieren Zazen. (Mit freundlicher Genehmigung des San Francisco Zen Center.) 131

Abbildung 5.7: Tara, die weibliche Gottheit des Erbarmens 135

Abbildung 5.8: Vajradhara, der tantrische Guru-Buddha 136

Abbildung 5.9: Tibets großer Yogi Milarepa 137

Abbildung 5.10: Westler bei der Vajrayana-Praxis Fehler! Keine Dokumentvariable verfügbar. (Foto mit freundlicher Genehmigung Shambhala Sun. Copyright Shambhala Sun.) 138

Abbildung 6.1: Frisch Ordinierte in der Theravada-Tradition (Foto mit freundlicher Genehmigung des Aruna Ratangir Buddhist Monastry) 157

Abbildung 7.1: Sitzende Meditationshaltung 165

Abbildung 8.1: Westliche Theravada-Mönche beim Chanten (Foto mit freundlicher Genehmigung des Aruna Ratangir Buddhist Monastery) 180

Abbildung 8.2: Theravada-Mönche empfangen Spenden von Laien-Anhängern. (Foto mit freundlicher Genehmigung des Aruna Ratangir Buddhist Monastery) 182

Abbildung 8.3: Westliche Laien bei der Zazen-Praxis (Mit freundlicher Genehmigung des San Francisco Zen Center.) 185

Abbildungsverzeichnis

Abbildung 9.1: Hauptwallfahrtsorte des Buddhismus in Nordindien 194

Abbildung 9.2: Der Mahabodhi-Tempel in Bodh Gaya, der Stätte, an der Buddha die Erleuchtung erlangte (© Simon BondWirestock - stock . adobe . com) 197

Abbildung 9.3: Der Dhamekh-Stupa in Sarnath, der Stätte von Buddhas erster Lehrrede (© YellowCrest - stock . adobe . com) 200

Abbildung 9.4: Die Lehre des Herz-Sutra in Rajgir 202

Abbildung 10.1: Shakyamuni Buddha, die klassische Verkörperung der Klarheit und des Friedens (Foto mit freundlicher Genehmigung des Aruna Ratangir Buddhist Monastery) 213

Abbildung 10.2: Der Bodhisattva, der voller Freude die Welt betritt (Foto mit freundlicher Genehmigung von S. Bodian) 221

Abbildung 13.1: Das Rad des Lebens 260

Abbildung 13.2: Ein Führer zum Rad des Lebens 261

Abbildung 13.3: Die drei grundlegenden Täuschungen 262

Abbildung 13.4: Die Welten der Götter und der Dämonen 266

Abbildung 13.5: Die Welten der Menschen und der Tiere 267

Abbildung 13.6: Die Welten der hungrigen Geister und der Höllenwesen 268

Abbildung 13.7: Die Glieder des Nicht-Wissens und des Karmas 269

Abbildung 13.8: Die Glieder des Bewusstseins und des Körpers und der Form 270

Abbildung 13.9: Die Glieder der Sinnesobjekte und der Berührung 270

Abbildung 13.10: Die Glieder der Empfindungen und der Begierden 271

Abbildung 13.11: Die Glieder des Anhaftens und des neuen Werdens 272

Abbildung 13.12: Die Glieder der Geburt sowie des Alters und des Todes 273

Abbildung 14.1: Die Geste der Vermittlung der Furchtlosigkeit 289

Abbildung 15.1: Ajahn Chah (Foto mit freundlicher Genehmigung von DTOH Sambhantaraksa. Copyright Abhayagiri Buddhist Monastery) 302

Abbildung 15.2: Thich Nhat Hanh (Abdruck mit Genehmigung von Parallax Press, Berkeley, CA. Foto von Nang Sao) 304

Abbildung 15.3: Chenrezig, der Bodhisattva des Erbarmens 308

Abbildung 18.1: Nagarjuna 337

Abbildung 18.2: Asanga 338

Abbildung 18.3: Shantideva 341

Abbildung 18.4: Padmasambhava, Guru Rinpoche 343

Stichwortverzeichnis

Symbole
88 Heilige Orte 205

A
Abhidhamma-Pitaka 91
Abhidharma 40, 352
Abschneiden 345
Absicht
  rechte 84
Achtfacher Pfad 83, 352
Achtsamkeit 34, 90, 165, 186
  entwickeln 169
  rechte 85
Achtsamkeitsmeditation 170
Affe
  als Symbol 269
Affirmation 293
Ajahn Chah 302
Alltag 323
Alltag als Übung 187
Altar
  im Zen-Buddhismus 186
Ältere 92
Ambedkar 347
Amida 104, 121
Amitabha 121, 352
  Verehrung in Indien 123
Ami-to-fo 121
Analyse
  Wirklichkeit 91
Analytische Meditation 168
Ananda 91
Anatma 296
Anbetung *siehe* Verehrung
Anhaften 66, 82
Anhaftung 81
  und Wünsche 82
Anhängerzahl 87
Anicca 210
Anstrengung 293
Ärger
  Entstehung 291
Arhat 88, 214, 352
Arya 79, 352
Asanga 337

Ashoka, König 94
Ashoka-Säule 195
Asita 59
Asket 66
Asura 266
Atem
  subtiler 235
Atemmeditation 113, 170
Atisha 132, 344
Auditorisches Bewusstsein 42
Aufhebung
  des Leidens 83
Aufmerksamkeit 43
Auge
  geistiges 43
Aung San Suu Kyi 111
Ausdauer 293
Auswendiglernen 89
Avalokiteshvara 123, 352
Avatamsaka-Sutra 102, 120
Avatar 196
Avidya 352

B
Baum der Erleuchtung 68
Bedingtes Entstehen 258–259, 268
Befreiung 352, 354
Bekenntnis
  formelles 151
Benares 200
Beobachter 165
Berg Kailash 205
Besänftigung 345
Besitztum 328
Besondere Lehre 40, 91
Bettelmönch 92
Bewusstsein 39, 102, 215
  Arten 42
  auditorisches 42
  gustatorisches 42
  mentales 42–43
  olfaktorisches 42
  taktiles 42

Übertragung 236
  visuelles 42
Bhikkuni 157
Bimbisara, König 66
Blumengirlande-Schule 118, 119
Blumengirlande-Sutra 120
Bodh Gaya 70, 194, 196
  und Hindus 196
Bodhi 55, 99, 278, 352
Bodhi-Baum 28, 68, 70, 196
Bodhichitta 134, 278, 282, 291, 342, 352
Bodhidharma 127–128, 340
  Lehrgeschichten 127
  und Kaiser Wu 199
Bodhisattva 36, 75, 99, 105, 115, 282, 342, 352, 354
Bodhisattva Dharmakara 122
Bodhisattva-Gelübde 153, 186, 277–278
Bodhisattva-Weg 288
Borobudur 205
Brahmane 73
Brahma-Vihara 282, 352
Buddha 353
  Anhänger 73
  bei den Asketen 66
  Der Erwachte 28
  Dharma 30
  die vier Zeichen 60
  Entsagung 66
  ethische Führung 241
  Frauen 73
  frühes Leben 56
  Geburt 57
  Gemeinde 73
  Gott 316
  Großer Arzt 31
  Heirat 60
  Jugend 59
  Karma auflösen 241
  Kurzbiografie 28
  Lebenszeit 55
  Lehren 96

Lehrrede, erste 79
Lehrreden 29
Rolle der Frauen 157
Shakyamuni 28
Siddhartha 28
spirituelle Suche 64
Tod 74
transzendenter 317
übernatürliche Fähigkeiten 203
und Kastensystem 74
unter dem Bodhi-Baum 68
Buddha Amitabha 236
Buddha des Unendlichen Lichts 104
Buddhafeld 104, 136, 236
Buddhaghosa 339
Buddha-Natur 40, 47, 219–220, 277, 317, 353
Buddhaschaft 217, 278, 353
als ewiges Prinzip 105
Buddhavatamsaka-Sutra 102
Buddhistische Gemeinde 29
Buddhistische Phänomenologie 91
Buddhistische Schule 93
Buddhistisches Zentrum 19
Burma 111

C

Ceylon 71, 111
Ch'an 118–119, 127, 353
Chan 118, 127
Chandaka 61
Chant 152
Chenresi 124
Chenrezig 352
China 116–117
Chinesischer Buddhismus 116–117
Chitta 278
Chittamatra-Schule 215
Chöd 345
Chöd-Ritus 345

D

Dalai Lama 49, 57, 307
Auseinandersetzung mit China 309
Exil 310
Rolle als Weltbotschafter 311
über Lehrer 151
Daliga Maligawa 205
Dämon 266
Dana, Übersetzung 79
Dauerhaftigkeit 48
Degeneration 77
Denken 41
Der Erwachte 28
Deutschland
buddhistische Zentren 19
Deva 265
Devadatta 59, 73
Dharma 30, 87, 146, 353
praktizieren 198
Zweck 323
Dharmakara 122
Dharma-Lehre
Kern 31
Dharma-Praxis 228
Dharma-Zentrum 137
Dhyana 127, 353
Diakritisches Zeichen 351
Diamant-Fahrzeug 131, 355
Diamantsitz 196
Die Älteren 92
Dipa Ma 300
Disziplin 290
Dogen 129, 346
Doktrin 78
mittlere 215
Dokusan 129
Drehen des Rades des Dharma 72
Dreifache Schulung 178
Drei Juwele der Zuflucht 34, 35
Drei Juwelen 35, 152
Drei Kleinodien 35, 353
Dreikorb 90
Drei Körbe 339
Drei Kostbarkeiten 35, 353
Drei Schulungen 212, 273
Drei Türen 243
Drei Weisheiten 173
Dromtonpa 198
Drukpa Kunley 249
Dualismus 102, 216
und Zen 128
Dualistisch 41
Duhkha 353
Duhkha, Übersetzung 79–80
Durchdringende Einsicht 172
Dzogchen 216, 288

E

Edler 79
Ehi passiko 144
Einfach-nur-Sitzen 173
Einmal-Wiederkehrer 214
Einsicht 78
durchdringende 172
Einsichtsmeditation 115
Einsichtsvolle Weisheit 296
Einstellung
ändern 163
Einweihungszeremonie 135, 156
Eisai 129
Emotion *siehe* Gefühl
Emotionale Intelligenz 44
Engagierter Buddhismus 304, 321
Entsagung 66, 151, 156
Entstehen
bedingtes 258–259, 268
in Abhängigkeit 259
Entwicklung 87
geistige 44
spirituelle 38
Erbarmen 34, 285, 353
entwickeln 284
mitfühlendes 75
Erfahrung
Rolle der Erfahrung 147
und Geist 37–38
Erkenntnis
rechte 84
Spirituelle 210
Erleuchteter Geist 42
Erleuchtung 210, 217, 352–353
gemeinsame Aspekte 222
vollkommene 29
Erleuchtungsgeist 135, 352
Erstes Konzil 88
Erwachen 128, 352
Erwachtes Herz 279
Erwachtes Wesen 36
Esoterisches Fahrzeug 132
Essen 280
Ethik 32
Ethisches Leben 32
Ethisches Verhalten 290
Existenz 264

des Selbst 48
sechs Welten 265
zyklische 354–355

F

Fahrzeug
  esoterisches 132
  großes 93, 99
  Großes 115
  kleines 93, 100
Faulheit 293
Fehler
  sühnen 251
Fehlverhalten
  sexuelles 246
Feiertag 182
Feindseligkeit 163
Feld
  des Verdienstes 97
Formelles Bekenntnis 151
Formlosigkeit
  Geist 39
Fortschritt
  spiritueller 50
Frau
  im Buddhismus 157
  Ordination 157
Frau bei Buddha 73
Freigiebigkeit 289
Freiheit von Kunstgriffen 172
Freude
  mitfühlende 286
Friedenspagode 126
Führung
  spirituelle 71
Funktion
  Geist 41

G

Ganda-Vyuha-Sutra 102–103
Gandhi 255
Gati 265
Gaya 196
Gazellenpark 200
Gebot 242
  brechen 249
  einhalten 153
  ernstes 243
  grundlegendes 242
  Hauptgebote 243
  in der Vajrayana-Tradition 243

interpretieren 246
unheilsame Handlungen 243
zehn feierliche Gebote 153
Geduld 292
Gefühl 44
  Sitz 45
  und Geist 44
Gegenkraft 253
Geierberg 202
Geist 37
  Aufmerksamkeit 43
  Begriff 39
  buddhistische Auffassungen 40
  des Klaren Lichtes 40, 236
  durch Meditation zähmen 164
  erleuchteter 42
  Formlosigkeit 39
  Funktionen 41
  Großer 40, 219, 237
  hungriger 267
  im Theravada 40
  im Vajrayana 40
  in der Meditation 160
  Interpretation der Wahrnehmung 41
  Kleiner 40
  Konzentration 44
  mentales Bewusstsein 43
  Natur 46, 289
  permanente Wandlung 46
  Reinheit 45
  transformieren 50
  und Erfahrung 37
  und Gefühl 44
  und Herz und Kopf 45
  und Irrtum 46
  und Körper 39
  und Sinne 43
  und Täuschung 46
  wandernder 267
Geistige Entwicklung 44
Geistiges Auge 43
Geiz 267
Gelübde
  Großes 243
Gelug-Schule 139
Gemeinde 72
  buddhistische 29

Gemeine
  Große 93
Geschichte 93, 335
Geshe 149, 353
Gesinnung
  rechte 84
Gewohnheit 164
Gier 250
Glaubenssystem 26
Gleichmut 287
Gleichnis vom vergifteten Pfeil 33
Glossar 351
Glück 37, 278
Gohonzon 126
Gorakhpur 195
Gotami 226
Gott
  Buddha 316
Götter 265
Gottheiten-Yoga 134, 136
Göttliche Verweilzustände 282
Götzendienst 317
Große Gemeine 93
Großer Arzt 31
Großer Geist 40, 219, 237
Großer Stupa 196
Großer Tod 237
Großer Weg 237
Großes Fahrzeug 93, 99, 115, 354
Großes Gelübde 243
Großes Siegel 217
Große Vollendung 216
Großzügigkeit 289
Gründer des Buddhismus 55
Grundlehre
  der Vergänglichkeit 210
Guru 135, 150, 299, 354
Guru Rinpoche 342
Gustatorisches Bewusstsein 42
Güte 290
  liebende 34, 75
Gyatso 307

H

Habgier 249
Halbgötter 266
Handeln
  rechtes 84

Handlung
  unheilsame 243
Hass 245, 250, 264
Hauptgruppe 92
Haushalter 98
Heraklit 32
Herz
  erwachtes 279
  und Geist und Kopf 45
Herz-Sutra 202
Hinayana 100, 353
Hinduismus
  Bodh Gaya 196
Höllenwesen 267
Honen 124
Hua-yen 118
Hungriger Geist 267
Hybrid-Sanskrit 104

I

Ich-Anhaftung 264
Ich-Begriff 234–235
Ich-Illusion 262, 264
Ikkyu 249
Illusion der Unsterblichkeit 229
Impression
  karmische 272
IMS 114
In-den-Strom-Eingetretener 214
Indonesien 110
Insekt 332
Insight Meditation Society 114
Intelligenz
  emotionale 44
Interpretation der Wahrnehmung 41
Intuitive Meditation 169
Irrtum 46
Istheit 219

J

Japan 118
Jataka-Erzählungen 99, 352–353
Jetavana-Hain 203
Jhana 171, 353
Jodo-Buddhismus 118
Jodo-Shin-Buddhismus 118

Jodo-Shin-shu-Buddhismus 124–125, 191
Joriki 171

K

Kadam-Schule 139
Kagyu-Schule 139
Kailash 205
Kaiser Wu 199
Kalender
  Jahreskalender 189
  Kloster 182
Kalpa 75
Kalu Rinpoche 168
Kalyanamitra 149
Kamma 353
Kanishka, König 104
Kanon 29
Karma 239–240, 322, 353
  auflösen 241
  im Mahayana-Buddhismus 253
  im Theravada-Buddhismus 252
  im Zen-Buddhismus 253
  Konsequenzen 240
  Lehren 242
  negatives 265
  negatives abbauen 253
  positives 265
  Ursache und Wirkung 241
Karmische Impression 272
Karuna 285, 353
Kastensystem 73
Kensho 188, 218, 221, 353
Kind Buddhas 282
Kisa Gotami 226
Kleiner Geist 40
Kleines Fahrzeug 93, 100, 353
Klesha 258, 353
Kloster
  im Buddhismus 178
  in Tibet 178
  Kalender 182
  Tagesablauf 180
  und Laien-Gemeinde 178
Koan 129, 187
Kodependenz 285
Kodex
  moralischer 32
König Bimbisara 66, 73
Königin Maya 57

König Shuddhodana 56
Konzentration 44, 294
  vertiefen 171
Konzeption 41
Konzil
  Erstes 65
  Zweites 92
Kopf
  und Geist und Herz 45
Korb
  der besonderen Lehre 91
  der Disziplin 90, 154
  der Schriften 90
Körper
  und Geist 39
Kreislauf
  Existenzen 98
  Wiedergeburten 234
Kreislauf der Existenzen 258
Kshanti, Übersetzung 79
Kuan-yin 124
Kuan Yin 354
Kultivierung der Liebe 175
Kulturrevolution 119
Kundalini 210
Kung-Fu 340
Kushinagar 194, 201
Kwannon 124

L

Laie
  Praxis 154
Laien-Gemeinde 178
Laienschaft
  und Sangha 97
Lama 135, 150, 354
Lama Drom 198
Lamaismus 135
Lampe 344
Lamrim 354
Land
  reines 236
Lankavatara-Sutra 102
Leben
  ethisches 32
Lebenserwerb
  rechter 84
Lebensführung 32
Leere 102, 174, 296, 354
  Definition 296
  Meditation 297
Lehre

Authentizität beurteilen 105
Entwicklung 93
Lehrer
　finden 149
　Geshes 149
　Gurus 150
　Lamas 150
　Meditationslehrer 150
　prüfen 150
　Theravada 149
　Vajrayana 149
　Zen-Buddhismus 150
Lehrrede 29, 355
　Buddha 79
Leiden 31, 353
　Aufhebung 83
　Quelle 48
　Ursache 81–82
　vier edle Wahrheiten 355
Liebe
　Kultivierung 175
Liebende Güte 34, 75
Liebendes Mitgefühl 49, 78, 284
　praktizieren 285
Linji 218
Lotos-Sutra 101, 120, 126
Löwen-Kapitel 200
Löwen-Positur 74
Lügen 247
Lumbini 194–195

M

Machig Labdron 345
Madhyamika-Schule 102, 215
Mahabodhi-Tempel 196
Mahakashyapa 91
Mahamudra 216
Mahasanghika 93
Maha-Satipatthana-Sutta 90
Mahasiddha 132
Mahayana 93, 354
Mahayana-Buddhismus 47, 99, 105, 355
　Hauptthemen 104
　in Asien 116
　in China 116–117
　Sutras 105
　Verbreitung 100
Mahayana-Sutra 106
Mahayana-Tradition 101, 215

Maitreya 47, 75, 354
Maitri 75, 354
Mandala 133
Manjushri 57, 134, 354
Mantra 133, 147, 354
Mara 68
Martin Luther King jun. 305
Maudgalyayana 252
Maya, Königin 204
MBSR 148
Meditation 33, 51, 323, 355
　Achtsamkeitsmeditation 170
　analytische 168
　Atemmeditation 113, 170
　buddhistische 168
　Definition 160
　eigene Praxis 148
　Einführung 148
　Einsichtsmeditation 115
　Geist zähmen 164
　Haltung 164
　intuitive 169
　Konzentration vertiefen 171
　Missverständnisse 33
　mitfühlendes Herz entwickeln 280
　Mythen 159
　Sitzmeditation 186
　Todesmeditation 229
　über die Leere 297
　Vipassana-Meditation 115
　Vorteile 161, 167
　Weisheit durch M. 175
　Zweck 33
Meditationsgottheit 134
Meditationshalle 186
Meditationslehrer 150, 161
Meditationsschule 118
Meditiation
　Vier Göttliche Verweilzustände 283
Mekka 193
Mensch 266
Mentales Bewusstsein 42–43
Metanoia 152
Methode 288
Methodologie 27
Metta 75, 284, 354
Mindfulness-based Stressreduction 148

Missionierung 95
Missverständnis 48
　drei Arten 48
Mitfühlende Freude 286
Mitfühlendes Erbarmen 75
Mitgefühl 46–47
　entwickeln 279
　liebendes 49, 78, 284
Mitleid
　mit Dieb 329
Mi-tsung-Schule 132
Mittlere Doktrin 215
Mittlerer Pfad 67, 155
Mönch 155
　Bettelmönche 92
　Leben im Westen 179
　Ordination 156
　und Gebote 154
　Verhaltenskodex 179
　Waldmönche 112
Mönchisch 32
Mönchsgemeinde 97
Monument 30, 34
Moralischer Kodex 32
Mudita 286
Mudra 133
Muni 28
Myanmar 111
Mythos 78

N

Nagarjuna 335
Nalanda 202, 204
Namo amitabhaya Buddhaya 124
Namu amida butsu 191
Natur
　Buddha-Natur 220
　Geist 46, 289
　wahre 220
Nembutsu 124, 191
Nibbana 354
Nichiren 125
Nichiren-Schule 125
Nichiren-shoshu-Schule 126
Nicht-dual 216
Nichtmeditation 172
Nicht-Selbst 172
Nicht-Wesenhaftigkeit 215, 235, 296
Nicht-Wissen 48
　drei Arten 48

Niedergeschlagenheit 293
Niederwerfung 190, 317
Nie-mehr-Wiederkehrer 214
Nipponzan Myohoji 126
Nirvana 226, 352, 354
    Begriff 257
    Definition 212
    im Zen-Buddhismus 218
    und Samsara 258
    Weg zum Nirvana 214
Nonne 155
    Ordination 156–157
    Verhaltenskodex 179
Nonnenorden 73
Norbu Lingka 310
Novize 179
Nur-Geist-Schule 215
Nyingma-Schule 138
Nyogen Senzaki 130

O

Ochsenbild 220
Olfaktorisches Bewusstsein 42
Ordination
    für Theravada-Nonnen 179
    Mönch/Nonne 156
    von Frauen 157
    Zehn-Gebote-Ordination 179

P

Padmasambhava 132, 342
Pajnaparamita 296
Pali 19, 351
Pali-Kanon 96, 212
Paramita 288
Parinirvana 88, 201
Patriarch
    frühe buddhistische Patriarchen 91
Permanenz 48
Perzeption 41
Pfad der Weisheit 47
Phänomenologie
    buddhistische 91
Philosophie
    und Buddhismus 31
Pilgerreise 95, 193
Pilgerstätte 195
Pitaka 90
Plum Village 305

Po-wa 236
Prajna 178
Prajnaparamita-Sutra 102
Prana 235
Prasannashila 337
Pratitya-Samutpada 259
Praxis
    des frühen Buddhismus 97
Praxis des Buddhismus 32
Preta 267
Prinz Siddhartha 28
Projektion 48, 330
Puja 354
Punya 97

R

Rad
    der Lehre 71, 72
    des Dharma 71–72, 83
Rad des Lebens 259
    Ausweg 272
    drei Tiere 259
    Welten der Existenz 265
Rahula 60, 73
Rajgir 201–202
Rangoon 205
Rechte Absicht 84
Rechte Achtsamkeit 85
Rechte Erkenntnis 84
Rechte Gesinnung 84
Rechter Lebenserwerb 84
Rechtes Handeln 84
Rechtes Reden 84
Rechtes Sichversenken 85
Rechtes Streben 84
Rede
    sinnlose 249
    verletzende 248
    zwieträchtige 248
Reden
    rechtes 84
Reflexion 174
Regel 90
Regenzeit 203
Reines Land 104, 236, 354
Reines-Land-Buddhismus 35, 123
    in Japan 124
    Praxis 191
Reines-Land-Schule 118, 121, 124, 294
Reinheit

Geist 45
Reinkarnation 279, 307
    Dalai Lama 308
Religion
    Definition 26
    und Buddhismus 26
Religionswechsel 144
Revata 339
Rime-Schule 139
Rinzai 218
Rinzai-Zen 129
Rituelle Umkreisung 198
Roshi 150, 354
Ruhiges Verweilen 171–172

S

Saddharma-pundarika 101
Sadhana-Meditation 354
Sadhana-Yoga 134
Sakya-Schule 139
Samadhi 44, 178, 354
Sammeln
    Verdienst 97
Samsara 98, 234, 258, 354
    und Nirvana 258
San Francisco Zen Center 131
Sangha 35, 3534, 29, 72, 90, 144
    Spaltung 92
    und Laienschaft 97
Sankashya 202, 204
Sanskrit 19, 351
Sanzen 129
Sarnath 194, 200
Satipatthana-Sutta 90
Satori 188, 218, 341, 354
Sattva 99
Schamane 210
Schicksal 322
Schisma 92
Schlüsselbegriff
    Übersetzungen 79
Schuld 253
Schule
Schule
    Blumengirlande 118, 119
    buddhistische 93
    Chittamatra 215
    Gelug 139
    Jodo-Shin-shu 124–125
    Jodo-shu 124

Kadam 139
Kagyu 139
Madhyamika 102, 215
Meditation 118
Mi-tsung 132
Nichiren 125
Nichiren-shoshu 126
Nur Geist 215
Nyingma 138
Reines Land 118, 121, 124
Rime 139
Sakya 139
Tien-tai 117, 119
Vajrayana 138
Wahres Reines Land 125
Wahres Wort 118, 119, 132
Weißer Lotos 120
Yogachara 102, 215
Schulung
  Dreifache 178
  Geist 146
  Sittlichkeit 178
  Weisheit 146
Schweige-Retreat 188
Sechs Vollkommenheiten 288
Sechs Welten 265
Selbst 93
  Existenz 48
  Wahres 237, 289
Selbst-Anhaftung 264
Selbstbeherrschung 290
Selbstdisziplin 290
Selbstmitleid 330
Selbstsucht
  überwinden 50
Senfkorn, Geschichte vom 226
Sensorische Bewusstseinsart 42
Senzaki, Nyogen 130
Sesshin 188
Sexismus 157
Sexualität 179
Sexuelles Fehlverhalten 246
Shakya 55, 57
Shakya-Geschlecht 28
Shakyamuni 352
Shakyamuni Buddha 35, 3534, 28, 55
Shamatha 171
Shambhala-Zentrum 138
Shantideva 342

Shantivarmana 342
Shariputra 101
Shastra 30
Shijed 345
Shikantaza 173
Shila 178
Shingon-Buddhismus 118, 132
Shingon-Tradition 132
Shinran 125
Shravasti 202–203
Shrimanta 336
Shuddhodana, König 56
Shunyata 173, 355
Shwedagon-Pagode 205
Sichversenken
  rechtes 85
Siddhartha 28, 58
Siegel
  Großes 217
Sinne
  und Geist 43
Sinnesorgan 43
Sinnestäuschung 43
Sinnlose Rede 249
Sittlichkeit 290
Sitzmeditation 186
Skandha 263
Skepsis 27
Soheit 172, 219, 222
Sohn Buddhas 282
Soka Gakkai 126
Soto-Zen 129
Soto-Zen-Tradition 346
Soyen Shaku 130
Spaltung 92
Spirit Rock Meditation Center 114
Spirituelle Entwicklung 38
Spirituelle Erkenntnis 210
Spirituelle Führung 71
Spirituelle Reflexion 33
Spiritueller Fortschritt 50
Spiritueller Freund 149
Spiritueller Weg 84
  Elemente 84
Spirituelle Schulung 228
Spirituelle Unterweisung 72
Spirituelle Verwirklichung 162
Sri Lanka 71, 95, 110–111
Staatsorakel 308

Stehlen 245
Sterben 226
Sthavira 92
Streben
  rechtes 84
Stressverminderung 148
Stromeintritt 214
Stupa 30, 35, 95, 355
  Identität mit Buddha 99
Subtiler Atem 235
Subtiler Körper 235
Südliche Tradition 93
Sujata 68
Sukhavati 122
Sukhavati-Sutra 104
Sunim 150
Sutra 29, 212, 355
  Avatamsaka 102, 120
  Blumengirlande 120
  Buddhavatamsaka 102
  der Buddha-Girlande 102
  der das andere Ufer erreichenden Weisheit 102
  des Landes der Glückseligkeit 104
  Ganda-Vyuha 102–103
  Herz 202
  Lankavatara 102
  Lotos 101, 120, 126
  Mahayana 106
  Prajnaparamita 102
  Sukhavati 104
  über das Herabsteigen nach Ceylon 102
  Vimalakirti-nirdesha 101
Sutra-Pitaka 90
Sutta 105, 212
Sutta-Pitaka 90

T

Tagesablauf
  im Kloster 180
  Vajrayana-Praxis 189
  Zen-Buddhismus 184
Taktiles Bewusstsein 42
Tantra 132, 355
Tantrayana-Tradition 216
Tantrayna-Buddhismus 132
Tantrische Lehren 355
Tantrischer Yogi 235
Tao 116
Tara 136, 345, 355

Täuschung 258
    grundlegende 259
Tempel der großen Erleuchtung 196
Tempel des heiligen Zahns 205
Tenzin 307
Tenzin Gyatso 307
Teufelskreis 234
Thailand 97, 111
Thera 92
Theravada 93, 355
    Lehrer 149
Theravada-Buddhismus 100, 111
    Auffassung vom Geist 40
    im Westen 113
    Pali-Kanon 105
Theravada-Taradition
    im Westen 302
Theravada-Tradition 95–97
    Pali-Kanon 212
    Tod 234
Thich Nhat Hanh 304
Tibetischer Buddhismus 132
Tien-tai-Schule 117, 119
Tieropfer 196
Tipitaka 90, 355
Tissa, König 95
Tochter Buddhas 282
Tod 225
    als Lehrer 225
    Angst 237
    buddhistische Einstellungen 233
    großer 237
    in der Theravada-Tradition 234
    in der Vajrayana-Tradition 235
    in der Zen-Tradition 237
    persönlich nehmen 226
    Todeszeitpunkt 231
    Unvermeidlichkeit 230
Todeserfahrung 233
Todesmeditation 229
Töten 244
Tradition
    buddhistische 29
    südliche 93
    wählen 147

Trägheit 293
Transzendenter Buddha 316
Tripitaka 90, 95, 355
Triratna 353
Trishiksha 178
Trivialität 293
Tsongkhapa 57
Tugend 290
    ansammeln 290
Tulku 307
Tushita-Himmel 56, 76

U

Übertragung
    Bewusstsein 236
Ultimative Wirklichkeit 128
Umkreisung
    rituelle 198
Unermesslichkeiten 282
Ungeborenes 172
Unheilsame Handlung 243
Universum 77
Unterweisung
    spirituelle 72
Unzufriedenheit
    Quelle 48
Upekkha 287
Ursache
    des Leidens 82
Ursprünglichkeit 96
Uttara-Trantra 47

V

Vajradhara 136
Vajrayana 355
    Lehrer 149
Vajrayana-Buddhismus 131
    Auffassung vom Geist 40
    im Westen 137
    in China 132
    in Indien 132
Vajrayana-Praxis
    Hauptziel 236
    Tagesablauf 189
    Ziel 133
Vajrayana-Schule 138
Vajrayana-Tradition 216
    Gebote 243
    Tod 235
Varanasi 200
Veden 339

Verantwortung 144
Verbeugung 183
    im tibetischen Buddhismus 184
    im Zen-Buddhismus 183
    in Südostasien 183
Verblendung 251
Verbreitung 91
Verbreitungsroute 109
Verdienst 97
    im Zen-Buddhismus 199
Verehrung 34
Vergänglichkeit 287
Vergegenwärtigungen, vier 145
Verhaltensregel 90
    einhalten 153
    Mönche/Nonnen 252
Verletzende Rede 248
Verleugnung 63, 80
Verrückte Weisheit 249
Versenkung *siehe* Meditation
Verstoß
    schwerwiegender 252
Vertiefung 171
Vertrautmachen 160
Verweilen 171
    ruhiges 172
Verwirklichung 213, 277
    im Zen 218
    spirituelle 162
    Theravada-Tradition 212
    Vajrayana-Tradition 216
Vier Edle Wahrheiten 31, 72, 79, 211, 355
Vier Göttliche Verweilzustände 282
Vier Unermesslichkeiten 277, 282
Vier Vergegenwärtigungen 145
Vier Zeichen 60, 64
Vimalakirti 101
Vimalakirti-nirdesha-Sutra 101
Vinaya 32, 242, 252, 355
Vinaya-Pitaka 90
Vipassana 171
Vipassana-Meditation 113, 115
Vipassana-Zentrum 181

Vishnu 196
Visuelles Bewusstsein 42
Vollendung
  Große 217
Vollkommene Erleuchtung 29, 217
Vollkommenheit 288
  Sechs Vollkommenheiten 288

W

Wahre Natur 220
Wahre-Reines-Land-Schule 125
Wahre Schule des Reinen Landes 191
Wahres Selbst 172, 237, 288
Wahres-Wort-Schule 118, 119, 132
Wahrheit 319
  Ursache des Leidens 81
  vom Ende des Leidens 82
  vom Weg 83
Wahrheit vom Leiden 80
Wahrnehmung 41
Waldmönch 112
Wallfahrt 193
  heute 205
Wandernder Geist 267
Wang 135
Weg
  der Älteren 93
  Großer 237
  Mittlerer 68
  ohne Weg 84
  ohne Ziel 84
  spiritueller 84
  wegloser 84
  zum Nirvana 214
Weg der Älteren 111
Wegloser Weg 84
Weg (Taoismus) 116
Weisheit 46–47, 295
  durch Hören 173

durch Lesen 173
durch Meditation 175
durch Reflexion 174
einsichtsvolle 296
Verrückte 249
Vervollkommnung 296
Weisheiten, drei 173
Weißer-Lotos-Schule 120
Weiterentwicklung
  Lehre 93
Welt
  der Dämonen 266
  der Götter 265
  der Höllenwesen 267
  der hungrigen Geister 267
  der Menschen 266
  der Tiere 267
  sechs Welten 265
Weltensystem 77
Wesen
  erwachtes 36
  Wirklichkeit 128
Widerspruch im Buddhismus 56
Wiedergeburt 98, 234
Wirklichkeit 91
  ultimative 128
  Wesen 128
Wohl
  aller Wesen 35
Wohltätigkeit 289
World Parliament of Religions 130

Y

Yangon 205
Yashodhara 60
Yidam 134
Yoga 355
Yogachara-Schule 102, 215
Yogi 355
  des Klaren Lichtes 40
  tantrischer 235
Yogini 355

Z

Zazen 129, 186
Zehn feierliche Gebote 153
Zehn-Gebote-Ordination 179
Zeichen
  diakritisches 351
Zeitalter des Niedergangs 77
Zen 118, 127, 353
Zen-Buddhismus 127, 355
  Altar 186
  Anfänge 128
  Auffassung vom Geist 40
  im Alltag 129
  im Westen 130
  in China 133
  in Korea 134
  in Vietnam 134
  Koan-Praxis 187
  Lehrer 150
  Nicht-Dualismus 128
  Nirvana 218
  Ochsenbilder 220
  privat ausüben 187
  Verdienst 199
  Verwirklichung 218
Zen-Meister
  als Führer 187
Zen-Praxis 184
  Komponenten 150
Zen-Tradition
  Tod 237
Zen-Zentrum 184
Zeuge 165
Zone 44
Zuflucht 35
  zu den drei Juwelen 152
Zufluchtnahme 180
Zukunft 75, 77
Zweites Konzil 92
Zwieträchtige Rede 248
Zwölf Glieder 257
Zwölf Glieder des Bedingten Entstehens 268
Zyklische Existenz 354–355